문제처리

Be the Solver

Quick 방법론

문제처리

Be the Solver

Quick 방법론

송인식 지음

『Be the Solver』 시리즈 전체 이해하기

‘문제 해결 방법론(PSM)’[1]의 재발견!

오랜 기간 기업의 경영 혁신을 지배해온 「6시그마」의 핵심은 무엇일까? 필자의 과제 수행 경험과 강의, 멘토링, 바이블 시리즈 집필 등 20년 넘게 연구를 지속해오면서 6시그마를 지배하는 가장 중요한 요소가 무엇인지 깨닫게 되었다. 그것은 바로 **‘문제 처리(Problem Handling)’**, **‘문제 해결(Problem Solving)’**, **‘문제 회피(Problem Avoiding)’**이다. 이에 그동안 유지해온 타이틀 『6시그마 바이블』 시리즈와 『Quality Bible』 Series를 이들 세 영역에 초점을 맞춘 『Be the Solver』 시리즈로 통합하고, 관련 내용들의 체계를 재정립한 뒤 개정판을 내놓게 되었다.

기업에서 도입한 경영 혁신의 핵심은 대부분 ‘문제 처리/문제 해결/문제 회피(이하 ‘3대 문제 유형’)’를 위해 사전 활동으로 ‘과제 선정’이 요구되고, ‘3대 문제 유형’을 통해 사후 활동인 ‘성과 평가’가 이루어진다. 또 ‘3대 문제 유형’을 책임지고 담당할 ‘리더’가 정해지고, 그들의 ‘3대 문제 유형’ 능력을 키우기 위해 체계적인 ‘전문 학습’이 기업으로부터 제공된다. 이들을 하나로 엮으면 다음의 개요도가 완성된다.[2]

1) Problem Solving Methodology.

2) 송인식(2016), 『The Solver』, 이담북스, p.38 편집.

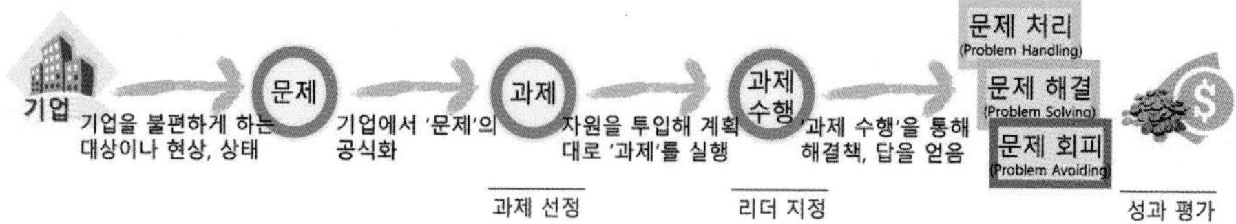

상기 개요도에서 화살표로 연결된 내용들은 '용어 정의'를, 아래 밑줄 친 내용들은 '활동(Activity)'을 각각 나타낸다. 기업에는 모든 형태의 문제(공식화될 경우 '과제')들이 존재하고 이들을 해결하기 위해 세계적인 석학들이 다양한 방법론들을 제시했는데, 이같이 문제들을 해결하기 위한 접근법을 통틀어 **'문제 해결 방법론(PSM, Problem Solving Methodology)'**이라고 한다.

필자의 연구에 따르면 앞서 피력한 대로 문제들 유형은 '문제 처리 영역', '문제 해결 영역', 그리고 '문제 회피 영역'으로 나뉜다. '문제 처리 영역'은 '사소한 다수(Trivial Many)'의 문제들이, '문제 해결 영역'은 고질적이고 만성적인 문제들이, 또 '문제 회피 영역'은 신상품 개발처럼 '콘셉트 설계(Concept Design)'가 필요한 문제 유형들이 포함된다. '문제 회피(Problem Avoiding)'의 의미는 설계 대상이 아직 고객에게 서비스를 개시하기 전 "향후 예상되는 문제들을 미리 회피시키기 위해 추가적인 설계 노력을 강구함"이 담긴 용어이다. 이들 '3대 문제 유형'과 시리즈에 포함돼 있는 '문제 해결 방법론(PSM)'을 연결시켜 정리하면 다음과 같다.

[총서]: 문제 해결 역량을 높이기 위한 이론과 전체 시리즈 활용법 소개.

- The Solver → 시리즈 전체를 아우르며 문제 해결 전문가가 되기 위한 가이드라인 제시.

[문제 처리 영역]: '사소한 다수(Trivial Many)'의 문제들이 속함.

- 빠른 해결 방법론 → 전문가 간 협의를 통해 해결할 수 있는 문제에 적합. '실험 계획(DOE)'[3)]을 위주로 진행되는 과제도 본 방법론에 포함됨(로드맵: 21 – 세부 로드맵).
- 원가 절감 방법론 → 원가 절감형 개발 과제에 적합. 'VE'[4)]를 로드맵화한 방법론(로드맵: 12 – 세부 로드맵).
- 단순 분석 방법론 → 분석 양이 한두 건으로 적고 과제 전체를 5장 정도로 마무리할 수 있는 문제 해결에 적합.
- 즉 실천(개선) 방법론 → 분석 없이 바로 처리되며, 1장으로 완료가 가능한 문제 해결에 적합.
- 실험 계획(DOE) → '요인 설계'와 '강건 설계(다구치 방법)'로 구성됨(로드맵: PDCA Cycle).

[문제 해결 영역]: 고질적이고 만성적인 문제들이 속함.

- 프로세스 개선 방법론 → 고질적이고 만성적인 문제 해결에 적합(로드맵: 40 – 세부 로드맵).
- 통계적 품질 관리(SQC) → 생산 중 문제 해결 방법론. '통계적 품질 관리'의 핵심 도구인 '관리도'와 '프로세스 능력'을 중심으로 전개.
- 영업 수주 방법론 → 영업 수주 활동에 적합. 영업·마케팅 부문(로드맵: 12 – 세부 로드맵).
- 시리즈에 포함되지 않은 동일 영역의 기존 방법론들 → TPM, TQC, SQC, CEDAC, RCA(Root Cause Analysis) 등.[5)]

---

3) Design of Experiment.
4) Value Engineering(가치 공학).
5) TPM(Total Productive Maintenance), TQC(Total Quality Control), SQC(Statistical Quality Control), CEDAC(Cause and Effect Diagram with Additional Cards).

[문제 회피 영역]: '콘셉트 설계(Concept Design)'가 포함된 문제들이 속함.

- 제품 설계 방법론 → 제품의 설계·개발에 적합. 연구 개발(R&D) 부문(로드맵: 50 – 세부 로드맵).
- 프로세스 설계 방법론 → 프로세스, 신상품 설계·개발에 적합. 금융/서비스 부문(로드맵: 50 – 세부 로드맵).
- FMEA → 설계의 잠재 문제를 적출해 해결하는 데 쓰임. Design FMEA와 Process FMEA로 구성됨. 'DFQ(Design for Quality) Process'로 전개.
- 신뢰성(Reliability) 분석 → 제품의 미래 품질을 확보하기 위해 수명을 확률적으로 분석·해석하는 데 적합.
- 시리즈에 포함되지 않은 동일 영역의 기존 방법론들 → TRIZ, NPI 등.6)

본문은 '**[문제 처리 영역]**'을 다루며 특히 문제 상태에 따른 네 개 방법론들을 상세히 소개한다. 이해를 돕기 위해 개요도로 나타내면 다음과 같다.

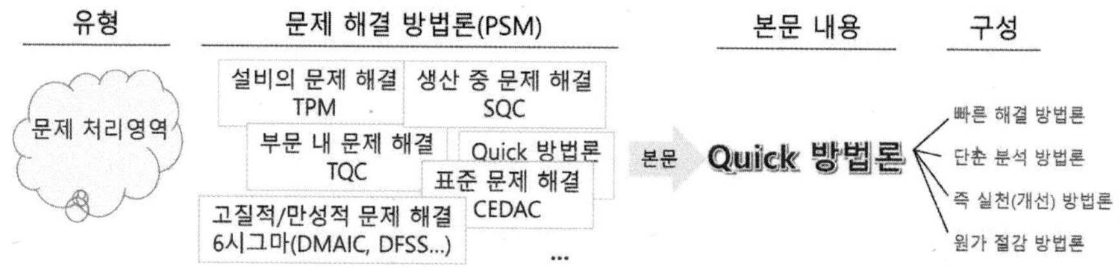

개요도에서 본문은 '문제 처리 영역'을 위해 개발된 기존 여러 방법론들 중 '**Quick 방법론**'을 다루고, 다시 'Quick 방법론'은 **'빠른 해결 방법론'**, **'단순 분석 방법론'**, **'즉 실천(개선) 방법론'**과 **'원가 절감 방법론'**이 포함돼 있다. 본

---

6) TRIZ(Teoriya Resheniya Izobretatelskikh Zadach), DFQ Process(Design for Quality Process), NPI(New Product Introduction).

문은 이들 네 개 방법론을 자세히 소개한다.

다음은 지금까지의 내용을 요약한 표로, 굵게 표시한 항목이 본문의 주제이다. 『**Be the Solver**』 시리즈에 포함된 다른 방법론들도 동일한 구조로 표현되므로 각 책의 본문에 들어가기 전 반드시 정독해주기 바란다.

분류	『Be the Solver』 시리즈
총서	The Solver
문제 해결 방법론 (PSM)	[문제 처리 영역] **빠른 해결 방법론, 단순 분석 방법론, 즉 실천(개선) 방법론, 원가 절감 방법론** [문제 해결 영역] 프로세스 개선 방법론, 영업 수주 방법론 [문제 회피 영역] 제품 설계 방법론, 프로세스 설계 방법론
데이터 분석 방법론	확증적 자료 분석(CDA), 탐색적 자료 분석(EDA), R분석(빅 데이터 분석), 정성적 자료 분석(QDA)
혁신 방법론	혁신 운영법, 과제 선정법, 과제 성과 평가법, 문제 해결 역량 학습법
품질 향상 방법론	[문제 처리 영역] 실험 계획(DOE) [문제 해결 영역] 통계적 품질 관리(SQC) – 관리도/프로세스 능력 중심 [문제 회피 영역] FMEA, 신뢰성 분석

'Quick 방법론'의 네 개 방법론들에 대해서는 본문의 '개요'를 통해 기본적인 이해를 구하기 바란다.

본문의 구성

「문제 해결 방법론」을 기획하며 가장 의미 있는 결과물을 내었다. 그동안 「프로세스 개선 방법론」, 「제품 설계(프로세스) 방법론」, 「영업 수주 방법론」을 출간했으나 사실 독자들에게 가장 먼저 드러내고 싶었던 방법론은 바로 「Quick 방법론」이다. 그 이유는 기업 내 과제 수행에서 활용 빈도가 가장 높은 방법론이기 때문이다.

본문은 하나의 방법론이 아닌 네 개 유형을 소개한다. 만일 빠른 일처리를 요하는 문제(공식화할 경우 '과제')들에 「프로세스 개선 방법론」이나 「제품 설계 방법론」 등을 활용하면 역효과가 난다. '40-세부 로드맵' 또는 '50-세부 로드맵' 전체를 모두 거쳐야 하는 문제들보다 그들 중 일부 '세부 로드맵'만으로 해결되는 문제 유형들이 약 93%를 점하기 때문이다. 또 한 가지 중요한 사항이 빠른 일처리엔 'Quick 방법론'이 최적이나 이들 중에도 문제 유형에 따라 약간의 온도 차이가 있어 하나의 방식만 고집할 경우 소소한 문제에 직면할 수 있다. 예를 들어 사업부마다 서로 다른 양식을 사용하고 있어 보고 절차에 효율이 떨어지는 상황에서 동일 내용은 동일 양식에 쓰도록 표준화하는 과제를 수행한다고 하자. '즉 실천(개선) 방법론'으로 접근하면 양식별로 각각 대응하게 돼 진행은 빠르나 오히려 산만하고 전체 윤곽을 잡아내기 어렵다. 이에 양식 모두를 모아 유형별로 묶은 뒤 표준화시켜 나가면 전체를 아우르는 동시에 개별 양식까지 개선할 수 있다. 이 경우 '가설 검정'이 필요치 않은 'Quick 방법론'이 요구되고 과제 성격상 '즉 실천(개선) 방법론'보다 좀 더 규모 있는 '빠른 해결 방법론'이 적합하다. 따라서 현업에서 발생하는 많은 문제들이 단순하게 처리될 수 있더라도 문제 유형을 고려해 방법론도 그에 맞춰 구분하는 것이 효과적이다. 다음은 본문에서 설명할 네 가지 방법론들의 특징을 요약한 것이다.

우선 첫 번째 「빠른 해결 방법론」을 소개한다. 이 방법론의 로드-맵은 'DMWC'를 기본으로 하고, 그 아래 '10-Step', '21 세부 로드-맵'으로 구성된다. 본문은 '세부 로드-맵'에 대해 파워포인트 작성 사례와 함께 용법을 상세히 소개한다. 'W'는 'Work-out' 또는 'Workshop'의 첫 영문자로 사람이 모여서 문제를 제기하고(Xs), 이를 해결하는(Improve) 활동으로 이루어진다. '가설 검정'이라는 분석 작업이 생략된 것으로도 볼 수 있고, 또 실제 현업에서 분석 없이 관련자들 간 회의를 통해 마무리할 수 있는 과제가 85% 이상을 차지하는 현실에서 그 유용성은 대단히 높다. 연구 과제들 중 순수 '실험 계획(DOE)'만으로 이루어진 과제도 본 방법론을 활용한다.

두 번째는 「단순 분석 방법론」이다. 해외에서는 "Six Sigma Simplified"라는 주제로 출판물이 나오거나 이 분야 관련한 많은 연구가 이루어지고 있다. 특히 포드 자동차의 '6-Panel' 같은 기존 「프로세스 개선 방법론」의 축소형이 본 방법론의 탄생과 맥을 같이한다. 한두 건의 분석(가설 검정 등)이 필요한 과제 수행 경우 굳이 복잡한 로드맵 전체를 밟을 필요가 없다. 이 방법론은 "문서 5장으로 과제 수행을 표현"할 수 있는 것이 가장 큰 특징이다. 로드맵은 'D-M-A-I-C'의 5개 Phase들로만 구성된다. 이전과 동일하게 본문에 파워포인트 작성 사례와 함께 세부적인 설명이 포함돼 있다.

세 번째는 익히 잘 알려진「즉 실천(개선) 방법론」이다. 'Quick Fix' 또는 'Quick Fix Solution'으로 알려져 있다. 기업에 따라 2~3개월의 수행 기간을 갖는 'Quick Win'과도 혼용해 쓰인다. 본문은 '즉 실천(개선)' 사례로 '제조', '간접', '서비스' 부문을 소개한다. 이 방법론의 가장 큰 특징은 문서상 1장으로 마무리한다는 점이다. 본문에 제시한 양식을 통해 현업에서 바로 응용할 수 있도록 상세하게 설명하고 있다.

네 번째는 연구개발 부문(R&D)에 적합한「원가 절감 방법론」이다.「프로세스 개선 방법론」에 익숙한 독자는 다소 낯설게 와 닿을 수 있다. 원래 '가치 공학(VE, Value Engineering)'이란 별도의 방법론(Methodology)으로 존재해오던 오래된 문제 해결 접근법이며, 1947년 제품에 대한 원가 절감을 목적으로 탄생하였다. 이를 로드맵으로 재탄생시킨 것이 본 방법론이다. 앞서 설명한 'Quick 방법론'들은 모두 직접, 간접(서비스), R&D를 불문하고 활용이 가능하나 본 방법론만큼은 제품이나 서비스의 구조나 내용물 변경이 핵심 활동이므로 설계를 다루는 분야에 적합하다. 본문은 'VE'가 세계적으로 활용되는 유용한 방법론이므로 체계화를 이룬 SAVE International의 Phase 명칭을 로드맵과 함께 그대로 표기하고 있다. 이것은 'VE'에 익숙한 독자들도 필자가 재정립한 본문의 방법론에 바로 적응할 수 있도록 배려한 조치다.

『Be the Solver』 시리즈에서 소개한 이들 방법론을 자유자재로 활용할 수 있는 수준이 될 때 어떤 문제에 봉착하더라도 충분한 문제 해결 능력을 갖춘 역량 있는 기업인이 될 수 있음을 확신하는 바이다.

필자 송 인 식

차례

1

Quick 방법론 개요

'Quick 방법론'을 바로 설명하기에 앞서 왜 필요한지를 이해시키기 위해 전체 숲을 보는 과정부터 시작한다. 기업 과제 대부분을 이 방법론으로 처리할 수 있기 때문이다. 따라서 기업 내 과제가 발굴되는 전체 사이클을 정의하고, 그 하부에 속한 각 활동은 물론 앞으로 다루게 될 핵심 주제인 'Quick 방법론'의 정의와 역할, 관련된 문제점 등 전체적인 개요를 설명한다. 이로부터 독자는 'Quick 방법론'이 단순히 사소한 방법론들을 모아놓은 것이 아닌 실제 경영 혁신 추진 과정에서 매우 중요한 역할을 담당한다는 것을 확인하게 된다.

1. 경영 혁신 사이클(전체 숲 보기)

문제 해결을 위한 방법론, 그것도 단순 방법론을 설명하는 자리에서 갑자기 웬 '경영 혁신' 같은 무거운 주제를 글 첫머리에 두고 설명하려는 것일까 의아해할 수 있다. 그러나 앞으로의 논의에서 알게 되겠지만 'Quick 방법론(Methodology)'의 경영 혁신 운영 중 차지하는 비중과 전체 숲 내에서의 그의 존재를 확인할 필요성, 또 본문이 문제 해결에 처음 입문하는 리더들을 대상으로 기획돼 있다는 점 등을 고려한 수순이다. 따라서 독자는 천천히 그리고 가급적 정독하면서 전체 분위기를 파악해 나갔으면 하는 바람이다.

한 기업에서 일어나는 '경영 혁신 순환'을 간단하게 묘사하면 나음 [그림-1]과 같이 세 Phase로 구분할 수 있다.

[그림 - 1] 경영 혁신 순환 체계도

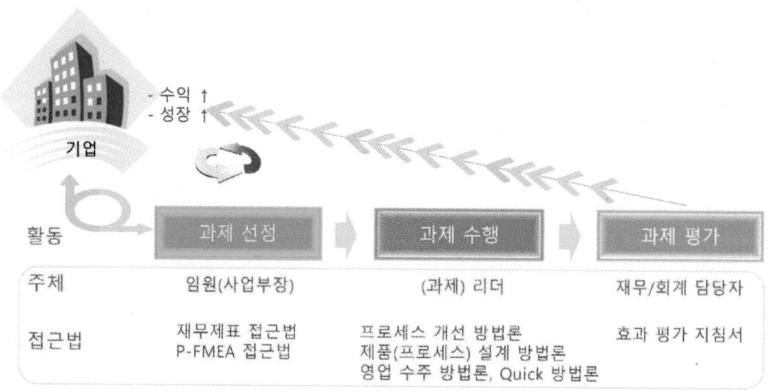

[그림 - 1]의 'A 기업'에 대해 생각해보자. 기업은 단기적으로 '수익'을 최대화하고, 중장기적으로 '성장'을 극대화하는 것이 지상 최대의 과제이며, 이 문

제를 해결하기 위해 다양한 의사 결정, 즉 '전략'을 구사한다.

가끔 경영 혁신에 대해 탐탁지 않게 여기는 임원들 중에 경영 혁신을 적극적으로 추진했던 기업들 중 상태가 안 좋은 기업의 예를 들면서 "왜 경영 혁신을 철저히 했음에도 저렇게 어려운 지경에 이르렀을까요?" 하고 마치 스스로가 생각해왔던 경영 혁신의 부정적 영향이 더 큰 것은 아닌지 거 보라는 듯 확인 질문을 던지는 경우가 있다. 2000년대 중반에 국내 굴지의 한 전자 회사가 스마트폰의 폭발적인 대중화에 편승하지 못하는 바람에 불과 몇 달 후 적자로 돌아선 사건(?)은 앞으로도 두고두고 회자되는 사례로 남을 것이다. 물론 이를 극복하기 위한 전사 임직원들의 뼈저린 사투의 시간이 이어지고 있으며, 그 결과 상황은 점점 나아지고는 있으나 애당초 시작된 이 문제의 본질은 경영 혁신 또는 일하는 방법상의 영향이라기보다 의사 결정권자들이 기로에 섰을 때 어떤 선택을 했는지가 주된 요인이라 할 수 있다. 즉, 의사 결정권자들이 내리는 '의사 결정'이란 앞으로 회사를 어떻게 이끌어 나아갈지에 대한 판단인 '기업 전략 선택'과 연결된다. 그 전략적 선택이 잘못되면 회사는 한순간에 망할 수도, 거꾸로 한순간에 흥할 수도 있다. 상황이 어려워진 대부분의 기업들은 경영 혁신을 도입해서 어려워졌다기보다 기업의 운명을 좌우할 전략적 판단의 실패에서 온 여파로 이해해야 한다. 경영 혁신 자체가 의사 결정권자들의 전략적 판단을 지원하진 않는다. 물론 '경영 혁신'을 도입하는 '선택' 역시 기업의 '전략'으로 봐야 할 것이나 이 경우 '경영 혁신 도입'은 '일하는 방법의 변화'를 꾀하고자 하는 의도에서 비롯된 것이므로 이어지는 소주제에서의 설명을 통해 이해돼야 할 것이다.

지금까지의 경험을 통해 "경영 혁신의 추진=일하는 방법의 전파"로 읽혀진다. 즉, 한 기업이 임직원들의 '일하는 방법'을 변화시켜 궁극적으로 수익과 성장을 꾀하려는 의도가 있다면 전략적으로 '경영 혁신의 추진'을 '결정'할 수 있다. 그러나 기업이 '경영 혁신 추진'을 결정했다고 해서 그 자체가 '수익과 성장'을 보장해주진 않는다. 경영 혁신 추진은 기본적으로 '과제'를 기반으로 운영될 때에만 존재 의미가 생기며, 만일 '과제'가 없으면 결국 아무 일도 생기지 않는다. 상상해보라! 지금까지 전개해온 경영 혁신 활동에 '과제'가 없는 상황을! 이로부터 한 가지 논리가 성립한다. 즉, '경영 혁신 추진의 결정'과 같은 절차로 정해진 전략들, 예를 들어 '유통 차별화 전략'은 "차별화 목표"를 달성하기 위한 수단으로써 '경영 혁신의 추진'이 절실하다. 현재의 방식대로 그냥 해서 목표 달성이 될 사안을 굳이 생존에 필요한 '전략'으로 정할 이유가 없기 때문이며, 따라서 어려운 목표인 만큼 뼈를 깎는 각고의 노력인 '혁신'의 조력이 요구된다. 정리하면 '경영 혁신의 추진 결정'도 동일한 절차에 의해 정해진 전략들 중 하나지만 그것은 다른 모든 전략들의 목표를 달성하는 데 쓰이는 수단의 역할로써 의미를 갖는다. 즉, "전략의 존재는 선(先)이요, 경영 혁신은 그의 목표 달성을 지원하기 위한 수단으로써 후(後)의 관계"에 있다는 논리가 성립한다.

기업 안에서 이행되는 지금까지의 '경영 혁신 추진'의 논리를 일반적 개요도로 정리하면 다음 [그림 - 2]와 같다.

[그림 - 2] '기업의 전략'과 '경영 혁신'과의 관계도

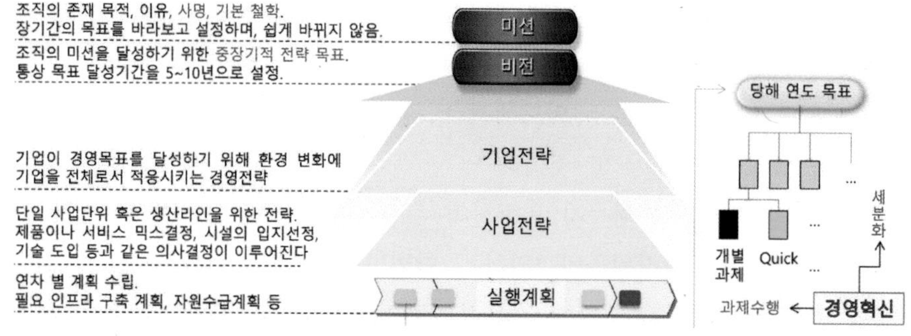

[그림 - 2]를 보면 기업이 살아남기 위해 쉽게 바뀌지 않을 기업의 사명이나 철학이 있어야 하는데 이것을 '미션(Mission)'이라고 한다. 조직의 '비전(Vision)'은 '미션'을 달성하기 위한 중장기적 '목표'를 나타내며, 목표를 달성할 기간으로 통상 5~10년을 설정한다. 이제 '비전'과 해당 기업의 CEO가 생각하는 현재 수준 간 차이(Gap)를 메워야 하는데 이때 필요한 것이 '전략'이다. '어떻게 메워야지?'의 질문에 대한 답이라고 볼 수 있다. 우선 '기업 전략'은 여러 사업 부문을 보유한 기업 경우, 어디에 더 투자하고 어디를 축소할 것이며, 그에 따른 자원의 배분을 어떻게 가져가야 하는지 등의 미래 지향적인 판단을 해줘야 한다. 예를 들어 'BCG Matrix'를 이용했다고 가정할 때 분석에 대한 결론으로 다각화 전략, 자원 할당 전략, 합병 매수 전략, 철수 전략 등을 세울 수 있다.

'기업 전략'이 정해지면 회사 전체가 그에 맞춰 한 방향으로 나아가야 하므로 이때 [그림 - 2]처럼 '사업 전략'이 온다. '사업 전략'은 '기업 전략'을 하향 분해한 것으로 사업부 단위나 생산 라인별 단위 전략에 해당한다. 주로 제품·서비스의 믹스 결정, 시설의 입지 선정, 신기술 도입 등과 같은 좀 더 실무적이고 구체적인 결정이 이루어진다.

현재 주제로 삼고 있는 '경영 혁신 추진'은 [그림 - 2]의 오른쪽 아래에 표기돼 있다. 주로 기업의 전체 전략 구조에서 당해 연도에 수행할 '활동'과 '목표'에 관계한다. '활동'과 '목표'는 '세분화(CTQ Flow - down)'를 거쳐 '과제 수준'까지 도달하는데 이때 선정된 과제들의 수행, 관리, 평가, 사후 관리 역할을 '경영 혁신 프로그램'이 전담한다. 이 같은 구조로 추정컨대 앞서 "경영 혁신을 추진했음에도 기업이 어려워졌다!"는 의견은 '기업 전략'이나 '사업 전략'의 의사 결정 과정에서 부적절한 선택이 이루어졌을 가능성에 심증을 두는 것이 더 합리적이다.

지금까지 [그림 - 1]에 표기된 '기업'에 대해 설명하였다. 기업이 생존하기 위해 필요한 '전략'의 설명과 그로부터 파생된 '과제', 또 이 과정에 필요한 '경영 혁신의 역할'에 대해 간략히 알아보았다. 다음은 [그림-1]에서 언급한 '과제 선정, 과제 수행, 과제 평가'에 대해 알아보자.

1.1. 경영 혁신 사이클 – 과제 선정

'과제 선정'은 [그림-2]에서 기업의 생존에 꼭 필요한 해야 할 일, 즉 '전략'들 중 주로 당해 연도에 해야 할 것들을 세분화함으로써 얻어진다. '세분화'는 'CTQ Flow-down', 'CTQ Drill-down', 'CTQ Tree' 또는 'Logic Tree' 등으로 불리는데 작은 조직이 수행 가능한 수준까지 잘게 쪼개게 되며 이렇게 얻어진 과제들은 "전략과 연계됐다"라고 표현한다. 과제를 얻기 위한 하향 전개는 '재무 과제(재무성과가 나는 과제)'인지 '비재무 과제(준재무성과,[7] 체질 개선 성과가 나는 과제)'인지에 따라 접근법에 차이가 있다. 전자의 경우는 '재무제표 접근법'으로 하향 전개하며, 이는 사업 계획으로부터 당해 연도 할당된 목표액을 '추정 재무제표'에 반영한 후 부서별로 관련된 '비율 지표'의 수준을 올리도록 유도하는 방법론이다. 후자의 경우는 당장 '손익 계산서'에 반영이 어렵거나 불가한 목표의 과제들에 대해 'P-FMEA 접근법'을 통해 하향 전개가 이루어진다. 'P-FMEA'는 프로세스 내 잠재된 문제들을 도출하는 도구로 작성은 엑셀 시트 등을 이용하지만 결과는 그 자체로 'Logic Tree'의 구조를 갖는다. 따라서 긴급도나 영향도 관점에서 우선순위가 높은 항목들을 선별함으로써 과제들이 발굴된다. 자세한 내용은 「Be the Solver_과제 선정법」 편에 잘 설명돼 있으므로 관심 있는 독자는 해당 서적을 참고하기 바란다. 다

7) '준재무성과'는 「Be the Solver_과제 성과 평가」편에서 정의한 용어로 금전적 단위로 산정은 되지만 당장 '손익 계산서' 내 반영이 어려운 성과를 나타낸다.

음 [그림 - 3]은 '재무제표 접근법'과 'P - FMEA 접근법'의 활용 흐름도이다.

[그림 - 3] '재무제표 접근법'과 'P - FMEA 접근법' 흐름도

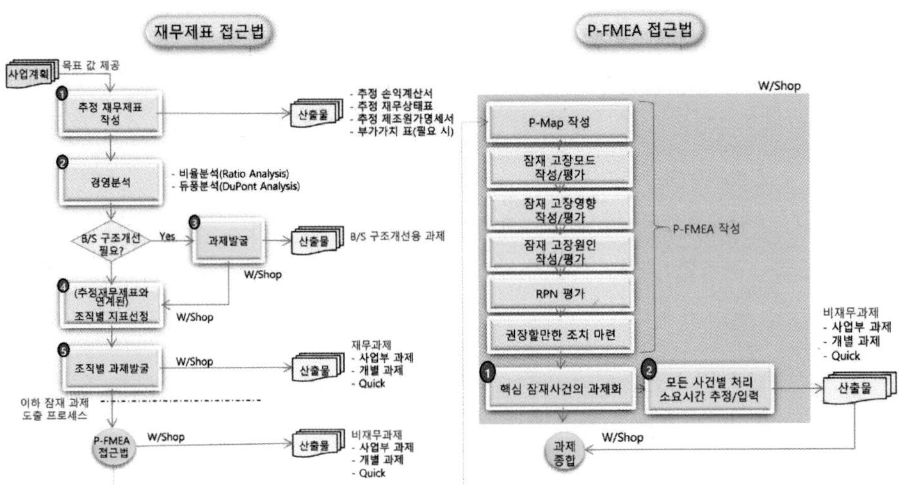

[그림 - 3]의 '재무제표 접근법' 맨 아래를 보면 흐름도가 'P - FMEA 접근법'과 연결돼 있어 '재무 과제'와 '비재무 과제'가 상호 보완적 관계에 놓여 있음을 알 수 있다. 흐름도에 대한 설명은 범위를 벗어나므로 생략한다.

'재무 과제'든 '비재무 과제'든 세분화 과정 중 발굴된 하위 항목이 최초의 전략 목표로부터 벗어나지 않도록 가장 상위 전략의 의사 결정권자였던 CEO 및 사업부장들이 하향 과정 전체를 관리 감독해야 하며, 이 때문에 '과제 선정'은 전적으로 사업부장의 책임하에 이루어진다. 이것이 [그림 - 1]에서 '과제 선정'의 '주체'가 '임원(사업부장)'으로 표기한 이유이다.

1.2. 경영 혁신 사이클 - 과제 수행

'과제 수행'은 [그림 - 1]의 세 항목들 중 중간에 위치한다. 기업의 전략이 마련되고 그들의 하향 전개를 통해 수행이 가능할 정도로 과제들이 다듬어지면 각 과제에 리더들이 배정된다. '기업 → 과제 선정 → 과제 수행 → 과제 평가 → 기업(실제는 손익 계산서)'으로 이어지는 경영 혁신 순환 중 '흐름 관점'에서 가장 중요한 요소가 바로 '과제 수행'이다. '과제 선정'은 '수행'이 뒤따르지 않는 한 단지 목록으로서만 존재하고, '과제 평가' 역시 '수행'이 전제되지 않으면 평가할 대상이 존재하지 않는다. 그와 다르게 '과제 수행' 경우 설사 기업의 전략과 연계된 과제가 없더라도 부문 내 문제들을 해결하기 위한 자체 활동은 지속적으로 이루어질 수 있을뿐더러(부문 내 과제 수행) 공식적인 효과 평가 없이도 자체 수행 결과를 부문 내에서 평가할 수 있어 독립적인 운영이 가능하다.

[그림 - 4] '과제 수행'의 중요성과 독립성

[그림 - 4]에서 '과제 수행'은 한 기업의 수익성과 성장성을 담보할 과제들에 있어 성과로 연결시키는 중요한 가교 역할을 하며(중요성), 전략과의 연계 여부와 관계없이 부문 내 해결이 필요한 문제들을 일상으로 처리하고 있어 늘 가동 상태이다(독립성). 따라서 부문 내 주요 문제들을 해결하고 있든, 전사

전략과 연계된 중요 과제를 수행하든 '과제 수행'에 투입된 인력들은 항상 일정 수준 이상의 '문제 해결 능력'을 보유하고 있어야 한다.

기업에서 '문제'를 해결하도록 공식화하면 '과제'라고 한 바 있다. 이때 '문제'들은 다양한 모습으로 존재하고 주어진 환경에서 요구에 맞게 완전히 해결하려면 리더의 문제 해결 능력은 절대적이다. 현실적으로 리더 이외의 다른 동료가 그만큼 시간을 투입할 수 없으며 또 리더만큼 고민할 수 있는 여건도 아니다. 과제 목표 달성을 위해서는 오직 리더에만 의존해야 한다. 그렇다고 기업 입장에서 리더가 문제를 해결할 때까지 마냥 기다리는 수동적 대응은 위험 부담이 크다. 앞서처럼 전략과 연계된 과제이면 그 부담은 더욱 커진다. 따라서 리더 스스로 문제 해결 역량을 키우려 노력하거나 기업이 투자를 통해 전문 리더를 양성하기 위한 노력을 경주해야 한다. 대부분은 후자의 양상을 보인다.

그러나 리더의 역량을 높이려면 고민도 생긴다. 리더의 문제 해결 수준이 얼마가 되는지 객관적으로 가늠하기 매우 어렵다는 점이다. 다행히 국내 많은 기업이 도입한 '6시그마'에서는 리더 제도가 있어 WB, GB, BB, MBB로 이어지는 체계가 잡혀 있고, TRIZ는 국제 공인의 'Level 제도'가 있다. TRIZ 경우 고가의 프로그램을 이용해야 하고 연구 개발 부문에 한정된 제약 등으로 접근성이 떨어지는 단점이 있다. 반면, '6시그마'는 회사가 도입했다면 대부분의 직원들에게 교육 기회가 주어지므로 상대적으로 접할 기회가 많은 편이다. 리더 인증과 관련한 특징을 열거하면 다음과 같다.

1) 국내 기업 대부분이 6시그마 경영 혁신을 도입한 경험이 있어 리더 인증이 일반화돼 있다. 1990년대 말 유수의 국내 대기업들을 중심으로 시작한 6시그마 경영 혁신은 같은 계열의 타 기업들을 자극하며 수평적으로 퍼져 나갔고, 한계에 다다를 즈음엔 협력 업체를 대상으로 수직적으로 전파되었다. 통계

패키지인 미니탭의 회사 담당자에 따르면 전체 대기업의 약 70% 수준이 6시그마 경영 혁신을 도입한 것으로 언급한 바 있다. 따라서 요즘같이 경력직의 이동이 서구처럼 잦아들고 있는 현실에서 이직할 대상 기업이 6시그마 경영 혁신을 제도적으로 운영할 확률은 약 0.7(70%, 열에 일곱 기업)이 된다는 것은 거의 기정사실로 받아들여야 한다. 결국 문제 해결 역량을 개개인이 키울 기회는 그만큼 커진다고 볼 수 있다.

2) 기업이 리더 인증을 통해 해당 직원의 문제 해결 능력을 평가하고 있음을 퇴직자를 통해서도 엿볼 수 있다. 퇴직자는 리더 인증 여부가 개인 이력에 중요한 가치(Value)가 된다는 것을 암암리에 인식한다. 조직 내에 있으면서 제도적으로 운영되는 각종 인증(정보화 자격, 토익, PI 등) 취득은 운영 부서의 등쌀에 못 이겨 어쩔 수 없이 따놓았다 치더라도 막상 회사를 떠나면 이력서의 경력 내용에 소중한 한 줄을 차지한다. “사회생활을 하면서 매년 자신의 이력서에 한 줄 포함시킬 경력을 꼭 하나씩 만들어내라”라는 조언이 있다. 하물며 6시그마 ‘BB 자격’은 운전면허 시험같이 문제집을 구입해 반복적으로 외워서 붙을 수 있는 그런 자격시험과는 차원이 다르다. 운전면허 시험을 어렵게 붙은 사람들을 폄하할 생각은 없지만 적어도 기업의 리더 자격처럼 많은 투자와 시간이 소요되진 않는다. ‘BB 자격’의 예를 들어보자. 기업마다 차이는 있지만 120시간(하루 8시간 기준 15일) 이상의 집합 교육을 받아야 하고 70점 이상의 과정 평가 시험을 통과해야 한다. 그 후 최소 4개월 이상 소요되는 과제를 두 건 완료해야 하며, 국내 기업에서 개발한 인증 시험을 70점 이상 받아내야 비로소 ‘BB 인증’을 받을 수 있는 자격이 생긴다. 빠지는 일 없이 지속적으로 참여해도 약 15개월 정도가 필요하고 중간 업무로 공백 기간이라도 있게 되면 2년 정도의 시간이 소요되는 게 다반사다. 국내 리더 인증 시험은 또 왜 그리 어려운지! 한 번 떨어지면 분기마다 시행되므로 3개월을 기다려야

한다. 시간은 그렇다 치고 교육이며 관리에 들어가는 비용은 얼마나 많겠는가? 거기에 실제 업무로 교육 중에 배웠던 내용을 실습(?)하는 기회까지 주어지니 사실 인증을 받으려는 개인 입장에선 꿩 먹고 알 먹는 상황이다! 그런데 내가 속한 회사에서 이런 큰 역량 강화 기회를 버겁고 귀찮으며 휘둘려대기 싫다는 말이 입 밖으로 나와서야 되겠는가? 막상 조직을 떠나보면 자연스레 알게 된다. 얼마나 소중한 자격증인지를! 어차피 외부 공인 기관에 인증 경력이 기록돼 있는 것도 아니니 이력서에 조금 과장해서라도 쓰고 싶은 충동을 스스로 이겨내지 못한다. 이 때문에 간혹 'GB'이면서 이력서엔 'BB'로 등재하곤 하는 일도 벌어진다. 만일 독자 여러분들 중 소속된 조직에서 BB 인증의 기회가 주어지면 두말 말고 적극적으로 참여해서 꼭 취득하기를 권장한다. 'BB자격'은 여러분의 문제 해결 능력 수준을 가늠하게 할 몇 안 되는 측정 수단 중 하나라는 점 꼭 명심하기 바란다. 회사가 현금을 가져가라고 자꾸 권하는데 본인은 안 받겠다고 거부하면서 그것도 모자라 귀찮다고 신경질까지 부린다? 이런 분이 주위에 있다면 어디다 중심을 잡아야 하는지 꼭 조언해주기 바란다.

'과제 수행'에서 또 하나 고려할 사항이 어떤 '방법론'을 사용해야 하는가이다. 이것은 [그림 – 1]의 '과제 수행'을 보면 '접근법'에 '프로세스 개선 방법론', '제품(또는 프로세스) 설계 방법론', '영업 수주 방법론', 'Quick 방법론'이 기술돼 있다. '프로세스 개선 방법론'은 잘 알려져 있다시피 마이클해리가 정립한 문제 해결 방법론으로 'Measure Phase'에서 프로세스 내 관리 특성의 현 수준을 '측정'한 후 문제라 판단되면 데이터를 수집해 '분석(Analyze)'하고 '개선(Improve)'한 후 변화가 만족스럽다고 판단되면 실제 프로세스에 그 개선 내용을 적용해 확인 및 유지 관리(Control Phase)하는 절차로 이루어져 있다. 문제 발견 시 해결을 위해 통상 손발이 먼저 움직이는 접근은 도움이 안 된다는 뜻으로 그 전에 항상 '데이터 분석'을 우선시하라고 강조한다. '제품(또는 프로세스) 설계 방법론'은 '제품'을 설계하면 약어로 'DFSS_t'처럼 'Technical'이, '프로세스'를 설계하면 'DFSS_c'처럼 'Commercial'이 뒤에 붙는다.[8] 또 영업 부문의 '수주'를 목적으로 하는 과제는 '영업 수주 방법론'이라는 특화된 방법론을 활용한다. 끝으로 'Quick 방법론'은 필자가 부여한 명칭으로 단기간에 끝낼 수 있는 과제들을 처리할 방법론들의 총칭이다. 이에는 'TQC 로드맵'을 흡수한 '빠른 해결 방법론',[9] 문서 5장으로 완성하는 '단순 분석 방법론',[10] 바로 처리하는 '즉 실천(개선) 방법론', 연구 개발 분야에서 원가 절감을 목적으로 짧은 기간에 설계를 보완하는 '원가 절감 방법론'[11] 등이 포함된다. 다음 [그림 - 5]는 각 방법론들 및 그와 관련한 기본 로드맵인 Phase를 나타낸 개요도이다. 설명을 참조하면서 관찰하기 바란다.

[그림 - 5] '과제 수행'에 필요한 주요 방법론들 예

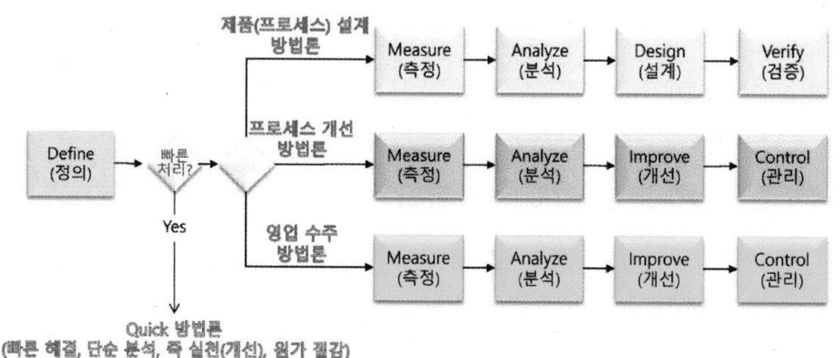

'로드맵'이란 희미한 불빛(목표점)을 향해 물살이 센 강을 잘 건널 수 있도록 안내하는 가교 역할을 한다. 마이클해리가 완성한 'D - M - A - I - C(사실

8) 'DFSS'는 'Design for Six Sigma'의 줄임말이다.

9) 필자가 정립한 방법론이다. 'W'는 'Analyze'와 'Improve'를 합친 Phase이며, 팀원들이 모여 문제 제기와 동시에 해법을 찾는다는 의미로 'Work - out' 또는 'Workshop'의 첫 자를 땄다.

10) 필자가 부여한 명칭으로 DMAIC를 각 1장씩 총 5장으로 결론짓는 방법론이다.

11) R&D의 설계 변경에 쓰이는 'VE(Value Engineering)'를 로드맵화한 방법론이다.

'D'는 이후 GE에서 추가한 Phase이다)'는 돌다리 사이가 너무 떨어져 당장 문제 해결을 위해 어떻게 시작하라는 것인지 초보자에겐 매우 어렵게 느껴진다. 이에 접근성을 높이기 위해 국내 삼성그룹에서 2002년에 각 Phase를 세 개씩 총 15개로 나누었으며 이를 '15 – Step'이라고 한다. 필자는 이를 다시 다음과 같이 세분화함으로써 문제 해결 방법론의 완결을 이루었다.

[표 – 1] 문제 해결을 위해 접근성을 높인 방법론들과 로드맵(국내)

방법론		도입기('97 ~ '01)	확산기('02 ~ '08)	성숙기('09 ~)
프로세스 개선 방법론		DMAIC 5Phase (마이클해리)	각 Phase를 3개로 나눈 '15-Step' 정착 (삼성그룹)	'15-Step'을 더욱 세분화해 총 40개의 '세부 로드맵' 완성(필자)
제품(또는 프로세스) 설계 방법론		DMADV 5Phase (GE)	각 Phase를 3개로 나눈 '15-Step' 정착 (삼성그룹)	'15-Step'을 더욱 세분화해 총 50개의 '세부 로드맵' 완성(필자)
영업 수주 방법론		DMAIC 5Phase (GE)	로드맵 유지. 단 크게 주목받지 못함	'5Phase'를 총 12개의 '세부 로드맵'으로 완성(필자)
Quick 방법론	빠른 해결 방법론	–	EASY 로드맵 (삼성 SDI), DMWI (삼성 건설) 등	TQC의 PDCA를 도입해 10-Step, 총 21개의 세부 로드맵 완성(필자)
	단순 분석 방법론	6Panel (Ford)		DMAIC 각 Phase 1장씩 총 5장 문서로 완성(필자)
	즉 실천(개선) 방법론	문서 한 장으로 완료	문서 한 장으로 완료	양식 명확화 및 1장의 문서로 완성(필자)
	원가 절감 방법론	VE 방법론	6Phase로 정립(박지홍 전문 위원)	총 12개의 '세부 로드맵'으로 재정립(필자)

각 방법론들에 대한 자세한 설명은 생략한다. 단지 학습을 좀 더 원하는 독자는『Be the Solver』시리즈의 각 편을 참고하기 바란다. 물론 'Quick 방법론'은 본문에서 자세히 다룰 예정이다.

[그림 – 1]의「경영 혁신 순환 체계도」중 '과제 수행'은 가장 핵심 주체인 리더가 있고, 또 그들이 문제 유형에 적합한 방법론을 선택해 활용할 수 있는 역량을 갖춰야 한다. 그에 추가로 도구(통계, 정성적 분석 등)에 대한 이해도 요구된

다. 문제 해결 전문가 양성과 관련한 '학습'은 별도의 단원에서 다루도록 하겠다.

1.3. 경영 혁신 사이클 - 과제 평가

'과제 평가'는 [그림 - 1]의 맨 끝에 위치하며 그 결과물은 과제가 시작된 최초의 '기업(실제는 손익 계산서)'으로 다시 돌아가 하나의 선순환을 완성한다. 평가는 '재무 분석 전문가'에 의해 이루어지며 과제를 수행하는 리더들에게는 다소 생소한 분야이다. 주로 재무나 관리 회계 지식과 업무 경험이 있어야 하고, 또 개선 유형별 '효과 산출 식'에 대한 이해도 필요하기 때문이다. 이 분야는 미국에서 6시그마가 도입된 직후 효과 평가의 필요성이 강하게 대두되면서 삼성 SDI가 기본 접근법을 넘겨받아 정립한 어찌 보면 순수 국내 작품이라 할 수 있다. 이후 삼성그룹 경우 자체 표준을 완성한 것으로 알려져 있다. '산출 식'은 합리적 절차를 거쳐 마련되므로 '관리 회계' 영역에 속하지만 재무제표인 '손익 계산서'에 반영되는 점을 감안하면 일정한 규칙을 따라야 하는 '재무 회계'와도 관계한다. 혹 과제 성과 평가에 관심 있는 독자라면 「Be the Solver_과제 성과 평가법」편을 참고하기 바란다.

[그림 - 1]에 대한 '경영 혁신 순환 체계도'를 다시 상기해보자. 2012년 1월 7일자 매일경제 1면을 보면 "자본주의 위기 베니피트기업으로 극복"이란 큰 제목이 눈에 띈다. 기사에 의하면 미국 예일대 경제학과 교수인 로버트 실러(Robert Shiller)는 "경영자들이 사회적 책임은 지지 않고 이윤만 추구하다가 월가 점령 시위가 확산되고 있다. 이를 해결할 방안 중 하나가 바로 베니피트 기업(Benefit Corporation)이다"라고 주장한다. '베니피트 기업(Benefit Corporation)'은 "이윤을 추구하면서 동시에 시민으로서 사회적 책임을 적극 수행하는 기업이다. 사회적 기업과 엇비슷한 개념이지만 베니피트 기업은 일반 사기업처럼 이

윤을 추구한다는 점에서 차이가 있다. 또 어떤 사회적 역할을 수행할지 기업 정관에 구체적으로 명시해 기업의 사회적 역할에 대한 구속력을 강화한 개념"이다. 그러나 현실에 속한 대부분의 기업들은 생존이라는 위협에 늘 노출돼 있는 경우가 많아 사회적 책임을 논하기엔 일부 기업을 제외하곤 매우 힘든 실정이다. 예로 실무자들의 의견에 따르면 IT 분야는 제품 주기가 한 달에 한 번씩 바뀌는 구조고, 자동차는 신제품 출시가 통상 3~5년에서 반기 정도로 바뀌었다. 철강 분야는 약 5년 주기로 경기 사이클을 타는데 이젠 분기 주기로 변하고 한다. 좀 과장된 의견이긴 하나 이런 세태에 살아남는 일 외에 무슨 고민을 더 할 수 있겠는가? 따라서 기업이 우선적으로 추구할 사항은 단기적으론 '수익성'이자 장기적으로 '성장성'임을 강조한 바 있다.

'수익성'을 극대화하기 위해서는 연초 사업 계획 이상의 실적을 내야 하므로 '계획'과 함께 '추진력'도 상당히 중요한데, 이를 각각 대변하는 것이 '과제 선정'과 '과제 수행'이다. 대다수 기업 경우, 이 부분의 관리 조직이 탄탄하게 마련돼 있는 등 운영상 크게 문제 될 일은 없다. 그러나 이후부터가 참담(?)할 정도로 심각하다. 바로 '과제 평가'를 너무나도 소홀하게 대하는 바람에 '경영

[그림-6] '경영 혁신 사이클'의 끊어짐

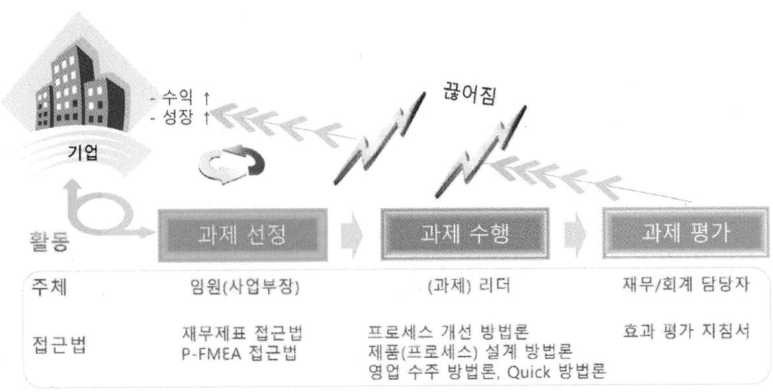

혁신 선순환'이 단절되는 사태가 열이면 아홉의 기업에서 발생한다.

[그림 – 6]은 '과제 평가'에 이르러 더 이상 경영 혁신의 선순환이 이루어지지 않고 단절된 형상을 묘사한다. 사실 이와 같은 단절은 한 기업에서 경영 혁신 추진의 지속성에 가장 위협적인 요소로 작용한다.

경영 혁신을 추진하는 A 기업을 가정하자. 경험이 없는 A 기업 입장에서는 외부 전문가의 조언이 필요하므로 컨설팅 회사와 계약을 맺은 뒤 전문 컨설턴트의 영입을 추진하고, 첫해엔 대표이사를 포함한 전 임직원이 지켜보는 자리에서 'Kick – off'를 한다. 연이어 예비 리더 확정, 교육 입교, 과제 확정, 과제 추진, 컨설턴트들에 의한 과제 멘토링과 관리 등 산더미처럼 쌓여 있는 해야 할 일들에 묻혀 정신없는 한 해를 보낸다. 또 사업부장들은 처음 해보는 과제 검토에 참여하면서 절차에 따라 진행되는 과제들의 규칙성과 복잡한(?) 통계의 미학에 흥미를 갖는다. 연말엔 효과가 크고 수행 수준도 높은 과제들을 선별해 큰 포상이 주어진다. 수행된 모든 과제들의 성과는 산정은 했으되 그들이 '손익 계산서'에 모두 반영됐는지는 사실 잘 모른다. 어쨌든 전체 과정이 만족스럽고 대표이사 또한 흐뭇하다. 이어 2년 차에는 운영에 다소 자신감이 붙는다. 과제 관리 시스템도 완성되고, 효과를 평가할 전문가도 양성했으며, 교육제도 확립과 인증제도 등이 정착된다. 이로부터 문제 해결 전문가들도 배출되기 시작한다. 그러나 한편에선 너무 급격하게 변해가는 현실에 대한 저항감과, 일부 치부(?)들이 전체 흐름에 묻혀 등한시되는 상황을 지켜보며 약간의 피로감과 상실감이 생겨나기 시작한다. 사업부장들도 P – Map, X – Y Matrix 등 반복되는 도구들에 서서히 싫증이 나고, 어느 순간 "고 부분은 빨리 넘어갑시다!"로 일관한다. 연말에 이르러 2차 연도의 인력 양성 결과와 과제로부터의 실적이 발표되고 1차 연도와 마찬가지로 연말 경선을 거쳐 큰 포상이 주어진다. 이 행사는 연말 축제로 자리 잡아간다. 그러나 이때도 효과 평가 전문가들에 의해 산정된 과제 성과들은 숫자는 있지만 재무제표에 반영돼 기업의 손익에 영향을 주었는지에 대해서는 언급이 없다. 드디어 3개년 차에 돌입한다. 이제는 운영에 익숙해진 경영 혁신 부서는 스스로 운영의 묘를 발휘하기도 하고, 미진한 체제의 완성도를 높이는 활동도 자체적으로 추진한다. 저항 세력들에 대한 관리 방안도 모색하고 사업부장들의 교육과 커뮤니케이션 활성화를 위해 다양한 변화 관리 이벤트도 마련한다. 경우에 따라서는 자체 교재도 만들고 기업 특성에 맞는 제도들도 새롭게 탄생시킨다. 내재화 과정을 걷는 것이다. 그러나 한 가지 알게 모르게 스멀스멀 피어나는 변화가 이는데 그것은 바로 대표이사의 모습이다. 경영 혁신 담당 부서에서 하자는 대로 적극적인 지원을 아끼지 않던 대표이사와 고위 임원들이 조금 떨떠름한 느낌을 갖기 시작한 것이다. 이런 분위기는 점점 심화돼 혁신 부서의 추진 동력에 지장을 초래하며, 급기야 직원들도 혁신의 집중도가 떨어진 채 본인 업무에 몰두한다. 뭘 하자고 하면 서서히 피하면서 역정을 내기도 한다. 좀 성급한 대표이사 경우 좋아진 게 무엇인지 직접적으로 반문한다. 2년 전 의기 왕성하게 추진되던 경영 혁신은 천천히 그 성장 동력을 잃어가며 명맥만 유지되는 퇴조기를 맞이한다.

사실 앞서 기술한 내용은 다소 부정적인 어투로 표현하였으나 기업에서 일어나는 실상과 전혀 다르다고 볼 수는 없다. 대부분의 기업이 3년 정도 경영 혁신을 추진한 뒤 유야무야 명맥만 유지하는 경우가 많기 때문이다. 왜 그럴까? 대표이사와 고위 임원들 입장에서는 회사의 존립 이유가 '수익성'과 '성장성'에 있어야 하는데 적어도 연간 단위로 끊어지는 과제 추진의 결과물(재무성과)이 동일 시점에 처리되는 손익 실적과 따로 놀고 있어 돈은 벌었다는데 그게 정확히 여기 것인지 아닌지 알 길이 묘연하다. '영업 이익'이 200억인 회사의 과제들 재무성과가 138억이라면 대표이사 입장에선 믿어지겠는가? 비용 절감을 통해 나타난 138억 때문에 200억의 영업 이익이 난 것인가? 아니면 순수 영업에 매진한 결과 때문인가? 헷갈리는 이유는 그들이 따로 놀고 있기 때문이다.

그렇다고 이들을 한 몸으로 만들어내는 일 역시 그리 녹록지만은 않다. 산출 식 규정부터 몇 회에 걸친 경영 관리팀이나 회계팀 및 평가 전문가들 간 연계 분석과 관리가 이루어져야 한다. 한마디로 과제 효과와 손익 간의 연계성 확립을 위해 관련 담당자들의 지속적인 연구가 필요한데 이 부분이 누락된 것이다. 필자가 어렸을 때 옆방 셋집에 삼륜차가 있었다. 작은 용달이었는데 차량 뒤쪽 두 바퀴와 앞쪽 중앙에 한 개 바퀴 해서 총 세 개로 이동한다. 회사의 한쪽 편에서 과제 효과 평가 결과와 손익 간 연계성 연구 과정을 겪지 않은 경영 혁신은 '과제 선정'과 '과제 수행'이라는 두 개의 바퀴만 연일 돌려대는 결코 앞으로 나아갈 수 없는 삼륜차와 같다. 앞바퀴가 모난 사각형이니 삼륜차는 제 기능을 잃은 채 제자리에서 엔진 소리만 요란하다.

약 20여 년간 컨설팅을 해오면서 그동안 방문한 수십 개 기업 중 단 한 개 기업만이 과제 효과를 손익에 정확히 산입했던 것으로 기억한다. 회사의 재무성과를 과제 선정 시점에 추정한 뒤 수행 중 과정 관리를 통해 그 금액이 유지될 수 있도록 사업부장과 리더들이 집중하고, 종료 후 정확한 예상 실적을 토대로 손익에 반영하는 과정을 반복한다. 만일 과제 수행 중 대외적 환경 변수로 목표 금액을 달성하기 어려울 경우 사업부장의 판단하에 과제를 바꾸거나 다른 영역의 새로운 과제를 신설해 목표액이 달성될 수 있도록 관리한다. 또 이 모든 운영은 연간 2회 실시되는 Audit 제도를 통해 통제되고 지원된다. 물론 Audit 결과는 모든 임원들이 모인 경영 회의 등에서 발표됨으로써 관심을 쏟을 수 있는 동기부여로 활용한다. 개개 리더들은 본인의 과제로부터 회사의 기여 정도를 객관적으로 확인할 수 있으며, 모든 성과가 투명하니 대표이사와 임원 모두 운영 시스템에 불만이 있을 리 만무하다. 그러나 이와 같은 체계가 단순히 성과 산출 식을 벤치마킹해서 자사 것으로 만드는 것만으론 어림없는 일이다. 재무에 밝은 임원이 선정되고 베테랑 회계 담당자들이 모여

앉아 몇날 며칠이고 산출 식의 내재화와 합리와, 손익과의 연계성 연구에 매진한 결과이다. 본문을 읽고 있을 여러분의 회사는 어떤 모습인지 다음 [표-2]의 질문을 통해 검토해보기 바란다.

[표-2] '과제 효과 평가'에 대한 자가 진단

자가 진단 질문	비고
1. 효과 산출 전문가가 있는가? 2. 효과 산출 전문가 양성 교육이 주기적으로 실시되는가? 3. 효과 산출 전문가들의 전문성을 평가할 프로세스가 있는가? 4. 효과 산출 전문가를 총괄 관리하는 부서의 장은 재무 또는 회계 전문가로 인정받는 자인가? 5. 효과 산출 전문가와 효과 산출 전문가 총괄 관리부서, 경영 관리 부서는 회사의 손익 계산서 구성 시 정보를 교환하는가? 6. 효과 산출 전문가 관리 지침이 있고 규정대로 운영되는가? 7. 과제 효과 평가를 위한 지침이 있는가? 8. 지침대로 정확하게 평가가 이루어지는가? 9. 평가 결과에 대한 이견 발생 시 조정 기구가 있는가? 10. 과제 선정, 수행, 평가에 대한 Audit 활동이 있는가?	(판단) 한 개라도 해당되면 그 기업은 경영 혁신 순환이 끊어졌다고 판단한다.

아마 경영 혁신이 유명무실이 된 기업들 중 대부분은 [표-2]의 요소 중 한 개 이상이 부정적 상태일 가능성이 매우 높다. 한 해 동안 이루어진 기업 내 모든 활동의 결과물은 기업의 성적표인 '손익 계산서'에 표현돼야 한다. 대표이사와 고위 임원들은 오직 그 재무제표의 숫자에 의해서만 대내외적으로 평가하고 평가받기 때문이다. 따라서 한 해 동안 추진된 과제 활동 역시 그 결말은 '손익 계산서' 내에서 다루어져야 함은 너무나도 당연하고 명백하며, 반드시 그렇게 되도록 실천해야 함임을 명심해야 한다.

2. 문제 해결 기본 교육과 방법론의 활용

'Quick 방법론'을 구상하면서 가장 먼저 떠오른 주제가 '문제 해결 기본 교육'이다. 그동안 시리즈를 써오면서 리더들의 업무 성향을 구분하거나 또 각자의 입문 전 학습 수준을 고려치 않았다. 그러나 'Quick 방법론'은 빠른 처리에 적합한 정보를 다루므로 '세부 로드맵' 전체를 밟거나 복잡하고 어려운 분석 도구를 사용하는 경우는 매우 드물다. 따라서 핵심어로 떠오르는 용어는 바로 "기본 ○○"이다. 즉, 빠른 처리를 어떻게 하면 잘 할 수 있는지를 안내할 '기본 교육' 방향과 직접적으로 활용될 '기본 방법론'을 별도로 강조할 필요가 있다.

다음 소주제부터 지금까지 해오던 방식의 기본 교육의 문제점을 지적하고 바람직한 방향이 무엇인지, 또 과제 수행 중 활용할 적절한 방법론이 무엇인지 앞으로 소개할 'Quick 방법론'과 연계해 고민해보는 시간을 가져보자.

2.1. 기본 교육의 문제점과 바람직한 방향[12)]

'문제 해결 방법론(PSM)' 중 가장 대중적(?)이면서 교육적 체계가 잘 갖춰진 유형이 바로 '6시그마'다. 문제 해결에 대해 초보자부터 전문가에 이르기까지 커리큘럼이 대상자별로 구체적이면서 운영의 묘도 상당한 수준에 도달해 있다. 따라서 '6시그마' 영역에서 일어나는 기업인 대상의 '기본 교육' 현황과 문제점, 바람직한 방향에 대해 알아보자.

1998년 중반쯤으로 기억되는데 WB(White Belt: 문제 해결 필요성과 기본

12) 이하 내용 중 일부는 네이버에 필자가 개설한 Cafe (Oversigma)에 실은 의견을 편집하여 옮겼다.

용어 정도를 이해하는 수준) 필기시험을 우수한 성적(?)으로 통과한 필자는 이어 GB(Green Belt: 저난이도의 문제를 해결할 수 있는 문제 해결 역량 수준) 취득을 위해 3일간의 교육에 참석하였다. 교육은 품질 관리 부문의 산업공학 출신 사내 강사가 담당했는데 교재는 표지가 연두색(Green Belt를 상징)으로 이루어진 282쪽 분량의 제조 부문 내용이었다. 당시로선 처음 접하는 희한한 용어와 교육 과정 때문이었는지 호기심 많던 필자는 오전 강의 동안 책을 이리저리 뒤적거리며 보냈다. 교재 검토를 마친 직후 'GB 과정'은 통계만으로 이루어진 완전한 통계 교육 과정이란 결론을 내렸다. 평상시 별로 친하지 않던 통계를 정면으로 맞닥트린 필자는 교육 내내 망상을 하거나 낙서하는 데 시간 대부분을 소비하였다. 시험도 73점인가로 간신히 통과했는데 '공정 능력 지수(Cp)' 공식이 떠오르지 않아 답을 적어내지 못했던 기억이 떠오른다…. 분명 즐겁지 않은 통계 교육 과정이었다. 지금도 그 책을 꺼내보면 영락없는 통계 책이란 생각이 드는데 전체 282쪽 중 단 5장만이 로드맵 설명을 포함하고 있을 뿐이다.

필자는 2000년 초부터 상당 기간 기업의 GB 양성 교육에 강사로 참여할 기회가 무척 많았는데 수년 전부터 예비 GB를 대상으로 한 강의를 해본 적이 없다. 다름 아닌 대부분의 기업 경우 MBB(Master Black Belt: 문제 해결 최고 전문가)가 양성돼 있어 이들이 시간 강사(?)로 참여하기 때문이다. 사설 연수원에 들를 때면 과거 강의를 해주었던 직원들이 MBB가 되어 반가운 만남을 하곤 한다. 자사의 예비 GB들을 교육하러 온 것이다. 그런데 이들과 이야기를 나누다 보면 강의에 어려움이 많다고 한다. 혹시나 통계적 어려움에 처한 것은 아닌가 하고 반문하면 꼭 그런 것만은 아니란다. 어려움이란 바로 BB(Black Belt: 문제 해결 전문가) 교육 내용과 GB 교육 내용에 차이가 없다는 것인데, 이 때문에 서로의 교육 범위를 어디까지 구분해야 할지 모호하다는 것이다. 예를 들어 MSA(Measurement System Analysis: 데이터 신뢰성을 평가하는 분석)를 학습하는데 내용상으론 BB 과정과 전혀 차이가 없고 단지 양만 줄여놨다는 것이다. MSA뿐이겠는가? 프로세스 능력, 가설 검정, 실험 계획 등등도 상황은 비슷하다. 사실 내용은 그대로이면서 BB 교재의 중간중간 장표만 빼낸 것이 많아 심한 경우 교재 흐름이 막 끊기는 이상 현상도 관찰되곤 한다. 물론 전체 기업들이 똑같진 않더라도 필자 경험으로 비추어볼 때 충분히 수긍 가는 대목이다.

GB가 뭘까? 역할에 있어선 BB 과제의 일원이 되어 리더와 충분히 커뮤니케이션할 수 있어야 하고, 따라서 문제 해결 로드맵과 기본 도구(Tools)들에 어느 정도 학습이 돼 있어야 한다. 또는 BB 과제보다 난이도가 떨어지거나 범위가 넓지 않은 경우면 GB들이 직접 리더가 되어 과제를 수행하기도 한다. 그런데 이들을 학습 관점에서 따져보면 사실 문제 해결 과정에 처음 입문한 초년생들이다. 문제 해결에 충분한 사전 정보가 없는 신입 인력들을 대상으로 교육이 이뤄지는 것만 봐도 알 수 있다. 대학으로 치면 1학년쯤 되지 않을까? 새로운 환경에 막 적응하려는 초년생들이다. 이렇게 따지고 보면 상식적으로 BB 교육 받은 직원이 GB 교육을 받진 않으므로 현재 GB 교육의 허점이 조금 드러나 보이는 것도 같다.

예를 들어보자. 만일 초등학교 1학년에게 6학년이 배우는 교재를 그것도 듬성듬성 떨어낸 책을 주고 학습한다면 어떤 결과가 나올까? 기업인들을 초등학생, 그것도 1학년과 비교하는 게 좀 그렇긴 한데, 그럼 대학교 4학년 교재를 듬성듬성 빼낸 뒤 1학년들에게 배워보도록 하는 비유는 어떨까? 좀 나아지긴 했는데 간과할 수 없는 핵심은 GB나 BB나 교육에 참여하는 기업인들은 그들의 지적 수준이 모두 비슷하다는 것이다(대부분 대학을 졸업했으므로)…. 똑같은 책 내용을 지적 수준이 비슷한 기업인들을 대상으로 GB 교육에 참석하면 듬성듬성 떨어낸 책을 이용한 학습이, BB 교육에 참석하면 원래 책 그대로를 가지고 학습이 이루어진다? 아무렴 수준이 비슷한 기업인을 대상으로 한쪽은 듬성듬성 뜯긴 책으로, 한쪽은 꽉 찬 책으로 교육하면 결국 남는 것은 무엇일까? GB들은 조금 덜 배우게 방해(?)해서 BB들에 함부로 덤비지 못하게 하려는 의도? 물론 그런 것은 아니다. 앞서도 언급했듯이 BB 과제의 일원으로 참여하려면 내용이나 용어 이해가 필수이므로 짧은 시간에 마스터할 수 있는 교육 과정을 염두에 둔 것뿐이다.

그런데 기업 내 현실을 보면 GB가 꼭 BB 과제의 팀원 역할만 하도록 제도화돼 있진 않다. GB 모두 과제를 독립적으로 수행하고 있으며, 로드맵도 'DMAIC' 전체를 따르고 있고, 심지어 난이도 측면에서도 BB 과제와 별반 차이가 없다. 물론 과제 수행 기간도 유사하고…. 그렇다면 의문이 생긴다. BB는 4주 과정을 받고, GB는 3~4일 과정을 학습 받는데 로드맵이나 과제 리더 등 뭐 이런 것들이 별반 차이가 없다면 GB의 문제 해결 역량을 어떤 관점으로 해석해야 할까? 아마도 단순한 문제를 해결해서 일하는 방법에 대한 학습적 효과를 얻게 하거나, 아니면 과제 수행 결과가 부실해도 교육 기간이 짧았음을 감안해 수긍해주거나, 그것도 아니면 리더 인증 목적으로만 허용하되 과정과 결과가 좀 부족하더라도 리더 역할이면 OK 한다거나… 또는 중요 과제를 수행하더라도 로드맵에 대해 BB만큼 모르므로 듬성듬성 뜯긴 채로(마치 교재 내용이 뜯긴 것처럼) 마무리한 것을 완료로 인정해주는 등! 물론 MBB들이 멘토링을 하도록 돼 있어 이런 큰 문제는 없다고 쳐도 어쨌든 지적 수준이 비슷한 기업인을 대상으로 학습 기간과 교재 분량을 차이 나게 해서 유사한 업무를 수행토록 하는 데는 분명 현실과 기대치 간 간극이 커 부작용이 따를 수밖에 없다.

기업에서 GB들이 수행한 과제들을 멘토링할 때 관찰되는 가장 대표적인 부작용은 Analyze Phase와 Control Phase가 거의 실종된다는 것이다. 두 가지로 나눠볼 수 있는데, 하나는 분석이 필요치 않은 단순 과제를 분석이 존재하는 로드맵으로 전개하는 데서 오는 부작용이고, 다른 하나는 배우지 못했으니 몰라서 분석이 제대로 이루어지지 않은 부작용이다. 만일 이런 현상이 기업에서 비일비재하게 일어나고 있다면 대안이 있어야 한다. 당장 떠오르는 것으로 1) 교육 과정을 BB 수준만큼 상향 조정하거나, 2) 교육 과정을 새로운 교안으로 바꾸거나, 3) 과제 수행을 하지 말고 팀원으로서만 활동시키거나, 4) 과제를 하면 확실하게 멘토링 체계를 갖춰주거나, 5) 단순 과제를 해결하기 위한 단순 로드맵 사용을 권장하는 것 등이다. 본문은 GB를 대상으로 한 최선의 대안으로 '2)'와 '5)'를 제안한다. 방법론과 관련한 '5)'에 대해서는 이후 단원에서 설명하도록 하고 여기서는 "2) 교육 과정을 새로운 교안으로 바꾸는 방향"에 대해 구체적으로 알아보자.

문제 해결 학습을 받는 것은 곧 교육생의 '문제 해결 능력을 배양'한다는 말과 상통한다. 업무를 보면서 맞닥트리는 다양한 문제들 중 회사나 부서의 이익과 연결된 난제들은 곧 '과제'라고 하는 공식화를 통해 인력과 시간을 사용토록 승인받는다. 만일 회사나 조직이 이익 극대화를 위해 주변에서 발생하는 문제들을 오로지 직원들 스스로가 보유한 노동력과 개인 지식에만 의존해서 해결토록 요구한다면 이것은 수단과 방법을 가리지 말고 해결만 하라는 '강요'와 별반 다를 바 없다. 기업은 투자를 하고 그에 따른 부가가치를 회수하면서 수익을 창출하는 선순환 구조이므로 이익 극대화의 걸림돌인 '문제'들을 해결하기 위해서는 관련 인력들에 투자를 아끼지 말아야 한다. 그들의 문제 해결 역량이 강화될수록 많은 난제들 역시 해결의 실마리를 찾을 가능성이 높아질뿐더러 기업은 이 과정에 수익 극대화라는 본래의 목표를 달성할 수 있다. 이와 같이 '문제 해결 능력'을 배양시키는 접근법의 집약이 바로 '문제 해결 방법론'이며, 구체적으로는 '로드맵(물론 도구도 포함돼 있다)'이다. '통계' 교육이 아니라는 얘기다.

만일 예비 GB를 대상으로 3~4일 동안의 한정된 교육 기간을 활용해 통계 교육에 집중한다면 머리털이 듬성듬성 뜯긴 어린아이처럼 기대한 멋진 헤어스

타일이 아닌 다소 어색한 결과만을 얻을 뿐이다. '프로세스 능력'을 산정할 때 쓰이는 분포만 보더라도 '이항 분포', '푸아송 분포', '정규 분포'별로 이론과 간단한 실습만 근 하루의 2/3는 족히 걸리고, 거기에 '추정', '가설 검정'은 아무리 추려도 하루 이상이 필요하다. 또 기본에 속하는 '상관 분석'과 '회귀 분석', '실험 계획', '관리도' 뭐 이렇게만 미니탭 한 번씩 돌려봐도 3~4일이 후다닥 소요된다. 결국 현재의 통계 위주 교육은 듬성듬성 빼면서 갈 수밖에 없는 구조로밖엔 설명할 수 없다. 그런데 이렇게 교육을 했다손 치더라도 과연 회사에서 필요로 했던 수익 극대화를 위한 '문제 해결 역량 강화'라는 애초의 목적을 달성했는가 하면 당장 누가 봐도 그렇지 못하다는 걸 쉽게 알 수 있다. 회사가 필요로 해서 실시된 교육 투자 목적과 실제 교육 과정이 엇박자가 나는 것이다. 교육을 받은 예비 GB들은 한결같이 "통계만 잔뜩 배웠는데 돌아서니까 다 잊어 먹었는데요" 하는 자조 섞인 입담만 늘어놓기 일쑤다. 그럼 본래 교육 목적과 교육 과정을 일치시키는 방법은 무엇일까? 바로 교육 목적에 맞게 교육 과정을 재배치하는 것이다. 즉, '통계'가 아닌 '방법론' 학습을 실시하는 것이다.

기업에서 전략과 연계된 과제 선정 시 가장 하부의 과제 레벨에서 난이도나 추진 범위 등을 고려할 때 BB 과제와 GB 과제를 구분해낼 수 있다. GB 과제의 속성은 경험상 93% 이상은 통계적 분석이 불필요한 경우가 대부분이다(이에는 BB 과제도 상당수 포함된다). 문제의 근원(Xs)과 그 해법의 발견(개선안)이 주로 팀원이나 관련된 담당자들의 협의나 의견 또는 아이디어 제안을 통해 형성될 수 있기 때문이다. 93% 이상으로 단언하는 이유는 필자가 A 기업의 2년간 수행된 전체 과제들 중 상당 양을 표집해서 분석한 결과에 근거한다. 사실 그런 구체적 자료가 아니더라도 과제 멘토링을 수행한 경험으로 비추어볼 때 이 수치는 충분히 신뢰할 수 있다. 경영 혁신을 추진하는 기업 경우 과제 수가 많기 때문에 단순한 과제들의 점유율 역시 상당할 수밖에 없다.

이와 같이 문제의 근원(Xs)과 해법을 팀원들 간 협의나 의견, 아이디어 제안을 통해 전개하는 것이 가능하고, 또 선정된 과제가 그를 수용할 수 있을 정도로 통계적 기교나 높은 난이도가 필요치 않으면서, 수행자인 예비 GB들에게 주어질 과제라면 **교육 과정은 'Quick 방법론' 위주의 로드맵에 집중하고, 도구(Tool)는 '정성적 자료 분석(QDA)'[13]을 학습하는 것이 올바르다**. 다음 [그림-7]은 '문제 해결 학습 과정'에 처음 입문하는 기업인들이 눈여겨볼 새로운 교육 안을 나타낸다.

[그림-7] 처음 입문하는 기업인들을 위한 새로운 교육 방안

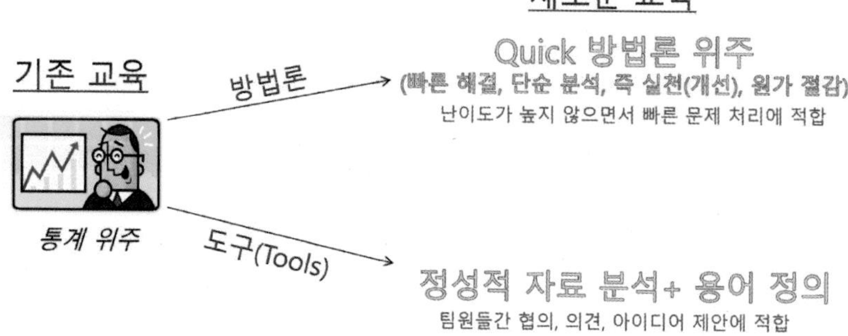

[그림-7]을 보면 기존의 '통계 학습' 위주의 교육을 '방법론' 측면에선 난이도가 높지 않으면서 빠른 문제 처리에 적합한 'Quick 방법론'을, '도구(Tools)' 측면에선 팀원들 간의 협의, 의견, 아이디어 제안에 적합한 '정성적 자료 분석'을 중점 교육해야 함을 강조한다. 추가로 과제 팀원으로서의 역할을 고려해 기본적인 '용어 정의'에 대해서도 충분한 학습이 이루어지도록 배려한다. 회사가 필요로 하는 직원의 역량과 그에 투자하는 교육 과정이 서로 엇박

13) Qualitative Data Analysis.

자가 나는 일이 없도록 하루 빨리 [그림-7]에 제안된 모습으로 변화되었으면 하는 바람이다.

2.2. '방법론' 활용의 바람직한 방향

앞서 필자는 A 기업의 연간 진행된 과제들을 유형별로 표집하여 분석을 시도했다고 한 바 있다. 그 결과에 따르면 'Quick 방법론'으로 처리할 수 있는 과제들이 조사 대상의 약 93% 이상임을 지적하였다. 이것은 실제 대부분의 기업에서 발생되는 현상(경험상으로도 일치함)인데, 간단히 처리할 수 있는 과제들임에도 '40-세부 로드맵' 대부분을 활용한 비효율적인 예라 할 수 있다. 이런 현상의 원인은 크게 2가지로 생각된다.

하나는, 전사 운영 부서에서 '프로세스 개선 로드맵(DMAIC)'이나, '제품(또는 프로세스) 설계 로드맵(DMADV)'으로 진행한 경우만을 과제로 인정하거나,

다른 하나는, 'Quick 방법론'에 대한 이해가 부족한 때문이다.

'프로세스 개선 로드맵(DMAIC)'과 '제품(또는 프로세스) 설계 로드맵(DMADV)', 특히 필자가 완성한 '세부 로드맵'은 매우 고급 방법론이다. '급(級)'이 높다는 것이 아니라 난이도가 높거나 일의 해법이 매우 불분명한 경우에 적절하다는 뜻이다. 예를 들어 Top-down의 전략 과제를 부여받았는데 답답하거나 어떻게 해결해야 할지 기가 차거나(느낌을 강조하기 위한 표현임), 막연하다거나, 주변에서 "그거 원래 해결 안 되는 거거든~" 등의 의견들이 충만하다면 '세부 로드맵' 전체를 하나하나 밟아가며 해법을 찾는 작업이 유효하다. 그러나 방향을 대충 알고 있어 생각한 바대로 거의 해결이 가능하거

나 분석이 단순한 경우, 이미 실행 중인 과제 등은 '프로세스 개선 방법론'과 '제품(또는 프로세스) 설계 방법론' 등의 '세부 로드맵' 전체를 밟게 되면 부작용이 생길 수밖에 없다. 별거 아닌 감기에 항생제를 권했을 때 그 자체로도 불필요한 처방일 수 있는데 그것도 모자라 아주 또 매우 강력한 항생제를 준 모양새가 될 수 있다. 예견되는 바와 같이 이런 처방이라면 부작용이 생길 가능성이 농후해질 수밖에 없다!

기업의 전사 운영 부서는 단순한 과제엔 단순한 방법론으로 처리할 수 있도록 제도적 장치를 마련해줘야 한다. 그런 제도하에서 과제를 수행할 리더들은 단순한 과제면 단순한 방법론으로 처리하는 유연성을 발휘할 수 있다. 과제를 발의해서 문제 사실만 확인하면 될 것을 전 '세부 로드맵'을 밟게 되면 "내가 바빠 죽겠는데 왜 이런 문서 작업에 매달려야 하지?" 하거나 "어휴, 대충대충 장표만 채우자!" 등등 자충수에 빠짐은 물론 부정적인 이슈들이 독버섯처럼 여기저기서 스멀대기 시작한다. 모두 다 잘 알고 있는 사실 아닐까? 어느 접근이 이롭고 이롭지 않은지 말이다. 우리는 그동안 형식을 갖추는 데 너무 많은 시간과 에너지를 쏟아왔다.

정리하면 필자가 정립한 '세부 로드맵'은 일하는 방법에 있어선 'Full Set'이다. 일하는 방법을 더 세분화활 필요 없는 최하위 단위까지 분해한 최종 결과물이다. 따라서 리더들이 수행할 과제 모두에 대해 '세부 로드맵' 전체를 거치게 하기 보단 일의 성격에 맞게 가감하는 노력 또는 능력을 키워야 한다. 한마디로 응용력이 생기도록 본인의 역량을 키우는 게 방법론 활용의 최상의 목표이다. 이것을 한마디로 요약하면 **"예지력(豫知力)을 키우는 것"**이라 정의한다. 맡은 일의 성격이 이러이러하므로 "전체 세부 로드맵 중 이런저런 절차는 빼고 요런조런 세부 로드맵에 집중하면 되겠군" 하는 '예지력' 말이다. 따라서 '예지력'이 생기는 높은 수준에 도달하게 되면 아무리 어려운 일이라도 쉽게 접근하고 스피드도 높이면서 성공 가능성도 키울 수 있는 토대가 마련될 수 있다.

서두에서 설명한 바와 같이 통상 기업에서 수행되는 과제들의 93% 이상이 단순 로드맵만으로 처리가 되므로 아직 충분한 '예지력'을 키우지 못했다면 '세부 로드맵' 전체를 적용하기보단 단순 과제는 단순 방법론(Quick 방법론)으로 처리할 수 있음을 인식하는 일도 매우 중요하다. 단 최초의 과제 수행은 '교육적 차원'에서 전체 '세부 로드맵'의 적용을 적극 권장한다. 약은 잘 못 쓰면 독이 된다는 옛말, 활용할 문제 해결 방법론 활용에도 그대로 적용된다는 점을 잘 명심하면 우려되는 일은 절대 발생하지 않는다.

또 하나 'Quick 방법론'을 써야 할 중요한 이유가 있다. 바로 **'과제 회전율을 높이는 일'**이다. 현재는 과제당 약 4개월 정도의 시한이 일반화돼 있다. 실제 프로세스에 개선 안을 적용한 후 그 실적을 확인할 Control Phase는 기본적으로 한 달 정도 확보해야 한다. 그 외에 문제의 원인을 어느 정도 파악하고 있는 과제라면 Analyze Phase보다 Improve Phase를 좀 더 길게, 그렇지 않고 원인을 전혀 모르는 경우라면 Analyze Phase를 Improve Phase보다 길게 잡는 게 보통이다. 전략과 연계돼 과제가 선정된 경우면 대개 Define Phase는 이미 시작 전에 배경과 문제, 목표 등이 설정되므로 굳이 기간을 길게 할애할 이유는 없다. 또 요즘같이 IT 인프라가 잘 발달돼 있는 체계에서 현 수준을 측정할 Measure Phase 역시 많은 시간이 소요되지 않는다. 이전에 소개했던 A 기업의 2년간 수행 과제들을 조사한 바에 따르면 단순한 방법론으로 처리할 수 있는 과제가 상당수를 차지하나, 반대로 아주 난이도가 높고 소요 기간도 4개월을 훌쩍 넘어설 수준의 과제는 '약 7%(프로세스 개선 및 설계 과제 포함)' 정도 포함된 것으로 보인다. 따라서 '7%' 정도의 과제를 제외하면 전체 수행 과제들 중 '약 93%' 정도가 'Quick 방법론' 적용의 범위에 들어온다. 이때 만일 'Quick 방법론'의 활용이 허용되고 리더들이 그에 대한 활용 학습이 충분히 돼 있다면 다음 [그림-8]과 같은 긍정적인 결과를 기대해볼 수 있다.

[그림 – 8] 'Quick 방법론' 활용을 통한 '과제 회전율' 높이기

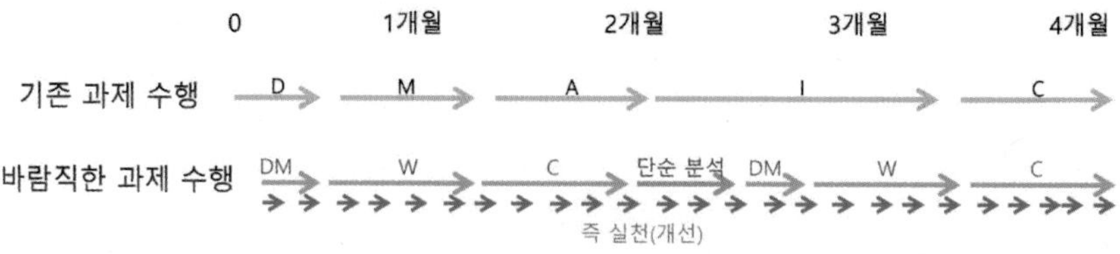

[그림 – 8]에서 일반적으로 4개월을 당해 연도 1차 수행 기간으로 볼 때 '기존 과제 수행'은 'DM – A – I – C' 각 Phase가 평균 1개월 소요되는 구조인 반면, '바람직한 과제 수행'의 양상은 'Quick 방법론' 중 '빠른 해결 방법론'의 로드맵인 'DM – W – C'를 활용하여 2~3달 내에 한 개 과제를 종료하고 필요하면 추가로 'DM – W – C' 과제를 더 수행함으로써 동일 기간 내 과제의 회전율을 극대화한다. 또 가능하면 Phase의 중간마다 'Quick 방법론'의 하나인 '단순 분석 방법론(문서 5장으로 완료)'을 활용해 보다 단순한 과제를 반복적으로 수행하거나 전 구간에서 시시각각 '즉 실천(개선) 방법론'을 통해 프로세스 내 비효율에 대한 개선 빈도를 최대화한다. 즉, '과제 회전율'을 높이는 것이다. 이런 접근이 가능한 이유는 대부분의 과제가 '프로세스 개선 방법론'의 전 '세부 로드맵'을 따르는 현실에서 실제는 '약 93%' 이상이 단순 로드맵 활용만으로 처리된다는 데 근거한다.

'과제 회전율'이 높아지면 어떤 효과가 생길까? 당연히 과제 효과인 '재무성과'나 '준재무성과' 또는 '체질 개선 성과'의 향상이 작게는 수배에서 많게는 수십 배까지 높아질 것이라 기대된다. 또, 과제 수행에 대한 효율과 접근성이 높아져 리더들의 수행 만족도 역시 매우 높아진다. 기업 컨설팅 중 '빠른 해결 방법론'의 로드맵인 'D – M – W – C'를 매우 긍정적으로 이해한 한 혁신팀 부장이 이의 도입을 적극 검토한 적이 있었다. 물론 사전에 'D – M – W – C'

에 대한 전개와 장점, 특징 등에 대해 프레젠테이션도 해주었다. 얼마 후 과제 멘토링을 갔을 때 리더들 대부분이 이 방법론으로 과제를 수행하고 있어 그 전파 속도가 매우 빠르다는 것을 느꼈다. 인터뷰 결과 매우 편하고 현실에 잘 맞는다는 의견이 많았다. 또 얼마가 지난 후 다시 방문했을 때 혁신팀 부장이 'D－M－W－C' 활용에 좀 회의적임을 토로하였다. 이유인즉 거의 모든 리더들이 'D－M－A－I－C 로드맵'보다 'D－M－W－C 로드맵'을 선호한다는 것이다. 당시 '과제 관리 시스템'이 모두 'D－M－A－I－C 로드맵'으로만 구성돼 있어 'D－M－W－C 로드맵'이 이렇게 확산되다간 내용을 모르는 타 부서와 이견이 생기거나 등록의 문제, 또는 평가 등에 불리할 수 있다는 것이었다. 'D－M－A－I－C 로드맵'에 익숙한 다른 직원들이 'D－M－W－C 로드맵'을 처음 접하는 순간 마치 돌연 변이나 혹 왕따로 여긴다면 걱정이라는 말도 했다. 역설적이지만 제도화를 통해 전사 확대한다면 긍정적 영향이 미칠 것이란 방증으로도 해석되는 대목이다.

'Quick 방법론'의 영향력을 좀 더 확대 해석하면 향후 기업에서의 모든 수행 과제들은 '방법론 활용(구체적으로 로드맵)'에 있어 다음 [그림－9]와 같은

[그림－9] '문제 해결 방법론'의 활용 상

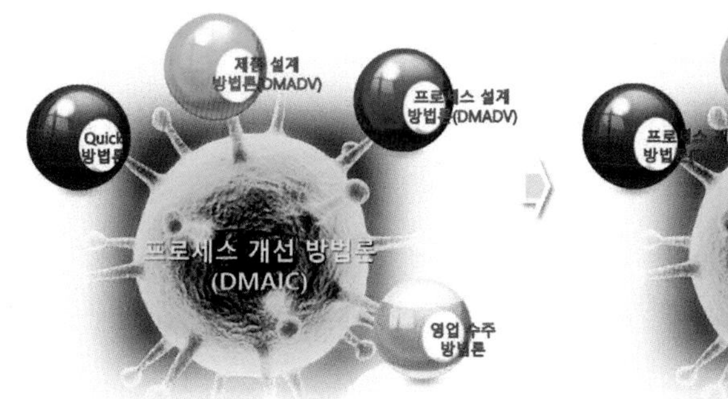

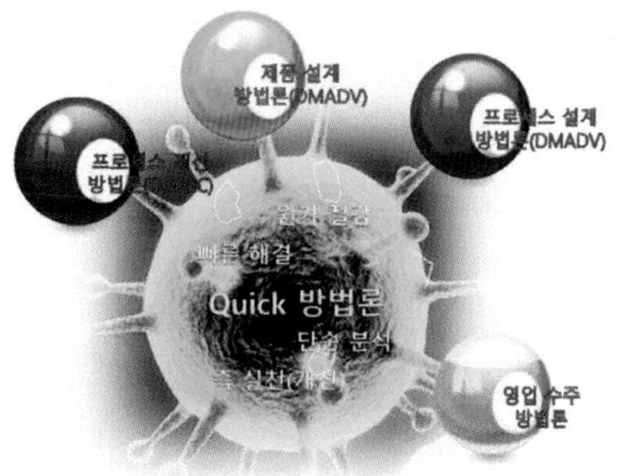

변화 모습이 바람직할 것으로 생각된다. 그림중 '기존 방법론 활용 상'을 보면 중심에 '프로세스 개선 방법론(DMAIC)'이 있고 활용 빈도가 매우 높다는 의미로 구의 부피도 매우 크다. 주변엔 상대적으로 활용 빈도가 낮은 '제품(또는 프로세스) 설계 방법론(DMADV)' 및 '영업 수주 방법론'과 'Quick 방법론'이 붙어 있는 양상이다. 각 방법론은 저마다 쓰이는 별도의 분야가 있으며 'D-M-A-I-C'의 특수한 형태로 간주된다(로드맵 간 해석은 「Be the Solver_프로세스 개선 방법론」편 참조). 이에 반해 '바람직한 방법론 활용 상'에서는 중심에 'Quick 방법론'이 자리하고 '프로세스 개선 방법론(DMAIC)'을 포함한 다른 방법론들은 모두 곁다리로 붙어 있다. 이것은 기업 과제의 대부분이 단순 방법론으로 처리할 수 있는 현실을 반영할 뿐만 아니라 동일 기간 내 '과제 회전율'을 높여 효과의 극대화를 꾀할 수 있는 가장 바람직한 예라 할 수 있다.

2.3. '방법론'과 '통계'를 배우는 목적

이 단원에서는 앞서 설명했던 '문제 해결 기본 교육의 바람직한 방향'과 '방법론 활용의 바람직한 방향'을 보조하는 의미로 리더들이 교육 중 배우는 대표적 쌍두마차, '방법론'과 '통계'에 대해 교육 목적이 무엇인지 명확하게 정의해보는 기회를 가져보고자 한다. 기업이 경영 혁신을 추진하면서 리더들은 짧게는 수일에서 길게는 수주에 걸친 교육을 받게 되는데 일하는 방법의 대명사인 '방법론'과, 흔하게 소개되는 '통계' 내용에 대해 그 학습 목적이 무엇인지 진지하게 고민해본 적이 있는가? 단지 "과제 수행할 때 필요해서"라고 한다면 아주 기초적인 수준의 답이다. 'Quick 방법론'의 본론으로 들어가기에 앞서 왜 '방법론'과 '통계'를 배워야 하는지 그 학습 목적을 명확히 하고 넘어가 보자. 단적으로 두 교육 프로그램이 지향하는바, 즉 목적은 다음과 같다.

1) **'방법론' 학습**: 「Be the Solver_프로세스 개선 방법론」편에서 "세부 로드맵은 고유하다"고 주장한 바 있다. 즉, 문제의 난이도와 성격에 관계없이 모든 일은 동일한 방법(또는 로드맵)을 거쳐 완성된다. 따라서 '세부 로드맵'을 명확히 이해한 상태에서 해결이 필요한 문제나 과제와 마주치면, "아! 이 일은 전체 세부 로드맵 중 요것, 요것만 하면 되는 거야!" 하고 바로 일의 성격에 맞는 핵심적인 '세부 로드맵'을 알아낼 능력이 생기며, 바로 이 같은 능력을 배양하는 것이 학습의 주된 목적이다. 이것을 한마디로 '예지력(豫知力)'이라고 한 바 있다. '예지'의 사전적 정의는 "어떤 일이 일어나기 전에 미리 앎"이다. 또 해결할 문제별로 '세부 로드맵'을 확인했으면 '세부 로드맵'이 흐름을 타는 이상 앞뒤 간 연계성을 파악할 수 있는 능력 역시 교육을 통해 덤으로 체득한다. '세부 로드맵'을 미리 알게 됨으로써 문제 해결 능력을 배양할 수 있으며, 그를 통해 닥친 문제에 대해 무슨 일을 해야 할지도 명확히 알 수 있다. 이것은 단지 알고 있는 수준에서 능력껏 문제에 대응하거나 로드맵을 정확히 모르는 상태에서 접근하는 것과는 근본적인 차이가 있다. '세부 로드맵'을 정확히 인지하는 상황에서 문제 해결을 위해 어느 '세부 로드맵'을 수행해야 하는지를 알고, 또 이것이 전체 로드맵과 어떻게 연계되는지를 사전에 예지할 수 있으면 과제 성공 확률은 훨씬 더 높아지는 효과를 얻는다.

2) **통계 학습**: '통계 학습'은 이론과 실습을 겸비해 이해도를 높이지만 교육이 끝나면 무슨 얘기를 들었는지 잘 모른다는 표현들을 자주 한다. 대부분 통계 이론이나 수치 해석이 주를 이루기 때문이다. 그러나 교육에서 가장 초점을 맞춰야 할 대상은 바로 "변동(Variation)을 알려주는 일"이다. '변동'은 말 그대로 "수치 데이터가 서로 차이 난다"는 뜻을 내포한다. 이것은 동일한 프로세스, 동일한 시점에 생성된 데이터를 몇 개 표집했을 때 정황상 값들이 같아야 함에도 서로 다르다는 것을 의미한다. 만일 표집 후 얻은 표본들 숫자가

모두 같다고 가정해보자. 무슨 의미가 있을까? 모두 똑같은데 말이다. 물론 이런 일은 일어나지 않는다. 우리는 '통계 학습'을 통해 바로 이 '변동'을 이해하고, 모든 문제의 근원 또는 해결책의 실마리는 '변동'의 원인이 무엇인지를 식별하는 데서부터 시작한다는 것을 알게 된다. 프로세스로부터 얻는 모든 데이터는 똑같지 않다는 데서 고민과 분석의 대상이 되며, 또 모아서 계산하는 '통계'가 중요해진다. '변동'을 이해시키고, 분석하고, 알아듣도록 표현하는 일, 이것이 '통계 학습'의 주된 목적임을 인식해야 한다. 즉, **'통계 학습'의 목적은 '변동을 느끼는 것'으로 요약되며, '변동의 크기'에 따라 그를 느끼게 할 적절한 '통계 도구'들을 빨리 찾는 학습**이 커리큘럼에 포함된다.

2.4. '방법론' 종류와 선택 방법

앞에서 '문제 해결 방법론'의 학습 및 활용 방향, 목적 등에 대해 자세히 알아보았다. 본 소단원에서는 경영 혁신 체계에서 제공되는 전체 '방법론'엔 어떤 것들이 있으며, 또 각 '방법론'을 선택하는 기준은 무엇인지에 대해 알아보자.

이제까지 알려진 '문제 해결 방법론(PSM)'엔 현존하는 프로세스의 문제점을 찾아 개선할 때의 '프로세스 개선 방법론', 기존 제품의 기능을 향상시키거나 새로운 제품을 설계할 때의 '제품 설계 방법론', 단절된 프로세스 또는 기존에 없던 체계나 프로세스를 설계하는 '프로세스 설계 방법론', 영업의 수주 과제에 최적화된 '영업 수주 방법론', 단순 과제 또는 빠른 처리에 적합한 'Quick 방법론' 등이 있다. 그 외에 마케팅 분야에 적합한 '마케팅 방법론'이 있으나 이를 전문으로 컨설팅하는 글로벌 회사들이 많고 마케팅 부서 외의 활용 부서가 제한적인 이유 등으로 현재로선 유명무실하다. 기타 방법론들도 있지만 모두 상기한 방법론들을 조합하거나 변형해서 얻을 수 있으므로 이들을 모두 나열할 필요는 없다.

현재 필자가 쓴 『Be the Solver』 시리즈는 앞서 소개된 '방법론'들이 모두 망라돼 있다. 이에 각 방법론과 본문에서 설명하는 'Quick 방법론' 모두를 한눈에 관찰하면서 상황에 맞는 최적의 '방법론'을 선택하기 위해 다음 [그림-10]의 '문제 해결 방법론 선정도'를 완성하였다.

[그림-10] 문제 해결 방법론 선정도

문제 해결 방법론 선정도
개선 부문
개발 부문
과제 (Project)
문제 해결 방향이 어느 정도 파악돼 있다
Quick 방법론
담당자들이 모여서 해결할 수 있다
A Phase의 통계 분석이 필요치 않다
서비스/제조/간접
빠른 해결 방법론
D M W C
R&D
실험계획(DOE)이 중요하다
A Phase의 통계 분석이 간단하다
단순 분석 방법론
바로 해결이 가능하다
즉 실천(개선) 방법론
N
콘셉트 설계필요
Y
원가 절감 방법론
콘셉트 설계필요
N
영업 수주 과제?
Y
영업 수주 방법론
N
프로세스 개선 방법론
문제 해결을 어떻게 해야 할지 전혀 모르겠다.
Y
제품 설계?
Y
제품 설계 방법론
N
프로세스 설계 방법론

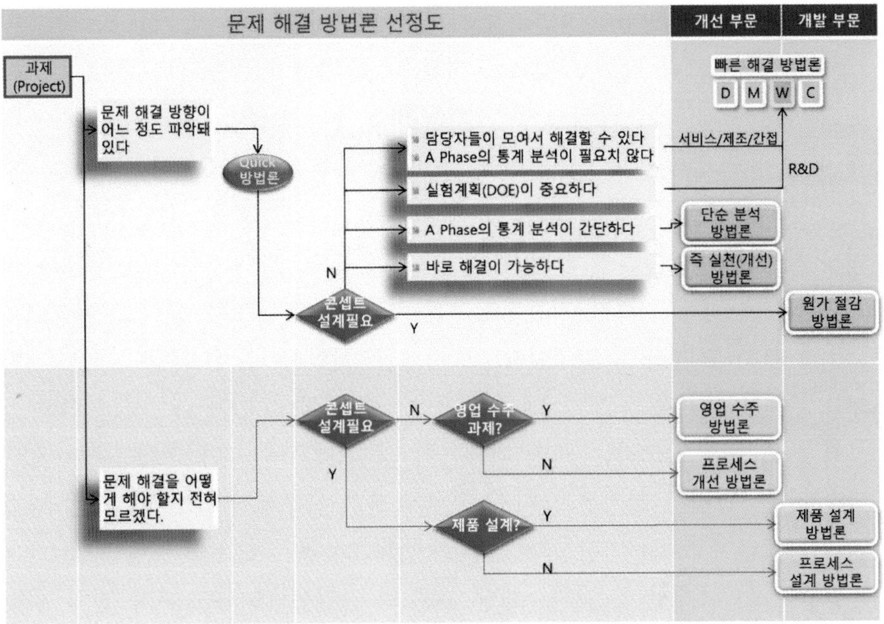

[그림-10]의 맨 왼쪽 상단에 미리 선정된 '과제(Project)'가 있다고 가정하자. 만일 과제 성격이 "문제 해결 방향이 어느 정도 파악돼 있다"와 "문제 해결을 어떻게 해야 할지 전혀 모르겠다"로 나누면 전자는 우선 'Quick 방법론'

을, 후자의 경우는 그 외의 방법론을 선택한다. 이에 혹자는 의문을 가질는지 모른다. "아니 과제를 시작도 안 했는데 어떻게 문제 해결 방향이 파악될 수 있는가?" 하고 말이다. 그러나 초입에도 강조했지만 필자가 연구한 바에 따르면 기업 내 수행 과제 대부분이 해결책을 어느 정도 갖고 시작하는 것으로 파악된 바 있다. 이 같은 유형의 과제라면 굳이 전체 '세부 로드맵'을 하나씩 밟고 가는 것이 오히려 불편하고 부작용도 양산할 수 있다. 흔히 'Paper Work'의 전형이 될 수 있다는 얘기다.

이제 "문제 해결 방향이 어느 정도 파악돼 있다"로 들어와 'Quick 방법론'을 선택했으면 [그림 – 10]의 경로를 따라 다음 판단 기준을 확인한다. 즉, 선정된 과제의 문제 해결을 위해 "담당자들이 모여서 해결할 수 있다/A Phase의 통계 분석이 필요치 않다"의 경우와, 추가로 "실험 계획(DOE)이 중요하다"의 경우면 주저하지 말고 '빠른 해결 방법론(DMWC 로드맵)'을 선택한다. 사람이 모여서 해결할 수 있고, 통계 분석도 필요치 않으면 'W(Work – out/Workshop) Phase'를 통해 과제 완료가 가능하기 때문이다. 이런 상황은 서비스, 제조, 사무 간접 부문에서 자주 발생한다. 또 '실험 계획(DOE)'은 주로 연구 개발(R&D) 부문에서 사용 빈도가 매우 높은데 '핵심 제어 인자'나 '성분 함량'들의 '최적 조건'을 찾으려는 개발 과제들이 많기 때문에 굳이 전체 '세부 로드맵'을 따르는 방법론 선택은 오히려 전개에 불편을 초래한다. '빠른 해결 방법론'이 서비스, 제조, 사무 간접과 연구 개발(R&D) 부문 모두를 포용하므로 [그림 – 10]에 쓰인 '개선 부문'과 '개발 부문'의 중간에 'W Phase'가 걸쳐 위치한다(그림 오른쪽 상단의 빨간색 셀 부분 참조).

또 'Quick 방법론' 경로에서 만일 '콘셉트 설계 필요(Yes)'이면 '원가 절감 방법론'을, 그렇지 않으면서(No) 바로 해결 가능한 경우면 '즉 실천(개선) 방법론'을 선택한다. '콘셉트 설계(Concept Design)'는 '설계 방법론'의 로드맵에서 가장 중요한 활동으로 기존 제품(또는 프로세스)의 변경을 유도하는 접근이면서 원가 절감을 추구할 때 '원가 절감 방법론'을 선택한다. [그림 - 10]에서 '원가 절감 방법론'은 '개발 부문'에 위치한다(그림 오른쪽 상단의 '개발 부문' 참조).

[그림 - 10]의 하부에는 "문제 해결을 어떻게 해야 할지 전혀 모르겠다"의 경로가 있으며 역시 '콘셉트 설계 유무'에 따라 이후가 갈리는데, '콘셉트 설계'가 있을 경우 설계 대상이 '제품'인지 또는 '프로세스'인지에 따라 '제품 설계 방법론'과 '프로세스 설계 방법론'으로 갈리고, 만일 '설계'가 없으면 영업 수주 과제엔 '영업 수주 방법론'을, 그 외의 모든 과제는 '프로세스 개선 방법론'을 선택한다. 이 위치에 있는 방법론들은 기본적으로 '40 - 세부 로드맵(콘셉트 설계 경우 50 - 세부 로드맵)' 대부분을 사용한다.

지금까지 'Quick 방법론'의 본론에 들어가기 전 미리 알아두어야 할 기본 개요에 대해 큰 그림부터 세부적인 사항까지 자세히 알아보았다. 이제부터는 본론인 'Quick 방법론'으로 들어가 보도록 하자. 설명 순서는 다음과 같다.

1) 빠른 해결 방법론(21 - 세부 로드맵)
2) 단순 분석 방법론(문서 5장으로 마무리)
3) 즉 실천(개선) 방법론(문서 1장으로 마무리)
4) 원가 절감 방법론(12 - 세부 로드맵)

11

빠른 해결 방법론

'Quick 방법론' 중 대표적인 방법론이다. 기업 내 문제 해결 과정에서 리더들에 의해 효용성을 충분히 검증 받았다. 본문에서는 방법론의 개요와 활용성, 모의 프로젝트를 통한 파워포인트 작성 예까지 언제든 바로 응용할 수 있는 중요한 학습 정보를 제공한다.

빠른 해결 방법론 개요

'빠른 해결 방법론'은 2007년도 모 기업의 컨설팅 중 단순 과제들의 수행 방법론이 필요하다는 요청에 따라 타사 벤치마킹과 컨설팅 노하우를 기반으로 필자가 정립한 방법론이며, 현재 'Quick 방법론'의 대표 격으로 자리매김하고 있다. 10여 년 기간 동안의 검증 과정을 거쳐 현재에 이르기까지 그 효용성을 인정받고 있다.

쉽고 단순한 로드맵에 대한 요구는 비단 최근의 일만은 아니다. 2002년도 삼성에서는 그룹 차원에서 DMAIC와 DMAD(O)V 로드맵 모두 각 Phase별 3개씩 총 '15 – Step'으로 표준화가 이루어지고 이후 대부분의 과제들이 '15 – Step'을 따르면서 방법론에 대한 이슈는 대부분 잦아들었다.

그러나 계열사들 중 해외 경영 혁신 기법을 가장 먼저 도입한 '삼성 SDI' 경우 타사에 비해 '15 – Step'에 대한 안정화가 빨랐던 덕에 난이도가 낮은 과제를 처리하기 위한 단순 방법론의 요구가 강하게 대두되었고, 이에 2004년 상반기 때 'Easy Road – map'으로 불리는 방법론을 개발하여 2004년 하반기부터 보급하였다. 이 방법론은 '15 – Step'을 참고하되 "즉 개선 활동을 위한 가장 효율적(Efficient)인 방법으로 쉽고(Accessible) 빠르게(Speedy) 문제를 해결하여 성과(Yield)를 극대화시키는 Road – map이다"로 정의하고(영문의 첫 자를 연결하면 'EASY', 즉 '쉬운'으로 해석됨) '9 – Step'으로 정립하였다. 그 외에 일반 과제는 '5 – Step', 제품 설계 과제 '9 – Step', 연구 부문 일반 과제 '6 – Step'이 함께 탄생하였다. 장표 수도 최소 8장부터 최대 17장으로 규정하고 있다.

'삼성 SDI'가 'Easy Road – map'을 정립한 시기는 국내에서 혁신 프로그램이 성숙기에 접어든 때로 이후 헤아릴 수 없는 많은 기업과 컨설팅 업체에서 다양한 단순 방법론들을 개발했는데 그들 중 2005년 상반기 '삼성 건설'의

'DMWI(Define – Measure – Work-out – Implementation)'가 포함돼 있다. 아마도 건설업의 특성을 살린 접근이 아닌가 싶다. 'D – M – W – I'는 각 Phase별 3개씩 총 12 – Step으로 구성돼 있다. 그러나 'W Phase' 경우 GE의 Work – out과 동일한 용어와 절차를 따르고 있어 로드맵이 전체적으로 'Easy'하기보다 '전원 참여'나 'Cross Functional 접근', 또는 세세한 Work – out 진행 설명에 다소 복잡하단 느낌을 준다. 반면에 'Work – out Phase'는 'Analyze와 Improve Phase'를 통합한 개념으로 통계 분석을 줄이고 수행 기간을 단축하며, 문제 제기(Xs에 해당) 및 대책 마련을 팀원들 간 협의로 이루는 특징을 보여주었다. 이 같은 접근은 기존 'D – M – A – I – C 로드맵'에 익숙한 체계에 신선한 변화를 야기한 좋은 선례가 되었다. 참고로 'DMAIC의 문제점(DMWI 로드맵의 개발 배경)'을 다음 [표 1 – 1]에 옮겨놓았다.

[표 1 – 1] 기존 DMAIC의 문제점(DMWI 로드맵 개발 배경)

기존 'DMAIC 로드맵'의 문제점
1. DMA Phase를 전개하는 데 전체 기간의 70～80%가 소요 2. Analyze Phase에서의 데이터 부재 또는 부정확성 3. Cross Functional 과제의 개선 성과 미비 4. Heavy Analyze, But Small Improve 5. 토론형 과제보다 보고형 과제 중심 6. 통계 도구의 무리한 적용 7. 과제 Ownership 부족 및 몰아치기식 전개 8. 개선 안 도출 시 나 홀로식이거나 부분 최적화 현상 다발 9. 개선의 실행이 잘 안되고 성과도 미흡 10. 개선 실행 시 팀원 및 담당자들의 참여 부족 11. 모니터링 및 Follow–up 결여

경영 혁신이 완전 성숙기에 접어든 2006년을 전후해 문제 해결을 위한 단순 방법론도 진화를 거듭한다. 이 당시 특징은 GE의 'Work – out', 도요타 생산 방식 'TPS(Lean)' 및 'TPM' 등과 다양한 융합을 시도한 것이 그 예이다.

'Work－out', 'TPS(Lean)', 'TPM' 들의 공통점은 모두 독립된 방법론이면서 현장(현업)에서 빠른 개선을 이루는 데 매우 유용한 해법을 제시한다. 즉, 빠른 일처리의 특징을 갖고 이미 오랜 기간 검증돼 왔기 때문에 그동안의 경영혁신 운영 노하우를 이들의 장점과 융합해 특징 있는 단순 방법론을 탄생시키는 일은 어쩌면 당연한 수순처럼 보인다. 한편 일각에선 모든 혁신 방법론을 6시그마 로드맵으로 통합하자는 움직임도 생겨났다. 다음은 국내 컨설팅 펌인 KMIC社에서 정립한 융합의 한 예이다(6시그마＋Work－out＋TPS).

[그림 1－1] 'GE Work－out'에 기반을 둔 QSS(Quick Six Sigma)

구 분	6시그마	GE Work Out	TPS (Lean)	'Work-Out'에 기반 한 Quick Six Sigma
활동 형태	• Extra Job • Off Job	• 일상 업무 • 토론문화 활성화	• 일상 개선 활동 • 사상적 접근	• 일상 개선 활동 • 토론 및 사상적 접근
조직 구성	• 프로젝트 단위 • 개별 단위	• 부서 단위 • 프로세스 단위	• 프로세스 단위 • 개별 단위	• 개별/ 프로세스 단위 • TFT
과제 유형	• 전략/목표와 연계한 과제 • 고객 및 가치 중심의 과제	• 즉 실천 과제 • 의사결정 문제	• 즉 실천 과제 • L/T, 낭비 제거	• 즉 실천 과제 • 이상 원인 및 평균문제 해결 • L/T, 낭비제거 중심 과제
문제 해결 속성	• 사실 및 데이터 중심 • 통계적 검증과 관리 • 복잡 다양한 기법적용	• Idea Generation • 의사결정	• Idea Generation • 단순한 문제 해결 기법 • 즉 실천	• Idea Generation • 의사결정 • 기초적인 통계 기법
방법론	• DMAIC/DFSS 로드-맵 • 각 단계별 통계 Tool • 미니탭 및 S/W등 팩키지	• Brain Storming • 프로세스 맵핑 • 특성 요인도 • 5 Why • Pay-Off Matrix	• Brain Storming • 7대 낭비요소 • 낭비평가 • 공정도 작성 • 개선계획 수립	• 과제 선정 방법론 • Brain Storming • CTQ/COPQ 도출 • 프로세스 맵핑 • 특성요인도 • Pay-Off Matrix • X-Y Matrix • Pareto Chart • Risk Management

[그림 1－1]로부터, '6시그마'와 'Work－out' 및 'TPS' 간 특징을 비교한 뒤 그들의 융합을 통해 'Work－out에 기반을 둔 QSS(Quick Six Sigma)'가 탄생했음을 알 수 있다. [그림 1－1]의 표에 의하면 '6시그마'는 고객과 가치 중심의 과제를 다루면서 복잡하고 다양한 도구의 적용이 가능한 반면 'Work－

out'은 빠른 의사 결정이 필요한 사안에, 'TPS'는 시간(Lead Time)의 단축이나 낭비 요소 제거의 문제에 유용함을 보인다. 따라서 개발된 'Work-out에 기반한 QSS'는 '이상 원인'이나 'TPS'의 낭비 요소 제거 같은 단순 문제 해결에 적합하면서 쓰이는 도구들은 6시그마의 특징을 따름으로써 완연한 방법론 모습을 갖춘다. 단순 방법론의 명칭 'QSS'는 7대 낭비 요소를 제거할 목적으로 포스코 등의 기업에서도 현재 쓰이는 것으로 알려져 있다(포스코 경우 QSS=Lean+TPS 융합으로써 자체 방법론으로 홍보함).

이 외에도 한 컨설팅 회사의 조사에 따르면 '6시그마'와 'TPM'을 융합해 '7-Phase'의 로드맵을 정립한 'LG 화학'의 혁신 프로그램이나 '삼성 SDI'에서 쓰였던 명칭과 같은 표준협회의 'Easy Six Sigma 프로그램' 등이 활용 및 전파된 사례가 있다. 특히 가장 큰 관심거리 중 하나가 'Lean Six Sigma'가 아닌가 싶다. 'Lean', 즉 '린 경영'은 일본의 '도요타 생산 시스템(TPS)'을 미국식 환경에 맞춰 1990년 경영 학자인 워맥과 존스가 공동 연구한 '세상을 바꾼 방식'에서 처음 사용한 용어이다. 1996년 MIT가 중심이 되어 실행 모델을 개발한 것이 대중화의 기초가 됐다. 이 방식은 자재 구매에서부터 생산, 재고 관리, 유통에 이르기까지 모든 과정에 손실을 최소화하고 최적화한다는 개념인데, 앞서 설명한 바와 같이 현장 접근성이 뛰어나 6시그마와 융합한 계기가 되었다. 물론 이들이 단순 방법론인지에 대해서는 논란의 여지가 남아 있긴 하다.

필자가 정립한 'Quick 방법론'의 대표 격인 '빠른 해결 방법론(D-M-W-C 로드맵)'은 앞서 소개한 '삼성 SDI'의 축약 로드맵 전개 방식과, '삼성 건설'의 'Work-out Phase'의 효용성을 벤치마킹하여 마련하였다. 또 부문 내 단기 수행 과제를 통합하는 취지에서 'P-D-C-A Cycle'을 삽입했는데 이것은 'TQC(Total Quality Control) 과제(동아리 과제)' 유형을 흡수하기 위한 방편이다. '빠른 해결 방법론'의 특징을 요약하면 다음과 같다.

1) 전체 '세부 로드맵'

로드맵은 기존 'D－M－A－I－C' 체계를 그대로 따르는 것을 원칙으로 한다. 전혀 새로운 별개의 전개를 따를 경우 그동안 해왔던 'D－M－A－I－C'와의 호환도 문제거니와 모든 교육 체계가 'D－M－A－I－C'에 맞춰진 현실에서 또 다른 학습이 필요하다는 것은 혼란과 불편만 가중될 뿐이다. 또 'Quick 방법론'이 주로 문제 해결 학습에 처음 입문하는 초보자를 대상으로 함에 따라 단순 전개지만 일부만 추가하거나 보완하면 향후 상위 학습을 받을 때 별다른 거부감을 느끼지 않도록 하는 것도 중요 고려 사항 중 하나다. 단순 과제에 적합하도록 Phase를 최소화하는 것도 중요하지만 단순하다고 해서 효용성이 높다고만 할 수 없는 이유이다.

[그림 1－2] '빠른 해결 방법론'의 '21－세부 로드맵' 개요도

‘빠른 해결 방법론’은 이미 필자가 컨설팅에 참여하고 있는 몇몇 기업에서 수년간 활용되고 있다. 따라서 효용성뿐 아니라 ‘세부 로드맵’에 대한 완성도도 이미 검증된 상태다. 또 앞서 사례로 언급했던 바와 같이 과제 리더들의 선호도 또한 매우 높아 바로 적용하는 데 전혀 문제 될 것이 없다. ‘빠른 해결 방법론’은 ‘10－Step’, 총 21개의 ‘세부 로드맵’으로 구성돼 있으며 [그림 1－2]는 전체 ‘세부 로드맵’과 각 명칭을 정리한 개요도이다. 각 영역의 특징들에 대해 자세히 알아보자.

2) Define Phase

[그림 1－2]에서 Define Phase는 기존 ‘프로세스 개선 방법론’의 ‘40－세부 로드맵’ 중 ‘총 9개(Step－1.1.～Step－3.1.)’를 ‘과제 기술서’ 단 한 장으로 대체한다. ‘과제 기술서’는 문서상 한 장이지만 Define Phase에서 기술되는 ‘Step－1.1. 과제 선정 배경 기술～Step－2.1. 문제 기술～Step－3.1. 과제 기술서’에 이르는 모든 내용을 포괄하고 있어 그들을 대체할 수단으로 적합하다. 또 전략과 연계된 과제 경우 사업부의 하위 과제들은 Define Phase를 수행하지 않는 것이 일반화돼 있다. 즉, 사업부 단위에서 과제를 발굴하면 이미 환경분석을 통해 하위 과제들이 선별된 것이므로 그 배경은 사업부 과제 발굴 문서에 포함된다. 따라서 Define은 완료된 것으로 간주하고 하위 과제는 Measure Phase부터 시작한다. 이때 개별 과제의 Define 작성은 이미 보고된 내용을 요점 정리하는 것이므로 ‘과제 기술서’ 단 한 장으로 대체할 수 있어 Define의 1장 처리는 전혀 낯설지 않다. 작성 사례 등은 이후에 다시 설명할 것이다. 다음 [그림 1－3]은 ‘과제 기술서’ 양식 예이다.

[그림 1－3] ‘과제 기술서’ 양식 예

<table>
<tr><td>과제 명</td><td colspan="12"></td></tr>
<tr><td>과제 선정 배경 기술</td><td></td><td>문제 기술</td><td colspan="10"></td></tr>
<tr><td>목표/효과 기술</td><td>항 목　현수준　달성 목표　완료일
(목표 기술)
예상 성과
(효과 기술)
☑ 재무성과 □ 비재무성과</td><td>범위 기술</td><td colspan="10"></td></tr>
<tr><td rowspan="6">팀원 기술</td><td rowspan="6">사업부장:
리 더:　멘토링:
팀 원:</td><td rowspan="6">일정 기술</td><td>활동</td><td>1월</td><td>2월</td><td>3월</td><td>4월</td><td>5월</td><td>6월</td><td>7월</td><td>...</td><td>12월</td></tr>
<tr><td>Define</td><td></td><td></td><td></td><td></td><td></td><td></td><td></td><td></td><td></td></tr>
<tr><td>Measure</td><td></td><td></td><td></td><td></td><td></td><td></td><td></td><td></td><td></td></tr>
<tr><td>W/out</td><td></td><td></td><td></td><td></td><td></td><td></td><td></td><td></td><td></td></tr>
<tr><td>Control</td><td></td><td></td><td></td><td></td><td></td><td></td><td></td><td></td><td></td></tr>
<tr><td>산출물</td><td></td><td></td><td></td><td></td><td></td><td></td><td></td><td></td><td></td></tr>
</table>

3) Measure Phase

[그림 1－2]에서 Measure Phase의 ‘세부 로드맵’은 기존 ‘D－M－A－I－C’의 그것과 비교해 ‘Step－6. 잠재 원인 변수의 발굴’이 빠져 있다. 이것은 단순화를 위해 ‘Measure’, 즉 ‘측정’이라는 본연의 역할만 강조했기 때문이다. 그러나 ‘잠재 원인 변수(Xs)’가 ‘Y’의 ‘현 수준’과 ‘목표’ 간 갭을 야기하는 문제 요소들이므로 팀원들의 회의나 의견을 통해 발굴될 수 있으며, 이에 ‘W(Work－out)’가 팀원들의 협의를 통해 수행되는 만큼 ‘잠재 원인 변수의 발굴’ 역시 ‘W Phase’에 포함시키는 게 전개에 효율적이다.

또, ‘Step－3. 현 수준 평가’는 과제들이 전략과 연계된 사업부의 하위 과제임을 고려할 때 ‘지표(Ys)’들의 ‘현 수준’도 과제 발굴과 동시에 드러나기 마련이다. 예를 들어 사업부 단위에서 해야 할 일들을 전개할 때 하위 과제의

'지표명'과 '현 수준'을 기록해놔야 이후 전개가 가능하다. 또 최근 기업들의 IT 인프라가 첨단화돼 있어 지표들의 '현 수준' 측정 신뢰도 또한 매우 높은 특징이 있다. 경험에 의하면 약 95% 이상이 '%'로 기록돼 있으므로 'Step−3. 현 수준 평가'는 미니탭의 '역누적 확률' 기능을 이용해 '시그마 수준'으로 전환이 가능하다. 정리하면 '빠른 해결 방법론'에서의 '현 수준 평가'는 이미 조사된 '%'로의 '현 수준'을 미니탭의 '역누적 확률' 기능으로 '시그마 수준'화하는 선에서 마무리한다. 이것은 로드맵의 축소뿐 아니라 내용도 단순하게 정리할 수 있어 'Quick 방법론'에서 매우 유익한 접근이다. '%' 숫자의 '시그마 수준'화는 Measure Phase에서 다시 논할 것이다.

4) Work−out/Workshop Phase

'Work−out'은 미국 GE社의 고유한 혁신 프로그램 중 하나이다. 여기서 프로그램에 대해 일일이 언급하는 것은 별로 의미가 없을 것 같다. 단지 유래에 대해 간단히 알아보면,[14] 1981년 존스 회장의 후임으로 GE의 경영을 물려받은 잭 웰치 회장이 비대해진 GE를 혁신하고자 'No1 or No2 전략', '사업 구조 조정', '조직의 Flat화', 'Restructuring'의 경영 혁신을 단행, 취임 당시 40만 명이었던 직원과 매출 280억 달러를 10년 뒤인 1991년에 직원 29만 명, 매출 600억 달러로 인당 생산성을 약 3배나 증가시켰다. 그러나 GE의 관리자들은 너무 바쁜 나머지 "만약 내가 과로로 쓰러져 책상에 고꾸라지더라도 옆자리의 동료가 나를 발견하는 데 1주일은 더 걸릴 것이 분명해"라는 농담을 할 정도였다고 하는데, 잭 웰치 회장은 이런 상황의 원인으로 여전히 불필요한 일이 많다고 판단함으로써 그를 줄여 나가는 활동의 일환으로 1989년 'Work−out' 프로그램을 운영하였다. 'Work−our'의 의미는 "불필요한 일(Work)을 회사에

14) http://cafe.naver.com/koreahrdacademy.cafe?iframe_url=/ArticleRead.nhn%3Farticleid=224&

서 몰아내자(out)"라는 뜻이다. 운영의 핵심은 임원부터 말단 직원까지 모두 한자리에 모여 빠른 의견 교환을 통한 신속한 의사 결정을 이루는 데 있다. 동일하게 '문제 해결 방법론'에서의 'W Phase'는 바로 'Y 수준'을 떨어트리는 '문제(Xs)'들의 정의와, 개선을 위한 '해결책(개선 방향)'을 찾기 위해 "팀원 모두 한자리에 모여 빠른 의견 교환을 통한 신속한 의사 결정을 이루는 것"이다. 그러나 "모여서 아이디어를 내고 바로 결정"하는 체계가 유독 GE社의 'Work－out 프로그램'에 한정된다기보다 좀 더 유연하고 일반화된 상황을 염두에 두었으면 하는 바람에서 'W'에 'Workshop'을 포함시켰다. 'Workshop'은 문제 해결을 위한 '연구 집회'의 의미를 담는다.

[그림 1－2]를 보면 'Work－out/Workshop'과 'Analyze/Improve'를 함께 쓰고 있는데 이것은 "**팀원 또는 관련 담당자들이 모두 모여 의견 개진이나 협의를 통해 문제의 원인을 찾고(잠재 원인 변수의 발굴), 또 그 원인이 맞는다고 결론지으며(데이터 분석), 그들에 대한 해결책 도출(개선 방향)은 물론 실제 실행(최적화)**하는 Phase까지를 포함"하므로 'W Phase'의 전 과정은 'D－M－A－I－C' 중 'Analyze Phase'와 'Improve Phase'를 합친 활동에 대응한다.

[그림 1－2]에서의 'W Phase'는 3개의 Step으로 이루어져 있으며, 각각은 'Step－5. Plan', 'Step－6. Do/Check', 'Step－7. Act' 들이다. 이와 같이 '세부 로드맵'에 'Deming Cycle'인 'P－D－C－A'를 도입한 것은 '빠른 해결 방법론'의 차별된 특징인데, 이로써 80년대 초부터 국내 기업의 상당수가 현장 중심의 혁신 프로그램으로 지금까지 운영 중인 'TQC(Total Quality Control)'의 부문 내 과제까지 포괄하게 되었다.

그러나 "'빠른 해결 방법론'이 TQC를 포괄했다"는 표현이 현장 중심의 문제 해결 접근법인 'TQC 프로그램(품질 분임조, 운영 체계 등)' 모두를 포괄한다고 생각하면 오산이다. 동일한 문제 해결 활동이라도 운영 주체나 처한 상황에 따라 접근법은 다를 수 있으므로 TQC의 고유한 영역을 로드맵 하나로 휩쓸어오는 것은 그야말로 어불성설이다. 본문의 해석은 '과제 관점'이며, 만일 TQC 운영에 따라 결성된 동아리이고 그들이 수행하는 과제들이 존재하면 모두 '빠른 해결 방법론'으로 처리가 가능하다는 뜻이다(TQC 제도 등은 제외).

TQC에서는 '문제 해결 절차'를 'QC Story'라고 부른다. 이 절차는 문제 해결 부문에서의 '로드맵'에 대응하며 개선 활동에 쓰이는 일의 흐름이다. '빠른 해결 방법론'의 '세부 로드맵'과 'QC Story'의 대응 관계를 다음 [그림 1-4]에 도식화하였다.

[그림 1-4] '빠른 해결 방법론'의 '세부 로드맵'과 'QC Story' 간 관계도

'빠른 해결 방법론'의 '세부 로드맵'		
	10-Step	21-세부 로드맵
D	Step-1. 과제 승인	Step-1.1. 과제 기술서
M	Step-2. 'Y'의 선정	Step-2.1. CTQ 선정
		Step-2.2. 운영적 정의
		Step-2.3. 성과 표준
		Step-2.4. 데이터 수집 계획
	Step-3. 현 수준 평가	Step-3.1. 현 프로세스 능력 평가
	Step-4. 목표 재설정	Step-4.1. 목표 재설정
W	Step-5. Plan	Step-5.1. 활동 계획 수립
		Step-5.2. 원인 분석 및 우선 순위화
		Step-5.3. 개선 방향 설정
	Step-6. Do/ Check	Step-6.1. 개선 실행/ 기대 효과
	Step-7. Act	Step-7.1. 결과 검증
C	Step-8. 관리 계획 수립	Step-8.1. 잠재 문제 분석/ 대책 마련
		Step-8.2. 관리 계획 수립
		Step-8.3. 표준화
	Step-9. 관리 계획 실행	Step-9.1. Do: Scale-up 실행
		Step-9.2. Check: Scale-up 결과 분석
		Step-9.3. Act: Scale-up 보완/ 장기 프로세스 능력 평가
	Step-10. 문서화/ 이관	Step-10.1. 과제 성과의 종합
		Step-10.2. 문서화/ 공유/ 승인의 표현
		Step-10.3. 차기 제안 과제 요약

QC Story		
단계	단계 명	추진 목적
1	주제 선정	분임조 영역의 해결 과제 선정
2	활동 계획 수립	활동 단계별 일정 계획 수립
3	현상 파악	문제(or 개선)점의 현상 정량화
4	원인 분석	현상의 원인 도출 및 대책 수립
5	목표 설정	대책의 기대 효과/ 목표 수립
6	대책 수립 및 실시	수립된 대책의 개선 실행
7	효과 파악	유/ 무형 효과, 경영 기여도 파악
8	표준화	사내 표준으로 등록
9	사후 관리	지속적 관리로 유효성 검증
10	반성 및 향후 계획	활동 과정과 결과에 대한 평가

[그림 1-4]의 'QC Story' 중 'Deming Cycle'인 'Plan-Do-Check-Act'는 '6. 대책 수립 및 실시'에서 프로세스 개선을 위한 대책의 개수만큼 반복(Cycle)된다. 반면, '빠른 해결 방법론'에서는 'Deming Cycle'이 두 번 쓰이는데 하나는 'W Phase'의 '세부 로드맵 Step-5~Step-7'이고, 다른 하나는 'Control Phase'의 'Step-8.2.' 및 'Step-9.1.~9.3.'이다. 이것은 TQC 경우 실제 프로세스 담당자(동아리)들이 개선과 그 효과를 본인들의 프로세스에서 바로 확인 가능한 반면, '빠른 해결 방법론'은 실제 프로세스에 개선 내용을 적용하는 활동(Control Phase)과, 그에 앞서 개선 내용을 적용했을 때의 위험과 효과를 미리 확인하는 절차(Work-out Phase)로 나뉘어 있기 때문이다. [그림 1-4]를 보면 '6. 대책 수립 및 실시'와 '빠른 해결 방법론'의 'Step-6. Do/Check' 및 'Step-9. 관리 계획 실행' 등 'Plan-Do-Check-Act'가 쓰이는 활동들을 화살표로 서로 연결해놓았다.

'W Phase'는 빠른 문제 해결 중 가장 중요한 과정이다. 문제의 '원인(Xs)'들을 발굴하고, '개선 방향(또는 개선 대책)'을 마련하며, 실질적인 '개선 활동'까지 포괄하기 때문이다. 단, 팀원과 관련 담당자들이 모두 모여 토의나 의견 개진, 협의 등을 통하는 점이 기존 '프로세스 개선 방법론(DMAIC 로드맵)'의 데이터를 이용한 '분석(Analyze)적 접근'과 차이가 있을 뿐이다. 따라서 '빠른 해결 방법론'은 '가설 검정'과 같은 통계 도구들의 학습보다 '특성 요인도', '브레인스토밍'과 그 외의 의사 결정 도구처럼 '정성적 자료 분석'의 학습에 치중하는 것이 바람직하다. 참고로 다음은 'PDCA Cycle'의 유래를 요약한 것이다.

· **PDCA Cycle 유래** (문헌) '39년 Shewhart는 '과학적 방법(Scientific Method)'에 "사양(Specification) – 생산(Production) – 검사(Inspection)"의 사이클을 적용했다. '50년 Deming은 'Shewhart Cycle'을 '제품 설계(Design of Product) – 제품 생산(Make it) – 시장 출시(Put it on the Market) – 시장 조사에 의한 제품 평가(Test it through Market Research) – 제품 재설계(Redesign the Product)'로 수정하였다. 같은 해 JUSE에 의해 일본에서 강연했을 때 일어로 'Deming Wheel'로 불리던 것이 '51년 Plan – Do – Check – Action(or PDCA Cycle)이 되었으며, 이후 일본의 QC, TQC, QC동아리 활동에 필수 사항이 되었다. '93년 Deming은 확장된 개념의 'PDSA(Plan–Do–Study–Act) Cycle'을 새롭게 정립한 후 "Model for Improvement"라 명명하였다.

'PDCA Cycle'의 유래에 대해 좀 더 상세한 정보를 원하는 독자는 문헌[15) "Evolution of the PDCA Cycle(by Ronald Moen, Clifford Norman)"을 참고하기 바란다.

5) Control Phase

'빠른 해결 방법론'의 '세부 로드맵' 중 '프로세스 개선 방법론(DMAIC 로드맵)'의 형태가 가장 온전히 남아 있는 Phase다. 즉, 'D – M – W Phase'가 'Quick'이란 어감에 맞게 각 Phase 내 '세부 로드맵'들이 단순화된 데 반해 'Control Phase'는 '프로세스 개선 방법론'의 그것과 별반 차이가 없다.

교육 중에 "D – M – A – I – C 각 Phase 중 가장 중요한 Phase는 무엇일까요?" 하고 질문하면 십중팔구 "Improve요!" 하는 답변이 돌아온다. 뭔가 새로운 분위기를 만드는 Phase가 개선 활동이 집중된 'Improve'이기 때문이다. 그러나 로드맵을 명확하게 인식하면 'Improve'는 단지 'Analyze'에 종속돼 있음을 확인하는 일은 그리 어렵지 않다.

15) http://pkpinc.com/files/NA01MoenNormanFullpaper.pdf

[그림 1 - 5] 'D - M - A - I - C' 각 Phase의 관계도

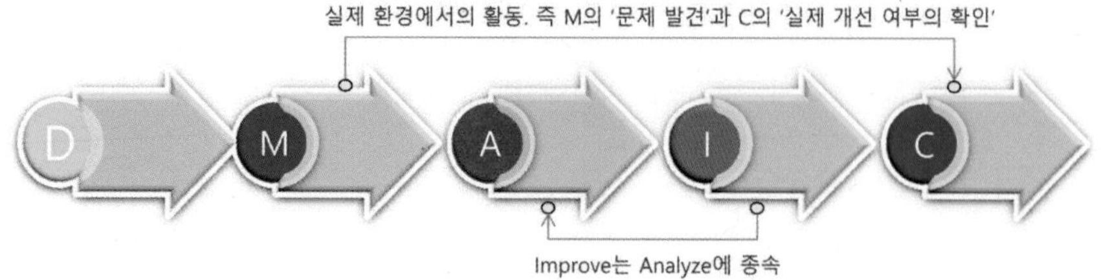

[그림 1 - 5]에서 'Improve'와 'Analyze'의 관계를 "I Phase는 A Phase에 종속"으로 표기하고 있다. 이것은 Analyze Phase의 속성을 자세히 관찰하면 쉽게 이해할 수 있는 부분이다. 문제의 근원을 밝혀내면('Root Cause'의 확인) 프로세스를 이떤 식으로 바꾸어낼지에 대한 '개선 방향'이 나오는데 이것이 A Phase의 결과물이다. 이 '개선 방향'을 I Phase에 넘겨 구체화시키면 '최적화'가 된다. 결국 A Phase에서 어떻게 하라고 지시해주지 않는 한 I Phase는 할 수 있는 일이 제한적이므로 "Improve Phase는 Analyze Phase에 종속"이란 관계가 성립한다. 이 같은 해석으로부터 '흐름 관점', 즉 '세부 로드맵 관점'에서는 'Analyze Phase'가 가장 중요한 활동임에 틀림없다.

다시 최초 마이클 해리가 'M - A - I - C'를 정립한 시기로 돌아가 각 Phase별 의미를 되새기면 'Analyze Phase'와 'Improve Phase'는 "데이터로써 문제의 근원을 밝히고 데이터로써 해법을 찾는 Phase"로 정의한다. 즉, 이 Phase들은 데이터를 기반으로 한 '가상의 활동'들인 반면, '실질의 활동'은 "Measure Phase에서 측정한 프로세스의 문제들이 확실히 개선됐는지 Control Phase에서 검증하는 것"으로 정의한다. [그림 1 - 5]를 보면 'Measure Phase'와 'Control Phase'가 "실제 환경에서의 활동"으로 표기돼 있다. 정리하면 실질적인 성과가 확인되는 Phase는 'Control Phase'이며, 따라서 'D - M - A - I - C' 중 '성과 관점'에서 가장 중요한 Phase는 'Control'임을 알 수 있다.

‘Control’은 ‘관리’라고 해석하지만 ‘프로세스 개선 방법론’에서의 ‘Control’은 Improve Phase에서의 개선 내용들을 실제 프로세스에 적용해서 그 경과를 지켜보는 활동이 핵심이다. 그래서 문제가 없으면 앞으로도(장기적 관점) 무리 없이 예상된 성과가 나오리라는 설득을 제3자에게 할 수 있는 근거로 활용한다. 그렇지 않고 성과가 유지될 것이란 어떤 근거도 없이 단기적으로 반짝 효과만 보고 모든 결과를 수용하면 수개월간의 노력은 인정받기 어렵다. 결국 ‘Control Phase’ 기간 동안 실제 프로세스에서의 개선 적용 효과를 충분히 검증해내지 못하면 잘못된 개선 대책을 만들어냈거나 수행 과정에서 중요 내용이 누락되는 등의 원인으로밖에 설명되지 않는다. ‘Control Phase’가 얼마나 중요한지 이해를 돕기 위해 아주 극단적으로 표현하면 “‘M－A－I’ Phase를 거치지 않았더라도(‘즉 실천’을 했더라도) Control Phase만큼은 완벽하게 마무리해야 한다”이다. 이 관점은 기업에서의 과제들이 대부분 Improve Phase가 길어지면서 Control Phase는 며칠부터 짧게는 단 몇 시간 만에 끝내버리는 행태를 정면으로 지적한다. 아무리 급해도 Control Phase 일정은 최소 3주～1달 이상은 확보해야 한다. 따라서 단순한 ‘Quick 방법론’이라 하더라도 ‘개선 내용’을 실제 프로세스에 적용해서 그 영향을 지켜보는 활동, 즉 ‘Control Phase’만큼은 ‘프로세스 개선 방법론’과 차별화시킬 수 없음을 명심해야 한다(즉, 줄일 수 없다는 뜻이다).

또 한 가지 Control Phase에 대해 꼭 염두에 두어야 할 사항이 있다. “프로세스를 개선한다”는 의미는 “새로운 변경점을 만든다”와 동격이다. ‘변경점’은 과거부터 일관되게 해오던 관리 방식에 변화가 생긴다는 것인데 이해를 돕기 위해 일상에서 느끼는 ‘변경점’에 대해 간단한 예를 들어보자. 만일 동료 중 한 명이 항상 다니던 길이 아닌 새로운 길로 출퇴근을 한다면 아마도 이 동료는 선택한 경로가 빠르다는 뭔가 좋은 정보를 얻었으며 그 좋은 정보 획득의 변화로 실제 출퇴근 시간이 빨라지는 결과를 얻을 수 있다. 즉, 정보를 얻은 전과 후 사이가 '변경점'의 발생 시점이며, 이로부터 출퇴근 시간이 빨라지는 '변화'가 생겼다. 동일한 현상이 관리 중인 프로세스에서도 생긴다. 단지 변화의 결과가 긍정적인지 아니면 부정적인지의 차이만 있을 뿐이다.

프로세스에서 생겨난 급작스러운 변화는 주로 그 앞 프로세스에서의 변경점 발생에 기인했을 가능성이 매우 크다. 보통 얘기하는 '5M－1I－1E' 중 하나가 변경돼 이후 프로세스에 문제를 야기하는 것이다. 이것을 변경점 발생으로 인한 부정적 영향으로 본다면 과제를 수행해서 "개선을 한다"는 의미는 긍정적 모습으로 바꾸기 위해 '변경점'을 인위적으로 만드는 활동이다. '긍정적 변화'란 곧 '프로세스의 개선'을 의미한다. 그러나 '개선'했다고 해서 항상 '긍정적 변화'만이 올까? 실상은 그렇지 않다. 얘기치 못한 변수로 오히려 '개선'은 커녕 프로세스에 크나큰 해를 끼칠 수도 있다. 이와 같은 잠재된 문제점을 사전 관리하는 차원에서 통상 '위험 관리(Risk Management)' 활동을 하는데 이 작업은 [그림 1－2]의 Control Phase 첫 활동인 'Step－8.1. 잠재 문제 분석'에서 이루어진다. 바로 앞 'W Phase'에서 실행된 '개선 내용(변경점에 해당)'들을 실제 프로세스에 적용할 때 예상되는 잠재 문제들을 미리 적출해서 처리하자는 의도가 담겨 있다. 따라서 매우 중요한 Phase이니만큼 결코 빠트려선 안 되는 활동이다.

지금까지의 'Control Phase'에 대해 요약하면 **"실제 프로세스에 개선 내용(개선 대책)을 적용해 일정 기간 운용해보는 과정이므로 Quick 방법론이라 하더라도 '프로세스 개선 방법론'의 'Control Phase' 경우와 차이가 있어선 안 되며(방법, 기간 등), 또 그에 앞서 예상치 못한 악영향을 미연에 방지하기 위한 '잠재 문제 분석'이 반드시 시행돼야 한다"**로 정리된다.

이제 본격적인 로드맵 전개 예와 작성 사례에 대해 자세히 알아보자.

Define Phase 개요

문제 해결 중 'DMAIC 로드맵'에 익숙한 리더라면 'DMWC 로드맵'의 'Define Phase'도 쉽게 이해할 수 있다. 별반 차이가 없기 때문이다. 단지 'Step－1.1. 과제 선정 배경 기술～Step－2.1. 문제 기술～Step－3.1. 과제 기술서'의 전 과정을 장표로 각각 작성하지 않고, '과제 기술서' 단 한 장으로 대체하는 것이 차이라면 차이다. 이것은 사안이 단순하거나 또는 사업부 과제의 '하위 과제'인 경우 적절한 조치인데, 만일 '빠른 해결 방법론(DMWC 로드맵)'으로 전개해야 함에도 전달할 내용이 많으면 '세부 로드맵'별로 장표를 각각 구성할 수 있다. 그러나 이 경우 발생 빈도가 매우 낮고 대부분은 '과제 기술서' 한 장이면 의미 전달이 충분하다. 다음 [그림 1－6]은 작성법 설명을 위한 '과제 기술서' 예이다.

[그림 1－6] '과제 기술서' 작성법

과제 명	①		
과제 선정 배경 기술	②	문제 기술	③
목표/효과 기술	항 목 / 현수준 / 달성 목표 / 완료일 (목표 기술) ④ 예상 성과 (효과 기술) ☑ 재무성과 ☐ 비재무성과	범위 기술	⑤
팀원 기술	사업부장: 리 더: 팀 원: 멘토링: ⑥	일정 기술	⑦

활동	1월	2월	3월	4월	5월	6월	7월	...	12월
Define									
Measure									
W/out			⑦						
Control									
산출물									

[그림 1-6]에서의 화살표 흐름은 소위 'Story Line'을 구성한다. 일하는 방법을 대변할 '로드맵'이란 마치 시냇물에 놓인 돌다리와 같아서 만일 냇가를 건너기 위해 돌다리를 밟고 갔는데 뒤돌아보니 밟고 온 돌다리가 없으면 상황 설명이 전혀 되지 않는다. 즉, 돌다리(로드맵)는 '인과관계'나 '전후관계'로 묶여야만 의미가 생긴다. 마찬가지로 '과제 기술서' 내 각 '세부 로드맵'들도 돌다리에 비유될 수 있으며 그들 또한 '인과관계' 또는 '전후관계'로 엮여야만 한다. 예를 들어 "바깥세상은 다 저렇게 흘러가는데(과제 선정 배경 기술) 그를 못 쫓아가는 우리의 문제 또는 못 쫓아가서 우리가 받을 악영향은 무엇인지(문제 기술), 그 문제를 극복하면 목표가 달성되며(목표 기술), 달성된 갭만큼 단가를 곱하면 재무성과가 생긴다(효과 기술)"로 연결된다. 여기까지가 과제를 왜 해야 하는지에 대한 당위성 설명의 '과제 정의'라면 이후부터는 앞으로 과제를 어떻게 이끌어 나갈 것인지에 대한 '과제 관리'를 기술한다. 즉, 과제를 수행할 프로세스 범위는 어디부터 어디까지이고(프로세스 범위), 그 프로세스는 어느 공간에 들어 있으며(공간적 범위), 프로세스 내에서 실질적으로 최적화할 대상은 무엇인지(유형적 범위)를 나열한다. 만일 금융 분야로서 청약서나 계약서 등 법적 보유 기간이 이미 정해진 자료를 대상으로 과제가 수행된다면 '시간적 범위'를, 연구 개발 분야에서 과제 수행 중 활용할 기술의 범위 설정이 필요하면 '기술적 범위'를 추가한다. 앞서 설명된 '프로세스 범위', '공간적 범위', '유형적 범위', '시간적 범위', '기술적 범위'를 통틀어 '범위 기술'이라고 한다. 이 작업이 끝나면 설정된 범위 내 전문가와 과제를 함께 수행해야 성공 가능성을 높일 수 있으므로 '팀원 기술'이 오며, 이어 팀원과 함께 어떤 일정으로 움직일 것인가를 논할 '일정 기술'이 온다. 이와 같은 이야기식의 전개가 성립돼야만 보관 문서나 발표 PT 자료로써 의미가 생긴다. 이제 각 '세부 로드맵'별 성격과 작성법에 대해 알아보자.

Step-1. 과제 승인/ Step-1.1. 과제 기술서

아래 이어지는 '원 번호'는 [그림 1-6]의 '과제 기술서 양식 예'에 포함된 '원 번호'에 각각 대응한다.

① 과제명

과제 멘토링을 할 때면 리더들이 정한 과제명을 통해 어떤 성격의 문제를 해결하려는지 감을 잡곤 한다. 그동안 다양한 분야의 수많은 과제를 접해온 이력 때문인지 보통 과제명만 보면 향후 전개 과정이 눈에 밟힌다. 조금 과장하면 신들린 것처럼 알 수 있다(^^)! 그런데 과제명이 '불량률 개선'이나 '보험 사고율 최소화', '고부가가치 제품 확대 판매' 등으로 기입해 오는 경우 참으로 난감하다. 과제명을 통해 과제의 성격이 어떻다 정도는 들어오지만 왠지 후련하지가 않다. 물론 함께 가져온 자료가 있으면 뒤적여보거나 조금 꼬치꼬치 되물음으로써 문제의 핵심을 찾아갈 순 있다. 그러나 앞서 기술한 과제명은 마치 사람 이름 '김철수' 세 자 중 단지 '철'자만 기록한 경우와 비교된다. '철'자 이름이 들어간 사람은 알겠는데 주어진 정보만으론 내 주변의 누구인지 명확하게 떠올리기 어렵다.

누군가의 이름이 그 사람의 이미지를 떠올리게 하듯 '과제명'만으로도 과제의 이미지를 떠올리게 할 수는 없을까? 국제 표준까지는 안 되더라도 과제명은 표준적으로 다음과 같이 설정하는 것이 바람직하다.

○○을 통한 (지표명)을 (목표 값)만큼 향상/감소/확대/단축/증대/저감… (1.1)

(1.1)에서 "통한"의 앞부분은 '주요 활동(방향)'을 적시하고, 그를 통해 어떤 지표를 얼마만큼 향상(또는 감소, 단축 등)시킬 것인지 기술한다. 간혹 과제명

을 정하면서 "아니 아직 과제가 시작되지도 않았는데 어떻게 '○○을 통한'처럼 방향을 기술할 수 있습니까?" 하고 묻곤 한다. 그러나 '통한'의 앞부분은 해법이라기보다 나아갈 방향을 제시하는 것이며, 과제 선정 당시 이미 결정되는 속성을 지닌다. 당연히 과제가 결정되지 않은 상태에서는 '과제명'의 설정은 불가능하다. 그러나 '과제명'을 결정할 시점에 이르렀음은 문제가 무엇이고 해결을 위해 얼마만큼의 자원과 노력을 기울여야 하는지 등이 표면화되므로 접근 방향도 어느 정도 알려진다. 다음 [표 1-2]는 '과제명'의 예이다.

[표 1-2] '과제 명' 설정 예

No	활동 방향		지표 명	목표	목표 방향
1	조리 공정 효율화를	통한	첨가제 누락 결점률	10%	감축
2	일반 대체재 확보를		A재료 구매 원가	15%	절감
3	Lu운전 방법 개선을		SM 생산성	20%	향상
4	물류 운영 패턴 조정을		포장 용량	30%	증대
5	지급 업무 처리 시간 단축을		고객 대기 시간	25%	단축
6	CS교육 체계화를		신규 인원 이탈률	20%	저감
7	통신 시스템 개선을		통신비	30%	절감
8	납기 프로세스 개선을		단 납기 수주량	100톤	확판
9	맞춤형 프로그램 개발을		핵심 인력 확보율	20%	향상
10	투자사 재무 분석을		결산 정확도	60%	증대
11	아웃소싱 방법 개선을		IT 아웃소싱 비용	6%	절감
12	글로벌 정보 시스템 혁신을		관리 비용	20%	감축
…	…		…	…	…

잘 알려진 '파레토 법칙(또는 2:8 법칙)'이 있다. 이탈리아의 경제학자 빌프레도 파레토(Vilfredo Pareto, 1848~1923)가 처음 주창한 법칙인데 과제명이 얼마나 중요한지를 설명하는 데도 인용된다. 즉, "어떤 과제가 주어졌을 때 목적이 무엇인지 우선 명확화한 뒤 기대하는 결과에 대해 미리 구체적인 산출물을 그려놓는다면 작업 초기 단계에 전체 작업의 80% 이상을 완성하는 것과 같다"이다. 이 법칙을 그대로 인용한다면 '과제명'을 제대로 작성하는 것만으

로도 실제 과제 활동의 80%를 이행한 것과 다름없다는 논리가 선다. 20여 년간 컨설팅 경험을 토대로 주장컨대 제대로 된 '과제명'만으로도 과제의 윤곽을 충분히 잡을 수 있음은 확실하다. '과제명' 설정을 그냥 대수롭지 않게 생각해서는 안 되는 이유이다.

② 과제 선정 배경 기술

과제 발굴의 배경은 통상적으로 'Three Cs Model(3Cs 모델)' 관점에서 기술될 수 있다. 우리에겐 '3C 분석'으로 잘 알려져 있는데, 이에는 '고객(Customer)', '자사(Company or Corporation)', '경쟁사(Competitor)'가 포함된다. 일반적으로 프로세스 개선 성격의 과제들은 '3C' 중 한 개만으로도 배경 설명이 충분하나 연구 개발 부문의 제품 설계 과제는 고객, 경쟁사, 자사 상황을 고려해야 하므로 3개 유형 모두가 배경 설명으로 온다. '고객' 관점은 "고객의 요구 사항이 어떻게 변해가는지?", "시장 수요, 공급 등은 어떤 경향을 보이는지?", "Market Share는 어떤 상황인지?" 등을, '자사' 관점은 "내부 분석을 통해 가장 문제가 되는 항목, 또는 분야는 어디인지?", "대표이사 또는 사업부장의 가장 큰 관심사는?", "앞으로 가장 취약한 영역은 어디인지?" 등이, 끝으로 '경쟁사' 관점은 "경쟁사의 공급량은 어느 정도인지?", "경쟁사가 전략적으로 포지션 하는 대상은 무엇인지?", "특성치의 향상률이 얼마나 되는지?" 등이 '과제 선정 배경'을 위한 기술에 활용될 수 있다. "고객이 원하기 때문에, 또는 자사 분석 결과 그 심각성이 드러났으므로, 그리고 경쟁사가 하기 때문에 나도 한다" 등의 논리는 어떤 과제라도 모두 배경으로 삼기에 충분하다. 단지 통과 의례가 있다면 그 수준 정도가 사업부장이나 실무자들이 느끼기에 "정말 그렇군. 우리도 빨리 해야겠는걸!" 하는 공감대가 형성될 필요는 있다.

[그림 1-6]의 '과제 선정 배경 기술'을 위한 공간은 몇 자 적지 못할 정도로 작아 보이지만 앞으로 본문에서 제시할 한두 가지 원칙만 잘 지켜지면 과

제가 왜 선정되었는지 기술하기엔 충분하다. 제일 먼저 과제가 '3C(Customer, Company, Competitor)' 관점의 어디에 속하는지 판단해보고 배경 설명에 필요한 '이미지'를 떠올린다. 여기서 '이미지'란 전달하려는 내용을 글자가 아닌 '그래프', '그림' 또는 '도표' 등으로 표현한 결과물이다. 예를 들어 '시간'을 줄이는 과제이면 월(月)별 또는 주(週)나 일(日)별 '시간'의 경향이 어떠한지, '생산성'을 높이는 과제면 역시 월별 '생산성'의 추이가, '비용'을 줄이려는 목적의 과제면 '연도(年度)별', '반기(半期)별' 또는 '분기(分期)별' '비용'의 흐름이 어떻게 변해왔는지를 시각화한다. '그래프' 표기가 어려우면 '그림'이나 '도표' 등도 가능한데, '그림' 경우는 상황 설명에 적합한 '개념도'나 '동작 원리' 등이, '도표' 경우는 '일시, 항목, 내용 설명, 특징, 비고' 등의 열을 만들어 상황을 표로 나타낸다. 다음 [그림 1-7]은 '과제 선정 배경 기술'에 활용될 수 있는 각 유형(그래프, 그림, 도표)별 예시를 보여준다.

[그림 1-7] '과제 선정 배경 기술'을 위한 '이미지' 작성 예

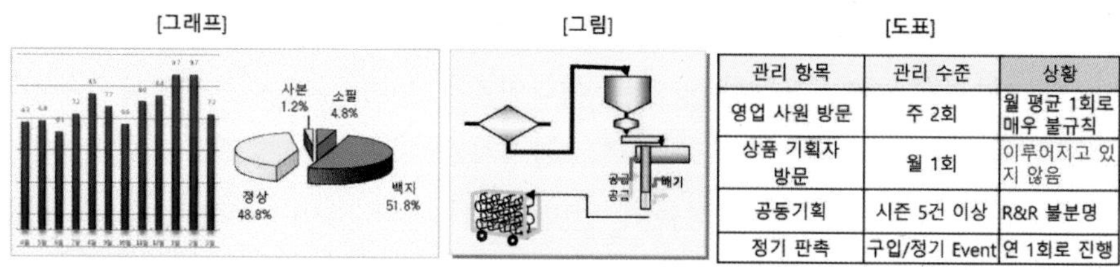

관리 항목	관리 수준	상황
영업 사원 방문	주 2회	월 평균 1회로 매우 불규칙
상품 기획자 방문	월 1회	이루어지고 있지 않음
공동기획	시즌 5건 이상	R&R 불분명
정기 판촉	구입/정기 Event	연 1회로 진행

[그림 1-7]의 왼쪽은 '그래프' 예이며, 일정 주기별로 값들의 등락을 '막대 그래프', 또는 점유율을 '원 그래프'로 나타내고 있다. 중간은 '공정도'를 알기 쉽게 표현해서 상황 설명이 쉽도록 전달하고 있으며, 오른쪽 이미지 예는 사건의 발생 빈도가 높지 않아 '표'로써 상황을 알기 쉽게 요약한 뒤 전달하고 있다.

과제 선정 배경을 표현할 적합한 '이미지'가 완성되면 다음으로 해당 '이미지'를 객관적 사실 그대로 설명하는데, 이때 '6하원칙'을 적용한다. '6하원칙(六何原則)'이란 "누가(Who), 언제(When), 어디서(Where), 무엇(What), 왜(Why), 어떻게(How)의 여섯 가지 기본이 되는 조건"을 나타낸다. 예를 들어 [그림 1－7]의 첫 번째 막대그래프가 1년(전년도 4월～금년 3월)간 품질 문제로 고객사로부터 반품된 제품 추이라면 "20x1.4～20x2.3월 1년간(When) A제품 반품량이(What) 20x1.4월의 4.3톤에서 20x2.3월 7.2톤으로 월평균 약 0.26톤 지속적으로 증가하는(How) 추세"가 된다. 내부 분석 자료를 통한 기술이므로 '3C' 중 '자사(Company)' 관점에 해당하며, 글 내 "지속적 증가 추세"라는 표현에서 향후 고객사로부터의 반품이 더 증가될 수 있음을 암시한다. 따라서 내부적으로 문제 해결을 위한 활동이 이루어지지 않는다면 '사외 실패 비용(External Failure Cost)'이 늘어나리란 위협적 요인이 되므로 보는 이로 하여금 과제를

[표 1－3] '과제 선정 배경 기술' 예

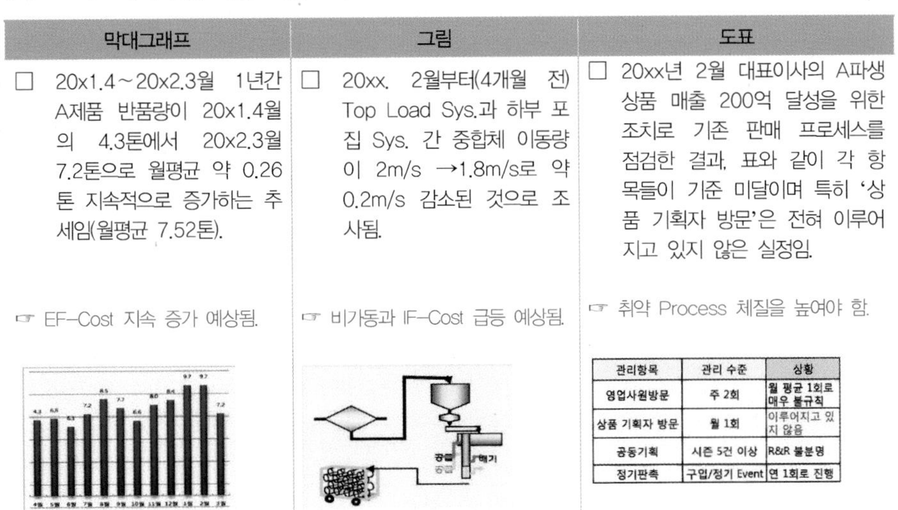

막대그래프	그림	도표
□ 20x1.4～20x2.3월 1년간 A제품 반품량이 20x1.4월의 4.3톤에서 20x2.3월 7.2톤으로 월평균 약 0.26톤 지속적으로 증가하는 추세임(월평균 7.52톤).	□ 20xx. 2월부터(4개월 전) Top Load Sys.과 하부 포집 Sys. 간 중합체 이동량이 2m/s →1.8m/s로 약 0.2m/s 감소된 것으로 조사됨.	□ 20xx년 2월 대표이사의 A파생 상품 매출 200억 달성을 위한 조치로 기존 판매 프로세스를 점검한 결과, 표와 같이 각 항목들이 기준 미달이며 특히 '상품 기획자 방문'은 전혀 이루어지고 있지 않은 실정임.
☞ EF-Cost 지속 증가 예상됨.	☞ 비가동과 IF-Cost 급등 예상됨.	☞ 취약 Process 체질을 높여야 함.

관리항목	관리 수준	상황
영업사원방문	주 2회	월 평균 1회로 매우 불규칙
상품 기획자 방문	월 1회	이루어지고 있지 않음
공동기획	시즌 5건 이상	R&R 불분명
정기판촉	구입/정기 Event	연 1회로 진행

추진하라는 당위적 배경으로서의 의미를 갖는다. [그림 1-7]에서 세 가지 유형을 가정하고 각각에 대해 배경을 기술하면 [표 1-3]과 같다(고 가정한다).

[표 1-3]의 작성은 먼저 상황 설명에 적합한 '이미지(그래프, 그림, 도표 등)'를 떠올린 뒤 시각화하였고, 이어 '6하원칙'에 근거한 '이미지'의 객관적 사실을 기술한 것이다. [표 1-3]의 '☞'로 된 문장(빨간 글자)은 '6하원칙'이 '이미지'를 설명하는 객관적 사실인 반면 리더가 그 사실 속에서 과제 수행의 당위성을 설명하려는 의도가 무엇인지 속내를 드러낸 표현이다. 이것을 '함축적 의미' 또는 '시사점(Implication)'이라고 한다. 리더의 의도를 엿볼 수 있는 대목이며, '시사점'을 통해 제3자(사업부장, 팀원, 관련 담당자들)는 리더가 전달하고자 하는 내용이 무엇인지 정확하게 이해할 수 있다. '시사점'은 이어지는 '문제 기술'을 위한 키워드를 제공한다. 과제 선정과 관련해 재미있는 유형 구분이 있어 다음 [표 1-4]에 옮겨보았다.

[표 1-4] 선정된 과제들의 부정적 유형

유형	설명
과대포장형	별로 중요하지 않은 사안을 확대 해석해서 1년간 자원과 노력을 투입하는 경우
오리무중형	과제가 구체화되지 못해 초기 분석의 방향 설정이 어려워 2~3개월을 과제 분석의 범위/방향 설정에 시간을 낭비한 경우
주체상실형	선정된 과제에 의문은 가지만 Top의 강력한 의지에 밀려 논리적 타당성을 강제로 찾아 결합시킨 경우
좌충우돌형	활동 중 범위와 방향에 대해 팀원들조차 충분히 공감하지 못하여 추진력이 떨어진 경우
현실안주형	혁신 Task팀을 먼저 결성한 후 사람에 맞추어 과제를 선정함으로써 환경 변화에 효과적으로 대응 가능한 과제이기보다 현재 여건과 상황에서 해결 가능한 과제로 전락한 경우
사실무시형	당연한 논리로 과제를 결정한 후 형식적으로 과제 선정의 타당성을 강제 결합시킴으로써 사업을 둘러싼 제반 환경의 중요한 요구 등이 반영되지 못함. 이에 경영 자원을 낭비하거나 혁신 운동은 서류가 많아 문제라고 불평을 늘어놓는 경우

[표 1 - 4]의 유형은 과제를 발굴한 후 최종 선정에 이르기까지 반드시 경계해야 할 대목들이다.

③ 문제 기술

'과제 선정 배경 기술'이 나를 제외한 대외적인 흐름의 표현이라면 '문제 기술'은 그 흐름을 따라가지 못하는 우리 내부의 문제 또는 대외적 흐름이 현실화됐을 때 우리에게 미치는 악영향이 무엇인지 기술한다.

수행 중인 과제들의 Define Phase를 검토해보면 리더들이 가장 자주 겪는 오류가 '과제 선정 배경 기술'과 '문제 기술'의 중복 표현이다. 똑같은 내용을 '과제 선정 배경 기술'에도 쓰고 '문제 기술'에도 쓴다. 그러나 두 영역이 따로 구분돼 있다는 것은 내용도 다르다는 것을 암시하므로 분명히 표현에 있어 차이를 둬야 한다. 이에 대해서는 [그림 1 - 6]을 설명하면서 'Story Line'을 강조했었는데, 대외적인 '과제 선정 배경 기술'로부터 우리의 문제인 '문제 기술'로 부드럽게 연결시키는 것이 관건이다.

[표 1 - 5] '문제 기술' 예([표 1 - 3]과 연결됨)

막대그래프	그림	도표
□ 20x1.4~20x2.3월 1년간 A제품 반품으로 인해 월평균 6.1천만 원 정도의 비용이 지속적으로 상승 추세에 있음.	□ 중합체 이동량이 1.8m/s 이하로 관리될 경우 포집Sys. 응결로 정기 보수(1주) 불가피함. □ COPQ 6억 예상	□ 직전 2개년 실패 사례 분석 결과 공동 기획(50%), 상품 기획자 방문(20%) 순으로 매출에 영향을 줌(매출 85억 미달 예상됨).
☞반품 월 2톤 이하 관리 要 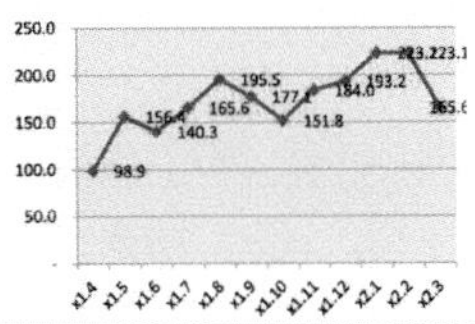	☞이동량 2.0m/s 이상 要 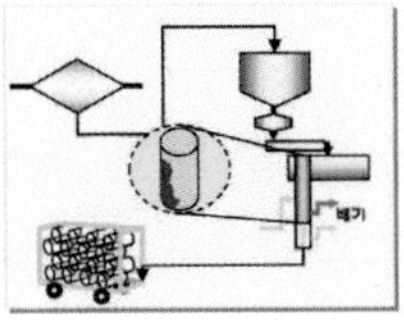	☞영향 큰 항목의 성공률 개선要 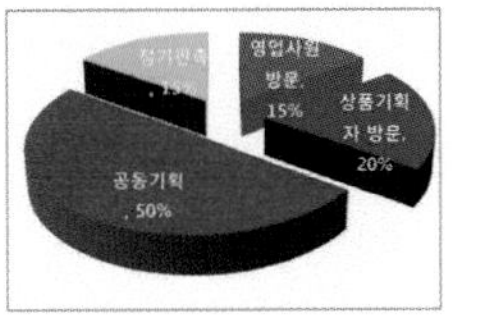

우선 '과제 선정 배경 기술'과 동일하게 본 상황을 설명할 '이미지'를 연상한다. [표 1－3]의 '과제 선정 배경 기술'과 연결된 '문제 기술'을 각각 작성하면 [표 1－5]와 같다(고 가정한다).

[표 1－3]과 [표 1－5]를 연계해 'Story Line'화하면 다음 [표 1－6]과 같다.

[표 1－6] '과제 선정 배경 기술'과 '문제 기술'의 'Story Line'화 예

세부 로드맵	막대그래프	그림	도표
과제 선정 배경 기술	□ 20x1.4～20x2.3월 1년간 A제품 반품량이 20x1.4월의 4.3톤에서 20x2.3월 7.2톤으로 월평균 약 0.26톤 지속적으로 증가하는 추세임. ☞ EF－Cost 지속 증가 예상됨	□ 20xx.2월부터(4개월 전) Top Load Sys.과 하부 포집Sys. 간 중합체 이동량이 2m/s→1.8m/s로 약 0.2m/s 감소된 것으로 조사됨. ☞ 비가동과 IF－Cost 급등 예상	□ 20xx년 2월 대표이사의 A파생 상품 매출 200억 달성을 위한 조치로 판매 프로세스를 점검한 결과, 표와 같이 각 항목들이 기준 미달이며 특히 '상품기획자 방문'은 전혀 이루어지고 있지 않은 실정임. ☞ 취약 Process 체질을 높여야 함.
문제 기술	□ 20x1.4～20x2.3월 1년간 A제품 반품으로 인해 월평균 6.1천만 원 정도의 비용이 지속 상승 추세. ☞ 반품 월 2톤(반품률 0.1%) 이하 관리 要	□ 중합체 이동량이 1.8m/s 이하로 관리될 경우 포집 Sys. 응결로 정기 보수(1주)가 불가피함. □ COPQ 6억 예상 ☞ 이동량 2.0m/s 이상 要	□ 직전 2개년 실패 사례 분석 결과 공동 기획(50%), 상품 기획자 방문(20%) 순으로 매출에 영향을 줌(매출 85억 미달 예상). ☞ 영향 큰 항목의 성공률 개선要
Story Line화	□ A제품 반품의 지속적 증가(월평균 0.26톤)로 EF－Cost 역시 월평균 6.1천만 원 지속 증가 예상됨. 이에 반품 월 2톤 이하의 품질 관리가 요구됨.	□ 하부 포집Sys.의 중합체 이동량이 0.2m/s 떨어짐에 따라 수리를 위한 비가동 1주와 COPQ 6억 예상됨. 이에 이동량 2.0m/s 이상 관리가 필요함.	□ 대표이사의 A 파생 상품 200억 달성을 위해 기존 실패사례 분석 결과 공동 기획(50%), 상품기획자 방문(20%) 순으로 매출에 악영향을 준 것으로 파악됨. 이에 영향력이 큰 항목의 대외 성공률 상향이 절실함.

[표 1－6]의 열 '막대그래프' 경우를 예로 들면 "(과제 선정 배경 기술) A제품 반품의 지속적 증가(월 0.26톤)로 (문제 기술) EF－Cost 역시 월평균 6.1

천만 원 지속 상승 예상됨. 이에 반품량 월 2톤 이하의 품질 관리가 요구됨" 이다. 시사점끼리 연결해도 이야기 전개가 가능하므로 사업부장이나 팀원들끼리의 발표를 위한 자료로서도 손색이 없다. '문제 기술'의 '시사점'은 이어질 '목표 기술'의 단서로 작용한다.

④ 목표 기술/효과 기술

[그림 1－6]의 '과제 기술서' 양식을 보면 '목표 기술'과 '효과 기술'이 한 공간에 자리한다. 그러나 둘의 의미는 전혀 다르다. '목표 기술'은 '지표'에 대한 '현 수준'과 '목표 수준'을 논하는 '세부 로드맵'이고, '효과 기술'은 그 지표의 향상분만큼 화폐 단위로 성과를 논하는 '세부 로드맵'이다. 물론 실질적 재무성과로 인정받지 못하는 '준재무성과(COPQ성, R&D성)'[16]도 화폐 단위로 표현이 가능하면 그대로 입력한다. 그러나 이 경우 '재무성과'가 아닌 '비재무성과'임을 공란에 밝혀둔다.

'목표'를 기술할 때도 'Story Line'을 따른다. '목표 기술'의 바로 앞 '세부 로드맵'이 '문제 기술'이며, 다시 '문제 기술'엔 '시사점'이 포함돼 있다. 이 '시사점'을 끌어와 '목표 기술'과 연결시킨다. 예를 들어 [표 1－5]의 '막대그래프' 경우, "☞반품 월 2톤 이하 관리 要"로 돼 있으므로 '목표 기술'은 "현 수준: 월평균 7.52톤 → 목표 수준: 월평균 2톤 이하"의 설정이 가능하다. 물론 그에 앞서 '지표'가 무엇인지 명확히 해둘 필요가 있는데, 아직 '운영적 정의' 등의 설정이 이르므로(Measure Phase 초기에 수행됨) 통상 '예상 지표'로 명명하고, 적합한 '지표명'을 기입한다. '그래프' 예의 경우 '과제 선정 배경 기술'과 '문제 기술'에서 이미 가장 적합한 '지표명'으로 'A 제품 반품량(또는 A 제품 반품률)'임을 확인할 수 있다. 다음 [표 1－7]은 '목표 기술'의 설정 예이다.

---

16) 「Be the Solver_과제 성과 평가법」편에서 과제의 '효과'는 '재무성과'와 '비재무성과'로, 다시 '비재무성과'는 '준재무성과'와 '체질 개선 성과'로 나뉜다. 다시 '준재무성과'는 '손익 계산서' 반영이 어려운 'COPQ성'과 'R&D성'이 포함된다.

[표 1-7] '목표 기술' 설정 예

세부 로드맵	막대그래프	그림	도표
목표 기술	□예상 지표: A제품 반품량 □현 수준: 월 7.52톤(0.38%) □목표 수준: 월 2.0톤(0.1%)	□예상 지표: 중합체 이동량 □현 수준: 1.8m/s □목표 수준: 2.0m/s	□예상 지표: 영업마케팅 성공률 □현 수준: 65% □목표 수준: 95%

참고로 '목표'를 기술할 때 쓰이는 주요 용어들이 있는데, 각 쓰임새는 다음 [그림 1-8]과 같다.

[그림 1-8] '목표 기술'과 관련한 용어들 정의

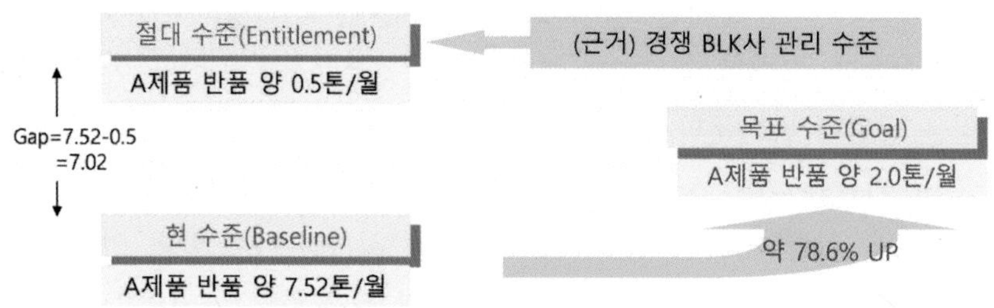

'절대 수준(Entitlement)'이란 "달성할 수 있는 최고 수준"을 뜻한다. 이 수준과 '현 수준(Baseline)' 간 차이를 얼마나 메워내는지가 과제의 '목표(Goal)'다. [그림 1-8]에서 '절대 수준-현 수준=7.52-0.5=7.02'를 '100'으로 놓을 때, '목표 수준'인 '2.0톤/월'은 그 간격의 '약 78.6%를 줄이는(향상시키는) 것'과 같다. 현재의 '절대 수준'은 경쟁 관계에 있는 'BLK社'의 수준에 맞춰져 있는데(라고 가정), 사업부장이 이 수준을 최고 수준으로 인정하면 설정 근거로서 의미가 생긴다. 이때 만일 과제의 '목표(Goal)'를 '절대 수준(Entitlement)'으로 결정하면 매우 많은 노력을 기울이겠다는 의지의 표명으로 이해한다.

'효과 기술'은 [표 1-7]의 '막대그래프' 예에서 '예상 지표'가 '월 7.52톤'에서 '월 2.0톤'으로 낮아질 때(즉, 월 반품량이 약 5.52톤 줄어듦) 그 차이를 화폐 단위로 계산한 '재무성과'를 산정해 입력한다. 과제의 효과 산정은 회사 내 양성된 '효과 산출 전문가(Financial Effect Analyst)'가 전담하며, 재무제표 중 '손익 계산서'에 반영할 정확한 금액을 산정하는 역할을 한다. 만일 그 효과가 '비재무성과'면 회사 내 정해진 지침에 따라 '효과 산출 전문가'에 의해 동일한 방식으로 검증된 결과 값이나 검토 내용을 기입한다. 따라서 '효과 기술'의 내역에는 항상 검토한 '효과 산출 전문가'의 실명을 기록한다.

'과제 효과 산출'은 'Quick 방법론'에서 언급할 필요는 없을 것 같다. 관심 있는 독자는 「Be the Solver_과제 성과 평가법」편을 참고하기 바라고, 본문에서는 충분한 근거를 통해 과제 효과가 산정된 것으로 간주한다. 다음 [표 1-8]은 [표 1-7]의 지표 향상에 근거한 '효과 기술'의 예이다.

[표 1-8] '효과 기술' 산정 예

세부 로드맵	막대그래프	그림	도표
효과 기술	□ 효과 구분: 재무성과 □ 연간: 7.32억 □ 당해 연도: 2.44억	□ 효과 구분: 비재무성과 □ 연간: 예상 비용 회피 6억 □ 당해 연도: 2.8억	□ 효과 구분: 재무성과 □ 연간: 8.5억 □ 당해 연도: 3.1억

※ 효과 산출 전문가 홍길동 검증

[표 1-8]에서 '효과'를 '연간'과 '당해 연도'로 구분한 것은 모든 국내 기업에서 효과 산정을 할 때 과제가 종료된 뒤 그다음 달부터 12개월을 대상 기간으로 삼고 있으나, 이 경우 올해를 넘기게 돼 당해의 실질적 성과를 알기가 어렵다. 대부분의 기업이 매년 말에 재무제표를 갱신하므로 당연히 당해의 성과를 분리해 보고하고 반영해야 할 필요가 있다.

산정된 효과 산출 전문가 평가 내용은 별도의 정해진 양식에 기입하고 '과제 기술서'에 첨부하는 것이 기본이다. 이에 대한 상세한 절차는 각 기업별로 마련된 표준에 근거하므로 본문에서의 설명은 생략한다.

일반적으로 'Define Phase'는 두 부분으로 나뉘는데 '과제 선정 배경 기술', '문제 기술', '목표 기술/효과 기술'까지의 '세부 로드맵'을 '과제 정의'라고 한다. "재무성과는 이만큼 나고, 지표는 이만큼 향상되며, 또 이런 문제를 해결하기 위한 것이고, 대외적으로 이러이러한 흐름을 따라가기 위함이다"처럼 'Story Line'을 통해 긴급하고 중요 사안임이 드러나야 한다. 즉, 성과가 안 나거나 지표의 향상 정도가 별로거나, 문제의 유형이 심각하지 않거나 또는 대외적 위협이 낮은 상태면 굳이 수개월간 과제로 수행할 필요성은 설득력을 잃는다. 이어지는 '범위 기술~팀원 기술~일정 기술'은 앞으로 과제를 어떻게 운영할 것인지에 대한 '과제 관리'적 성격을 띤다.

⑤ 범위 기술

'범위 기술'은 과거 "바닷물 끓이지 말라!"는 충고처럼 과제의 초점이 어디인지 명확히 해두자는 데 의미가 있다. 의욕만 앞세워 제품 전체 모델을 개선 대상으로 삼는다든가, 본인이 소속한 부서를 벗어나 저 멀리 타 부서까지 조사하려는 접근은 십중팔구 용두사미(龍頭蛇尾)가 될 가능성이 높다. 경영 혁신이 도입된 초창기 때 이런 유형의 과제들이 종종 문제가 됐던 적이 있다. 예를 들어 당시 날고 기는(?) 인재들을 선발해 리더로 발탁하고 다양한 지원까지 마련한 상태에서 기대에 부응하려면 큰 건(?) 하나를 수행해야 할 입장이었고, 또 전담[17]으로 배려된 상황에서 소소한 일은 눈에 들어오지도 않았다. 무

17) 담당 업무에서 벗어나 회사에서 부여한 과제만을 제대로 완수하도록 시간과 지원을 허용해준 업무 형태. 영어로 'Off-job'이라고도 하며, 반대로 주어진 업무를 그대로 하며 동시에 과제도 수행하는 형태를 'On-job'이라고 한다. 경영 혁신 도입기 당시 리더들은 대부분 'Off-job'으로 활동하였다.

엇보다 의욕도 넘쳐났던 시기라 잡아놓은 넓은 과제 범위는 'Analyze Phase'와 'Improve Phase'에서 결국 발목을 잡기 일쑤였다. 너무 광범위해 분석과 개선에 리더 능력의 한계를 벗어난 것이었다. 결과는 용두사미 또는 '과제 중단(Drop)'으로 나타나곤 하였다. 한번은 대표이사가 강력하게 챙기는 과제가 초창기 발표한 범위 내에서 정상 성과를 기대하기 어렵게 되자 리더 판단하에 적정한 선에서 마무리할 뜻을 보였다가 혼이 난 적이 있었다. 대표이사가 과제의 내용 면면을 상세히 기억하고 있어 리더의 꼼수(?)가 통하지 않은 것이다. 불량률을 낮춘다는 애초 목표는 그 대상이 너무 많았던 것이 화근이었다.

과제의 범위는 마치 돋보기로 햇살을 모아 한 곳에 집중시키듯 어느 영역과

[표 1-9] '범위 기술' 유형과 내용

범위기술 유형	기술 방법
프로세스 범위	☐ 과제를 통해 최적화할 프로세스의 시작과 끝을 정의(SIPOC 활용). ☐ 작성 예: (시작) 생산~(끝) 반품 대응 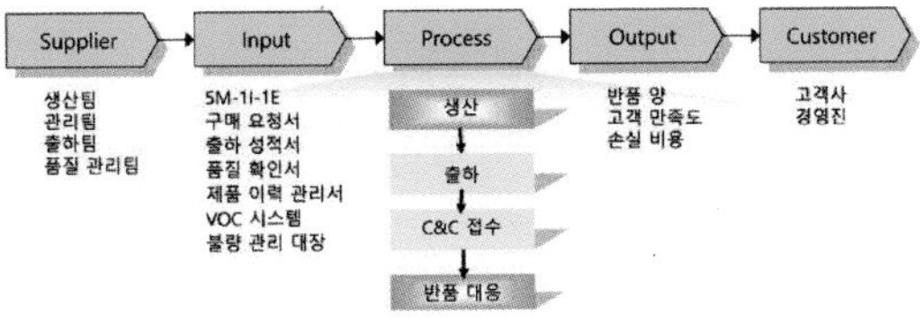 Supplier → Input → Process → Output → Customer Supplier: 생산팀, 관리팀, 출하팀, 품질 관리팀 Input: 5M-1I-1E, 구매 요청서, 출하 성적서, 품질 확인서, 제품 이력 관리서, VOC 시스템, 불량 관리 대장 Process: 생산 → 출하 → C&C 접수 → 반품 대응 Output: 반품 양, 고객 만족도, 손실 비용 Customer: 고객사, 경영진
공간적 범위	☐ 프로세스가 들어 있는 공간을 정의(관련된 팀명을 기술해도 됨). ☐ 작성 예: 아산 공장 1라인. 또는 생산팀, 출하팀, 품질관리팀
유형적 범위	☐ 프로세스 안에서 흘러 다니는 것을 정의(제품, 문서, 화합물 등). 단, 제품의 경우 정확한 모델명, 서비스 경우 정확한 서비스명, 또는 대상 고객 등을 기술 ☐ 작성 예: A 제품 4개 모델 중 A1과 A2의 반품량
시간적 범위	☐ 금융 부문의 계약서 등 법적 보관 기간 등이 있는 자료를 대상으로 과제를 수행할 경우 시간적 제약 기간을 기술. 따라서 활용 빈도는 낮음. ☐ 작성 예: 20x1.4.30~20x3.3.31(2년 동안의 자료를 대상으로 함)
기술적 범위	☐ 연구 개발 과제 경우 적용 기술의 세대(Generation)를 기술(MGPP 활용) ☐ 작성 예: (1세대)Top Loading, (2세대)Front Loading, (3세대)Bottom Loading 중 2세대 기술 적용

대상에 초점을 맞출 것인지 명확하게 규정해야 한다. 예를 들어 멘토링 중인 과제의 '과제명'에 "VOC 불량 유형 조사를 통한 A 제품 반품률 10% 감축"이라고 했음에도 실상 '범위 기술'에 들어서서 A 제품이 단일 제품이 아니라 4개의 서로 다른 용도의 모델을 총칭한다는 것이 밝혀지면, 사실 그들 모두를 대상으로 하는 과제는 매우 드물다. 모델 모두가 동일한 빈도만큼 불량이나 반품이 발생하기도 쉽지 않을뿐더러 투입 자원의 제약도 고려해야 하기 때문이다. [표 1-9]는 다섯 유형에 대한 '범위 기술' 예이다.

'빠른 해결 방법론' 경우 '프로세스 범위', '공간적 범위', '유형적 범위'는 필수다. 프로세스의 '시작'과 '끝'이 정해져야 하고, 그 프로세스가 어느 공간에 있는지 알아야 하며, 또 프로세스 내의 어느 대상을 최적화할 것인지 알아야 사업부장 또는 팀원 간 대화가 가능하다. 참고로 '공간적 범위'에서 '공간'이란 기본적으로 물리적 공간을 의미하나 프로세스 최적화를 위해 관여할 '부서명'들로 대체할 수 있다. '부서'들이 차지하는 장소가 의미상 '공간'과 결부될 수 있기 때문이다. 이때 기입한 '부서'들은 과제 수행 기간 내내 프로세스 최적화를 위해 협업할 대상이 된다. 또 연구 개발 과제에서 쓰이는 '원가 절감 방법론'이면 '기술적 범위'가 포함될 수 있다. 새로운 기술을 접목해 과제가 수행됨을 알리는 것이다. 그 외에 '시간적 범위'는 법적 보유 기간이 정해진 자료 등에 적용되는 특별한 유형이므로 금융 부문이 아니면 실제 대부분 과제에서의 사용 빈도는 매우 낮은 편이다.

⑥ 팀원 기술

과제 수행에 있어 '팀원'은 문제 해결을 위해 도움을 아끼지 않는 사람들이다. 그러나 팀원 각자는 본인들이 갖고 있는 역량들이 다르므로 과제에 기여하는 방법에 있어서도 차이가 있다. 이것을 '역할'이라고 한다. 팀원별 '역할'이 주어지면 추가 고려 사항으로 각자의 주 활동이 어느 Phase에서 이루어지는지 규정한다. '역할'만 정할 시 실상은 그렇지 않은데 전체 '세부 로드맵'에 참여하는 것처럼 보여 오해의 소지가 생긴다. 데이터를 수집하는 역할의 팀원, 분석하는 역할의 팀원, 조사만 하는 팀원 등 Phase별로 역할을 정의한다. 따라서 어느 Phase에 누가 참여하는지도 주 관심사이다.

그렇다면 팀원 한 명이 특정 Phase에 참여했는지 여부를 어떻게 알 수 있을까? 만일 홍길동이란 팀원의 역할이 '데이터 수집'이고, 주로 '현 수준 평가'를 위한 자료 수집에 투입될 예정이면 'Measure Phase'에만 홍길동을 기입하고 나머지 Phase는 공란으로 둔다. 이 같은 표기는 전체 Phase 중 팀원 홍길동의 기여율이 얼마인지 측정하는 정보로도 활용될 수 있다. 다음 [표 1-10]은 [표 1-3]의 각 과제 유형에 대한 '팀원 기술'의 예를 보여준다.

[표 1-10] '팀원 기술' 입력 예

세부 로드맵	막대그래프	그림	도표
팀원 기술	□사업부장: 강감찬 상무 □P/O: 조완전 부장 □리더: 김세종 과장 □지도: 박대한 과장 □팀원: 홍길동(자료수집/M), 임거정(회의체 운영/W), 박영석(시험/C)	□사업부장: 박환영 상무 □P/O: 송대한 부장 □리더: 최부자 대리 □지도: 소대장 과장 □팀원: 허유(회의체 운영/W), 나최고(설비관리/C), 노련함(공정개선/C)	□사업부장: 왕영업 전무 □P/O: 주최대 부장 □리더: 강혁신 과장 □지도: 나변화 과장 □팀원: 강부자(회의체 운영/W), 김꼼꼼(자료작성/W), 배만족(고객대응/C)

[표 1-10]에서 'P/O'는 'Process Owner'의 약자로 개선이 완료되면 프로세스를 지속적으로 운영하고 성과를 관리할 책임 있는 역할을 수행한다. 일반적으로 부서장이 해당된다. 팀원 이름 옆에 괄호로 표기한 내용 중 '/' 앞은 '역할'을, 그 뒤는 활동할 'Phase'를 나타낸다. 예를 들어 '임거정(회의체 운영/W)'은 '임거정'이란 팀원의 역할은 '회의체 운영'이며 실질적인 활동은 'W Phase'임을 나타낸다.

몇 년 전 모 기업에서 사업부장 한 분이 과제 보고를 받는 자리에서 "거기 적힌 팀원들의 역할과 참여 시점 좀 말해보세요?" 하고 질문했는데, 리더가 "다양한 활동에 서로 도움을 주면서 참여합니다"고 했다가 발표장이 고난의 장이 된 적이 있다. 요지는 사업부장이 그들의 이름을 호명하며 직접 역할을 확인하였고, 결국 무임승차(몇 개 과제에 이름이 오르면 1회 과제 수행으로 간주하는 제도가 있었음)임이 탄로 난 것이다. 좋은 제도도 자꾸 악용(?)하면 배탈이 난다. 팀원은 꼭 필요하고 도움 되는 사람 위주로 짜여야 함은 너무나도 당연하다. 당연한 일을 안 지키면 당연히 설 땅도 줄어든다는 점을 명심하자.

⑦ 일정 기술

[그림 1－6]의 '과제 기술서'에서 맨 끝난에 등장하는 '일정 기술'은 습관적으로 적는 습성을 타파해야 할 중요한 '세부 로드맵'이 아닌가 싶다. '습관적'이란 예를 들어 'D－M－W－C'의 4 Phase를 각각 한 달씩 활동한다고 기입하는 일이다.

과거와 달리 요즘같이 IT 인프라가 최첨단을 달리고 있는 기업 환경에서 '현 수준 측정'을 위한 데이터 수집은 PC 내 버튼 몇 개 누르면 잘 정리돼 눈앞에 척 나타나는 일이 다반사다. 물론 기업 환경이나 제품군, 서비스 등에 따라 인프라 정도가 다르지만 멘토링 과제 중 약 90% 이상은 원하는 자료를 바로 얻어내곤 하였다. 그런데 이런 환경에서 Measure Phase를 거치는데 1개월을 설정하는 것은 너무 무책임하다. 대부분의 과제들이 멘토링 1시간 동안 Define과 Measure Phase가 마무리되는 경우를 수도 없이 보아왔다. 그만큼 정보 획득이 쉬움을 방증한다. 따라서 특별한 이유가 없는 한 Define과 Measure Phase는 1주 이내의 설정을 권한다. 기간을 길게 잡아서 나중 중요한 시점인 Work－out이나 Control Phase를 날림으로 수행하는 일은 절대 없어야 한다.

'일정'을 잡는데 또 한 가지 매우 중요한 사항이 있다. Control Phase는 실제 프로세스에서 개선 내용들을 운영하며 기대 효과가 나오는지 관찰하는 과정이다. 따라서 특별히 할 일이 없더라도 그냥 관찰만 하는 기간으로 최소 3주에서 4주는 확보해야 한다. 적용 기간 중에 무슨 변수로 개선 내용들이 틀어질지 알 수 없는 노릇이다. 3~4주가 장기는 아니지만 이 기간 동안만이라도 개선 내용의 효과가 오래갈 것이란 확신을 얻어내야 과제 활동으로서의 의미를 갖는다. 또 사업부장이나 관련된 타 부서원들을 설득하는 데도 매우 중요한 자료로 활용되므로 반드시 Control Phase를 충분히 잡아두는 데 소홀해서는 안 된다. 그 외의 나머지 기간은 'W Phase'의 활동으로 설정한다. 교육 중 '일정 기술'을 논할 때는 다음과 같이 한마디로 요약하곤 한다. "일정은 전략적으로 안배하기 바랍니다!" 하고. 다음 [표 1-11]은 [표 1-3]의 각 과제 유형에 대한 '일정 기술'의 입력 예를 보여준다.

[표 1-11] '일정 기술' 입력 예

세부 로드맵	막대그래프	그림	도표
일정기술	활동 | `xx | 2월 | 3월 | 4월 | 5월 | 6월 | 7월 | ... | 12월 Define / Measure / W/out / Control / 산출물 □ DM(2.1~2.10), □ W(2.11~3.15), □ C(3.16~4.20)	활동 | `xx | 2월 | 3월 | 4월 | 5월 | 6월 | 7월 | ... | 12월 Define / Measure / W/out / Control / 산출물 □ DM(3.1~3.14), □ W(3.11~4.2), □ C(3.29~4.22)	활동 | `xx | 2월 | 3월 | 4월 | 5월 | 6월 | 7월 | ... | 12월 Define / Measure / W/out / Control / 산출물 □ DM(3.20~4.2), □ W(4.2~4.30), □ C(4.30~6.1)

[표 1-11]에서 화살표가 위아래 겹치는 영역은 두 개 Phase가 중첩돼 진행된다. 대안들은 여러 개이고 이들을 처리하거나 적용하는 일은 서로 간 순서가 있기보다 병렬로 진행되기 때문이다.

지금까지 설명한 '과제 선정 배경 기술'부터 '일정 기술'까지를 '과제 기술서’ 한 장에 요약하는 활동이 Define Phase라고 하였다. 다음 [그림 1-9]는 ‘과제 기술서’의 작성 예이다.

[그림 1-9] ‘Step-1.1. 과제 기술서 작성’ 예(막대그래프 활용)

Step-1. 과제 승인

Step-1.1. 과제 기술서

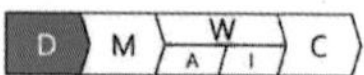

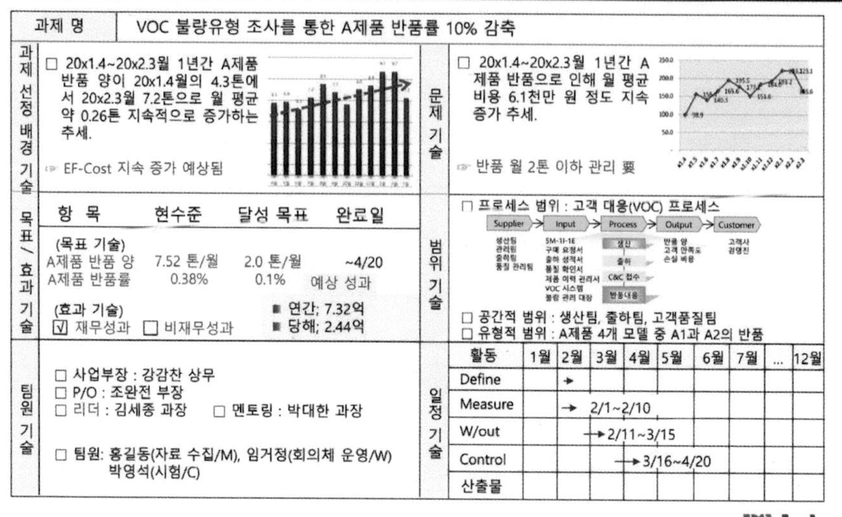

[그림 1-9]는 앞서 설명된 예들 중 ‘막대그래프’ 사례의 각 ‘세부 로드맵’ 내용들을 그대로 옮겨놓았다. 장표 상단 오른쪽을 보면 ‘Define Phase’임을 나타내는 아이콘이 있고, 특히 ‘W Phase’가 ‘A Phase’와 ‘I Phase’의 합쳐진 결과임을 알 수 있게 구성돼 있다. 추가로 다음 [그림 1-10]은 [표 1-3]의 세 번째 사례인 ‘도표’ 경우의 ‘Step-1.1. 과제 기술서’ 작성 예이다.

[그림 1 - 10] 'Step - 1.1. 과제 기술서 작성' 예(도표 사례)

Step-1. 과제 승인

Step-1.1. 과제 기술서

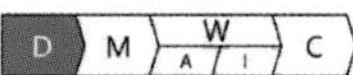

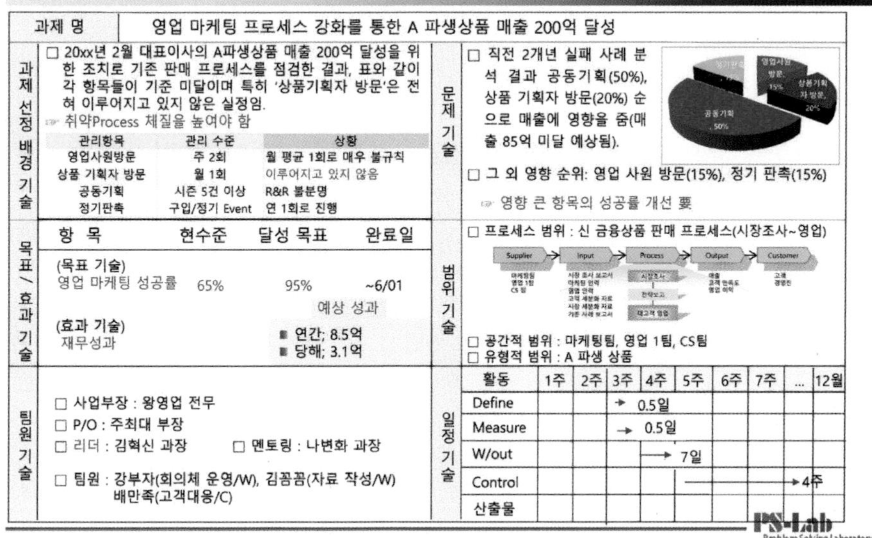

[그림 1 - 10]의 '과제 선정 배경 기술'에 '도표'를 포함한 예이며, 앞서 각 '세부 로드맵'별 설명된 본문 내용들을 그대로 옮겨놓았다.

Measure Phase 개요

'Measure Phase'는 말 그대로 "측정하는 Phase"다. 이렇게 말했을 때 문제 해결 분야에 처음 입문하는 독자라면 곧바로 의문을 제기할 수 있다. "뭘 측정하죠?" 하고 말이다. '측정'을 하려는데 과연 그 대상이 무엇일까? 하늘에서 뚝 떨어지는 일은 없을 것이고 결국은 스스로 찾아야 하는데 그렇다고 내 맘대로 할 수 있는 것도 아니다. 또 Define Phase에서 정했던 여러 내용들과 연계성도 확보해야 한다. 로드맵의 끊김은 마치 밟고 왔던 돌다리가 갑자기 사라진 것과 비유된다. 따라서 Measure Phase를 시작하되 Define Phase와의 연계성을 확보하면서 '측정'이라는 본연의 활동을 안성해야 한다.

[그림 1-2]의 '세부 로드맵'을 보면 Measure Phase는 크게 3개의 Phase와 그 안에 총 6개의 '세부 로드맵'으로 구성된다. 우선 'Step-2. Y의 선정'은 측정 대상인 지표 'Y'가 무엇인지 정하는 활동으로 'Step-2.1. CTQ 선정'부터 'Step-2.4. 데이터 수집 계획'까지 총 4개의 '세부 로드맵'이 있다. 여기서 확정된 지표 'Y'의 '현 수준(Baseline)'은 이어지는 'Step-3. 현 수준 평가'에서 산정된다. 'Step-3'의 '세부 로드맵'은 'Step-3.1. 현 프로세스 능력 평가' 1개이다. 다음 'Step-4. 목표 재설정'은 직전 'Step-3.1'에서 평가된 '현 수준'이 Define Phase에서의 그것과 차이가 있으면 목표를 보완하거나 수정해야 하므로 이때 목표를 다시 조정할 기회가 주어진다는 의미에서 붙여진 이름이다. 직전 활동과 마찬가지로 '세부 로드맵'은 'Step-4.1. 목표 재설정' 1개이다.

'빠른 해결 방법론'에서의 'Measure Phase'는 기존 '프로세스 개선 방법론(D-M-A-I-C 로드맵)'에서의 그것과 분량에 있어 상당히 단순화돼 있다. 하고 싶은 얘기를 모두 나열하면 끝도 없지만 꼭 필요한 얘기만 강조하면 한없이 단순해진다. 그렇다고 해야 할 이야기를 빠트리고 넘어간다는 의미는 아니다. '빠른 해결 방법론'이 적용되는 모든 과제들은 다음부터 설명될 내용이면 충분하다.

Step-2. 'Y'의 선정/ Step-2.1. CTQ 선정

경영 혁신이 국내에 유입되면서 가장 친숙해진 단어는 아마 'VOC', 'CTQ', 'COPQ(Cost of Poor Quality)' 등일 것이다. 이들은 굳이 사전적 정의를 따지지 않더라도 회사 내에서 리더 교육을 받은 독자라면 누구든지 대충 그 의미를 떠올릴 정도로 익숙하다. 'COPQ'는 '저품질 비용'으로 "제품이나 서비스가 완전하지 못해 발생하는 비용"이다. 나머지 두 단어인 'VOC'와 'CTQ'는 'Y의 선정'과 직접적으로 연관성을 갖고 있으므로 이들에 대해 알아보자.

'VOC(Voice of Customer)'는 번역 그대로 '고객의 소리'이다. 대부분의 경영 혁신은 혹독한 시장 경쟁 속에서 살아남기 위해 취해야 할 최고의 전략으로 '고객 만족 경영'을 꼽는다. 고객이 만족하는 제품, 서비스를 내놓아야 매출이 일어나고 기업도 성장하는 윈-윈(Win-Win) 관계가 성립한다. 따라서 기업 내 수행 과제들도 '고객의 소리'를 귀담아 들은 뒤 그로부터 중요하고 시급한 문제들을 가려내 수개월간 해결하도록 종용한다. 그러나 '고객의 소리'를 듣기 위해선 고객이 누구인지 먼저 알아야 한다. 따라서 문제 해결을 위한 첫걸음은 '고객이 누구인지 찾는 일'이 선행된다. 일반적으로 '고객(Customer)'은 '외부 고객', '내부 고객', 그리고 '이해 관계자(주주, 정부 관계자 등)'로 구분한다. 고객이 정해지면 자연스레 '고객의 소리(VOC)'를 수집하는 활동으로 연결된다.

이제 조사된 '고객'으로부터 '고객의 소리(VOC)'를 수집했다고 가정하자. 이후의 전개에 대해 독자가 좀 더 쉽게 인지할 수 있도록 다음 [그림 1-11]을 삽입해보았다.

[그림 1-11] 'VOC~CCR~CTQ' 개요도

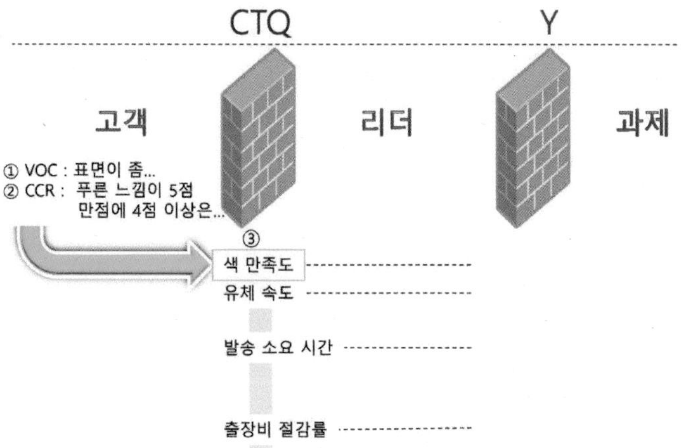

조사된 고객 중 구매 점유율이 제일 높은 소위 '로열 고객(Loyal Customer)'이 판매 중인 제품의 표면을 보고 "표면이 마음에 들지 않는다"라는 말을 했다고 하자. 이와 같은 상황은 [그림 1-11]에서 '① VOC' 부분에 해당한다.

사실 '고객'은 기업의 제품이나 서비스에 대해 막말부터 칭찬, 비유된 표현부터 구체적인 표현에 이르기까지 다양한 형태로 본인의 의견을 표출한다. 예로 들은 "표면이 마음에 들지 않는다"는 구체적이기보다 불만족을 드러내는 비유된 형태의 표현이다. 이 같은 다양한 형태의 표현들에 대해 접점 부서가 아닌 기업 내 다른 실무자들이 모두 이해하기는 매우 어렵다. 따라서 누구나 알아들을 수 있는 구체적이고 확실한 표현으로의 전환이 요구된다. 예를 들어 "표면이 마음에 들지 않는다"에 대해 만일 표면의 색 품질이 '푸른색 정도'를 나타내고, 고객이 이에 대해 불만족을 토로한 경우이면 다시 한 번 되물을 필요가 있다. 즉, "어느 정도면 표면 품질에 만족하시겠습니까?" 하고 말이다. 이때 고객이 "적어도 5점 만점에 4점 이상은 돼야 합니다"라고 답했다면 이것이 바로 'CCR(Critical Customer Requirement)'이다. 'CCR'은 [그림 1-11]에서 '② CCR' 부분에 해당하며, 영문을 그대로 번역하면 "핵심적인 고객 요구"쯤 된다. 쉽게 풀어쓰면 'CCR'은 "고객의 표현이 불분명할 때 자꾸 되물음으로써 정확히 원하는 수준이 얼마인지 확인된 사항"이라 할 수 있다. 'VOC/VOB~CCR/CBR' 전개에 대한 예를 다음 [표 1-12]에 몇 개 실어보았다.

[표 1-12] 'VOC/VOB~CCR/CBR' 전개 예

VOC/VOB		CCR/CBR
□ 표면이 마음에 들지 않는다.	되물음	□ 적어도 5점 만점에 4점 이상 돼야
□ 유체 속도를 알아야…		□ 유체 속도 4.6m/s 이상
□ 문서 발송이 오래 걸린다.		□ 문서 발송 3분 이내
□ 출장비가 왜 이리 많은지…		□ 출장비 전년 대비 20% 절감
□ 정확도를 높여야…		□ 정확도를 95% 수준 이상으로
□ 반송률을 줄여야 한다.		□ 반송률 15% 감축
□ 비용을 절감해야 한다.		□ 비용 절감률 전년 대비 10% 이상
□ ○○매출이 이래서야…		□ ○○매출 10억 달성
□ 프로세스 관리가 잘 돼야…		□ 프로세스 운영 효율 90% 이상
□ 횡단 길이 산포가 심하다.		□ 횡단 길이 10±0.1mm

[표 1-12]의 'CCR/CBR' 표현들은 순수 고객 관점에서의 요구 사항들이므로 사내에서 실무자들이 정하는 '목표'나 '규격'과는 성격이 다르다. 고객의 요구 수준이 황당하리만치 높을 수도 있지만 어쨌든 고객이 요구하는 바이므로 상술된 예의 표현보다 더 핵심(Critical)적인 고객(Customer) 요구(Requirement)는 존재하지 않는다. 고객의 입에서 그의 생각을 전해준 요구이기 때문이다. 그들을 모두 들어줄지 아니면 일부 또는 수준을 낮추어 들어줄지 등은 향후의 의사 결정과 주어진 상황에 달렸다. 참고로 [표 1-12]의 열 이름 중 'VOB(Voice of Business)'는 'VOC'가 '외부 고객의 소리'인 데 반해 '내부 고객의 소리'를, 'CBR(Critical Business Requirement)'은 내부 고객의 소리를 구체화시킨 '핵심

비즈니스 요구'를 지칭한다.

다시 'CCR/CBR'이 정리됐으면 이들을 만족시켜 주기 위해 관리가 필요하며, 이때 '관리(Control)'란 좋아졌는지 나빠졌는지의 확인이 가능해야 하기 때문에 기본적으로 '특성적 표현'이 요구된다. 예를 들어 "적어도 5점 만점에 4점 이상 되는 수준" 같으면 '색 만족도' 정도가 될 수 있다. '정도'와 같이 불분명하게 기술한 이유는 '특성'화 과정에 사람에 따라 다양한 표현이 가능하기 때문이다. 어차피 고객이 언급한 내용을 특성화시키고 있으므로 현재 관리하고 있는 '특성'인지 여부는 중요치 않다. 이렇게 고객의 핵심 요구를 특성화 시킨 용어를 'CTQ(Critical to Quality)'라고 한다. 사전적 정의는 "고객 만족을 위해 '성과 표준' 또는 규격 한계를 충족시켜야 할 제품이나 프로세스의 핵심적인 측정 가능한 특성들"이다. [그림 1－11]에서 '③' 부분에 해당한다. 다음 [표 1－13]은 'VOC/VOB～CCR/CBR～CTQ/CTP'의 전개 예이다. 참고로 'CTP(Critical to Process)'는 '내부 고객의 핵심 요구 사항에 대한 특성'을 나타낸다.

[표 1－13] 'VOC/VOB～CCR/CBR～CTQ/CTP' 전개 예

VOC/VOB	CCR/CBR	CTQ/CTP
□표면이 마음에 들지 않는다.	□적어도 5점 만점에 4점 이상 돼야	□색 만족도
□유체 속도를 알아야…	□유체 속도 4.6m/s 이상	□유체 속도
□문서 발송이 오래 걸린다.	□문서 발송 3분 이내	□발송 소요 시간
□출장비가 왜 이리 많은지…	□출장비 전년 대비 20% 절감	□출장비 절감률
□정확도를 높여야…	□정확도를 95% 수준 이상으로	□정확도
□반송률을 줄여야 한다.	□반송률 15% 감축	□반송률
□비용을 절감해야 한다.	□비용 절감률 전년 대비 10% 이상	□비용 절감률
□○○매출이 이래서야…	□○○매출 10억 달성	□○○매출액
□프로세스 관리가 잘 돼야	□프로세스 운영 효율 90% 이상	□프로세스 운영 효율
□횡단 길이 산포가 심하다.	□횡단 길이 10±0.1mm	□횡단 길이

'CTQ/CTP'의 정의가 "～특성"과 같이 단어 '특성'으로 마무리되므로

'CTQ/CTP'의 표현 역시 '측정 가능한 양'의 형태가 돼야 한다. 가끔 주변에서 '원가 절감률 극대화'나 '반송률 축소' 등과 같이 '극대화' 또는 '축소'의 보완적 단어가 붙는데 이것은 사업부장이나 제3자에게 의미를 쉽게 전달하기 위한 방편이지 올바른 표기가 아님을 이 기회에 확실히 해두었으면 한다.

'VOC/VOB ~ CCR/CBR ~ CTQ/CTP' 전개에 있어 꼭 알아야 할 사항이 있다. 바로 이 전개가 '21 - 세부 로드맵' 중 두 군데에서 쓰인다는 점이다. 하나는 '과제 선정 배경 기술'이고, 다른 하나는 'CTQ 선정'이다. 그러나 규모에 있어 차이가 나는데 '과제 선정 배경 기술'은 '3C' 중 '고객(Customer)' 관점에서 'VOC/VOB ~ CCR/CBR ~ CTQ/CTP' 전개를 통해 회사의 수행 과제를 뽑는 전사적 규모의 접근인 반면, 'CTQ 선정'은 이미 정해진 과제의 범위 내에서 '과제 Y'가 무엇인지 확인하는 작은 규모의 접근이다. 설명이 어려운 것 같아 개요도를 통해 내용을 정리하면 다음 [그림 1 - 12]와 같다.

[그림 1 - 12] 'VOC/VOB ~ CCR/CBR ~ CTQ/CTP'의 전개 유형

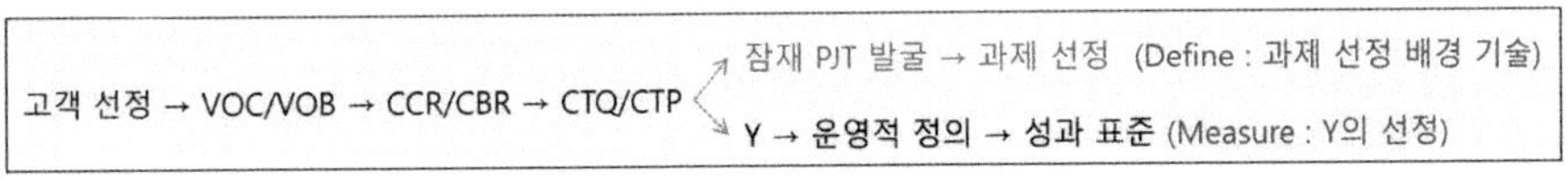

고객 선정 → VOC/VOB → CCR/CBR → CTQ/CTP
↗ 잠재 PJT 발굴 → 과제 선정 (Define : 과제 선정 배경 기술)
↘ Y → 운영적 정의 → 성과 표준 (Measure : Y의 선정)

[그림 1 - 12]에서 알 수 있는 것은 과제 발굴을 위한 전개가 아니면 Define Phase의 '과제 선정 배경 기술'에 'VOC/VOB ~ CCR/CBR ~ CTQ/CTP'의 전개를 자제해달라는 것이다. 만일 전개 목적이 이미 선정된 본인 과제의 'Y'를 찾는 용도면 말이다. '과제 Y'를 발굴할 협의의 전개면 Measure Phase의 'Step - 2.1. CTQ 선정'에서 활용한다([그림 1 - 12]의 아래쪽 쓰임). 만일 'Y'를 찾는 협의의 전개임에도 Define Phase의 '과제 선정 배경 기술'에 표현하면 앞뒤 흐름이 깨짐은 물론 왜 이 전개가 여기에 있어야 하는지 알 수 없는 상황이 연출된다. 흔하게 발생하는 오류이므로 꼭 유념해두기 바란다. 다행히 '빠른 해

결 방법론'은 Define Phase가 '과제 기술서' 한 장으로 요약되므로 이 부분에서 혼란을 겪는 일은 애초부터 원천 봉쇄된다.

지금까지 '고객', 'VOC/VOB', 'CCR/CBR', 'CTQ/CTP'의 정의와 그들 간 관계에 대해 알아보았다. 다음 [그림 1-13]은 '세부 로드맵'인 'Step-2.1. CTQ 선정'의 파워포인트 작성 예이다. [그림 1-13]에 정리된 'CTQ'들의 수가 많으면 동일 프로세스 안에서 발굴된 특성들이므로 그들 간 '인과관계'나 '상하관계'가 성립할 수 있다. 이때 'CTQ'들의 속성을 파악해 '인과관계' 또는 '상하관계'로 엮어내면 익히 잘 알려진 'CTQ Tree' 또는 'CTQ Flow(Drill)-down'이 완성된다. 'CTQ Tree'가 있으면 우선순위를 통해 '과제 선정' 또는 '과제 CTQ 선정'이 가능해진다.

[그림 1-13] 'Step-2.1. CTQ 선정' 작성 예

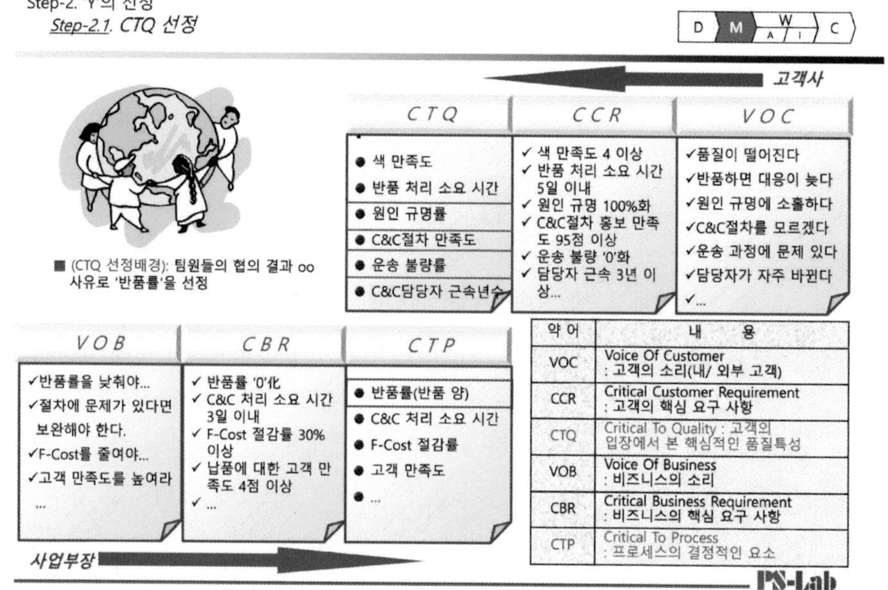

[그림 1 – 13]에서 'CTQ/CTP' 모두는 업무 활동과 관련한 주요 이슈 사항들이므로 이들을 고객 요구 수준에 맞춰주면 경영 혁신이 추구하는 '고객 만족 경영'이 실현될 수 있다. 그러나 전부를 처리하기엔 불필요한 요소도 있을 것이고, 자원이나 여건도 따져야 하므로 우선순위 과정이 필요하다. [그림 1–13]의 'CTQ/CTP'의 수가 많지 않으므로 우선순위 과정은 팀원 간 협의를 통해 이루어지는 것으로 가정한다. 이에 [그림 1 – 13] 내 빨간색 사각형으로 표시한 특성을 본 과제의 'CTQ'로 가정하였다. 그 외에 보라색 사각형으로 표시된 특성들은 'CTQ'인 '반품률(반품량)'의 원인 성격을 띠는데, 그 이유는 '원인 규명'이 제대로 이루어지지 않거나 '운송 중 불량'이 많아지면 '반품률(반품량)'은 늘어날 것이기 때문이다. 원인 유형들은 'W Phase'에서 '반품률'을 줄이기 위한 원인 규명 활동 시 주요 정보로 활용된다.

또 'CTQ'를 확인하는 용법 외에 [그림 1 – 13]의 내부와 외부 소리는 서로 역행하는 경우가 있는데, 예를 들어 외부 고객은 가격을 깎아달라고 하지만 내부 고객은 올리려고 하거나, 내부 고객은 구매 단가를 낮추라고 요구하지만 외부 고객은 품질이 나빠진다고 반대의 요구를 하는 사례 등이다. 이런 '제약 관계' 또는 '모순 관계'의 특성들을 파악하는 주요한 용도로 유용하게 쓰일 수 있는데, 경우에 따라서는 제약 또는 모순 관계 모두를 'CTQ'로 선정해 과제를 진행할 수 있는 상황도 벌어진다. 하나를 향상시키면 다른 특성이 나빠지므로 모두를 고려하지 않으면 효과가 줄거나 역효과를 감내해야 하기 때문이다.

사실 [그림 1 – 13]의 'CTQ/CTP' 난에 들어 있는 특성들을 곧바로 'CTQ'로 부르진 않는다. 통상 '품질 특성'이라 하고, 그 '품질 특성' 중 고객의 요구 정도를 가장 잘 반영하는 특성을 'CTQ'로 정한다. [그림 1 – 13]의 전개는 그냥 만들어진 건 아니고 'QFD(Quality Function Deployment)'라고 하는 도구의 용법을 축약시켜 놓은 것이다. 따라서 용어 정의나 용법 등은 그에 준해 이해하는 것이 바람직하나 본문에서의 'QFD' 설명은 생략한다.

Measure Phase에서 가장 중요시되는 요건 중 하나가 용어들에 대해 얼마나 잘 이해하고 있는가이다. 특히 '빠른 해결 방법론'이 단순 과제들을 위한 주요 방법론으로 활용되는 만큼 처음 입문자들도 많아 용어의 중요도는 전체 학습의 약 70%를 점유한다 해도 과언이 아니다. 이때 '세부 로드맵'에서 명확하게 알아둬야 할 용어들 중 하나가 바로 '운영적 정의'이다.

'운영적 정의(Operational Definition)'는 문제 해결 경험이 없는 기업인들에게 좀 낯설게 느껴지는 용어다. 기업에 알려진 초창기 땐 영문 표기 'Operational'을 '운용'으로 번역해 '운용 정의'로도 쓰였으나 'Operational Definition'의 원류는 마케팅 분야에서 이미 오랫동안 쓰여온 우리말 '조작적 정의'가 올바른 표현이다. 국어사전적 정의는 다음과 같다.

· **조작적 정의(操作的 定義, Operational Definition)** (국어사전) 〈언론〉 사회 조사를 할 때에 사물 또는 현상을 객관적이고 경험적으로 기술하는 정의. 대개는 수량화할 수 있는 내용으로 만들어진다.

정의대로라면 앞으로도 '조작적 정의'로 쓰이는 것이 바람직하나 국내에선 2000년대 초에 삼성그룹에서 '운영적 정의'란 표현을 정한 이후 지금까지 대부분의 기업에서 그대로 활용되고 있다. 따라서 혼란을 최소화하기 위해서라도 '운영적 정의'를 유지하는 게 좋을 것 같다. 상기 '조작적 정의'에 따르면 "수량화할 수 있는 내용"은 "수치화할 수 있는 내용"으로 바꾸어도 의미가 통한다. '현상'이란 "인간이 지각할 수 있는 사물의 모양과 상태"이므로 어느 대상(CTQ)에 대해 실무자가 알고 있는(또는 지각하고 있는) 바를 수치화한 것으로 해석된다.

예를 들어 [표 1 – 13]의 'CTQ/CTP' 중 '프로세스 운영 효율'은 사업부장이 "프로세스 운영의 효율화가 절실하다"는 'VOB'로부터 유래된다(고 가정한다). 상황 논리로 보면 프로세스 관리가 잘 안 되는 문제점(현상)이 지적됐을 때 '특성'으로 나타내기 위해 적절히 조작(?)된 '프로세스 운영 효율'로 표현한 것뿐이다.

만일 사업부장의 생각과 실무자들의 생각 모두 '프로세스 운영 효율'의 문제점이 너무 심각해 반드시 해결해야 할 주요 사안으로 떠올랐다면 현재로선 관리된 적이 없었던 특성이므로 그 수준을 가늠하기 어렵고, 따라서 다음 수순은 도대체 '프로세스 운영 효율'을 어떻게 측정해야 할지 고민할 수밖에 없는 상왕에 이른다. 측정이 돼야 개선할 수 있기 때문이다. 결국 실무자들이 잘 알고 있는 프로세스의 문제점(현상)을 대변하는 '프로세스 운영 효율'은 좀 더 명확한 표현으로 발전(즉 '현상'을 더욱 쉽게 이해할 수 있도록 수정)시킨 뒤 수치화 방안을 강구해야 한다. 여기까지가 '운영적 정의'의 전체 과정이다. 상세한 기술 방법은 [표 1 – 14]에 있으므로 미리 필요한 독자는 해당 표로 가서 설명을 참고하기 바란다.

이제 용어 정의에 대한 이해가 섰으면 [그림 1 – 11]을 활용해 '흐름', 즉 '로드맵' 학습으로 들어가 보자. 다음 [그림 1 – 14]는 [그림 1 – 11]을 간략화

[그림 1 – 14] 'CTQ'에서 'Y'로의 전환

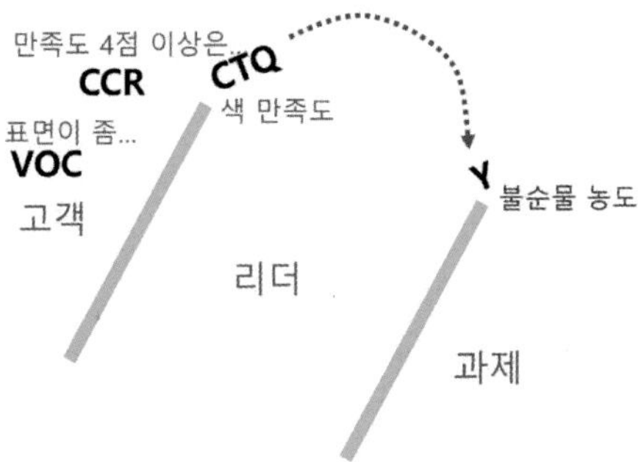

한 개요도이다(이 체계를 'Measure Phase를 인식한다'는 뜻의 'INSIK－M'으로 명명한다. 여기서 'INSIK'은 필자 이름의 영문 표기다☺).

[그림 1－14]에서 고객이 제품 표면의 색감에 불만을 토로한 'VOC'로부터 그 색의 만족 수준이 적어도 "5점 만점에 4점 이상은 돼야" 한다는 'CCR'을 거친 후 실무자는 이 현상을 대변할 특성인 'CTQ'로써 '색 만족도'를 정한 바 있다. 이 과정에서 'CTQ'는 전적으로 '고객'의 의견을 명확하게 반영한 특성이므로 '고객에 매달린 특성'으로 이해한다. 또 '리더' 입장에서 '고객'에게 "제품 표면의 색 만족도에 불만이 있는 거군요?" 하고 물었을 때 '고객'은 바로 "그렇다니까요!" 하고 서로 간에 의사소통이 명확하게 이루어지므로 'CTQ'는 '고객'과 '리더' 간 의사소통 매개체로 작용한다는 점도 쉽게 이해할 수 있다.

이제 앞서 설명한 대로 '색 만족도'가 당면 이슈이고 이를 해결할 기로에 서 있다면, '색 만족도'를 측정할 '운영적 정의'가 필요하다. 그런데 만일 제품 표면의 색을 좌지우지할 '불순물 함량'이 존재한다는 것을 알았다면 '색 만족도'의 모호한 특성은 곧바로 'A 성분 불순물 농도(함량)'라고 하는 명확한 측정 가능한 형태로 전환시킬 수 있다. 경영 혁신은 '고객 만족 경영'이고 따라서 '고객의 소리(VOC)'를 들어 구체화시킨 뒤(CCR), 품질에 치명적인 결점(CTQ)을 제거해주는 활동이므로 [그림 1－14]에서처럼 'CTQ → Y'로의 전환 과정이 필요하다. 이와 같이 외관상으론 성격이 달라 보이지만 측정이 모호한 특성을 결국은 100% 일치하는 측정 가능한 지표로 전환했을 때 "대용 특성화시켰다"고 한다. 즉, '불순물 농도'는 '색 만족도'의 '대용 특성'이다. '불순물 농도'처럼 측정 가능한 형태로 전환된 지표를 'Y'[18]라고 한다.

'Y'는 'CTQ가 고객에 매달린 특성'의 경우와 달리 [그림 1－14]에서처럼 '과제에 매달린 특성'으로 이해된다. 리더가 과제 종료 후 프로세스가 아무리

---

18) 국내 몇몇 기업에서는 지표 'Y' 대신 'CTQ(Y)'로도 적는다. 이것은 'Y'가 'CTQ'로부터 정해진다는 함축적 의미로 해석할 수 있다.

좋게 개선됐다고 주장한들 'Y'를 빼고는 사업부장과 타 부서원 등 제3자에게 객관적으로 성과를 이해시키기엔 한계가 있다. 결국 'CTQ'가 '고객'과 '리더'의 의사소통을 위한 매개체 역할을 하듯, 'Y' 역시 '과제'와 '리더'가 서로 의견 교환할 수 있는 매개체 역할을 한다. 서로 다른 객체(고객, 리더, 과제)들을 연결하는데 'CTQ'와 'Y'가 얼마나 중요한 가교 역할을 하는지 이해할 수 있는 대목이다.

'CTQ → Y'로의 전환 과정엔 '대용 특성' 외에도 '구매 단가'를 내리면 '품질 특성의 저하'같이 역효과가 나는 관계를 이용한 '제약 특성화'와, '대 고객 서비스 만족도'를 높이기 위해 그 하부 만족도인 '맵시 만족도', '말씨 만족도' 등으로 세분화해서 'Y'로 가져오는 '하위 특성화' 등이 있다. 물론 'CTQ'가 프로세스에서 바로 측정 가능한 양이면 '직접' Y로 올 수도 있다. 다음 [그림 1-15]는 [그림 1-11]을 확장한 'CTQ → Y 전환'의 개요도이다.

[그림 1-15] 'CTQ → Y 전환' 개요도

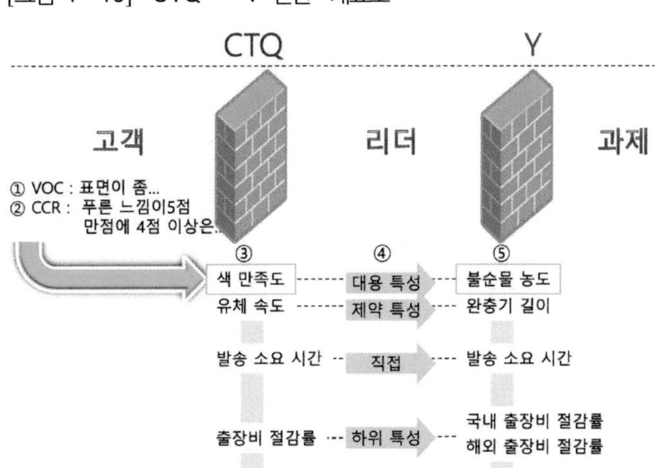

[그림 1-15]를 보면 '제약 특성' 경우 'CTQ'인 '유체 속도'를 높이면 '완충기 길이'가 줄고, 반대로 낮추면 '완충기 길이'가 늘어나는 관계에 있을 때 '유체 속도'를 직접 측정할 수 없어 대신 'Y'로 '완충기 길이'를 가져왔다면 그들 간에는 '제약 관계'가 성립한다. '출장비 절감률'에 대한 'CTQ'는 '출장' 경우 '해외 출장'과 '국내 출장'의 처리 프로세스가 달라 둘을 따로 나눠야 함에 따라 '국내 출장비 절감률'과 '해외 출장비 절감률' 두 지표로 구분하게 되는데 이들은 서로 '하위 특성화'된 예이다. 물론 '발송 소요 시간'과 같이 직접적으로 측정과 관리가 가능한 경우면 'Y'로 '직접' 가져온다.

'CTQ → Y'로 전환했으면 다음은 '정의', 즉 어떻게 수치화하는지 글로 기술하는 부분만 남았다. 이때 주의할 점은 신입 사원이 '정의'한 내용을 봤을 때 이해할 수 있을 정도로 명확히 표현해야 한다. 신입 사원은 아직 모든 업무에 낯설 수밖에 없다. 그럼에도 그들의 시각에서 '운영적 정의'를 접했을 때 그 내용을 보고 수치화할 수 있으면 'Y'에 대한 '운영적 정의'는 매우 성공적이라 할 수 있다. 다음 [표 1-14]는 '정의' 부분을 표현하는 유형과 기술 방법을 정리한 것이다.

[표 1-14] '운영적 정의'의 유형과 기술 방법

유형	기술 방법
계측기명(名)	▷ 계측기명+표준명(No.) ▷ 무게, 길이, 온도 등과 같이 계측기를 이용해 측정이 가능한 'Y'라면 '계측기명'을 적는다. 단 프로세스에서 사용 중인 계측기 모델명과, 측정 방법이 들어 있을 '표준명'도 함께 기재한다. 모든 측정 방법과 고려점 등은 '표준'에 기재돼 있을 것이므로 이를 활용하는 것이다.
산식(算式)	▷ 'Y' 값을 얻는 데 필요한 수학식 ▷ 비율 값이나 공학적 특성들은 수학식을 통해 얻을 수 있다. 이때 수학식 각 항들이 어떻게 얻어지는지까지 기술해야 한다.
설명	▷ 값을 얻는 방법을 설명으로 기술한다. ▷ '시간'이면 '시작'과 '끝'을 명기하고, 설문인 경우 설문지, 대상자, 척도(5점, 7점 등), 수율 및 시그마 수준 산정 방법 등이 명기돼야 한다.

[표 1 – 14]의 각 유형별 작성 예를 다음 [표 1 – 15]에 정리하였다.

[표 1 – 15] '운영적 정의' 유형별 작성 사례

유형	Y	운영적 정의
계측기명(名)	Cu불순물 농도(wt%)	▷ 계측기명: ICP – MS ▷ 표준명(No.): CH 12 – 8
산식(算式)	납기 정확도	▷ (약정된 일시 – 납입된 일시)÷납기 규정일 – 약정된 일시: 고객과 납입하기로 한 일시(日時) – 납입된 일시: 실제 납입이 이루어진 일시(日時) – 납기 규정일: 사내에서 정해진 납입 기간(표준;No12–1)
설명	발송 소요 시간	▷ 시작 시점: 전산(SIS) 시스템에 내역이 등록된 시점 ▷ 종료 시점: SIS Sys.에 발송 승인이 떨어진 시점

특히 '설명'의 경우 '～만족도'처럼 '설문'을 통해 이루어지는 '운영적 정의'가 있을 경우 기술은 다음과 같이 접근한다.

[표 1 – 16] 유형들 중 '설명'에 대한 '설문' 작성 예

유형	Y	운영적 정의
설명	서비스 만족도	▷ 정의: 노래방 매출을 올리기 위해 고객이 생각하는 만족 수준을 월마다 평가해서 나타낸 지표 ▷ 설문지: 시설 만족도, 영상 만족도, 친절 만족도 각 다섯 개의 문항으로 구성. 파일명 '만족도 평가 문항.hwp' ▷ 척도: 5점 척도(매우 불만, 불만, 보통, 만족, 매우 만족) ▷ 대상자: 방문 고객 중 주부, 회사원 대상으로 각 층별 25명씩 총 50명 ▷ 수율 및 시그마 수준 산정 방법: 하위 만족도별 가중치 '시설 만족도(0.5)', '영상 만족도(0.2)', '친절 만족도(0.3)'로 부여한 뒤 정규 분포 역함수로 '시그마 수준' 산정

'Step – 2.2. 운영적 정의'의 파워포인트 작성 예는 이어질 두 '세부 로드맵'과 합쳐 문서 한 장에 포함시킬 것이다. 따라서 설명은 이후로 넘긴다.

'성과 표준(Performance Standard)'은 문제 해결 분야에 입문한 리더들이 작성 중 가장 많은 오류를 범하는 항목 중 하나이다. 필자가 한 기업에서 100건의 수행 과제를 조사한 바로는 단 2개 과제만이 '성과 표준'을 제대로 기재할 정도로 활용에 취약하다. 더 큰 문제는 왜 '성과 표준'이 있어야 하는지 그 의미조차 모르고 과제를 수행한다는 사실이다. 따라서 '성과 표준'의 정의와 필요성에 대해 이번 기회에 확실히 알아두길 바란다. 용어 사전에 별도로 나와 있지 않으므로 일반적으로 알려진 정의를 옮기면 다음과 같다.

- 성과 표준(Performance Standard) 산출 표준, 실제 성과와 비교되는 기준 혹은 표준.

일부 기업의 품질 교재에선 영문 'Performance Standard'의 번역을 '성능 표준'이나 혹은 '성과 기준' 등으로도 해석하고 있어 표현에 혼란이 있으나 대체적으로 '성과 표준'이 대세를 이룬다. 다음은 「Be the Solver_프로세스 개선 방법론」편에 실린 '성과 표준' 관련 내용을 옮겨놓은 것이다. 내용이 같아 굳이 달리 설명할 필요가 없는 것들은 동일한 출처를 종종 인용할 것이다. 만일 좀 더 상세한 내용을 원하는 독자가 있다면 해당 서적을 참고하기 바란다.

"'성과 표준'은 우리가 제조나 연구 분야에서 사용하는 '규격(Specification)'과 같은 개념이나 이것이 제조나 연구 분야뿐만 아니라 간접, 서비스 분야까지 포괄한다는 점에서 '규격'보다는 좀 더 광의로 해석할 수 있다. 만일 고객사가 완제품을 만들기 위해 구성 부품들 중 하나를 부품 생산 업체에 요구한다면 필시 부품의 규격을 정해서 그대로 만들어주도록 요청할 것이다. 따라서 부품 업체는 규격대로 만들기 위해 공정 조건을 그에 맞춰 운영하게 되며, 이렇게 만들어진 부품은 완제품 제조사에 납품된다. 이런 일련의 과정을 이해한다면 '규격'이란 고객이 만들어낸다는 것을 알 수 있다. 그러나 문제 해결 대상 분야가 간접은 물론 보험, 금융 등 서비스 부문까지 확산되면서 제조 부문의 '규격'이라는 제한된 용어만으로 이와 같은 다양성을 포용하기에 한계가 있음을 쉽게 알 수 있다. 따라서 반드시 '고객'만이 '규격'을 정해주는 대신 합리적이고 객관적이면 리더나 제3자가 설정하는 것도 수용해야 하는 필요성이 대두되었다. 뭐, 이런 필요성에 의해 '성과 표준'이라는 포괄적인 '규격 설정 체계'가 도입된 것은 아니지만 과제 지표의 규격을 설정하는 데는 이만한 개념의 용어가 있다는 것은 그나마 다행스러운 일이다."

'성과 표준'은 Measure Phase에서 지표 'Y'의 '현 수준'을 측정하는 한 반드시 포함돼야 한다. '운영적 정의'를 통해 'Y'의 수치화가 가능해졌으면 이제 표집을 통해 적절한 수만큼의 'Y 데이터'를 수집할 수 있다. 그러나 이렇게 수집된 'Y 데이터'를 그대로 갖다가 '현 수준'을 측정할 순 없다. 어떤 것이 좋고 어떤 것이 안 좋은 데이터인지 가늠해야 현 상태의 심각성을 제대로 파악할 수 있기 때문이다. 좋고 나쁨의 구분은 바로 '성과 표준'이 담당한다. 즉, '성과 표준'이 있어야 이어지는 '세부 로드맵'에서 '현 프로세스 능력 평가'가 가능하다. 그런데 과제 멘토링을 하다 보면 '성과 표준'이 아예 없거나 있어도 매우 부실한 상태에서 '시그마 수준'이 산정되는 경우를 자주 접하곤 한다. 또 지표 'Y'는 '연속 자료'임에도 '시그마 수준'은 '이산 자료'로 산정되는 등 사실 '성과 표준'이 전혀 제 기능을 발휘하지 못하는 경우가 다반사다. 필자는 이를 두고 "로드맵이 끊겼다"로 해석한다. 즉, 문제 해결은 '일하는 방법의 구체성'이 필요하고 다시 이것의 실체는 '로드맵'인데 강 저쪽으로 건너가기 위해 돌다리를 밟고 가는 도중 뒤돌아봤을 때 밟고 온 돌다리가 없는 경우와 비유된다. 과정의 일부가 없거나 부실한데 그를 기반으로 한 다음 결과는 존재하는 꼴이다. 신뢰도가 떨어질 수밖에 없다. 중요한 걸 놓쳤을 수도 있고, 보이는 값이 '현 수준'이 아닐 수도 있다. 어떻게 해야 할까? 제대로 알고 돌다리를 밟고 가는 것이 가장 안전하고 현명한 처사다.

'Y 데이터'의 좋고 나쁨을 구분하기 위한 '성과 표준'의 설정은 '지표 Y'가 '연속 자료'인지 또는 '이산 자료'인지에 따라 다르다. 각각에 대해 알아보기 전에 '연속 자료'와 '이산 자료'엔 어떤 유형들이 있는지 다음 [표 1-17]에서 먼저 확인하고 넘어가자.

[표 1-17] '데이터 유형' 분류 체계

<table>
<tr><th rowspan="2">Data 분류 체계</th><th rowspan="2" colspan="2">Data 유형</th><th colspan="4">속성</th><th rowspan="2">예</th><th rowspan="2">비고</th></tr>
<tr><th>절대 영점</th><th>등 간격 (+, −)</th><th>크기 (〈,〉)</th><th>분류 (=, ≠)</th></tr>
<tr><td rowspan="2">계량형(Heterograde)
연속 자료(Continuous Data)
양적 자료(Quantitative Data)
변수(Variable)</td><td colspan="2">비척도
(Ratio Scale)</td><td>○</td><td>○</td><td>○</td><td>○</td><td>거리, 시간, 몸무게, 각도</td><td>+, −, x, ÷ 가능</td></tr>
<tr><td colspan="2">구간 척도
(Interval Scale)</td><td>X</td><td>○</td><td>○</td><td>○</td><td>습도, 온도</td><td>급간의 차이가 같도록</td></tr>
<tr><td rowspan="2">계수형(Homograde)
이산 자료(Discrete Data)
질적 자료(Qualitative Data)
속성(Attribute)</td><td>이산 자료
(Discrete Data)</td><td>결점
(Defect)</td><td rowspan="2">X</td><td rowspan="2">X</td><td rowspan="2">X</td><td rowspan="2">○</td><td>결점을 셀 때</td><td>푸아송 분포 가정</td></tr>
<tr><td>이진수 자료
(Binary Data</td><td>불량
(Defective)</td><td>불량품/양품으로 분류할 때</td><td>이항 분포 가정</td></tr>
<tr><td rowspan="2">범주형 자료
(Categorical Data)</td><td colspan="2">순서 척도
(Ordinal Scale)</td><td>X</td><td>X</td><td>○</td><td>○</td><td>수/우/미/양/가
1위/2위/3위</td><td>순서(크기)에 의해 구분</td></tr>
<tr><td colspan="2">명목 척도
(Nominal Scale)</td><td>X</td><td>X</td><td>X</td><td>○</td><td>유럽/아시아/북미/남미</td><td>순서구분 없음</td></tr>
</table>

교육 중에 의외로 많은 질문 중 하나가 "'연속 자료'와 '이산 자료'를 어떻게 구분하느냐?" 하는 것이다. [표 1－17]을 보면 '연속 자료'엔 '비척도'와 '구간 척도'가 포함되는데 그들을 구분할 수 있는 특징 4가지(절대 영점, 등간격, 크기, 분류)가 기록돼 있다. '절대 영점'이란 '길이'나 '무게'처럼 '0'이라고 하면 '길이가 아예 없다'거나 '무게가 0이다'의 사고가 가능하지만 '온도'나 '습도'가 '0'이라고 할 때는 '온도나 습도가 없는 경우'가 아니라 상대적으로 '0℃나 상대적으로 0%'의 의미로 해석한다. 온도가 '0℃'와 '10℃'로 측정되면 '0℃'의 환경이 '10℃'의 환경보다 상대적으로 '10℃' 낮다는 것이지 온도가 절대적으로 '0'이란 의미는 아니다. 이런 특징이 '연속 자료'의 '비척도'와 '구간 척도'를 구분한다.

또 '이산 자료' 경우는 '결점'과 '불량'이 포함되는데 공통적으로 '비율'로 설명되는 자료들은 모두 '이산 자료'로 간주한다. '이산'은 "떨어져 있다"의 뜻이므로 숫자와 숫자 사이에 무한한 수가 존재하는 '연속 자료'와 구분된다. '한 개', '한 건' 등으로 관리하므로 전체 중에 관심 있는 대상의 수가 몇 개인지 따지는 게 일반적이다. 이때 전체 수를 '분모'로, 관심 갖는 수를 '분자'로 놓으면 자연스레 '비율'의 결과를 얻는다. 업무 중 접하는 다양한 비율, 예를 들어 '영업 이익률', '불량률(또는 수율)', 오류율, 이탈률, 반송률, 유지율 등등은 모두 '이산 자료'로 분류할 수 있다. 즉, 분자에 올려놓을 개수를 세기 때문에 '이산'의 의미와 연결된다. 이제 '연속 자료'와 '이산 자료'별로 '성과 표준'을 어떻게 설정하는지에 대해 알아보자.

1) '연속 자료' 경우의 '성과 표준' 설정

'연속 자료'는 비율로 따질 필요 없는 숫자 자체들의 모임이므로 그들을 유사한 값끼리 모아놓았을 때 어떤 모양을 따르는지에 따라 '정규 분포'와 '비정규 분포'로 구분한다. 그러나 프로세스에서 발생하는 대부분의 데이터는 '정규 분포'를 따르므로 이에 대해서만 '성과 표준'을 확인하면 다음 [표 1 - 18]과 같다.

[표 1 - 18] '연속 자료'의 '성과 표준' 설정 방법

데이터 유형	데이터 특성	성과 표준
연속 자료	망대 특성	▷ 데이터가 크면 클수록 좋으므로 어느 값 이하로 내려가면 좋지 않다고 판단한다. ▷ 'LSL(Lower Specification Limit)' 설정 필요
	망목 특성	▷ 데이터가 너무 커도 너무 작아도 안 되므로 중심 쪽에 모일수록 좋다고 판단한다. ▷ 'LSL'과 'USL(Upper Specification Limit)' 설정 필요
	망소 특성	▷ 데이터가 작으면 작을수록 좋으므로 어느 값 이상 넘어가면 좋지 않다고 판단한다. ▷ 'USL' 설정 필요

만일 'Y'가 '강도(Strength)'라면 이 특성은 크면 클수록 좋으므로 'LSL'이 설정돼야 한다. 'LSL' 이하로 내려간 값은 금방 부러지거나 변형이 생길 가능성이 높으므로 '좋지 않은 상황의 데이터'로 분류된다. 반대로 '~소요 시간'은 대개 빠르면 빠를수록 유리하므로 어느 이상 넘어가는 시간은 수용하지 않게 돼 'USL'이 필요하다.

2) '이산 자료' 경우의 '성과 표준' 설정

[표 1 - 17]에 나타난 바와 같이 '불량'과 '결점'으로 나뉜다. 교육이나 멘토링을 하다 보면 리더들이 가장 혼돈해서 사용하는 단어가 '불량'과 '결점'이다. 어떤 경우는 '불량'이라 하고, 또 어떤 경우는 '결점'이라는 용어를 사용하는데 사실 두 특성은 확연히 구별된다. '성과 표준'을 논하기에 앞서 우선 두 특성 간의 정확한 이해가 필요하므로 상세히 짚고 넘어가도록 하자.

'불량(Defective) 특성'[19]은 전체 건수 중에서 바람직하지 못한 경우가 몇 건인지를 헤아리는 것으로 통상 '클레임 미처리율', '고객 이탈률', '양식 오류율' 등 '~율(률)'로 표현되는 것은 대부분 '이산 자료-불량 특성'으로 간주한다. '비율'을 산정하는 식이 분자에는 '바람직하지 못한 건수'가, 분모에는 '평가를 대상으로 하는 전체 건수'가 들어가며, 특히 분자의 표현은 '바람직하지 않은 또는 원하지 않는 경우의 건수'가 들어간다. 그럼 '불량 특성'의 '성과 표준'은 어떻게 설정할까? 바람직하지 않은 건수를 헤아려야 하므로 우선 '한 건', 즉 '아이템(Item, 또는 Unit)'이 무엇인지를 정의한다. '아이템'이 정해지면 다음은 '아이템'이 잘못되는 경우가 무엇인지 정의하는데, 이를 '불량의 정의'라고 한다. 다시 말해 '이산 자료-불량 특성'의 '성과 표준'은 다음과 같은 사항이 요구된다.

a) 아이템(Item, 또는 Unit)의 정의
b) 불량의 정의(Definition of Defective)

다음은 콜센터에서의 '무응답률'에 대한 '성과 표준' 작성 예이다.

a) 아이템(Item, 또는 Unit): 전화 1건
b) 불량의 정의(Definition of Defective)
   ① 당일 고객 전화를 받지 못한 아이템
   ② 당일 고객 전화를 받았지만 30초가 경과한 아이템

당일 '불량의 정의'에 해당되는 '아이템'을 세어서 '총 전화 건수'로 나누면

---

19) 일부 기업 교재에서는 '불량 데이터', '불량률 데이터' 등으로도 불림. 한국통계학회 '통계학 용어 대조표'에서 '불량'은 'Defective'로만 정의하고 있음. 여기서는 '이산 자료'의 망대 특성, 망목 특성, 망소 특성과의 통일성을 고려하여 '불량' 뒤에 '특성'을 편의상 붙임. 또 불량품인지와 양품인지를 따지는 경우이므로 일반적으로 '이항 특성'으로 표현할 수도 있으나 일단 기업 교재에서 주로 쓰이는 용어를 사용하였음.

잘 알고 있는 '무응답률(불량률)'을 얻는다.

여기서 한 가지 짚고 넘어갈 일이 있다. '연속 자료'의 '규격(LSL, USL)'과 '이산 자료'의 '불량의 정의'가 각각의 '성과 표준', 즉 동일한 '규격' 역할을 한다면 개념상 둘을 연결 짓는 공통점이 있어야 하지 않을까? 다음 [그림 1-16]을 보자.

[그림 1-16] '연속 자료'의 '규격'과 '이산 자료'의 '불량의 정의' 간 관계

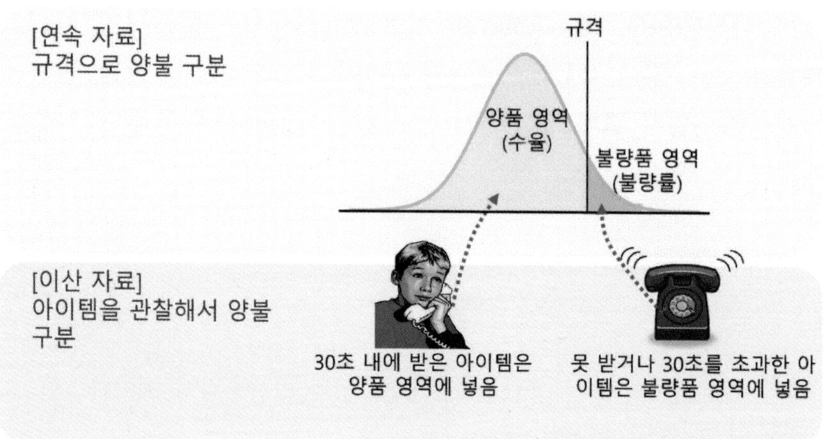

[그림 1-16]에서 '연속 자료'를 쌓아놓은 뒤, 작을수록 좋은 '망소 특성'이면 규격 'USL'을 설정할 수 있고, 따라서 이 '규격'을 넘어가는 오른쪽 양 또는 넓이는 불량 수준(넓이를 따진다면 불량률이 될 것이다)을 나타낸다. '이산 자료' 경우는 '아이템'으로 정의한 '전화 1건'을 관찰한 뒤 '불량의 정의'에 부합하면 그림처럼 오른쪽 영역(불량품 영역)에 던져 넣고, 그렇지 않으면 왼쪽 영역(양품 영역)에 넣을 것이므로 결국 '불량의 정의'가 'USL'의 역할을 하게 된다. 다음은 '아이템'과 '불량'의 사전적 정의이다.

- **아이템(Item, or Unit)** (www.isixsigma.com/Dictionary) A unit is any item that is produced or processed which is liable for measurement or evaluation against predetermined criteria or standards. 미리 정해놓은 기준이나 규격 대비해서 측정 또는 평가될 수 있도록 생산되거나 처리된 임의 품목(〈필자〉 'Unit'을 '단위'로 해석하기보다 혼선을 피하기 위해 '아이템'으로 해석해 사용함).

- **불량(Defective)** (국어사전) 물건 따위의 품질이나 상태가 나쁨. (www.isixsigma.com/Dictionary) The word defective describes an entire unit that fails to meet acceptance criteria, regardless of the number of defects within the unit. A unit may be defective because of one or more defects. 한 아이템(Unit) 내의 결점 수와는 관계없이, 허용 기준을 만족시키지 못하는 아이템. 즉, 결점이 한 개가 발생하든 또는 그 이상이 발생하든 그 아이템은 불량이 될 수 있다.

'불량'은 '아이템'에 동일한 결점이 여러 개 발생하든, 서로 다른 결점이 다양하게 존재하든 '아이템' 자체를 '쓴다', '못 쓴다'의 판단만 하므로 발생된 불량의 '개수'에만 관심이 있고, 실제 어느 원인에 의해 불량으로 분류되었는지에 대한 정보는 묻혀버린다(물론 현업에서는 불량 발생 이유를 기록해놓겠지만 본문에선 다음에 설명될 '결점'과의 비교를 위해 이 같은 표현을 사용하였다). 따라서 '이산 자료'에서 불량을 발생시킨 근본 원인을 관리할 필요성이 있는데 다음에 설명할 '결점 특성'이 이와 같은 역할을 대신한다.

'결점(Defect) 특성'[20]은 '불량'보다는 좀 더 근원적이다. 왜냐하면 '불량'은 '아이템' 자체를 잘못된 것으로 판단하므로 원인에 대한 정보는 없는 대신 '결

20) 역시 일부 기업 교재에서 '결점 데이터', '결점 수 데이터' 등으로 명명하기도 함. '망대 특성', '망목 특성', '망소 특성'의 명칭과의 통일성을 고려하여 편의상 '결점' 뒤에 '특성'을 붙임.

점'은 하나의 '아이템'에 여럿 발생할 수 있으며, 그 원인 하나하나를 헤아리기 때문이다. 따라서 관찰된 아이템 수보다 더 많은 '결점 수'가 나올 수 있다. 즉, '불량의 비율'은 100%를 초과하는 수는 나올 수 없지만 '결점의 비율'은 그 이상이 나올 수 있다. 이것이 '불량'과의 차이를 보이는 대목이다. 품질관리에서는 '결점'이란 용어를 더 많이 사용하는데 이것은 '결점'을 하나하나 보면서 셈하므로 그 유형들도 관찰하게 될뿐더러, 각 유형을 유발시킨 서로 다른 근원(Root Cause)을 발견할 가능성도 높아지기 때문이다. 그렇다면 '이산자료 - 결점 특성'의 '성과 표준'은 어떻게 표현할까? 다음과 같은 항목이 정의돼야 한다.

a) 아이템(Item, 또는 Unit)
b) 기회의 정의(Definition of Opportunity)
c) 결점의 정의(Definition of Defect)

'불량 특성'과 달리 '기회의 정의'가 추가되었다. '결점'과 '기회'의 사전적 정의에 대해 이전과 동일한 출처인 'www.isixsigma.com/Dictionary'에 실린 내용을 다음에 옮겨놓았다.

- **결점(Defect)** Any type of undesired result is a defect. A failure to meet one of the acceptance criteria of your customers. A defective unit may have one or more defects. 원하지 않는 결과로 나타난 모든 유형을 '결점'이라고 한다. 고객의 허용 기준을 만족시키지 못한 경우로 '불량 아이템'이란 결점을 하나 또는 그 이상 포함하고 있는 것을 말한다.

- **기회(Opportunity)** Any area within a product, process, service, or other system where a defect could be produces or where you fail to achieve the ideal product in the eyes of the customer. In a product, the areas where defects could be produced are the parts or connection of parts within the product. In a process, the areas are the value added process steps. If the process step is not value added, such as an inspection step, then it is not considered an opportunity. 결점이 생길 수 있거나, 고객 눈높이를 못 맞춘 제품, 또는 그와 같은 프로세스, 서비스, 시스템 내 임의 영역. 제품에서 결점이 생겨날 수 있는 '영역'이란 그를 구성하는 '부품들' 또는 '부품들 간의 연결부'를, 프로세스에서의 '영역'이란 '가치를 부여하는 프로세스 단계'를 일컫는다. 예를 들어 '검사' 같은 프로세스 단계는 제품에 가치를 부여하지 않아 '기회'로 셈하지 않는다.

문제 해결 분야에 처음 입문하는 독자라면 '기회'를 이해하기란 쉽지 않다. 미국 컨설팅 회사인 'Qualtec社' 품질 교재에 그나마 잘 정리돼 있지만 그것만으로는 한계가 있다. '기회'를 구분하기 위해서는 정의된 내용과 같이 '제품'과 '프로세스'를 따로 나누어 생각한다. '제품' 경우는 부품 하나하나가 잘못되면 '결점'이 되므로 '부품'도 하나의 '기회'로 간주한다. 또, 'IC 칩'과 같이 다리가 여럿 달린 부품은 그 다리 하나하나가 잘못되면 '결점'이 발생하므로 그 역시 각각을 '기회'로 간주한다. 또 부품과 부품의 '연결 부위', 예를 들어 '볼펜 뚜껑'과 '몸체'와의 연결부가 잘 안 맞으면 '결점'이 발생한 것이므로 이것도 하나의 '기회'로 간주한다. 이와 같이 '제품'에서의 '기회'란 잘못될 가능성을 갖고 있는 것들을 나타내며, 잘못될 가능성이 실제 잘못되면 '결점'이 된다. 프로세스를 다루는 서비스 부문 경우 정의 내용 중 밑줄 쳐진 "프로세스에서의 영역이란"에 주목하기 바란다. 즉, 프로세스를 다루는 부문에서 '기회'란 "프로세스 맵을 그렸을 때 각 활동(보통 사각형으로 표기)들이 고객에게 부가가치를 더하는 활동이면 하나의 '기회'로 간주하지만 그렇지 않으면 기회로 보지 않는다"는 것이다. 가치가 없는 활동들은 '이동, 저장, 대기, 재작업' 등 고객 요구에 가치를 부여하지 않는 것들이 해당된다. '결점'을 계량화하는 방법은 두 가지가 있는데 요약하면 다음과 같다.

ㄱ) DPU(Defect per Unit): '아이템'당 평균 몇 개의 '결점'이 발생했는지를 비율로 나타낸 값이다. 정의한 '아이템'이 '10개' 있을 때 총 발생한 '결점'이 '5개'면 'DPU'는 '0.5(=5÷10)'이다. 그런데 만일 '결점'이 전체 '20개' 발생하면 'DPU'는 '2(=20÷10)'로 백분율은 '200%'가 된다. 이와 같이 'DPU'는 백분율로 '100%' 이상이 나올 수 있어 '불량률'과 구별된다. 통상 과제를 수행할 때 사용되는데 그 이유는 제품이나 프로세스의 현 수준을 합리적인 수치로 만들 수 있고, 과제 수행 '전'과 '후'의 향상 정도를 쉽게 파악할 수 있기 때문이다. 이런 이유로 Qualtec社 교재에서는 'Project Metric'으로 불린다. '시그마 수준'을 산출할 때는 '정규 분포'나 '이항 분포'에 대응해서 '푸아송 분포'를 사용한다.

ㄴ) DPO(Defect per Opportunity): '기회'당 평균 몇 개의 '결점'이 발생했는지를 비율로 나타낸 값이다. '이산 자료-결점 특성'을 활용하기 위해서는 항상 한 '아이템'에 몇 개의 '기회'가 존재하는지를 결정해야 한다. 또 그 '기회'가 어느 경우에 잘못된 것으로 분류되는지에 대한 '결점의 정의'도 기술돼 있어야 한다. 만일 '아이템'이 '10개'이고, '아이템'당 '3개'의 '기회'가 정의돼 있는 상황에서 '결점'이 '8개' 발생했다면, 'DPO'는 약 '0.27(=8÷30)'이다. 'DPU'와 달리 전체 '기회' 중에서 '결점'으로 판정된 수만 셈하므로 그 비율이 '100%'를 넘어갈 수 없다. 따라서 '시그마 수준'을 산출할 때 '이산 자료-불량 특성'과 동일한 방법으로 접근할 수 있다. 만일 '이산 자료-불량 특성'에서 '10개'의 '아이템' 중 '2개'가 불량으로 분류된 경우, 전체를 '1'로 보면 '0.2'가, 전체를 '100'으로 보면 '20%', 또 전체를 '100만'으로 보면 '200,000PPM'으로 환산하지만, '이산 자료-결점 특성'에서는 '기회' '10개' 중 '2개'가 '결점'으로 분류된 경우, 전체를 '1'로 보면 '0.2', 전체를 '100'으로 보면 '20%'로 동일하지만, 전체를 '100만'으로 보면 '200,000DPMO'로

쓰인다. 즉, 'DPO'에 '100만'을 곱한 값이 'DPMO'이다. 'M'은 '100만'의 영어 단어인 'Million'의 첫 알파벳이다. 이와 같이 'DPO'는 '이산 자료 – 불량 특성'과 연결된다. 보통 '6시그마 수준'이 '100만 개' 중 '3.4개'라고 하는 것은 '3.4PPM'이 아니고 '3.4DPMO'가 되며 둘 사이에 의미상 차이가 있음을 인식해야 한다.

다음은 '기회'가 있는 경우의 '성과 표준' 작성 예이다.

1) 아이템(Item, 또는 Unit): 구매 내역서 1건
2) 기회의 정의(Definition of Opportunity): 내역서 내 점검해야 할 총 8개 항목
3) 결점의 정의(Definition of Defect): 점검 항목들 중 잘못 체크된 항목(누락 포함)

파워포인트 작성 예는 'Step – 2.2. 운영적 정의'와 'Step – 2.3. 성과 표준' 및 이어서 설명할 'Step – 2.4. 데이터 수집 계획'을 한 장표에 작성할 것이다. 따라서 이 작업은 다음 '세부 로드 – 맵' 이후로 넘긴다.

Step–2. 'Y'의 선정/ Step–2.4. 데이터 수집 계획

'운영적 정의'와 '성과 표준'이 마무리되면, 'Y'의 수치화가 결정된 것이므로 실질적인 데이터 수집이 가능하다. 따라서 이를 기반으로 'Step – 3. 현 수준 평가'에서 수행될 '프로세스 능력 평가'를 위한 데이터 수집 계획을 세운다. '수집 계획'은 표로 작성하는 것이 간단하고 수월하며, 여기에는 '표집(또는 표본 추출)', '저장 위치', '수집 기간', '수집 담당자', '비고'란 등을 마련하고 각 공란에 해당 내용을 기술한다. 다음 [표 1 – 19]는 사용 빈도가 높은 '데이터 수집 계획 양식' 예이다.

[표 1-19] '데이터 수집 계획' 양식 예

Y	표집 방법	저장 위치	Data 수집 기간	수집 담당자	비고
A제품 반품률	▷ 대상 기간: 20x1.4～20x2.3 ▷ 표집 방법: A 제품 전수	ERP 內 '반품 현황' 장표 '판매 현황' 장표	～20x2.4.15	홍길동 D	-

항목 '표집'은 '프로세스 능력 평가'를 위해 어떤 데이터를 얼마만큼 사용할 것인지 결정하는 공간이다. 과제가 시작되는 시점이 당해 연도 4월이면 직전까지 발생된 장기 데이터가 필요하며, 만일 계절적 변동이 있으면 1년 기간의 데이터를, 없다면 3～6개월 기간의 데이터를 확보한다. [표 1-19]에서는 장기 데이터 수집을 위한 '대상 기간'을 '1년'으로 잡았다(고 가정한다). 또 '표집(Sampling)'은 '대상 기간' 내 데이터가 수십만 건이면 그 모두를 수집해 분석하기보다 일부를 잘 뽑아 활용하는 것이 바람직하므로 그 방법을 규정짓는 난이다. 따라서 '대상 기간' 내 데이터 모두를 조사하면 '전수'를, 표집에 해당되면 상황에 맞게 '단순 임의 표집(Simple Random Sampling)', '층화 임의 표집(Stratified Random Sampling)', '군집 표집(Cluster Sampling)', '계통 표집(Systematic Sampling)' 중 선택해서 기입한다. 또 항목 '저장 위치'는 수집할 데이터가 저장되어 있는 위치 또는 공간을 기술하는 난이다. 정보화 시스템(ERP, PLM, DMS 등) 안에 위치하거나 PC, 파일 박스 등 다양한 저장 위치가 존재할 수 있다. 항목 '수집 기간'은 실제 데이터를 수집하기 위해 필요한 기간을 기술한다. 종종 이 공간에 '대상 기간'이 들어가는 일이 있는데 작성 시 오류가 없도록 주의한다. 항목 '수집 담당자'는 Define Phase의 '팀원 기술'에서 정해진 수집 담당자를 입력하고, 끝으로 '비고'란에는 수집과 관련한 추가 고려 사항이나 주의 사항, 공유할 내용 등을 기입한다.

앞서 '표집'과 관련해 4가지의 표집 방법을 나열한 바 있다. 이들 방법은 품질 교육 과정에서 주로 다루는 내용들이며 실제 활용 빈도도 매우 높다. 따라서 최소한 문제 해결 분야에 입문한 리더나 독자라면 이 네 유형의 표집 방법은 반드시 알아두기 바란다. 본문에서의 설명은 생략한다.

지금까지 설명된 'Step－2.2. 운영적 정의', 'Step－2.3. 성과 표준', 'Step－2.4. 데이터 수집 계획'을 파워포인트 장표로 표현하면 다음 [그림 1－17]과 같다. '운영적 정의'와 '성과 표준' 및 '데이터 수집 계획'은 각각이 차지하는 비중이 높아 별도의 '세부 로드맵'으로 구분하였으나 내용 면에서는 분량이 많지 않아 장표 하나로 표현이 가능하다. 물론 각 '세부 로드맵'별로 구체화시킬 내용이 있다면 장표를 추가하거나 분리해서 작성한다.

[그림 1－17] 'Step－2.2./2.3./2.4. 운영적 정의/성과 표준/데이터 수집 계획' 작성 예(이산 자료)

Step-2. 'Y'의 선정
Step-2.2/2.3/2.4. 운영적 정의/성과 표준/데이터 수집계획

D M W(A I) C

운영적 정의				성과 표준		
CTQ	Y	단위	측정 방법	유형	특성	규격
반품률	A 제품 반품률	%	□ 정의 : 정해진 대상 기간 중 A제품 총 판매량 대비 반품된 양의 백분율 □수치화 방법 : 수치화 방법: 측정기 명 / 산식 / 설명 $\text{제품반품률} = \frac{\text{반품된양}}{\text{총판매량}} \times 100$ √ (분자) 반품된 양: ERP '반품 현황' 장표에 기록된 수치 √ (분모) 총 판매량: ERP '판매 현황' 장표에 기록된 수치	이산 자료	불량	□ 아이템(Item) : 제품 1톤 □ 불량의 정의 : ① 품질 문제로 반품된 단위 ② 납품 착오로 반품된 단위 ※설정 근거:

Y	표집 방법	저장 위치	Data 수집 기간	담당자	비고
A 제품 반품률	□ 대상 기간 ; 20x1.4 ~ 20x2.3 □표집 방법 : 전수	□ ERP 반품 현황 □ ERP 판매 현황 ※ ERP 내 템플릿 명, 필드 명 등 구체적으로 기술 할 것.	~20x2.4.15	홍길동 대리	제품 승인을 위해 고객 사에 송부된 Sample은 수집 대상에서 제외

PS-Lab
Problem Solving Laboratory

[그림 1-17]에서 'Y'가 '~률(율)'처럼 비율이므로 '성과 표준'의 '데이터 유형'이 '이산 자료'로 적혀 있다. 또 '이산 자료'에는 '불량 특성'과 '결점 특성'이 있으나 한 아이템(Item, 또는 Unit), 즉 '제품 1톤'에 몇 개의 결점이 발생했는지를 세는 특성이 아니므로 '특성'란에 '불량'으로 기재하였다.

만일 'Y'를 'A제품 반품률'이 아닌 '반품량'으로 설정한다면 직전 1년간 반품된 A 제품 데이터는 '12.5톤', '20.6톤', '8.1톤', '…'처럼 '연속 자료'가 되며, 이때 [그림 1-17]은 다음 [그림 1-18]과 같이 수정돼야 한다.

[그림 1-18] 'Step-2.2./2.3./2.4. 운영적 정의/성과 표준/데이터 수집 계획' 작성 예(연속 자료)

Step-2. 'Y'의 선정
Step-2.2/2.3/2.4. 운영적 정의/성과 표준/데이터 수집계획

D M W(A I) C

운영적 정의				성과 표준		
CTQ	Y	단위	측정 방법	유형	특성	규격
반품량	A 제품 반품량	톤	□ 정의 : 정해진 대상 기간 중 반품된 A 제품의 톤 □ 수치화 방법: 측정기 명 / 산식 / 설명 ☞ ERP '반품 현황' 장표에 기록된 수치 ☞ 수율 및 시그마 수준 산정 방법 : 수집된 데이터의 분포를 확인한 뒤 설정된 '성과 표준(규격)'으로부터 수율 및 시그마 수준 산정	연속 자료	망소	□ USL : 3.0톤 (월 기준) □ 설정 근거 : 목표가 2톤으로 그 보다 커야 하며, 반품 환불을 위한 사내 유보금이 월 3톤 기준으로 책정돼있음.

Y	표집 방법	저장 위치	Data 수집 기간	담당자	비고
A제품 반품량	□ 대상 기간 : 20x1.4 ~ 20x2.3 □ 표집 방법 : 층화 임의 표집('월'별로 층화)	□ ERP 반품 현황 ※ ERP 내 템플릿 명, 필드 명 등 구체적으로 기술 할 것.	~20x2.4.15	홍길동 대리	제품 승인을 위해 고객 사에 송부된 Sample은 수집 대상에서 제외

PS-Lab Problem Solving Laboratory

[그림 1-18]에서 'Y'가 '~반품량'처럼 '연속 자료'가 됨에 따라 '운영적 정의'의 '유형'은 앞서 '산식'에서 '설명'으로 바뀌었고, 그 외에 '성과 표준'의

'유형'과 '특성' 및 '규격' 등이 모두 그에 맞게 변경되었다. 이제 이어지는 '세부 로드맵'인 '현 수준 평가'에 대해 알아보자.

Step-3. 현 수준 평가/ Step-3.1. 현 프로세스 능력 평가

'세부 로드맵'의 명칭을 '현 프로세스 능력 평가'로 했으나 실상은 주어진 'Y 데이터'가 수집되었을 때 그들로부터 '시그마 수준'을 계산하는 것이 핵심 활동이다. '프로세스'는 이미 Define Phase의 '범위 기술'에서 '프로세스 범위'를 통해 '시작'과 '끝'이 정해졌으며, 그 '시작과 끝' 안에서 발생되는 다양한 현상 중 'Step-2.1. CTQ 선정'에서 고객에게 가장 치명적 특성인 'CTQ'가 골라졌다. 이어 지표 'Y'가 확인되는 현시점에 이르렀다. 결국 '프로세스 시작과 끝을 정함 → 그 내부의 다양한 특성 중 고객에게 시급하고 중요한 CTQ 선정 → 지표 Y로 전환 → 운영적 정의와 성과 표준 및 데이터 수집 계획 마련 → 시그마 수준의 산정'으로 이어짐으로써 '시그마 수준'은 곧 '프로세스 능력을 평가'하는 수행 과제의 대푯값으로 자리매김한다. '시그마 수준 산정'이라는 수학 용어보다 프로세스에서 늘 생활하는 리더로선 '프로세스 능력 평가'가 더 친숙하다. 그러나 이후부터는 수학적 과정을 통해 '현 수준'을 산정하는 만큼 '프로세스 능력 평가'보다 '시그마 수준 산정'의 표현을 더 자주 접하게 된다.

문제 해결 분야에 입문하는 초기 리더들은 수학, 특히 통계 과정에 매우 거부감을 느낀다. 학교 다니던 시절 사실 '통계'라고 하면 가능한 한 피할 수 있으면 피해버리는 전략(?)을 구사하던 대다수 기업인들이 경영 혁신으로 폭탄을 맞는 사례는 그간 여러 회사에서 보아왔던 터라 이후 과정이 조심스럽기까지 하다. 그러나 본문이 기업인 눈높이에 맞춰 내용 전개하고 있는 만큼 불필요한 수학적 개념을 도입하지는 않을 것이다. 다만 상세한 수학적·통계적 개념을 필요로 하는 독자는『Be the Solver』 시리즈의「프로세스 개선 방법론」편과「확증적 자료 분석」편에 다양한 상황에 맞는 해법들을 소개하고 있으니 필요 시 참고하기 바란다. 우선 '시그마 수준'을 산정하는 방법부터 알아보면 다음 [그림 1-19]와 같다.

[그림 1-19] '시그마 수준' 산정 개요도

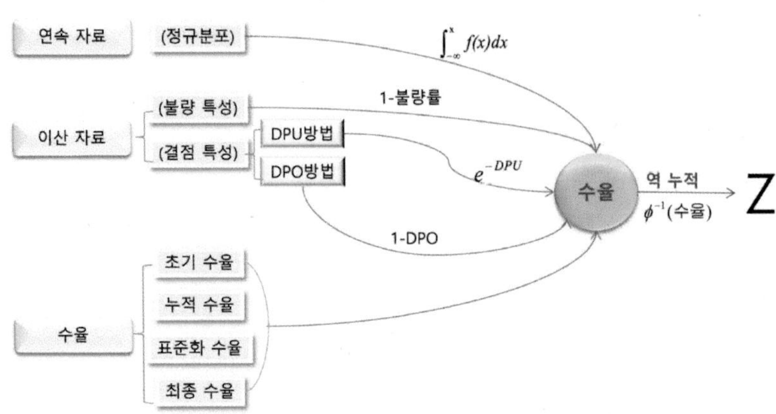

[그림 1-19]의 맨 오른쪽에 위치한 'Z'가 '시그마 수준'이다. 이 값은 데이터로부터 '수율(양품률 등)'만 계산해내면 미니탭의 '표준 정규 분포' 내 '역누적 확률' 방식을 이용해 얻을 수 있다. 데이터를 수집해 쌓아놓은 상태에서 '성과 표준(규격)'을 들이댔을 때 벗어나는 데이터(양, 넓이)는 '불량률' 개념이, 벗어나지 않은 데이터(양, 넓이)는 '수율(양품률)' 개념이 성립한다. 이 개념은 데이터가 '연속 자료'든 '이산 자료'든 공통으로 적용된다.

각 데이터 유형별 '수율'을 얻는 방법은 [그림 1-19]에서 '연속 자료'는 '정규 분포'의 적분으로 분포 넓이를 계산함으로써, '이산 자료'의 '불량 특성'은 '1-불량률'의 식으로, '이산 자료'의 '결점 특성'은 '기회(Opportunity)'가 주어지면 '1－DPO'로, 주어지지 않으면 'e^{-DPU}'를 이용한다. 또 '초기 수율(Y_{FT})', '누적 수율(Y_{RT})', '표준화 수율(Y_{NOR})', '최종 수율(Y_F)'과 같이 바로 '수율'로 얻어진 값들은 미니탭 '역누적 확률' 방식에 대입해 '시그마 수준'을 얻는다.

그러나 나열된 방식 모두를 설명하기보다 '수율'이 얻어졌다고 가정하고 이후 미니탭 절차만 소개하고자 한다. 대부분의 '빠른 해결 방법론' 경우 Define Phase '목표 기술'에서 '예상 지표' 수준이 이미 '%'로 입력돼 있는 점에 착안해 다음 [그림 1－20]의 방식으로 '시그마 수준'을 산정한다.

[그림 1－20] '%' 지표의 '시그마 수준' 산정 예

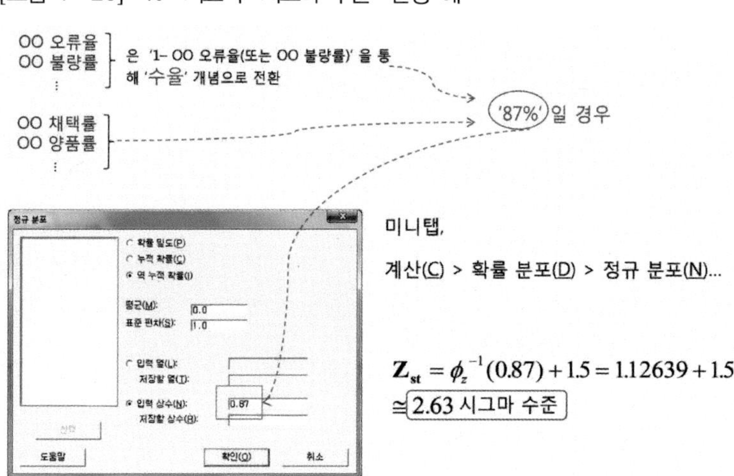

[그림 1－20]에서 '～불량률'이나 '～오류율'처럼 '불량률' 개념은 '1－○○ 불량률(또는 ○○오류율)'로, '～양품률'이나 '～채택률(또는 ～확보율)'처럼 '양품률' 개념은 그 '%값('확률'이므로 '%값'은 '100'으로 나누어 입력한다)'을 미니탭의 「계산(C) > 확률 분포(D) > 정규 분포(N)…」로 들어가 입력한 뒤 '역누적 확률'로 '시그마 수준'을 산정한다. 물론 사업부의 하위 과제가 아

니거나 '%'로 표현하지 못한 경우는 일반적으로 정해진 규칙에 따라 '시그마 수준'으로 전환해야 한다. 다양한 유형별 전환 방법에 대해서는 다음 [표 1-20]에 요약해놓았다. 그 외의 이론적 접근이 필요한 독자는 「Be the Solver_프로세스 개선 방법론」편 등을 참고하기 바란다.

[표 1-20] 데이터 유형별 '시그마 수준' 산정 예('%' 지표가 아닌 경우)

데이터 유형	데이터 특성	미니탭 경로	결과	프로세스 능력
연속 자료	망목	통계분석(S)>품질 도구(Q)>공정 능력 분석(A)>정규 분포(N)…	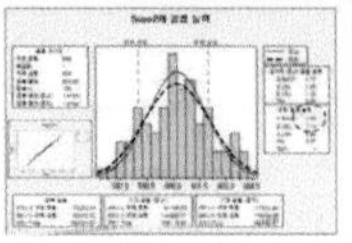	장기 0.55 (단기 2.05) 시그마 수준
	(데이디) 미니탭 세공 '캠축.MTW'의 '공급자 2'열, 부분군 5, 규격 600±2			
이산 자료	불량	통계분석(S)>품질 도구(Q)>공정 능력 분석(A)>이항 분포(B)…	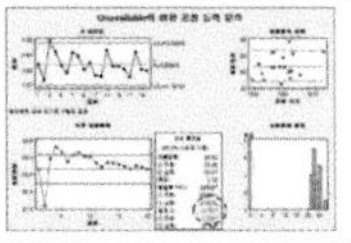	장기 0.7507 (단기 2.25) 시그마 수준
	(데이터) 미니탭 제공 '이항포아송분석.MTW'의 'C2, C3'열			
	결점	통계분석(S)>품질 도구(Q)>공정 능력 분석(A)>Poisson 분포(O)…	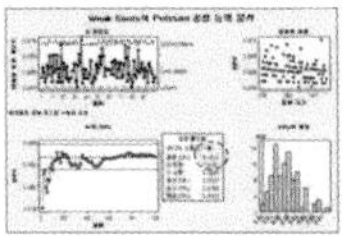	평균 DPU; 0.0265
	(데이터) 미니탭 제공 '이항포아송분석.MTW'의 'C4, C5'열			

[표 1-20]은 미니탭에서 기본으로 제공되는 파일을 이용해 데이터 유형별 '시그마 수준'을 산정한 예이다. '이산 자료-결점' 경우 '평균 DPU'만 얻어지는데 만일 '기회'가 주어졌으면 'DPO=평균 DPU÷아이템당 기회 수'를, 주어지지 않았다면 '$e^{-\text{평균 DPU}}$'를 통해 '수율'화한 뒤 '역누적 확률'로 '시그마 수준'을 구한다. 미니탭 '대화 상자'에 입력하는 과정은 생략한다. 다음 [그림 1-21]은 '%' 지표의 '프로세스 능력 평가'에 대한 파워포인트 작성 예이다.

[그림 1-21] 'Step-3.1. 현 프로세스 능력 평가' 작성 예

Step-3. 현 수준 평가
Step-3.1. 현 프로세스 능력 평가

D M W A I C

조사된 'A제품 반품률' 0.38%를 통해 '현 프로세스 능력'을 다음과 같이 '역 누적' 분포로 평가.

【미니탭 경로 및 입력】

「계산(C) > 확률 분포(D) > 정규 분포(N)...」

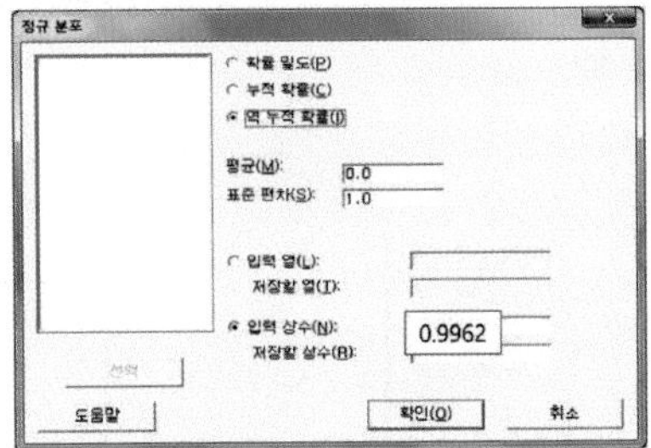

단, '수율' 개념의 값은 "1—반품률 = 1 — 0.0038 ≒ 0.9962"

【현 프로세스 능력 평가】

역 누적분포함수

정규 분포(평균 = 0, 표준 편차 = 1)

P(X <= x)	x
0.9962	2.66934

시그마 수준

$$Z_{lt} = \phi^{-1}(0.9962) \cong 2.66934$$

$$Z_{st} = 2.66934 + 1.5 \cong 4.17$$

PS-Lab Problem Solving Laboratory

[그림 1-21]에서 'A 제품 반품률'은 '수율' 개념으로 '0.9962(=1-0.0038)'이며, 이 값을 미니탭의 '역누적 확률'로 구하면 약 '2.67'을 얻는다. '데이터 수집 계획'을 통해 장기 데이터를 확보하고 있으므로 구해진 '2.67'은 '장기 시그마 수준'이며, 공식적으론 '단기 시그마 수준'을 얻도록 돼 있어 이에 '1.5 Shift'를 고려해 '4.17(=2.67+1.5)'을 얻었다(고 가정한다).

참고로 '현 프로세스 능력(또는 공정 능력)'을 측정할 때 적용하는 '+1.5'의 의미에 대해 확실히 알고 넘어가자. 경영 혁신 확산 초기에 한 컨퍼런스에 참여한 국내 모 대학 교수님이 외국 강사한테 질문을 한 적이 있다. "프로세스 현 수준을 산정할 때 '+1.5시그마 수준'은 무슨 근거로 나온 숫자인가요?"라고 말이다. 답변은 의외로 간단했다. "산업 평균을 측정한 결과인데요."

마이클 해리가 쓴 <Mikel J. Harry, The Vision of Six Sigma, Sigma Publishing Company, 1994>에 따르면 Gilson(1951), Bender(1975) 및 Evans(1975) 등이 '1.5 시그마 Shift Factor'를 주장한 것으로 되어 있다. 자세한 내용을 원하면 이들 논문을 찾아봐야겠지만 관련 설명과 개요도를 옮기면 다음 [그림 1-22]와 같다(글자가 명확히 안 보이는 점 양해 바람).

[그림 1-22] '1.5 Shift Factor'에 대한 원문

...shifts and drifts in the of a component occur for a number of reasons... for example, tool wear is one source of a gradual drift... which can cause shifts in the distribution. Except in special cases, it is almost impossible to predict quantitatively the changes in the distribution of a component value that will occur, but the knowledge that they will occur enables us to cope with the difficulty. A solution proposed by Bender... allows for [nonrandom] shift and drift. Bender suggests that one should use

$$V=1.5\sqrt{Var(X)}$$

As the standard deviation of the response ... [so as] to relate the component tolerances and the response tolerance

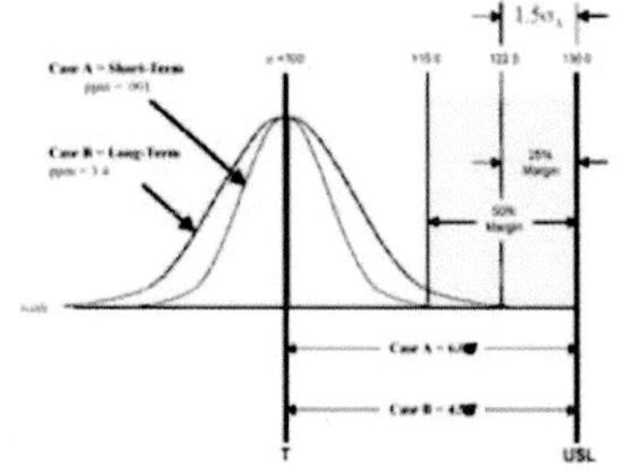

현재 사용하는 '시그마 수준'이란 'cm'나 'kg'과 같은 하나의 '측정 단위'로 볼 수 있다. '170cm'보다 '180cm'가 크듯, '3시그마 수준'보다 '4시그마 수준'이 크다. 이 같은 '시그마 수준'은 다음 [그림 1-23]과 같이 정의된다.

[그림 1-23] '시그마 수준 정의' 및 '+1.5 Shift' 개요도

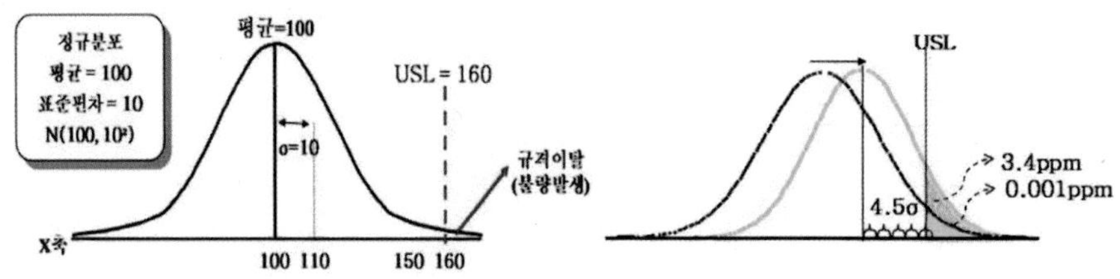

예를 들어, 임의의 '정규 분포'가 있을 때 "평균과 한쪽 규격(USL) 사이에 표준 편차가 들어가는 개수"가 '시그마 수준' 정의인데, [그림 1-23]의 왼쪽과 같이 '평균'인 '100'과 'USL'인 '160' 사이가 '60(=160-100)'인 반면, '표준 편차'는 '10'이므로 그 사이에 '6개'가 들어가는 구조이다. 이때를 '6시그마 수준'이라고 지칭한다. 물론 정해진 구간 사이에 '표준 편차'가 '3.5개' 들어가면 '3.5 시그마 수준'이 되는 식이다. 그림상에서 규격을 벗어난 넓이(불량률, 확률)는 수학적 적분이나 미니탭을 통해 '0.001ppm(1ppb)'임을 확인할 수 있다.

그런데 선각자(예로 유명한 품질의 대가들) 중에 현재의 프로세스가 '6시그마 수준'을 유지할 정도로 높은 관리 능력을 갖고 있다 해도, 모든 산업의 평균에 있어 장기적인 관점에선 분포 자체가 왔다 갔다 한다고 주장한다. 얼마만큼? 바로 '1.5 표준 편차'만큼이라는 것이다. 선각자에 따라 이 숫자는 약간 달리 주장되기도 하지만 현재로선 마이클 해리(6시그마 교주!)에 의해 주창된 수인 만큼 신도들(?)에 의해 여과 없이 받아들여진 결과라 볼 수 있다. 최초에 정해진 분포가 장기적으로 '1.5 표준 편차'만큼 오른쪽으로 이동한다면(그림에서 왼쪽으로 이동하면 더 좋아지는 꼴이므로 고려할 필요 없음) 그 양상은 [그림 1-23]의 오른쪽 그림과 같다.

오른쪽 그림의 연두색 분포처럼 오른쪽으로 '1.5σ'만큼 이동하면 '평균'과 '규격(USL)' 사이에 '표준 편차' '6개'에서 '4.5개', 즉 '6σ → 4.5σ'로 되며, 이때 불량은 '0.001ppm'에서 '3.4ppm'으로 늘어난다. 이 결과는 장기적인 변동을 나타낸 것이며, 실제 과제 수행 시 Measure Phase의 '현 수준 평가' 경우 '단기(분포 이동 전)'로 정하도록 약속하고 있어, '현 프로세스 능력'은 '4.5+1.5=6시스마 수준'의 값이 된다. 즉, 원래는 '6시그마 수준'이었는데 장기 변동 때문에 '4.5'가 된 것을 원래 값으로 되돌린 것이다. '장기적 변동'을 느끼기 위한 데이터 수집 기간은 통상 계절적 변동이 있으면 1년을, 그렇지 않으면 3~6개월을 설정하는 게 보편적이다. 이 기간에 수집된 데이터는 다양한 외부 변동에 노출됐을 것이므로 이로부터 얻은 '시그마 수준'에 '1.5'를 더함으로써 '단기적 수준'으로 표현한다.

그런데 한 가지 명확하게 짚고 넘어가야 할 사항은 장기적으로 '4.5(단기는 6) 시그마 수준'은 100만 개당 3.4개의 불량 개수의 발생을 의미하지는 않는다. 100만 개당 '3.4 DPMO', 즉 결점이 '3.4개'라는 뜻이다. '3.4ppm'은 자동차 100만 대를 만들어서 '3.4개'만의 불량 자동차가 나올 수준의 공정 능력이지만 '3.4 DPMO'는 100만 개의 잘못될 가능성(기회) 중 '3.4개'의 결점이 발생했다는 의미다. 예를 들어 '기회'는 자동차 10대만 모여도 부품들과 그 연결부위를 합쳐 100만 개가 될 수 있으니(가정) 자동차 100만 대에 비교하면 훨씬 덜 타이트한 수준이다.

기본을 알아야 좀 더 복잡한 문제들에 응용력이 생긴다. 지금까지 '1.5 Shift'에 무감각하게 대응한 분들은 그 의미를 되새겨보기 바란다. 개인적으론 경험적 수치인 '1.5'를 더할 경우 수리적 관계가 무너지므로 별로 사용하고 싶은 생각이 없다. 예로 Measure Phase에서 '1.5'를 더한 '시그마 수준'을 개선이 이루어진 Improve Phase에서 평가했을 때, 이 Phase에서 '1.5'를 더하지 않아(Improve Phase에서 얻어진 자료는 단기 데이터이므로) 결국 Measure Phase의 수준보다 더 안 좋게 나오는 결과가 초래되곤 한다. 주로 간접 부문에서 자주 발생하며 주의해서 활용하기 바란다.

Step-4. 목표 재설정/ Step-4.1. 목표 재설정

'현 프로세스 능력 평가'가 완료되면 전반적으로 '현 수준'과 '목표 수준'에 대한 재조정이 이루어진다. 특별히 바뀔 내용이 없으면 그대로 마무리해도 좋지만 보완이나 수정이 필요하면 이 시점에 반영한다.

그런데 왜 '재설정'일까? 이것은 Define Phase '세부 로드맵' 중 '목표 기술'은 기존 관리 체계에서 얻어진 자료를 바탕으로 '현 수준'이 얻어진다. 또 과제를 발굴하는 과정에 수집된 데이터이니만큼 '이상점(Outlier)' 개입 여부 등 수치에 대한 신뢰성도 다소 떨어진다. 그러나 Measure Phase 경우 'CTQ 선정'부터 '데이터 수집' 및 '프로세스 능력 평가'에 이르기까지 세세하게 절차를 거치면서 얻어지므로 '이상점' 등의 영향을 최소화한 상태이며, 따라서 Define Phase의 '현 수준'이 변동됐을 개연성이 존재한다. 장기 데이터를 얻는 방식에 차이가 있으니 그 숫자도 달라질 소지가 있다는 뜻이다. 또 Define Phase에서는 주로 '%' 단위만 쓰이지만 Measure에서는 품질 수준의 공통 언어인 '시그마 수준'도 새롭게 추가된다. 다음 [그림 1-24]는 '목표 재설정'을 파워포인트로 작성한 예이다.

[그림 1-24] 'Step-4.1. 목표 재설정' 작성 예

Step-4. 목표 재설정
Step-4.1. 목표 재설정

□ 현 수준(프로세스 능력)은 장기로 약 2.67(단기 4.17)시그마 수준이며, 불량률(Defectives)은 약 0.38% 수준임.

□ 개선 목표는 현 불량률을 0.28% 줄여 0.1%로, 시그마 수준을 장기 3.09로 향상시키는 것임. 이때 '월 반품 양'은 7.52톤 → 2톤으로 줄어듦.

【목표】

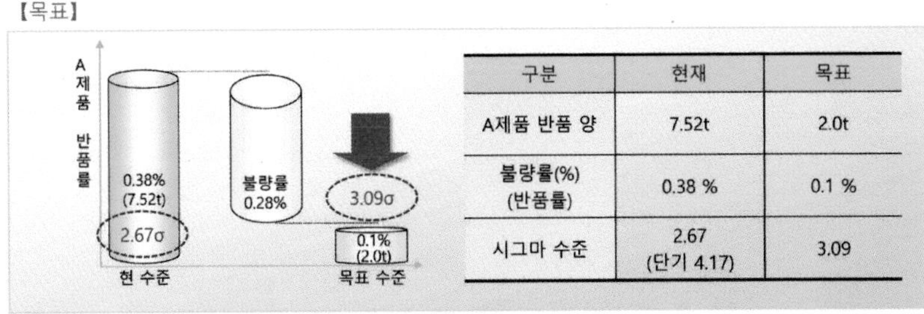

구분	현재	목표
A제품 반품 양	7.52t	2.0t
불량률(%) (반품률)	0.38 %	0.1 %
시그마 수준	2.67 (단기 4.17)	3.09

PS-Lab
Problem Solving Laboratory

[그림 1 - 24]에서 기존 '%' 단위와 '시그마 수준' 및 현업에서 통용되는 '톤' 단위까지 기술돼 있다. 경우에 따라서는 '시그마 수준'보다 '%'나 '톤' 등의 단위가 더 의미 있을 수 있으며, 이때는 혼선을 피하기 위해 '시그마 수준'은 보조 지표로서 활용하고 모든 기록은 현업에서 통용되는 '단위'를 사용한다.

Work-out/ Workshop Phase 개요

'W Phase'는 'Work－out'과 'Workshop'을 포함한다. 전자는 기저에 GE의 'Work－out' 운영 방식을 차용하고 있다. 즉, "사람들이 모여서 문제나 의견을 개진하고 그 자리에서 해결점과 개선 방향 제시 및 의사 결정까지 하는 과정"으로 이루어져 있다. 또 'Workshop'은 의미에 다소 차이는 있으나 모여서 해결하는 기본적 원칙에 부합하므로 필자가 'W Phase' 범주에 포함시켰다. 그러나 내용을 좀 더 확대하면 '사람이 모여서 해결'하는 데 반드시 'Work－out'이라는 GE 방식의 형식과 절차를 따르기보다 자유로운 의견 수렴을 통해 문제 해결의 단서를 잡는 접근이면 모두 이 Phase의 과정으로 인식한다. 한마디로 Analyze Phase의 '가설 검정' 절차가 아닌 '사람이 모여서 결정'하는 접근이면 모두 'W Phase'의 범주에 포함시킨다.

또 하나 특징이 있다. 바로 '데밍 사이클(Deming Cycle)'인 'Plan－Do－Check－Act'를 '세부 로드맵'에 사용한 것이다. 기업 현장에서 일반화된 'TQC(Total Quality Control, 종합적 품질 관리)' 과제 경우 동아리 활동을 통해 관리 중인 프로세스 내 문제점을 해결하는 데 매우 유용하다. 이때 문제점 발굴부터 원인 찾기, 개선 대책 마련 등 모든 과정이 동아리 구성원 간의 토의와 의견 개진, 아이디어 도출 등 '사람이 모여 처리하는 과정'에 많은 비중을 두고 있다(물론 최근 발표장을 가보면 'QC 7가지 도구' 외에 다양한 통계 도구들을 활용하고 있다). 이것은 'W Phase'의 존재 목적과 정확히 일치하는 대목이다. 또 동아리 활동이 대부분 부서 내 문제점 같은 부문 내 과제에 집중하는 만큼 'Quick 방법론'의 탄생 배경과도 일치한다. 즉, '데밍 사이클'의 적용은 '빠른 해결 방법론'으로 하여금 TQC 동아리 활동과 호환될 수 있는 단초를 제공한다.

'TQC'는 "제조 현장의 품질 관리 외에, 영업·기획·개발·총무·경리 등 모든 간접 부문까지 포괄하므로 만일 '빠른 해결 방법론'이 'TQC'와 호환된다면 제조뿐만 아니라 비제조 부문에 이르는 모든 부문 내 과제들에도 적용이 가능하다. 실제 '빠른 해결 방법론' 전개는 'W Phase'의 존재로 본사의 많은 과제들에 유용한 수행 방법론임이 수년간의 적용 경험을 통해 입증된 바 있다. '빠른 해결 방법론'을 접한 많은 리더들의 선호도가 매우 높은 점도 이 같은 해석에 확신을 심어준다. 'W Phase' 특징은 다음의 과제 유형들에 적합한 환경을 제공한다.

1) Analyze Phase의 '가설 검정'이 불필요하거나 비중이 높지 않은 과제
2) 통계 분석이 필요치 않은 과제(즉, 정성적 자료 분석만으로 진행될 과제)
3) 연구 개발 등 '실험 계획(Design of Experiment)'이 중요한 과제
4) 동아리 활동으로 진행되는 'TQC'성 과제

특히, '3)'의 경우는 매우 특징 있는 사항인데 기업 내 연구 개발 부문에서 추진되는 상당수 과제들이 '입력 변수(X)'를 찾은 뒤 바로 '실험 계획(DOE, Design of Experiment)'에 들어가 결과를 얻는 사례가 많다는 점을 부각시킨 것이다. 단지 '최적 조건'을 찾을 목적으로 '실험'만 하면 될 과제를 '40－세부로드맵'을 다 밟고 가는 더딘 행보에 실무자들의 불만이 고조되는 경우가 많다. 예를 들어 Analyze Phase에서 'Y'에 영향을 줄 '핵심 인자(Vital Few Xs)'를 찾은 뒤 Improve Phase에서 바로 '실험 계획'에 들어갈 때 쓰이는 전개가 'Plan－Do－Check－Act'이며, 이것은 'W Phase'의 '세부 로드맵'과 정확히 일치한다. 즉, '입력 변수(Xs)'들의 윤곽이 대충 잡혀 있는 상황이면 '빠른 해결 방법론'으로 처리가 가능하며, 이 경우 부수적으로 '과제 회전율'이 매우 높아지는 장점도 생긴다. '빠른 해결 방법론'의 적용으로 4개월 수행 과제를 2개월로 마칠 수 있게 됨으로써 성과 획득 기회가 늘어나고 양산성 검증 기간

을 좀 더 길게 확보할 수 있어 개선의 신뢰성 확보도 용이해진다.

'W Phase'가 '사람이 모여 문제 제기와 해결책을 찾는 특징'을 갖는 한 그 편리성과 상황별 유연성 그리고 기존 방법론들과의 호환성 등의 장점으로 기업 내 전체 수행 과제들 중 약 85% 이상을 '빠른 해결 방법론'이 담당하리란 확신엔 변함이 없다. 따라서 '빠른 해결 방법론'이 담당할 85%를 제외한 나머지 약 15% 정도는 다른 'Quick 방법론'의 사용, 또는 난이도가 높아 심도 깊은 분석적 접근을 통해 문제 해결에 이를 수 있는 방법론, 예를 들어 '프로세스 개선 방법론'이나 '제품 설계 방법론'의 활용으로 유도한다.

'W Phase'의 전개를 간략히 요약하면 우선 'Step-5. Plan'은 향후 활동들의 계획을 수립하는 과정으로 '계획'은 크게 두 부류로 나뉘는데, 하나는 'W Phase' 전체 일자별 일정을 계획하는 부분과, 다른 하나는 어떤 개선을 어떻게 수행할 것인지 '개선 방향'을 설정하는 부분이다. 전자는 'Step-5.1. 활동 계획 수립'에서, 후자는 'Y'의 목표 미달 '원인'이 무엇인지의 결정('잠재 원인 변수의 발굴'에 대응)과 그에 따른 '개선 방향'이 필요하므로 'Step-5.2. 원인 분석 및 우선순위화'와 'Step-5.3. 개선 방향 설정'에서 진행한다. 'Step-6. Do/Check'는 직전 '세부 로드맵'에서 팀원들이 결정한 '개선 방향'을 이행하는 과정으로 '적용(Do)'과 '확인(Check)'이 사안별로 반복된다. '세부 로드맵'은 'Step-6.1. 개선 실행/기대 효과' 하나로 이루어진다. 'Step-7. Act'는 진행된 '개선 내용' 모두가 원활히 돌아갈 때 전체 개선 효과가 얼마일지 확인하는 활동으로 '프로세스 개선 방법론'의 'Step-12. 결과 검증'에 대응한다. '세부 로드맵'은 'Step-7.1. 결과 검증' 하나로 이루어져 있으며, 필요 시 '개선 내용'의 보완도 허용된다(자세한 내용은 [그림 1-2]의 '21-세부 로드맵 개요도' 참조). 이제부터 'W Phase'의 내용과 사례에 대해 자세히 알아보자.

Step-5. Plan/ Step-5.1. 활동 계획 수립

'Plan'은 영문 해석 그대로 '계획'을 의미하며, 첫 번째 '세부 로드맵'에서 앞으로 전개될 'W Phase' 전체의 일자별 활동 계획을 수립한다. 물론 '상황 변수', 특히 사람이 모이는 활동이므로 불참 등 회의 소집에 따른 변동이 가장 큰 변수로 작용한다. 기본 양식은 다음 [그림 2-1]과 같다.

[그림 2-1] 'Step-5.1. 활동 계획 수립' 양식 예

일정	활동내용	참석 예정자	산출물	비고

[그림 2-1]을 보면 '일정', '활동 내용', '참석 예정자', '산출물', '비고'로 구성돼 있다. 각 열의 용도를 간단히 소개하면 '일정'에는 앞으로 있을 '회의 일시'가, '활동 내용'은 그 회의에서 다루어질 주제 및 활동 내역을, '참석 예정자'는 회의에 참석해야 할 담당자들을 기록한다. 특히 '참석 예정자'는 부문 내 인력뿐 아니라 과제 수행에 필요한 타 부문의 담당자까지 대상으로 삼는다. 다음 [그림 2-2]는 '활동 계획'을 수립한 파워포인트 작성 예이다.

[그림 2-2] 'Step-5.1. 활동 계획 수립' 작성 예

Step-5. Plan
Step-5.1. 활동 계획 수립

D M W A I C

일정	활동내용	참석 예정자	산출물	비고
20x2. 2.11	1차 원인 규명 및 대책 회의	생산 2팀, 출하팀, 물류팀, 영업 1팀, 고객품질팀, 팀원	원인/문제점 목록	A제품 반품률 감소 목적
20x2. 2.13	2차 원인 규명 및 대책 회의	생산 2팀, 출하팀, 물류팀, 영업 1팀, 고객품질팀, 팀원	개선 방향 목록	A제품 반품률 감소 목적
20x2. 2.15	개선 실행 아이디어 발굴	생산 2팀, 출하팀, 물류팀, 영업 1팀, 고객품질팀, 팀원	구체화된 개선 방향 목록	-
20x2. 3.05	실행된 개선 사항 점검	고객품질팀, 팀원	추가 보완 사항 내역서	-
20x2. 3.15	'결과 검증' 결과 검토	고객품질팀, 팀원	개선 확인 검토서	-
20x2. 3.17	사업부장 보고	고객품질팀, 팀원	사업부장 의견 내역서	-
...	...	...	...	...

PS-Lab
Problem Solving Laboratory

[그림 2-2]는 약 한 달여 기간 동안 전체 'W Phase' 활동의 상세 일정을 예시하고 있다. 특히 오른쪽 상단의 아이콘이 'W'와 그 아래 'A'로 강조돼 있는데, 이는 'W Phase'가 'Analyze'와 'Improve'를 합친 개념이고, 현재 활동은 'Analyze Phase'에 해당됨을 강조한 표식이다. 작성 포인트는 '산출물'에 있다. '산출물'이 있어야 다음 활동이 가능하기 때문에 회의 목적과 참석 대상자 선정은 모두 '산출물'이 무엇인지 사전에 철저히 규정한 상태에서 이뤄져야 한다.

이 '세부 로드맵'은 담당자들이 모여 의견을 나누거나 의사 결정을 이루는 최초의 활동이다. '원인 분석'이 돼야 '개선 방향'이 나오고 연이어 '개선 활동'으로 이어질 수 있기 때문이다.

통상 '(근본) 원인 분석(Root Cause Analysis)'은 관련 데이터를 수집해 'Y'에 악영향을 주는 징후를 포착한 뒤, 실제 프로세스로 들어가 자료로부터 예견된 현상이 정말 발생하고 있는지 확인함으로써 과정이 종료된다. 실제 프로세스로 들어가 데이터로부터 추정된 현상을 확인하는 과정을 '사실 분석'이라고 한다. '사실 분석'이 있어야 확인된 결과로부터 문제의 근원을 제거하거나 또는 줄이거나 변경하는 등의 '개선 방향'이 도출될 수 있다. 결국 '분석(Analyze)'의 목적은 프로세스의 왜곡된 문제점을 찾아 어떻게 긍정적으로 바꿀 것인지 알아내는 매우 중요한 활동에 속한다. 그럼 이렇게 중요한 '분석' 과정이 생략된 '빠른 해결 방법론'에서는 다른 대체 수단이 있어야 하지 않을까? 아무리 관련된 전문가들이 모여 대책을 세운다 하더라도 문제의 근원이 객관적으로 규명되지 않으면 허공의 메아리로만 들릴 뿐이다.

대안은 뭘까? 바로 'Ishikawa Diagram(이후 '특성 요인도')'을 상황에 맞게 잘 응용함으로써 '(근본) 원인 분석'에 버금가는 효과를 얻는 데 주력한다. '세부 로드맵'이 없는 대신 하나의 적합한 '도구'로 대응하는 것이다. 일명 '정성적 자료 분석'이다. 기업 내 모든 조직에서 아마 문제 해결을 위한 원인 발굴에 '특성 요인도'를 사용해보지 않은 사람은 거의 없을 것이다. 불리는 명칭도 다양한데 모두 모아 정리하면 다음과 같다.

특성요인도 //원인 결과도 //인과 (관계)도 //생선뼈 도(그림) //어골도 // (2.1)
이시가와 차트(그림) //Fishbone Diagram //Cause and Effect Diagram

활용도가 매우 높은 도구인 만큼 명칭도 다양하다. 다음은 탄생 배경이다.

- (WIKIPEDIA) 1960년대 가와사키 조선소(Kawasaki Shipyards)에서 품질 관리 프로세스를 개척한 가오루 이시가와(Kaoru Ishikawa)에 의해 처음 제안되었다(당시 복잡한 문제의 근원을 쉽게 파악할 목적으로 고안하게 됨).

(참고) 출처에 따라 이 도구의 탄생 시점을 1953년 또는 1955년도 외에 그 훨씬 이전인 40년대 말로 보는 경우도 있음.
(참고) QC 7가지 도구(Seven Basic Tools of Quality) 중 하나이다 - 특성 요인도, 체크 시트, 관리도, 히스토그램, 파레토 차트, 산점도, 층별(때로 플로 차트 또는 런 차트로 대체)

다음 [그림 2-3]은 '특성 요인도'의 기본 구조이다.

[그림 2-3] '특성 요인도'의 기본 구조

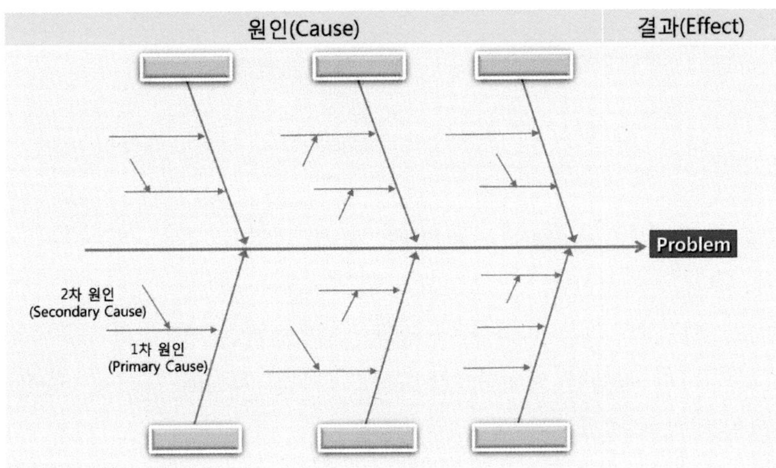

[그림 2 - 3]의 기본 구조에서 문제에 대한 '원인(Cause)'은 브레인스토밍을 통해 발굴하며, '근본 원인(Root Causes)'을 찾아 들어가는 방법으로 통상 '5 - Ways'를 사용한다. 즉, '데이터를 이용한 분석(Analyze) 과정'이 없더라도 첫 원인 계에 대해 그것이 '왜' 발행하는지 지속적으로 파고들면 마치 데이터 분석의 '근본 원인'을 추적하는 과정 또는 결과와 유사한 효과를 얻을 수 있다. 이것이 'W Phase'에서 '특성 요인도'가 '프로세스 개선 방법론'의 'Analyze Phase'를 대체할 수 있는 수단으로 이용되는 이유다. 이때 최초 원인 계([그림 2 - 3]에서 주황색 사각형에 들어갈 항목)를 범주화시킬 수 있는데 분야별(제조 부문, 서비스 부문)로 그 유형을 구분하면 다음 [표 2 - 1]과 같다.

[표 2 - 1] 최초 원인 계의 범주

분야	명칭	범주
제조	The 4Ms (or 5M-1I-1E)	Man Power, Machine, Material, Method, (Measurement, Information, Environment)
서비스	The 8 Ps	Product=Service, Price, Place, Promotion, People, Process, Physical Evidence, Productivity & Quality
	The 4 Ss	Surroundings, Suppliers, Systems, Skills
공통	More Ms	Mother Nature(Environment), Measurement (Inspection), Maintenance, Money Power, Management

예시로 들고 있는 'A 제품 반품률'의 '특성 요인도' 작성 예는 다음 [그림 2 - 4]와 같다(고 가정한다).

[그림 2 - 4]는 'A 제품 반품률'에 영향을 주는 원인들을 참석자들이 발굴한 후 우선순위까지 진행한 예이다. 참석자로 하여금 'Multi - voting' 등을 통해 '특성 요인도'상에 중요도가 높은 원인들을 바로 표시하는 것도 기본 용법 중 하나이다. 따라서 그림상 빨간색 타원은 선정된 주요 원인들이다(고 가정한다).

[그림 2-4] '특성 요인도' 작성 예(제조 부문)

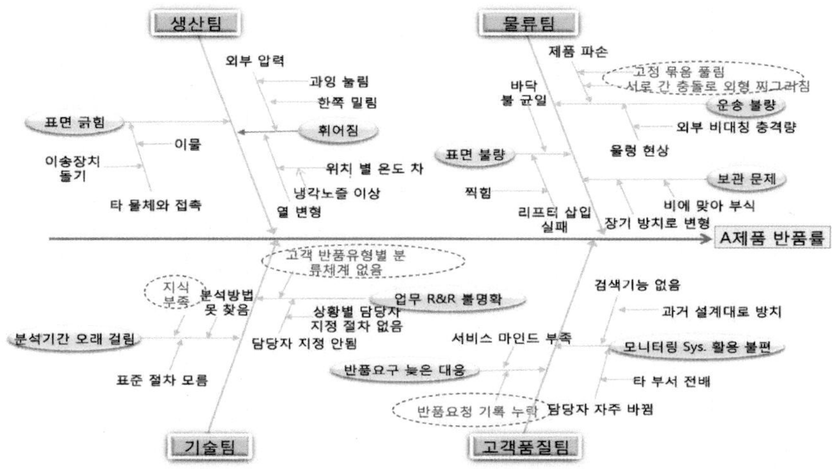

다음 [그림 2-5]는 서비스 부문을 가정한 '특성 요인도' 작성 예이다.

[그림 2-5] '특성 요인도' 작성 예(서비스 부문)

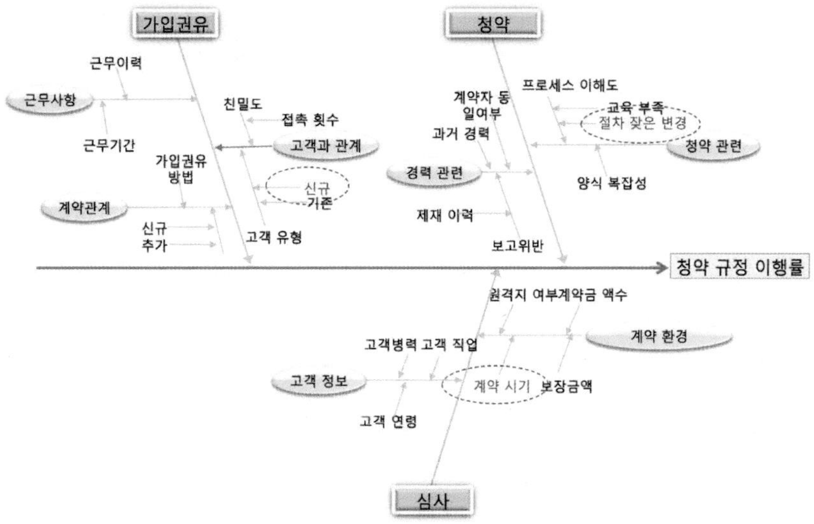

[그림 2-5]에서 '청약 규정 이행률'을 저해하는(또는 향상시키기 위한) 원인변수 발굴을 위해 '최초 원인 계'를 '프로세스 단계'로 두었다(고 가정한다). 파워포인트로 작성한 예는 다음 [그림 2-6]과 같다.

[그림 2-6] 'Step-5.2. 원인 분석 및 우선순위화' 작성 예

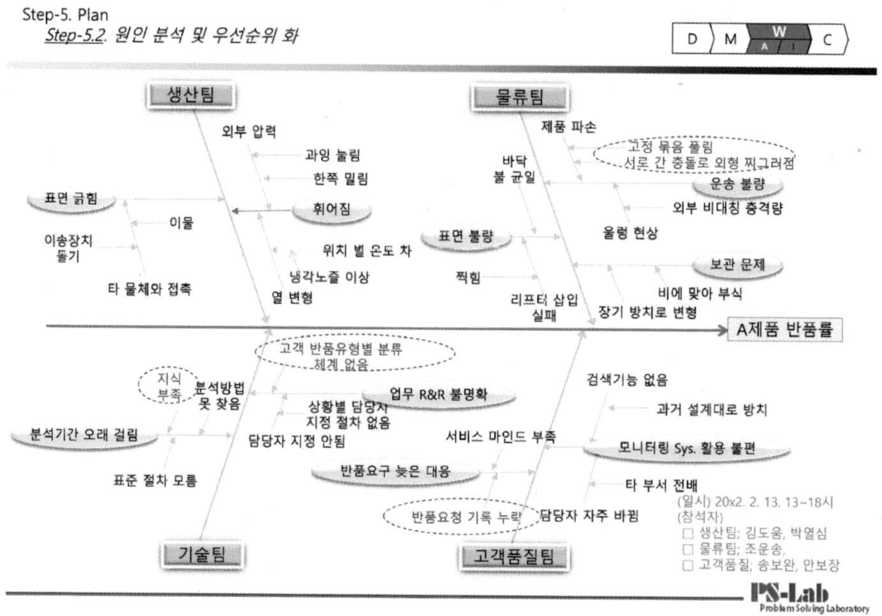

[그림 2-6]은 [그림 2-4]의 예를 옮겨놓은 것이다. 장표의 오른쪽 아래엔 '특성 요인도'를 작성한 일시와 참석자 명단이 기록돼 있다. 규모가 크거나 여러 날 동안 진행된다면 자세한 이력을 '개체 삽입'을 통해 남겨두는 일도 잊어서는 안 된다.

끝으로 연구 개발(R&D) 과제 중 '실험 계획(Design of Experiment)'이 중요한 경우 '특성 요인도'에서 개연성 있는 인자들을 발굴한 뒤 필요하면 간단한 통계 분석도 수행한다. 그래야 다음 '세부 로드맵'에서 본격적인 실험에 착수할 수 있다. 주로 온도, 전류, 압력, 이송 속도 등 '제어 인자(Operating Parameter)'가 대부분을 차지할 것이나 사례는 생략한다.

Step-5. Plan/ Step-5.3. 개선 방향 설정

'프로세스 개선 방법론'에 어느 정도 익숙한 독자라면 '개선 방향'이란 용어에도 익숙해야 한다. 바로 Analyze Phase의 '산출물'이기 때문이다. 기업을 방문해 수행 중인 과제를 멘토링할 때면 어김없이 Analyze Phase의 '가설 검정'에서 다음과 같은 결과를 자주 접하곤 한다.

"('처리 방법'에 대한 2-Sample t 검정 결과) 유의 수준 5%에서 P-value가 0.032로 대립가설 채택. 즉 인자 '처리 방법'은 유의하다."

그러나 결과를 "~유의하다"로만 처리하는 것은 개선에 전혀 도움을 주지 못한다. 과제 수행 목적은 프로세스가 왜곡됐거나 표준에서 벗어나 잘못 운영되는 부분을 찾아내 올바로 맞춰놓으려는 데 있다. 잘못된 부분을 찾아내려면 데이터로부터 어느 부분이 관리 표준에서 벗어났는지 그 징후를 포착해야 한다. 그런데 단지 데이터가 벗어났다는, 즉 "유의하다"로 끝내버리면 분석을 하다 만 꼴이 된다. 프로세스 내 잘못된 부분을 데이터로부터 유추해냈으면 실제 그 지점이 어디고 어떤 상황에 놓여 있는지 확인해야 하는데 이것을 앞서 '사실 분석'이라 한 바 있다. '사실 분석'이 완료돼야 "아, 이곳을 이런 방식으로 개선해야겠군!" 하는 방향 설정이 가능하다. 이와 같은 방향 설정을 '개선 방향'이라고 한다. 만일 '개선 방향'별로 좋은 아이디어가 발굴되고 결국 개선이 잘 마무리되면 그제야 과제 초기 때 미달된 'Y'의 '요구 수준'이 '목표 수준'에 근접해간다. 성과가 나는 것이다.

그런데 '빠른 해결 방법론'은 데이터 분석이 최소화돼 있거나 아예 없는 경우 유용한 접근법이라 하였다. 즉, 데이터 분석 과정이 빠졌으므로 바로 '사실 분석'에 들어가는 격인데, '사실 분석'만으로도 문제 해결이 가능한 이유는 프로세스를 늘 지근거리에서 관찰하고 관리해오던 전문가(담당자)들이 모두 모여 의견을 교환하기 때문이다. 이를 보통 '정성적 자료 분석'이라고 한다. 가장 일반화된 표현은 '갭 분석(Gap Analysis)'이며, 도구로는 '전문가 의견'이다. 참고로 '갭 분석(Gap Analysis)'은 '전문가 의견' 외에 '벤치마킹(Benchmarking)', '현장 실사', '기술 자료 분석' 등이 있다. [그림 2－6]의 우선순위화한 '원인'들을 대상으로 '개선 방향'을 도출해보자. 연계된 프로세스의 전문가들이 모두 모여 있으므로 문제로 지적된 '원인'들의 '개선 방향' 마련이 가능하다.

[표 2－2] 'Step－5.3. 개선 방향 설정' 예

프로세스	원인(문제점)	개선 방향
물류팀	고정 묶음 풀림	운송 중 진동에도 풀리지 않는 포장법 적용
	서로 간 충돌로 외형 찌그러짐	운송 중 충돌을 완충할 수 있는 적재법 적용
고객품질팀	반품 요청 기록 누락	ERP 반품 현황 장표 업그레이드
기술팀	(분석) 지식 부족	반품 유형별 분석 방법 표준화
	고객 반품 유형별 분류 체계 없음	반품 유형별 분류 체계 마련

[표 2－2]의 '원인(문제점)'은 [그림 2－6]의 '특성 요인도'를 통해 추출된 항목들이고, '개선 방향'은 '사실 분석'적 차원에서 전문가(담당자)들이 내놓은 'A 제품 반품률'을 낮추는 데 필요한 방향들이다. 예를 들어 '물류팀'에서 나온 '고정 묶음 풀림'은 차량에 제품이 적재된 상태에서 운송 중 차량 진동과

충격 등으로 묶인 줄이 풀어지면서 제품들이 제 위치에서 이탈, 파손이나 서로 간 접촉으로 결점이 발생하는 상황을 고려한 것이다(고 가정한다). 아마 물류팀 담당자들은 이 같은 현상을 자주 목격했을 것으로 보이며, 또 빈도도 매우 높다는 분석에 따라 '고정 묶음 풀림'의 선정을 주장했다(고 가정한다). '고객품질팀'의 '반품 요청 기록 누락'은 고객으로부터 반품 요청이 들어오면 원인 분석을 위해 기술팀 담당자에게 제때 통보해야 하나 프로세스 관리가 허술해 누락이 잦았고 결국 사안 처리가 지연되는 등 고객 불만을 가중시키는 결과가 초래되었다(고 가정한다). 끝으로 '기술팀' 경우 설사 반품 요청에 대한 문제 제품과 내역이 제때 통보되었더라도 불량 유형별 분류 체계가 없고 담당자 배정도 돼 있지 않아 동일 불량 유형에 대해 기존 분석을 그대로 적거나 비전문가가 분석에 임하는 바람에 '외부 실패 비용(F-Cost)'이 크게 발생하는 등 고객뿐만 아니라 회사에도 누적 손실이 지속적으로 증가하고 있다(고 가정한다). 따라서 [표 2-2]의 '개선 방향'들은 이런 문제들을 완전히 제거할 목적으로 논의를 거쳐 다수결에 의해 결정된 방향들임을 알 수 있다(고 가정한다).

일부 기업 교재에서는 'Work-out' 과정, 즉 회의를 진행할 퍼실리테이터를 정하고 문제의 발의부터 토의 및 결론에 이르는 전 과정을 세분화한 후 단계별 산출물을 구하는 것까지 상세히 설명하기도 하나 오히려 복잡한 느낌이 든다. 본문은 별도의 언급 없이 회의 과정과 운영은 자율적으로 협의해 결정하는 것으로 설정하였다. 다음 [그림 2-7]은 'Step-5.3. 개선 방향 설정' 작성 예이다.

[그림 2-7]은 다소 복잡해 보이나 결론인 '개선 방향'만 적기보다 그것들이 어떤 배경(또는 어떤 의견이나 주장을 통해)에서 정해졌는지 '선정 배경'을 기록해놓는 것도 매우 중요하다. 내용이 많으면 그림 오른쪽 아래에 표기한 '개체 삽입' 기능을 활용한다.

[그림 2-7] 'Step-5.3. 개선 방향 설정' 작성 예

Step-5. Plan
Step-5.3. 개선 방향 설정

회의 중 반품률에 영향을 준다고 판단된 '원인(문제점)'과 선정 배경을 요약하고, 토의를 거쳐 '개선 방향'을 아래와 같이 설정함.

【선정 배경】

- 물류팀 : '고정 묶음 풀림'은 차량에 제품이 적재된 상태에서 운송 중 차량 진동과 충격 등으로 묶인 줄이 풀어지면서 제품들이 제 위치에서 이탈, 파손이나 서로 간 접촉으로 결점이 발생되는 상황을 고려한 것임.
- 고객품질팀 : '반품 요청 기록 누락'은 고객으로부터 반품 요청이 들어오면 제때 원인 분석을 위한 기술팀 담당자에게 통보해야 하나 프로세스 관리가 허술해 누락이 잦았고 결국 사안 처리가 지연되는 등 고객 불만을 가중시키는 결과를 초래.
- 기술팀 : 설사 반품 요청에 대한 문제 제품과 내역이 제때 통보되었더라도 불량 유형별 분류 체계화와 담당자 배정이 돼있지 않아 동일 불량 유형에 대해 기존 분석을 그대로 쓰거나 비전문가가 분석에 임하는 바람에 '외부 실패 비용(F - Cost)'의 손실이 크게 발생하는 등 고객뿐만 아니라 회사에도 누적 손실이 지속적으로 증가.

프로세스	원인(문제점)	개선 방향
물류팀	고정 묶음 풀림	운송 중 진동에도 풀리지 않는 포장법 적용
	서로 간 충돌로 외형 찌그러짐	운송 중 충돌을 완충할 수 있는 적재법 적용
고객품질팀	반품 요청 기록 누락	ERP 반품 현황 장표 업그레이드
기술팀	(분석) 지식 부족	반품 유형별 분석 방법 표준화
	고객 반품 유형별 분류 체계 없음	반품 유형별 분류 체계 마련

개선 방향 설정 회의록

PS-Lab
Problem Solving Laboratory

만일 연구 개발 부문(R&D) 과제로서 '실험 계획(DOE)'이 주요 활동이면 'Step-5.2. 원인 분석 및 우선순위화'에서 정해진 '인자(Factor)'들을 바탕으로 [그림 2-8]과 같은 'Plan'을 작성한다.

[그림 2-8]은 'Step-5. Plan'인 '세부 로드맵'이며, 앞으로 '실험 계획(DOE, Design of Experiment)'이 어떻게 수행될지를 알려주는 구체적인 '계획서'이다. 이후엔 본 계획을 바탕으로 실험 수행(Do)과, 그 결과에 대한 해석(Check)이 뒤따른다.

[그림 2-8] 'Step-5.3. 개선 방향 설정' 작성 예(R&D과제-DOE)

Step-5. Plan
Step-5.3. 개선 방향 설정

D M W A I C

최적의 도금 두께를 형성시키기 위해 DOE (Design of Experiment) 수행. 실험실 사용에 따른 제약으로 10일에 걸쳐 수행.

【실험 계획】

Factor	X1: 온도	25℃	-	45℃
	X2: 전류	3.0mA	-	4.5mA
Response	Y	도금 두께		5±0.5um
요인설계	①	2수준 2인자 완전 요인 설계 (Two-level full factorial design)		
	②	10회 반복(10일 동안 진행함에 따라 반복을 Block 처리)		
	③	총 실험 회수 2 x 2 x 10 = 40회		
	④	실험동 1실, 도금기 및 Cont—401 계측기		

【데이터 수집 양식】 *수집 일시 :'x2 2.14*

온도	전류	1	2	3	4	5	6	7	8	9	10
-1	-1										
1	-1										
-1	1										
1	1										

PS-Lab Problem Solving Laboratory

Step-6. Do/Check/ Step-6.1. 개선 실행/기대 효과

'TQC'에서는 사전 설정된 '개선 방향(또는 개선 대책)'에 대해 팀원들이 구체적인 아이디어를 창출하고, 해당 내용을 실질적인 프로세스 개선에 적용하며(Do), 그 이후 나타나는 특성 값의 수치 변화를 모니터링 함으로써 목표 달성 여부를 확인한다(Check). 이어 개선이 완료됐다고 판단되면 작업 절차나 관련 규격 등 변경 내역들을 '표준화'한다(Act). 만일 기대하는 만큼의 효과가 나오지 않으면 좀 더 창의적인 아이디어 발굴에 매진하거나 여타 해법을 찾기 위해 다각도로 노력하며, '개선 방향'이 여럿일 경우 윗글에서 논한 과정 'Do – Check – Act'를 반복한다. 이 같은 흐름은 'Step – 6.1. 개선 실행/기대 효과'에도 그대로 적용된다.

'Step – 6. Do/Check'의 '세부 로드맵'인 'Step – 6.1. 개선 실행/기대 효과'는 다음 [그림 2 – 9]와 같이 반복된다.

[그림 2 – 9] 'Step – 5'와 'Step – 6'의 관계

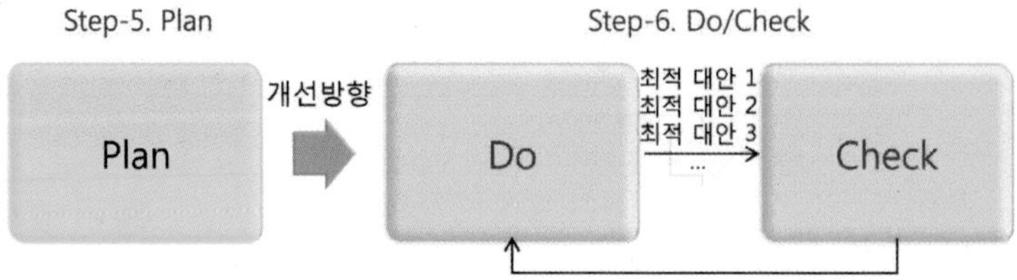

[그림 2 – 9]를 보면 'Step – 5. Plan'에서 나온 '개선 방향'이 'Step – 6. Do/Check'로 입력돼 '최적 대안'이라고 하는 형태로 구체화된 뒤 프로세스에 적용된다. 또 '최적 대안'이 여럿일 경우 이 과정은 반복된다.

프로세스를 개선하기 위해 'Step – 5. Plan'에서 결정된 '개선 방향'들을 그대로 적용할 수 있지만 보통 '개선 방향'은 문제 인식에서 비롯된 방향성만 제시하므로 실행에 앞서 구체화 작업이 필요하다. 구체화된 항목들을 '최적 대안'이라 하고, 이때 발굴을 위해 쓰이는 주요 도구들 중 하나가 '브레인스토밍(Brainstorming)'이다. 예를 들어, [그림 2 – 7]에 제시된 '운송 중 진동에도 풀리지 않는 포장법 적용'의 '개선 방향'에 대해 현재의 포장법이 어떤 모습인지, 또 운송 경로 중 포장도로의 상태, 거리, 운송 차량 종류 등은 어떤지 조사한 후 그에 적합한 최적의 포장 방법을 찾아내는 과정이 필요하다. 이를 위해 현재의 운송 정보를 참석자들과 공유함으로써 다양한 아이디어 창출을 유

도할 수 있는데, GE의 'Work－out' 프로그램은 좋은 아이디어를 얻어낼 수 있도록 단계적인 접근을 제시한다. 그러나 꼭 정해진 단계를 거치면서 아이디어를 발굴하는 것도 좋지만 식순에 따르는 방식은 분위기를 경직하게 만드는 단점이 있다. 'W Phase' 개요에서 언급한 바와 같이 아이디어 발굴을 위한 회의는 상황에 맞는 유연성과 운영의 묘를 최대한 살리는 게 좋다. 너무 절차에 얽매일 필요도 없지만 그렇다고 무계획적으로 모두가 따라오리란 기대만을 갖는 것도 위험한 발상이다. 한마디로 회의 소집 통보만 하고 나 몰라라 하기보다 회의를 어떻게 운영할지에 대해 과제 리더가 앞서 철저하게 준비하는 자세가 필요하다.

브레인스토밍의 종류와 파생 기법에 대해서는 <"브레인스토밍 및 그 파생 기법들의 분류 및 활용에 관한 연구", 김성대·박영택, 『품질경영학회지』, V.29, no.2 (2001)>에 잘 설명돼 있다. 또 「Be the Solver_정성적 자료 분석(QDA)」편에도 다양한 도구들의 유래와 활용법을 실어놓았다. 본문에서는 도구에 대한 별도의 설명은 생략하고 필요한 독자는 관련 문헌이나 서적을 참고하기 바란다. 필자의 경험으로는 운영 절차에 부담을 안 느끼면서 여러 사람 앞에서 말하기를 꺼려하는 문화적 풍토도 줄여주고, 또 우리의 '빨리빨리 문화'에 맞는 브레인스토밍 방법에 '6－3－5 브레인라이팅'[21]을 추천한다. 이것은 '6명이－3개씩－5분 동안' 아이디어를 내는 방식이다. 그룹별로 창출된 개선 아이디어는 한데 모아 보완과 선별의 과정을 거쳐 실질적으로 효과가 날 수 있는 '최적 대안'을 선정한다. 다음 [표 2－3]은 [표 2－2]의 '개선 방향'별 브레인스토밍 과정을 거쳐 나온 '최적 대안' 예를 보여준다(고 가정한다).

21) <출처> Rohrbach, Bernd: "Kreativ nach Regeln – Methode 635, eine neue Technik zum Lösen von Problemen." Creative by rules - Method 635, a new technique for solving problems first published in the German sales magazine "Absatzwirtschaft", Volume 12, 1969. pp.73-75 and Volume 19, 1 October 1969.

[표 2-3] 브레인스토밍을 통해 얻어진 '개선 방향'별 '최적 대안' 예

프로세스	원인(문제점)	개선 방향	최적 대안
물류팀	고정 묶음 풀림	운송 중 진동에 풀리지 않는 포장법 적용	□ 포장 간 완충재 삽입 □ Pallet 고정부 추가
	서로 간 충돌로 외형 찌그러짐	운송 중 충돌을 완충할 수 있는 적재법 적용	
고객 품질팀	반품 요청 기록 누락	ERP 반품 현황 장표 업그레이드	□ 반품 정보 불일치 시 알람 □ 실시간 처리상황 모니터링
기술팀	(분석)지식 부족	반품 유형별 분석 방법 표준화	□ 반품 유형 매뉴얼 제작 □ 유형별 분석 방법 삽입
	고객 반품유형별 분류체계 없음	반품 유형별 분류 체계 마련	

다음 [그림 2-10]은 'Step-5.3. 개선 방향 설정'에서 정립된 각 '개선 방향'별 '최적 대안'을 파워포인트로 작성한 예이다.

[그림 2-10] 'Step-6.1. 개선 실행/기대 효과' 작성 예('최적 대안' 선정)

Step-6. Do/Check
Step-6.1. 개선 실행/ 기대 효과 (최적 대안 선정)

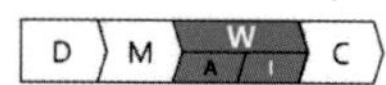

관련 담당자들과의 회의를 거쳐 '개선 방향'별 다음과 같은 '최적 대안'을 선정함.
(각 '최적 대안'별 구체 내용 및 스케치, 설정 근거 등은 '개체 삽입'된 회의록 참조)

【'개선 방향'별 '최적 대안】

	Step-5.3. 개선 방향 설정		Step-6.1. 개선 실행/ 기대 효과
프로세스	원인(문제점)	개선 방향	최적 대안
물류팀	고정 묶음 풀림	운송 중 진동에 풀리지 않는 포장법 적용	□ 포장 간 완충재 삽입 □ Pallet 고정부 추가
	서로 간 충돌로 외형 찌그러짐	운송 중 충돌을 완충할 수 있는 적재법 적용	
고객품질팀	반품 요청 기록 누락	ERP 반품 현황 장표 업그레이드	□ 반품 정보 불일치 시 알람 □ 실시간 처리 상황 모니터링
기술팀	(분석) 지식 부족	반품 유형별 분석 방법 표준화	□ 반품 유형 매뉴얼 제작 □ 유형별 분석 방법 삽입
	고객 반품 유형별 분류 체계 없음	반품 유형별 분류 체계 마련	

【회의에 활용된 자료】

아이디어 발굴 회의록 / ERP 반품 현황 설명 자료 / 조사된 반품 유형 / 기존 반품 불량 분석 사례 모음 / 고객 반품 타사 B/M 사례

PS-Lab
Problem Solving Laboratory

[그림 2-10]에서 상단 오른쪽의 'DMWC 아이콘'을 보면 지금까지의 'A'가 강조된 데서 현재는 'I'가 강조돼 있다. 이것은 '개선 방향'들을 넘겨받은 'Step-6. Do/Check'부터는 'Improve'에 해당하기 때문이다.

예전에 모 기업의 과제 발표장에서 협력 관계에 있던 한 일본 제조 기업을 초청해 이루어진 사례 발표를 참관한 적이 있다. 발표자가 직접 개선을 주도한 장본인으로 프로세스 라인의 고질적인 문제를 해결하기 위해 여러 아이디어를 내고 또 적용했지만 계속 실패하던 중 도로 위의 가로등이 규칙적으로 배열된 모습에서 힌트를 얻어 결국 고심하던 문제를 완전히 해결했다는 내용이었다. 좋은 아이디어는 그것을 얻어내는 방법에 의해서 결정되는 것이 아니라 얼마나 고민하고, 문제를 해결하려는 의지가 있는지, 또 얼마나 오래 물고 늘어지는지 등에 달렸다고 봐야 할 것이다. 그러나 회의를 통한 아이디어 발굴은 모든 참가자들이 깊이 있는 고민을 하도록 유도한다기보다 다양한 생각을 갖고 있는 담당자들로부터 최적의 힌트를 얻어내는 데 주목적이 있다. 문제 해결을 위해 어떤 목적을 갖고, 또 참석자들로부터 어떤 도움을 얻어낼지는 오로지 과제 리더의 철저한 사전 준비만이 답을 줄 수 있다. 회의를 위한 회의가 되지 않도록 짜임새 있는 사전 준비에 만전을 기해야 할 것이다.

[그림 2-11] 아이디어 발굴을 통한 '최적 대안' 선정 예

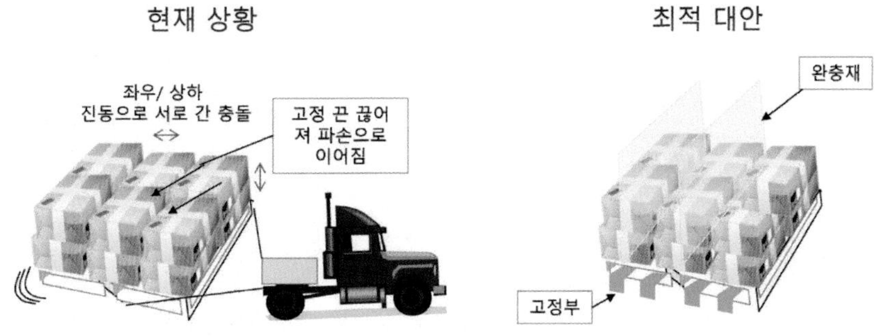

[그림 2-11]은 [그림 2-10]의 '개선 방향' 중 "운송 중 진동에도 풀리지 않는 포장법 적용"과 "운송 중 충돌을 완충할 수 있는 적재법 적용"에 대한 아이디어 발굴(최적 대안) 예이다(라고 가정한다).

[그림 2-11]에서 운송 중에 좌우 및 상하 진동 영향으로 제품 파손이 발생하던 것을 '제품 포장 간 완충재 삽입'과 '팔레트 하단의 고정부 추가' 같은 '최적 대안' 선정으로 문제 해결에 접근한 예를 보여준다. 다음 [그림 2-12]는 파워포인트 작성 예이다.

[그림 2-12] 'Step-6.1. 개선 실행/기대 효과' 작성 예(Do)

Step-6. Do/Check
Step-6.1. 개선 실행/ 기대 효과 (Do)

물류팀의 분석 자료를 근거로 전체 반품 요청의 약 28.6%가 운송 중 진동, 충격에 의한 파손으로 보고됨에 따라 앞서 설정된 '개선 방향'으로부터 '최적 대안'을 아래와 같이 정함.

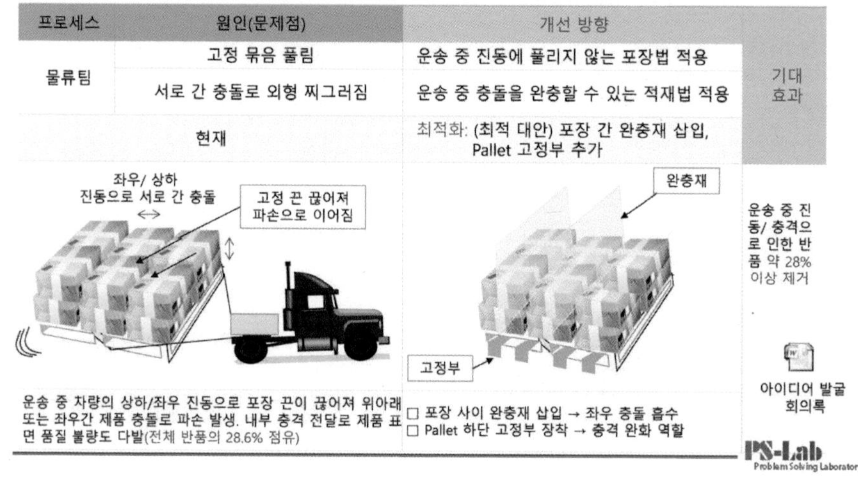

[그림 2-12]는 'Step-5.3. 개선 방향 설정'의 내용을 토대로 회의 참석자들과 아이디어를 발굴한 후 최종 '포장 사이 완충재 삽입'과 'Pallet 하단부 고정부 장착'의 두 '최적 대안'을 적용(Do)한 예이다(고 가정한다). '최적 대안'을

프로세스에 적용한 모습(또는 실제 적용이 완료된 모습)을 '최적화'라고 한다. [그림 2-12]에 '최적화'가 기술돼 있다.

물론 장표 오른쪽 아래에는 '회의록'이 '개체 삽입'돼 있어 아이디어 발굴 목록과 '최적 대안' 선정 과정 등의 기록을 확인할 수 있다. 또 '기대 효과'가 반드시 있어야 하는데 개선 목적이 과제 'Y'를 향상시키는 데 있으므로 본 활동을 통해 'Y'가 얼마나 좋아지는지 꼭 언급해야 한다. 만일 아이디어 발굴 과정에서의 특이 사항이나 우선순위 과정, 개선 중 주의 사항 등의 별도 보고할 내용이 있으면 장표를 추가한다. 오른쪽 상단 'W' 아이콘 바로 아래엔 'I'가 강조돼 있으며, 이것은 '개선 실행'이 'Improve Phase'에 비유됨을 나타낸 것이다('W'자와 'I'자가 굵은 흰색으로 강조됨).

본 '세부 로드맵'은 'Step-6. Do/Check'의 'Step-6.1. 개선 실행/기대 효과'이다. 여기서 'Do/Check'란 "최적 대안을 실행하고(Do) 그 결과를 확인하라(Check)"는 뜻이다. 그러나 'Do'가 "최적 대안을 실행한다"처럼 원 의미대로 쓰이는 반면, 'Check' 경우 그 쓰임새를 좀 더 확대할 경우 여러 분야의 각기 다른 과제 상황에 매우 효과적으로 응용할 수 있다. 대표적인 응용 예는 다음 [표 2-4]와 같다.

[표 2-4] 'Do/Check'의 다양한 응용 예

'Do'의 유형	'Check'의 응용 예
'최적 대안'의 프로세스 적용이 완료된 경우	▷ 예상 효과가 기대 수준으로 나오는지 개선시킨 프로세스 위치에서 일정 기간 Y 데이터를 수집 후 그 결과를 장표에 정리(TQC 흐름임) ▷ 프로세스에 적용된 '최적 대안'이 예상대로 작동하는지 점검 활동을 하고 그 결과를 정리
'최적 대안'이 확정된 상태이나 적용에 추가 비용이 드는 경우	▷ 효과 대비 비용에 실익이 있는지 조사하여 장표에 정리
'실험 계획(DOE)'을 진행한 경우	▷ 미니탭 '실험 계획(DOE)' 분석 과정과 결과를 장표에 정리
설문이나 조사 활동을 수행한 경우	▷ 수집된 자료의 분석 내용을 장표에 정리

[그림 2－12]의 ‘최적 대안’ 적용(Do) 경우, [표 2－4]에 쓰인 빨간색 강조 사항이 해당되는데, 예를 들어 포장이 변경되면 새로운 포장 상태에서 기능이 제대로 작동하는지 확인(Check)이 필요하고, 또 추가 비용이 드는 상황에서 ‘비용 대비 효과’ 측면의 금전적 평가(Check)도 병행돼야 한다. 그렇지 않으면 변경에 대한 신뢰는 담보하기 어렵다. 다음 [그림 2－13]은 새로운 포장 상태에서의 신뢰성 평가 예이다(라고 가정한다).

[그림 2－13] ‘Step－6.1. 개선 실행/기대 효과’ 작성 예(Check)

Step-6. Do/Check
Step-6.1. 개선 실행/ 기대 효과 (Check)

D M W A I C

포장 방법 변경에 따른 운송 조건에서의 진동 시험 및 적용 규격은 아래와 같음.

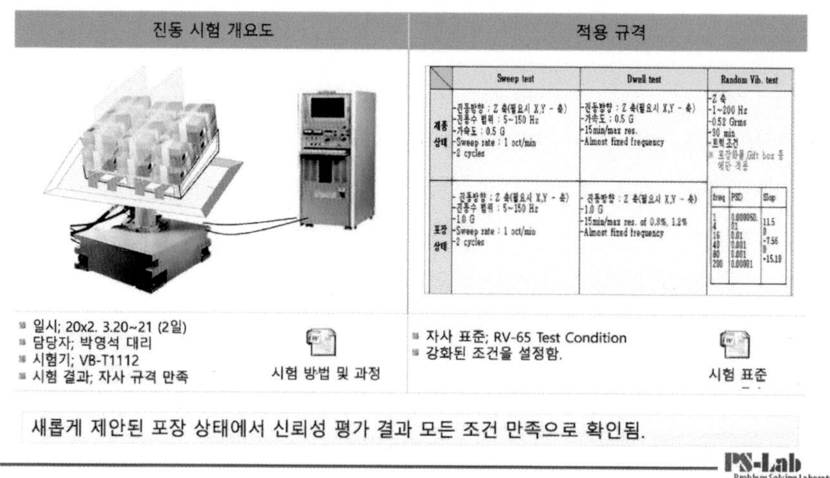

[그림 2－13]을 통해 시험 결과 새로운 포장 방법에 문제가 없음이 확인되었다(고 가정한다).

다시 [그림 2－12]에서 ‘제품 반품률’을 줄이기 위해 그동안 물류팀에서 관찰해온 운송 중 품질 문제를 해결하는 쪽으로 결정이 났으나 '완충재'나 '고정부'가 새롭게 추가됨에 따라 '비용'의 적절성도 평가돼야 한다. 그렇지 않으면 개선 결과에 의문을 제기할는지도 모르며, 설사 큰 의혹 없이 넘어가도 개선 후 효익(效益)에 문제가 될 수 있다. 다음 [그림 2-14]는 [그림 2-12]의 결과에 대한 '비용 대비 효과'를 조사한 예이다.

[그림 2-14] 'Step-6.1. 개선 실행/기대 효과' 작성 예(Check)

Step-6. Do/Check
Step-6.1. 개선 실행/ 기대 효과 (Check)

D M W A I C

완충재와 고정부 추가에 따른 효익을 다음과 같이 조사함.

항목	관련 값	계산 과정
연간 완충재 필요 양	운송 차량 당 $24m^2$ 당 (가로 2m x 세로 1.5m, 총 8개)	2 x 1.5 x 8= 24 m^2
월 출하 차량 수	하루 3대, 월 Working Day=22일 기준, 총 66대	3대 x 22일= 66대
연간 출하 차량 수	총 792대	66대 x 12개월= 792대
완충재 연간 필요 양	19,008 m^2	792대 x 24 m^2= 19,008 m^2
완충재 단가(m^2)	600원	(첨부) 견적서 참조
연간 (초기)투입비용	11,404,800원	19,008 m^2 x 600원= 11,404,800
재활용률	93%	(첨부) 타사 B/M 자료 참조
연간 (예상) 비용	798,336원	11,404,800*(1—0.93)=798,336원

초기 투자 비용은 약 11백만 원이나, A사 벤치마킹 결과 회수를 통한 재활용률이 93%로 매우 높아 연간으로 약 79만원의 비용만 소요될 것으로 보임. 반품에 대한 EF—Cost와 이미지 실추를 고려할 때 매우 미미한 수준으로 파악됨.

견적서 및 도면 타사 B/M

PS-Lab Problem Solving Laboratory

[그림 2-14]에서 완충재 경우 초기 투입 비용이 약 11백만 원으로 추산되나 타사 벤치마킹 결과 회수율이 93%로 재활용이 가능해 실질적인 연간 비용은 약 79만 원임을 기술하고 있다(고 가정한다). 특히 '견적서 및 도면'과 '타사 벤치마킹'이 '개체 삽입'돼 있어 자료의 신뢰도를 높이고 있다. 그 외에 고

정부 '설치비용', 운송 시 완충재와 고정부 연결에 대한 '작업성'은 별도 장표를 작성한 것으로 가정한다.

별도로 다음 [그림 2－15]에 서비스 부문의 '개선 실행/기대 효과' 작성 예를 실었다. 다양한 응용이 가능하다는 점을 참고하기 바란다.

[그림 2－15] 'Step－6.1. 개선 실행/기대 효과' 작성 예(서비스 부문_Do)

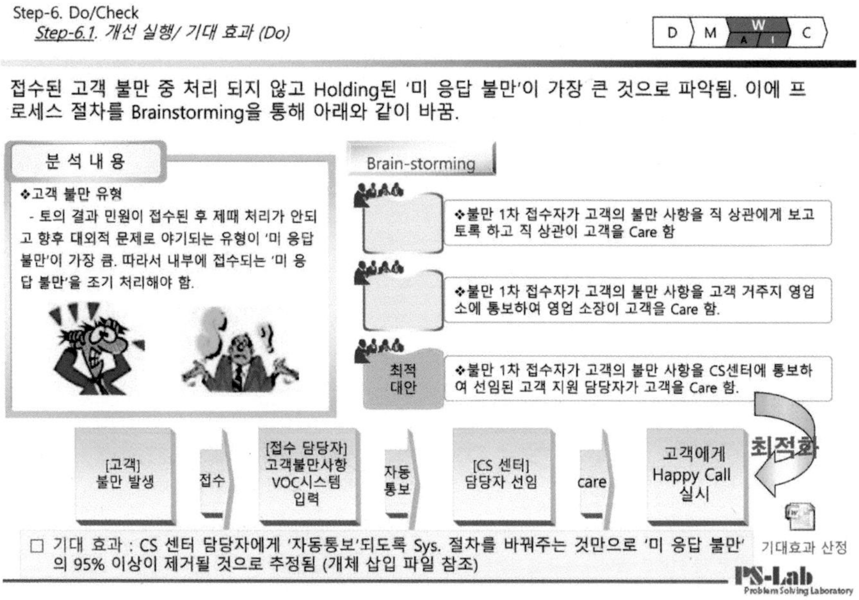

Step-6. Do/Check
Step-6.1. 개선 실행/ 기대 효과 (Do)

D M W A I C

접수된 고객 불만 중 처리 되지 않고 Holding된 '미 응답 불만'이 가장 큰 것으로 파악됨. 이에 프로세스 절차를 Brainstorming을 통해 아래와 같이 바꿈.

분 석 내 용

❖고객 불만 유형
- 토의 결과 민원이 접수된 후 제때 처리가 안되고 향후 대외적 문제로 야기되는 유형이 '미 응답 불만'이 가장 큼. 따라서 내부에 접수되는 '미 응답 불만'을 조기 처리해야 함.

Brain-storming

❖불만 1차 접수자가 고객의 불만 사항을 직 상관에게 보고 토록 하고 직 상관이 고객을 Care 함

❖불만 1차 접수자가 고객의 불만 사항을 고객 거주지 영업소에 통보하여 영업 소장이 고객을 Care 함.

최적 대안 ❖불만 1차 접수자가 고객의 불만 사항을 CS센터에 통보하여 선임된 고객 지원 담당자가 고객을 Care 함.

최적화

[고객] 불만 발생 → 접수 → [접수 담당자] 고객불만사항 VOC시스템 입력 → 자동 통보 → [CS 센터] 담당자 선임 → care → 고객에게 Happy Call 실시

□ 기대 효과 : CS 센터 담당자에게 '자동통보'되도록 Sys. 절차를 바꿔주는 것만으로 '미 응답 불만'의 95% 이상이 제거될 것으로 추정됨 (개체 삽입 파일 참조)

기대효과 산정

PS-Lab Problem Solving Laboratory

[그림 2－15]는 사무 간접 또는 서비스 부문의 예를 설명하기 위해 도입한 장표이다. 회의 참석자들의 토의 결과 고객 불만 사항 중 가장 문제시되는 '미응답 불만'을 해결하기 위해 브레인스토밍으로 대안 3가지를 선정한 후, 다시 신중한 토의를 거쳐 최종 한 개(최적 대안)를 확정한 예이다(로 가정한다). 아래쪽에 과제를 통해 바뀐 '새로운 절차 흐름도'와 예상되는 '기대 효과'가

있으며, 특히 오른쪽 하단에 첨부된 '개체 삽입' 파일의 '기대 효과 산정'을 근거로 새로운 절차 변경이 '미응답 불만'을 약 95% 이상 줄여줄 것으로 추정하고 있다. 그러나 '새로운 절차'에 따르면 "CS 담당자에게 VOC 접수 내역이 자동 통보"돼야 하므로 IT 인프라인 'VOC 시스템'의 업그레이드가 선행돼야 한다(고 가정한다). 따라서 실제 프로세스 규모에 근접 또는 동일한 상황에서의 점검은 'Control Phase'에서 하더라도 여기서는 최소한 '새로운 절차'가 문제없이 작동한다는 확인 장표가 있어야 하며, 이것은 [그림 2-13] 또는 [그림 2-14]와 같이 'Check' 장표를 추가해서 해결한다. 이때 [표 2-4] 내 'Do/Check의 다양한 응용 예'에서 "프로세스에 적용된 '최적 대안'이 예상대로 작동하는지 점검 활동을 하고 그 결과를 정리"의 내용에 해당한다. 꼭 IT 인프라의 업그레이드에 따른 'Check'의 전개가 아니더라도 새로운 IT 시스템 개발에 따른 점검 차원의 Pilot Test, 타 부서와 합의가 필요한 사항들에 대한 의견 취합, 주요 실험을 완료한 후의 보완 실험, 정립된 체계에 대한 마무리 목적의 매뉴얼 제작 등등 개선이 실행된 'Do'의 내용을 지원하고 확인시켜 줄 수 있는 활동 모두를 'Check' 개념에 포함시켜 구성해 나간다. [그림 2-16]은 [그림 2-15]와 연결된 'Check' 실행 장표이다(라고 가정한다).

[그림 2-16]에서 'VOC 내역 자동 통보(①)~Happy Call(⑤)'에 대해 소규모 운영 테스트 결과 프로그램 버그 5건 및 CS 담당자 배정에 오류가 있는 것으로 확인돼 모두 보완 조치했음을 알 수 있다(고 가정한다).

만일 연구 개발(R&D) 과제의 '실험 계획(DOE)'을 전개하고 있다면 '[그림 2-8] Step-5.3. 개선 방향 설정'에 이은 '실행(Do)'과 '분석(Check)' 활동을 본 '세부 로드맵'에서 진행한다. 이에 대해서는 [표 2-4]에서 이미 설명하였다. 즉, '실험 계획(DOE)'에서 'Do'인 "실행한다"는 "실험을 진행한다는 것"을 의미한다. 그러나 '실험을 진행'하는 것은 사진이나 스케치 등으로 표현하지 않는 한 장표로 구현할 수 없다. 또 설사 사진이나 스케치로 내용을 설명한다고

[그림 2 - 16] 'Step - 6.1. 개선 실행/기대 효과' 작성 예(서비스 부문_Check)

Step-6. Do/Check
Step-6.1. 개선 실행/ 기대 효과 (Check)

D M W A I C

'VOC 접수 ~ CS 담당자 자동 통보 ~ 고객 Happy Call'에 대한 시스템 운영 Test 개요도 및 결과는 다음과 같음.

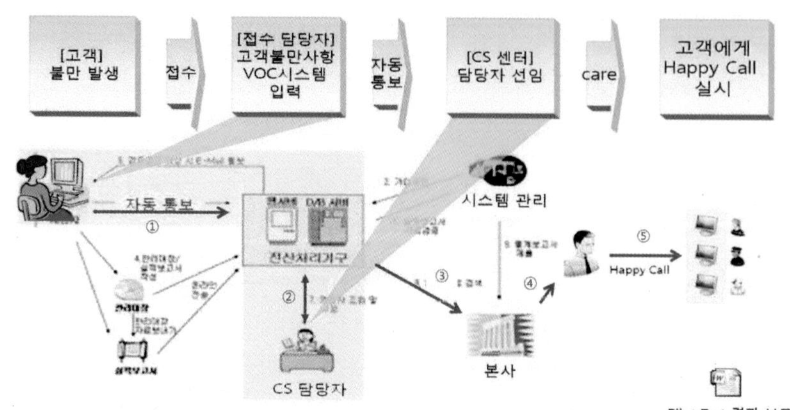

□ Test 결과 : 통보 과정 중 프로그램 Bug 7건 시정 및 담당자 배정에 따른 오류 보정 완료

PS-Lab
Problem Solving Laboratory

해도 전달할 핵심 내용과는 거리가 있기 때문에 실효성도 문제다. 따라서 '실험 계획(DOE)'의 '실행(Do)'을 어떻게 표현하는가도 중요한데, 통상 실험하는 과정은 보여줄 수 없지만 인자 수준의 조합별로 얻어진 '결과 값(Y값)'이 확보되므로 이들을 장표에 정리하는 것으로 '실행(Do)'을 대신한다. 이어 미니탭으로 얻어지는 '분산 분석(ANOVA)', '개별 인자 유의성 검정' 및 '주 효과도'와 '상호작용 효과도', '반응 최적화 도구'를 통한 '최적 조건' 등은 'Check' 개념에서 장표를 구성한다. '[그림 2 - 8] 'Step - 5.3. 개선 방향 설정' 작성 예(실험 계획 - DOE)'에 이어 'Step - 6.1. 개선 실행/기대 효과'를 'Do'와 'Check' 개념으로 나누어 작성하면 다음 [그림 2 - 17], [그림 2 - 18]과 같다.

[그림 2－17] ‘Step－6.1. 개선 실행/기대 효과’ 작성 예(R&D과제－DOE)

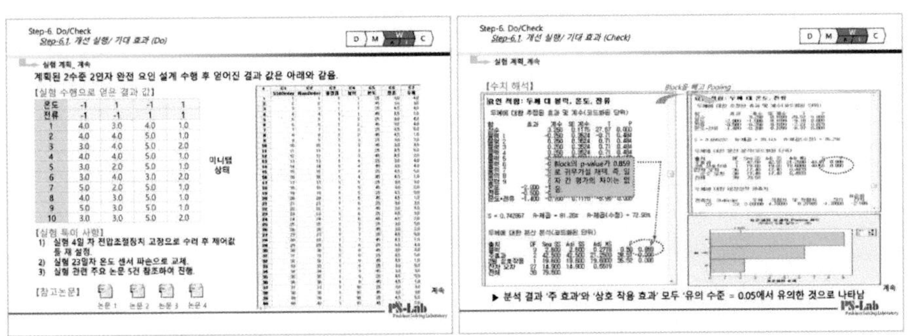

[그림 2－17]의 왼쪽은 ‘실험 계획(DOE)’ 중 ‘Do’에 해당하는 장표로 실제 실험을 통해 얻어진 결과 값(Ys)과, 실험 중 특이 사항, 예를 들어 “실험 23일차 온도 센서 파손으로 교체” 등이 기록돼 있다. 미니탭으로 데이터 분석을 해보면 23일 차의 ‘표준화 잔차’가 크게 나오는 것을 확인할 수 있다. 이와 같이 실험 과정 중 변동 사항을 기록함으로써 결과 값에 미치는 영향을 파악하는 것도 매우 중요한 일 중 하나다. 또 장표 아래에는 본 실험을 참고했던 대외적 문헌들엔 어떤 것들이 있는지 하나하나 ‘개체 삽입’으로 첨부해놓았다. [그림 2－17]의 오른쪽은 실험을 통해 나온 결과 값(Ys)을 이용해 미니탭으로 통계 분석을 수행한 예이다. 여기서부터가 ‘실험 계획(DOE)’ 중 ‘Check’에 해당한다. ‘날짜’를 ‘블록(Block)’화시켰는데 ‘P－value＝0.859’로 유의하지 않아 ‘병합(Pooling)’시킨다는 것과, 그 외에 ‘주 효과’와 ‘상호작용 효과’ 모두 유의해 모형에 포함시킨다는 결론을 내고 있다(고 가정한다). 다음 [그림 2－18]은 계속 이어지는 분석이다.

[그림 2－18]의 왼쪽은 모형이 적합한지 잔차의 ‘정규성’, ‘등분산성’, ‘독립성’을 확인하는 ‘잔차 분석(Residual Analysis)’이고, 오른쪽은 미니탭 ‘반응 최적화 도구’를 이용한 ‘최적 조건’을 찾아준 결과이다. 결과에 의하면 ‘도금 두

께=4.7'을 만들기 위해 '온도=25℃, 전류=4.5mA'가 필요함을 알 수 있다. 실험 계획의 '최적 조건'은 'Step－7. Act' 내 'Step－7.1. 결과 검증'에서 재현 실험을 통해 적합성 여부를 최종 판단한다.

[그림 2－18] 'Step－6.1. 개선 실행/기대 효과' 작성 예(R&D과제－DOE)

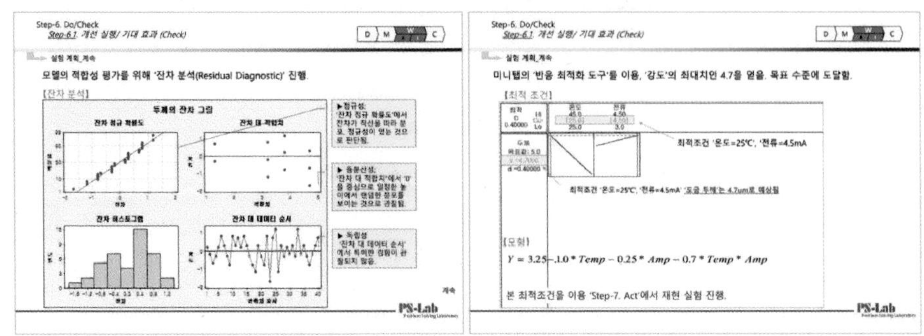

참고로 앞서 '실험 계획(DOE)'과 관련된 '분산 분석', '병합(Pooling)', '요인 그림', '잔차 분석', '반응 최적화 도구' 등은 통계 도구(Tools)나 용어들로 별도의 설명이 필요하나 본 책이 통계보다 '사람이 모여서 해결하는 접근'에 우선순위를 두고 있어 자세한 설명은 생략한다. 만일 관련 내용이 꼭 필요하면 「Be the Solver_확증적 자료 분석」편 등을 참고하기 바란다.

본문에서는 'Step－5. Plan'의 '개선 방향'에 대해 '최적 대안' 한두 개만을 'Step－6. Do/Check'에서 도출한 뒤 사례화하였으나 '최적 대안' 수가 2개 이상인 경우 [그림 2－9]처럼 '데밍 사이클(Deming Cycle)'을 반복한다. 프로세스 개선이 완료되면 이어 'Step－7. Act'로 넘어간다.

Step-7. Act/ Step-7.1. 결과 검증

'Step-7. Act'는 '프로세스 개선 방법론'의 'Step-12. 결과 검증'에 해당한다. '세부 로드맵' 명칭 역시 '결과 검증'으로 동일하다. TQC 과제 경우 개선이 실행(Do)된 후, 지표 등을 통한 개선 여부가 확인(Check)되면, 통상 'Act'에 이르러 지속적 유지 관리를 위한 표준화 작업이 이루어진다. 그러나 '표준화'는 Control Phase 'Step-8.3. 표준화'가 있으므로 W Phase에서의 'Act'는 그동안 실행된 개선들을 모아 '결과를 검증'하는 과정으로 활용한다.

개선 과제 경우 Measure Phase에서 정해진 'Y'는 대개가 1개, 많아야 2개 정도이다. 또 W Phase에서 발굴된 문제점(Xs)들은 'Y'를 목표에 이르지 못하게 하는 원인 제공자들이므로 이들의 '개선 방향'이 도출돼야 한다. 다시 '개선 방향'은 '최적화'되도록 '최적 대안'을 마련한 후 프로세스에 적용한다. 또 '최적 대안'은 한 개가 아닌 여럿이었다. 정리하면 Define Phase의 '범위 기술'에서 개선할 수 있는 범위가 이미 정해져 있으므로 '최적 대안'은 그 범위 안에서 적용되고, 따라서 활동의 목적이 프로세스 능력을 대표하는 'Y'의 향상에 있는 만큼 정말 'Y'가 목표 수준에 도달했는지 모든 '최적 대안'들을 모아 전체적으로 확인해볼 필요가 있다. 이 같은 활동이 'Step-7.1. 결과 검증'에서 진행된다. [표 2-5]는 '결과 검증'을 위한 요약 표이다.

[표 2-5]의 열명 '프로세스~최적 대안'까지는 '최적 대안'을 선정했던 [표 2-3]을 그대로 가져온 것이고, 열 'Y'는 과제 지표가 무엇인지 상기하기 위해, 끝으로 열 '검증 방법'은 '최적 대안'을 통해 개선된 내역들이 실질적인 효과가 얼마나 되는지 확인하기 위한 '방법'을 기술한다. 각 '최적 대안'별로 '검증 방법'을 기술하다 보면 'Y'에 직접적으로 영향을 주는 항목이 있는 반면 'Y'의 향상을 위해 프로세스 효율(체질)을 높이는 항목도 존재한다. 예를 들어 'A제품 반품률'이 '개선'되면 분명 '반품률'은 줄어야 한다. 따라서 [표 2

-5]의 '물류팀'에 속한 '최적 대안'은 'Y'에 직접적 감소를 초래하므로 '검증 방법'으로써 "줄어들 것으로 기대되는 반품량(개선했으므로) 산출"을 통해 과제 효과를 가늠해볼 수 있다. 그러나 나머지 '고객 품질팀'과 '기술팀'의 '최적 대안'은 반품을 처리하는 '소요 시간'을 줄이거나 분석에 따른 중복 업무를 줄여 '일처리 효율'을 높이는 데 기여하고 있다(고 가정한다). 따라서 이들을 검증하는 방법은 동일할 수 없으며, 효과 역시 '비재무성과'에 치중할 가능성이 높다.

[표 2-5] 'Step-7.1. 결과 검증'을 위한 요약 표

프로세스	원인(문제점)	개선 방향	최적 대안	Y	검증 방법
물류팀	고정 묶음 풀림	운송 중 진동에 풀리지 않는 포장법 적용	□포장 간 완충재 삽입 □Pallet 고정부 추가	A 제품반품률	줄어들 것으로 기대되는 반품량 산출
	서로 간 충돌로 외형 찌그러짐	운송 중 충돌을 완충할 수 있는 적재법 적용			
고객 품질팀	반품 요청 기록 누락	ERP 반품 현황 장표 업그레이드	□반품 정보 불일치 시 알람 □실시간 처리 상황 모니터링		체질 개선 (반품 처리 소요 시간 단축 양 산출)
기술팀	(분석)지식부족	반품 유형별 분석 방법 표준화	□반품 유형 매뉴얼 제작 □유형별 분석 방법 삽입		체질 개선 (동일 유형의 중복 분석 감소 양 산출)
	고객 반품 유형별 분류 체계 없음	반품 유형별 분류 체계 마련			

과제 수행은 기본적으로 지표 'Y'의 향상을 목적으로 하지만 오로지 그의 기대치만 올리는 해법만 나올 수는 없다. '비재무성과'와 관련한 '최적 대안'은 'Y'에 직접적 영향을 주는 성과는 아니지만 만약 이들이 불완전하거나 비효율적으로 운영되는 환경하에 놓이면 'Y'의 향상에 지장을 줄 수 있다. 반품된 제품의 불량 유형을 "기술적으로 분류"하고 또 각각에 대한 "분석법을 매뉴얼 화"하는 대안들도 문제를 바라보고 해결하는 능력을 높이고 기술 수준도

업그레이드하는 기반 역할을 한다. 따라서 장기적으로 반품 불량률을 줄이는 데 크게 기여하리란 예상도 가능하다. 당장은 'Y' 향상에 도움을 못 주더라도 장기적으론 분명 긍정적 영향을 주므로 [표 2-5]와 같이 효율을 높이는 '최적 대안'들 역시 '검증'은 꼭 필요하다. 다음 [그림 2-19]는 파워포인트 작성 예이다.

[그림 2-19] 'Step-7.1. 결과 검증' 작성 예('검증 방법' 결정)

Step-7. Act
Step-7.1. 결과 검증

D M W A I C

'최적 대안'을 통해 개선된 프로세스로부터 'A제품 반품률'의 감소가 얼마나 되는지 확인. 이를 위해 각 '최적 대안'별 '검증 방법'을 아래와 같이 결정함.

프로세스	원인(문제점)	개선 방향	최적 대안	Y	검증 방법
물류팀	고정 묶음 풀림	운송 중 진동에 풀리지 않는 포장법 적용	□ 포장 간 완충재 삽입 □ Pallet 고정부 추가	A 제품 반품률	줄어들 것으로 기대되는 반품 양 산출(운송 중 발생된 불량이 제거된다고 가정하고 효과 추정)
	서로 간 충돌로 외형 찌그러짐	운송 중 충돌을 완충할 수 있는 적재법 적용			
고객 품질팀	반품 요청 기록 누락	ERP 반품 현황 장표 업그레이드	□ 반품 정보 불일치 시 알람 □ 실시간 처리 상황 모니터링		체질 개선 (반품 처리 소요 시간 단축 양 산출)
기술팀	(분석) 지식 부족	반품 유형별 분석 방법 표준화	□ 반품 유형 매뉴얼 제작 □ 유형별 분석 방법 삽입		체질 개선 (동일 유형 중복 분석 감소 양 산출)
	고객 반품 유형별 분류 체계 없음	반품 유형별 분류 체계 마련			

PS-Lab
Problem Solving Laboratory

만일 [그림 2-19]의 '검증 방법'들 중 'Y'의 향상을 확인할 다수의 항목이 존재하면 그들의 결과 합산이 곧 'Y'의 추정된 향상 정도이다. 이때 '검증 방법'들은 각기 다를 수 있다는 점을 명심하자. 각 '최적 대안'별 '검증 방법'이 정해졌으면 다음은 정해진 '검증 방법'별로 실제 '검증'을 수행한다. 다음과 같다(고 가정한다).

물류팀 개선 경우, 만일 연간 전체 반품이 약 90.24톤이고 [그림 2-12]에 표기된 대로 운송 중 발생되는 점유율이 28.6%라면 본 개선을 통해 최대 25.8톤(=90.24톤×0.286)이 줄어들 것으로 예상된다. 이 부분은 과제 완료 후 '사후 관리'를 통해 '재무성과'로도 인정이 가능하다.

고객 품질팀 경우, 반품 요청의 누락에 대해 ERP 시스템 개선으로 반품 정보 불일치 시 알람 기능과 실시간 처리에 대한 모니터링 기능을 삽입함으로써 요청된 반품 건의 미처리·누락을 'Zero'화하였고, 담당 부서에 알람을 줌으로써 반품 처리 소요 시간을 기존 건당 49.4시간에서 24시간으로 약 49% 혁신하였다(고 가정한다). 물론 시간을 산정한 근거 자료들은 파일로 '개체 삽입'해 놓아야 한다.

기술팀 경우, '반품 불량 유형의 분류'와 '분석법에 대한 매뉴얼화'를 통해 기존에 잘못 처리한 비율 67%에서, 약 20%로 감소할 것으로 추정된다(고 가정한다). 중복 분석된 유형들이 대부분 단기간에 처리할 수 있는 것들임을 감안한 결과이다(라고 가정한다).

다음 [표 2-6]은 '물류팀'의 '검증 방법'에 대한 효과를 요약한 예이다.

[표 2-6] 'Step-7.1. 결과 검증' 예(물류팀)

검증 방법	줄어들 것으로 기대되는 반품량 산출(운송 중 발생된 불량이 제거된다고 가정하고 효과 추정)
연간 반품량	90.24톤(근거 자료 '첨부 파일' 참조)
운송 중 불량 점유율	28.6%(근거 자료 '첨부 파일' 참조)
예상 개선 양	25.8톤(90.24톤×0.286)
…	…

다음 [그림 2-20]은 [표 2-6]의 파워포인트 작성 예이다.

[그림 2-20] 'Step-7.1. 결과 검증' 작성 예

Step-7. Act
Step-7.1. 결과 검증

'물류팀'의 '최적 대안'에 대한 '검증 방법'을 수행하여 최종 다음과 같은 'Y'의 개선 효과를 산정함.

프로세스	원인(문제점)	개선 방향	최적 대안	Y	검증 방법
물류팀	고정 묶음 풀림	운송 중 진동에 풀리지 않는 포장법 적용	□ 포장 간 완충재 삽입 □ Pallet 고정부 추가	A 제품 반품률	줄어들 것으로 기대되는 반품 양 산출(운송 중 발생된 불량이 제거된다고 가정하고 효과 추정)
	서로 간 충돌로 외형 찌그러짐	운송 중 충돌을 완충할 수 있는 적재법 적용			

【검증 결과】

검증 방법	기존 운송 중 발생된 불량이 제거된다고 가정하고 효과 추정
연간 반품 양	90.24톤 (근거 자료 '첨부 파일' 참조)
운송 중 불량 점유율	28.6% (근거 자료 '첨부 파일' 참조)
예상 개선 양	25.8톤(90.24톤 x 0.286)
'Y' 개선 효과	판매량 대비 반품률 0.38% → 0.09%(장기 약 3.12 시그마 수준)

【근거 자료】 연간 반품 양 / 운송 중 불량 발생 양 / 개선 효과 산출 근거

PS-Lab Problem Solving Laboratory

[그림 2-20]으로부터 지표 'Y'는 기존 0.38%에서 0.09%로 크게 개선되었음을 알 수 있다(고 가정한다). 다른 검증 항목들의 설명은 생략한다. 이로써 W Phase가 완료되었다. 다음은 Control Phase에 대해 알아보자.

Control Phase 개요

'Control Phase'는 '프로세스 개선 방법론'의 'Control Phase'와 동일하다. 'Control'을 제외한 다른 모든 Phase들은 상황에 따라 가감하거나 아예 빼고 과제 수행을 할 수 있지만 'Control'만큼은 정해진 '세부 로드맵'을 완전하게 따라야 한다.

사업부의 하위 과제들은 사전 당위성을 충분히 검토해서 선정됐으므로 Define Phase의 축소가 가능하다. 또 '과제 CTQ'가 명료하다면 '운영적 정의'도 요약 수준에서 처리하고 넘어갈 수 있다. '현 수준' 역시 유사하며, 만일 통계 분석의 필요성이 없으면 이 역시 '정성적 자료 분석'을 하거나 아예 분석 없이 '즉 실천'의 접근도 가능하다. 개선 역시 치명적이거나 위험 정도가 높지 않으면 아이디어 발굴의 규모도 높낮이를 조절할 수 있다. 그러나 'Control Phase'만큼은 앞의 과정들이 어떤 경로를 거쳤거나 또 어느 정도의 강도로 추진되었는지에 관계없이 본 Phase에 이르면 기간은 최소 3주 이상, 개선 적용 수준은 실제 프로세스에 최대 근접하거나 동일한 상태에서 수행돼야 한다. 그 이유는 '변경점'의 의미와 맥락을 같이한다.

'변경점'은 프로세스를 운영하는 모든 체계에서 매우 중요한 이슈이다. 몇 년 전 모 기업에서 10여 년 넘게 'Top 1, 2, 3위'를 차지해오던 고질 불량을 과제로 수행한 적이 있다. 물론 지도 위원으로 참여했지만 수개월이 지나서야 가까스로 문제 해결의 실마리를 잡게 됐는데 그 배경엔 '변경점'이 자리하고 있었다. 고질 불량 중 한 특성 값이 지속적으로 관리해오던 패턴에서 크게 벗어나 아주 짧은 기간 동안 매우 높은 수준으로 관찰된 적이 있었는데 바로 이 부분에 착안했다. 즉, 특성 값이 일정 기간 매우 높은 수준으로 관찰되기 직전 프로세스에 어떤 변화가 생겼는지 4M 차원에서 찾아보도록 한 것이다. 담당

리더는 직전 약 1주간의 프로세스 변동 내역을 샅샅이 뒤졌으나 발견하지 못해 전전긍긍하였다. 그도 그럴 것이 잘 운영 중인 프로세스를 근거도 없이 공식적으로 바꾸는 일은 없을 것이기 때문에 잠재된 이력을 찾기란 쉽지 않다. 누군가 본인도 모르는 상태에서 변화를 주었을 것이란 믿음을 재차 강조하면서 독려한 끝에 급기야 정기 보수 기간 청소를 위해 일부 노즐을 건드린 사실이 확인되었다. 항상 해왔던 일이라 그게 이상하다고 생각되진 않았지만 과거 정기 보수 기간 전후의 노즐 상태를 비교한 결과 그 변동에 따라 특성 값도 크게 흔들리는 것을 확인하였다. 오랫동안 고질 불량을 야기해오던 원인을 찾은 순간이었다. "프로세스에서의 변경점 발생은 곧 새로운 변화를 의미한다!" 그것이 긍정적 결과를 낳을 수도 있고, 반대로 부정적 결과를 낳을 수도 있다.

이제 현재 입장으로 돌아와 보자. W Phase에서 'Y'에 악영향을 미치는 요소(Xs)를 찾아 '개선 방향'을 설정했으며, 관련 담당자가 모두 모인 자리에서 브레인스토밍이나 의견 개진을 통해 아이디어 발굴과 최종 '최적 대안'을 얻은 바 있다. '최적 대안'은 프로세스에 적용한다는 것을 전제한다. 앞서 고질 불량 사례의 경우는 자신도 모르는 사이에 프로세스에 변화를 주게 되고 그로부터 관리 중인 특성 값에 긍정적인 또는 부정적인 영향을 초래하지만(대개는 부정적으로 작용한다) '최적 대안'의 경우 긍정적 변화가 있을 것이란 믿음 속에 의도적으로 프로세스에 '변경점'을 만드는 활동이다. 즉, 기존에 잘 운영되고 있는 프로세스에 '변경점'이 발생한다는 공통점을 안고 있다. 운영 중인 프로세스에 '변경점'이 발생하면 관리 중인 특성 값이 변한다. 그런데 만일 긍정적 변화의 결과가 아닌 부정적 변화 같은 예기치 않은 사태가 발생하면 어떻게 될까?

리더가 "제 최적화는 전혀 그런 일을 발생시키지 않습니다"라고 한다면 그걸 어떻게 이해할 수 있을까? 사실 Improve Phase를 완료한 후 엉성한 Control Phase를 거친 과제가 회사에 수억 원의 피해를 준 사례도 목격한 바 있다. 실패를 했더라도 그를 비판한다면 도전 정신을 가질 수 없어 "그것이 잘못이다!"라고 폄훼하는 것엔 조심스럽지만 어쨌든 Improve Phase를 거쳤다고 "문제없음"으로 판단하는 일엔 분명 위험 소지가 있다. 막을 수 있으면 사전에 막는 것이 더 현명하지 않을까? '잠재 문제 분석(PPA, Potential Problem Analysis)'이란 이와 같은 맥락에서 Control Phase 초입에 반드시 수행해야 할 매우 중요한 '세부 로드맵'이다. 교육 중엔 다음과 같은 말로 이 상황을 대신하곤 한다. "Improve(또는 Work－out) Phase가 환한 연두색이면 Control Phase는 회색과 같습니다. 색 간의 모호한 경계선이 없이 상황이 바로 바뀌는 것이죠. 마치 TV에서 화면 왼쪽은 칼라인데 나머지 오른쪽 반은 흑백인 것과 같습니다. 회색(또는 흑백)을 연두색(또는 칼라) 수준으로 일치시키기 위해 우리는 무엇인가 해야 합니다. 이는 Improve(또는 Work－out)는 '최적 대안(또는 최적 조건)'을 통해 개선의 가능성을 얘기하는 반면, Control은 실제 프로세스에서 그 성과 수준과 지속성 여부를 확인해야 하기 때문입니다"라고 말이다.

전개는 'Step－8. 관리 계획 수립'의 첫 '세부 로드맵'으로 '잠재 문제 분석'을 위한 'Step－8.1. 잠재 문제 분석/대책 마련'이, 이후 개선 내용들을 실제 프로세스에서 확인하기 위한 사전 준비로 어떻게 관리해 나갈 것인가를 정하는 'Step－8.2. 관리 계획 수립'이, 또 이미 변경점이 발생했음을 전제하므로 'Step－8.3. 표준화' 작업이 진행된다.

실제 프로세스에서의 적용 준비가 완료되면 'Step－9. 관리 계획 실행'이 본격적으로 진행되며, 이에는 'Step－9.1. Do: Scale－up 실행', 'Step－9.2. Check: Scale－up 결과 분석'과 이어 'Step－9.3. Act: Scale－up 보완/장기 프로세스 능력 평가'가 진행된다. 이후엔 마무리 과정으로 'Step－10. 문서화/이관' 활동의 '세부 로드맵' 중, 성과를 종합하는 'Step－10.1. 과제 성과의 종합'이, 이어 공유/이관을 위한 'Step－10.2. 문서화/공유/승인' 활동이 진행되며, 끝으로 차기 과제의 아이디어를 제공할 'Step－10.3. 차기 제안 과제 요약'을 거쳐 전제 과정이 마무리된다.

이제부터 관련 '세부 로드맵'에 대해 알아보자.

Step-8. 관리 계획 수립/ Step-8.1. 잠재 문제 분석/대책 마련

'잠재 문제 분석(PPA, Potential Problem Analysis)'은 말 그대로 "잠재(Potential)돼 있어 아직 일어나지 않은 문제"들이다. 리더가 변경시킨 새로운 체계에서 앞으로 무슨 일이 벌어질지는 아무도 모른다. 현재로선 변경(개선)을 통해 좋아지리란 기대감이 충만하지만 반드시 바라는 대로 모든 일이 흘러가진 않는다. 따라서 미리 조심하는 게 상책이다.

'잠재 문제 분석'의 가장 대표적인 도구에 'Process FMEA(Failure Mode & Effect Analysis)'가 있다. 너무 강력하고 효용성이 높아 제조뿐 아니라 간접, 서비스 부문에 이르기까지 절대적으로 활용할 것을 권하고 있다. 물론 강조하는 만큼 실제 활용도가 높은 편은 아니지만 본 '세부 로드맵'에서 반드시 적용할 것을 권장한다. 'FMEA'의 용법은 프로세스의 '5M(Man, Machine, Material, Method, Measurement) – 1I(Information) – 1E(Environment)' 중 하나라도 변화가 예정되면, 실제 변경됐음을 가정한 상태에서 발생 가능한 모든 문제점들을 적출함으로써 그 대응책을 미리 마련하는 게 핵심이다. "문제가 일어나기도 전에 그 문제를 해결할 수 있는 유일한 도구(Tools)"로 생각하면 틀림없다. 세상에 문제가 일어나지도 않았는데 해결을 미리 한다니! 놀랍지 않은가? 용법으로 판단컨대 'Step – 8.1. 잠재 문제 분석/대책 마련'에 딱 맞는 도구임에 틀림없다. 다음 [그림 3 – 1]은 'P – FMEA'의 기본 양식 예이다.

[그림 3-1] 'Process FMEA' 양식 예

#	Process Function (Step)	Potential Failure Modes (process defects)	Potential Failure Effects (Y's)	SEV	Class	Potential Causes of Failure (X's)	OCC	Current Process Controls	DET	RPN	Recommend Actions	Responsible Person & Target Date	Taken Actions	SEV	OCC	DET	RPN
1																	
2																	
3																	
4																	
5																	
6																	
7																	

[그림 3-1]의 첫 열 명칭은 'Process Function(Step)'이다. 'Function'이란 '기능', 즉 '역할'을 의미하므로 운영 중인 프로세스 '활동(Activity)'을 입력하는 난이다. '고객의 VOC를 접수하는 활동'이면 '접수'가 입력될 것이고, '재료들을 서로 섞는 활동'이면 '혼합', '문제가 있는지 찾는 활동'이면 '검사'나 '평가', '조사'와 같은 표현이 들어간다. Define Phase에서 이미 '시작'과 '끝' 프로세스가 설정돼 있으므로 그를 토대로 '프로세스 맵'을 그렸다면 사각형에 기입한 프로세스 명칭을 입력한다.

양식을 보면 다소 복잡해 보여 과제를 수행하는 리더 입장에선 가급적 피하고 싶은 충동(?)을 느낀다. 실제 [그림 3-1]의 양식을 제공하면 분위기가 죽가라앉는다. "이걸 다 채워야 합니까?" 하는 충격형부터 "간단히 하면 안 되는지요?"와 같은 협상형까지 다양하다. 그런데 앞서도 강조했듯이 '잠재 문제 도출'은 타협할 대상이 아니라 리더와 팀원들이 만들어놓은 변경점으로부터 예상되는 이상 유무를 파악하는 중요한 활동이고, 따라서 진정성 있게 펼쳐가야 한다. 설사 앞서 개선을 엉성하게 했더라도 본 활동만큼은 철저하게 진행해야 한다. 잠재 문제를 찾는 기본 활동도 중요하지만 개선의 부족한 부분을 메워줌으로써 완성도를 높이는 데 혁혁한 공을 세울 수 있기 때문이다. 간혹

[그림 3 - 1] 대신 축약된 양식을 필자가 제공하는 경우도 있는데 만일 그 양식에 입력 줄이 5개면 잠재 문제도 5개, 10개면 10개의 잠재 문제가 나온다. 주어진 칸을 채우는 데는 능숙하지만 칸 수가 많아지면 매우 당황해한다. 리더 입장에서 이래서는 곤란하다. 다음 [그림 3 - 2]를 보자.

[그림 3 - 2] 'FMEA 양식'의 구조

'Measure'에 대응 'Analyze'에 대응 'Improve'에 대응

#	Process Function (Step)	Potential Failure Modes (process defects)	Potential Failure Effects (Y's)	SEV	Class	Potential Causes of Failure (X's)	OCC	Current Process Controls	DET	RPN	Recommend Actions	Responsible Person & Target Date	Taken Actions	SEV	OCC	DET	RPN
1																	
2																	
3																	
4																	
5																	
6																	
7																	

'Control'에 대응

[그림 3 - 2]의 FMEA 양식 구조를 보면, 양식 내에 Measure Phase인 'Y'가 기록되는 'Potential Failure Effects(Y's)'가 있고, Analyze Phase 역할을 하는 'Potential Causes of Failure(X's), RPN, Recommended Actions'가 위치하며, 또 Improve 역할을 할 'Taken Actions'와, 끝으로 Control Phase에 대응하는 'Current Process Controls' 공간이 마련돼 있다. 또 각 잠재 문제를 해결할 '담당자(리더)'와 언제까지 완료할 것인지 '일정'을 기입하는 'Responsible Person & Target Date'가 있어 양식 자체가 '문제 해결 방법론'임을 엿볼 수 있다. 따라서 [그림 3 - 2]의 양식을 이용해 잠재 문제 분석과 개선이 이루어지면 'W Phase'에서 추진된 '최적화'의 완성도가 훨씬 높아질 수 있다.

'잠재 문제'란 'W Phase'에서 이루어진 '최적화' 내용을 실제 프로세스에 적용할 때 장애 요소로 작용하는 대상들인데, 예를 들면 'A 개선 상태가 지속적으로 유지되는지 관련 담당자에게 주기적 관찰을 요구'해야 하는 상황일 때, 변화된 새로운 체계에 익숙하지 않은 담당자가 자꾸 관찰과 기록을 빠트리면 효과 여부 파악이 어려워진다. 이런 '잠재 문제'는 개선이 지속화하는데 분명 장애 요소로 작용하므로 관찰할 특성을 '자동화'하거나 '실수 방지(Pool Proofing)' 차원에서 개선이 필요하다. 이 같은 적출과 해결의 일련의 활동이 'P-FMEA' 안에서 반복적으로 일어난다.

'P-FMEA'는 엑셀 양식 특성상 '개선 결과(Taken Actions)'를 상세히 적기엔 셀 공간이 너무 부족하거나 한눈에 보기에도 매우 불편하다. 또 각 사건들은 문제 난이도에 따라 빠르게 처리할 수 있는 유형도 있겠으나 추가 실험이 요구되는 등 시일이 오래 걸리는 유형도 존재한다. 이때 각 사건별 잠재 문제 해결 방법론으로써 '프로세스 개선 방법론', '제품 설계 방법론', '빠른 해결 방법론', '즉 실천(개선) 방법론' 등의 접근이 모두 가능하다. 이에 각 사건들의 개선 결과를 문서로 작성해 FMEA 엑셀 양식 안에 '개체 삽입'하는 방법이 매우 효과적이다. 또 각 사건의 문제가 개선돼 프로세스가 효율화된다면 개선 전과 비교해 'RPN'이 줄어들어야 하므로 이를 확인할 'RPN 재평가'도 수행 관리에 매우 중요하다. 다음 [표 3-1]은 이전 [표 2-3] 내 '고객 품질팀'에서의 '최적 대안'이며, 이어지는 [그림 3-3]은 '최적화'를 했을 때 예상되는 '잠재 문제 분석' 및 개선 예를 보여준다.

[표 3-1] 브레인스토밍을 통해 얻어진 '개선 방향'별 '최적 대안' 예

프로세스	원인(문제점)	개선 방향	최적 대안
물류팀	…	…	…
고객품질팀	반품 요청 기록 누락	ERP 반품 현황 장표 업그레이드	□ 반품 정보 불일치 시 알람 □ 실시간 처리 상황 모니터링
기술팀	…	…	…

[그림 3 - 3] 'P - FMEA'를 활용한 '잠재 문제 분석 및 개선' 예

#	Process Function (Step)	Potential Failure Modes (process defects)	Potential Failure Effects (Y's)	SEV	Class	Potential Causes of Failure (X's)	OCC	Current Process Controls	DET	RPN	Recommend Actions	Responsible Person & Target Date	Taken Actions	SEV	OCC	DET	RPN
1	반품 접수	접수 누락	고객불만 가중	9		담당자 실수	6	신입교육 1회	7	378	고객이 직접 입력하는 전산 시스템 운영-IT 팀과 VOC 시스템 Upgrade	홍길동 20x2.3.30	C:₩Users₩sis₩Desktop₩예제.p	9	2	1	18
2	반품 접수	코드 입력 오류	중복 분석	7		코드 없음	2	코드분류 체계 있음	2	28							
3	반품 접수	코드 입력 오류	중복 분석	7		담당자 실수	3	신입교육 1회	2	42							
4	반품 접수	코드 입력 오류	처리 지연	8		코드 없음	3	코드분류 체계 있음	2	48							
5	반품 접수	코드 입력 오류	처리 지연	8		담당자 실수	2	신입교육 1회	2	32							
6	반품 확인	요청 내역과 전산 기록 불일치	처리 누락	10		내역 입력 안됨	6	없음	8	480	고객이 직접 입력하는 전산 시스템 운영						
7	반품 확인	요청 내역과 전산 기록 불일치	고객불만 가중	9		내역 입력 안됨	6	없음	8	432	상동						
8	반품 모니터링	진행 멈춤	처리 지연	8		분석지연	7	7일 이내 처리 표준 관리 중	1	56							
9	반품 모니터링	실적 안뜸	처리 누락	10		담당부서 미처리	6	처리과정 통보토록 표준관리 중	1	60							
10	...	...	...	...	...	...	...	...		...	...	...	..	..	..	..	

[그림 3 - 3]에서 '고객 품질팀' 경우 '최적 대안'으로부터 개선이 이루어진 '반품 접수', '반품 확인', '반품 모니터링' 프로세스 단계를 대상으로 '잠재 문제 분석'이 진행되었다(고 가정한다). 분석 결과 'RPN(Risk Priority Number)'이 '350 이상'인 3개의 사건들에 주목하고 있으며, 이들은 "고객으로부터의 반품 요청이 담당자 실수나 입력 자체가 안 돼 실제와 기록이 불일치됨으로써 고객 불만이 가중"되는 공통점이 있다(고 가정한다). 이에 '개선 방향(Recommended Actions)'으로 "고객이 직접 입력하는 전산 시스템 운영(IT 팀과 VOC 시스템 Upgrade)"이 결정되었다(고 가정한다). 이에 개선할 '담당자'와 '완료 기한'이 기입돼 있고, 'Taken Action' 난에는 결과 보고서가 '개체 삽입'돼 있음도 알 수 있다. 또 [그림 3 - 3]의 맨 오른쪽에 개선 후 팀원들이 모여 'RPN'을 재평가(378 → 18)함으로써 문제의 위험도가 현격히 줄어들었음도 확인할 수 있다.

만일 앞서 소개되었던 제조 분야의 예처럼 운송 중 차량 진동 등의 영향으

로 제품이 파손돼 새로운 포장 방법을 적용한 경우라든가, 서비스 부문의 예와 같이 고객 민원에 대한 '미응답 불만'이 많아 전산 시스템의 업그레이드와 전담 CS 담당자를 지정토록 절차를 변경한 경우 모두 관련된 프로세스 단계에서의 '잠재 문제 분석(Potential Problem Analysis)'이 필요하고, 또 완벽한(?) 해결책도 마련돼야 한다. 불완전하고 모호한 상태에서의 Control Phase 진입(실제 프로세스에의 적용)은 과제 완료 시점을 훨씬 더 뒤로 미루게 할 공산이 크다. 연구 개발 부문(R&D)의 '실험 계획(DOE)' 역시 실험 결과인 '최적 조건'을 실제 공정에 적용했을 때의 장애 요소나 우려되는 잠재 문제들을 동일한 방식으로 적출함으로써 심각한 손실을 사전에 차단하는 노력도 빠트려서는 안 된다. 다음 [그림 3-4]는 [그림 3-3]의 파워포인트 작성 예이다.

[그림 3-4] 'Step-8.1. 잠재 문제 분석/대책 수립' 작성 예

Step-8. 관리계획 수립

Step-8.1. 잠재문제 분석/대책수립

D M W A I C

'최적 대안'을 통해 개선이 이루어진 '반품 접수', '반품 확인', '반품 모니터링' 프로세스 단계에 대해 다음과 같이 '잠재 문제 분석' 및 개선 진행됨.

#	Process Function (Step)	Potential Failure Modes (process defects)	Potential Failure Effects (Y's)	SEV	Class	Potential Causes of Failure (X's)	OCC	Current Process Controls	DET	RPN	Recommend Actions					DET	RPN
1	반품 접수	접수 누락	고객불만 가중	9		담당자 실수	6	신입교육 1회	7	378	고객이 직접 입력하는 전산 시스템 운영-IT 팀과 VOC 시스템 Upgrade	홍길동	C:₩Users₩sis₩Desktop₩예제.p	9	2	1	18
2	반품 접수	코드 입력오류	중복 분석	7		코드 없음	2	코드분류 체계 있음	2	28							
3	반품 접수	코드 입력오류	중복 분석	7		담당자 실수	3	신입교육 1회	2	42							
4	반품 접수	코드 입력오류	처리 지연	8		코드 없음	3	코드분류 체계 있음	2	48							
5	반품 접수	코드 입력오류	처리 지연	8		담당자 실수	2	신입교육 1회	2	32							
6	반품 확인	요청 내역과 전산 기록 불일치	처리 누락	10		내역 입력 안됨	6	없음	8	480	고객이 직접 입력하는 전산 시스템 운영						
7	반품 확인	요청 내역과 전산 기록 불일치	고객불만 가중	9		내역 입력 안됨	6	없음	8	432	상동						
8	반품 모니터링	진행 멈춤	처리 지연	8		분석지연	7	7일 이내 처리 표준관리 중	1	56							
9	반품 모니터링	실적 안뜸	처리 누락	10		담당부서 미처리	6	처리과정 통보토록 표준 관리 중	1	60							
10	…	…	…	…	…	…	…	…		…	…	…	…	…	…	…	…

고객이 직접 입력하는 전산 시스템 운영- IT 팀과 VOC 시스템 Upgrade

상황이 동일함에 따라 '#1'에 통합

개선 완료 보고서

PS-Lab Problem Solving Laboratory

[그림 3 - 4]는 'RPN'이 '350 이상'으로 높은 사건들에 대해 '개선 방향(Recommended Actions)'과 '완료 보고(Taken Actions)' 및 'RPN 재평가'를 보여준다.

Step-8. 관리 계획 수립/ Step-8.2. 관리 계획 수립

'Step'의 명칭과 '세부 로드맵'의 명칭이 '관리 계획 수립'으로 동일하다. 'W Phase'를 거치면서 기존 프로세스의 일부를 개선(변경)하였으며, 그를 장기적으로 운영하는 데 따른 우려 요인들도 미리 찾아내 제거하였다. 따라서 'Control Phase' 본연의 역할인 개선 내용들의 장기적 성향을 파악하기 위해 실제 프로세스에 적용 후 일정 기간 관찰하는 시점에 이르렀다.

그러나 프로세스를 새롭게 변모시킨 상태에서 'Y'의 수준 향상이나 예상치 못한 문제점들의 확인 목적으로 약 3~4주간 바로 모니터링에 들어가는 일은 너무나도 무모하다. 왜냐하면 본 과제를 통해 적용된 개선 내용들이 잘 운영 중인지 여부에 대한 정보가 없기 때문이다. 매일 시시각각 프로세스의 여기저기를 점검하며 개선 상태가 유지되고 있는지 확인할 수는 없는 노릇이다. 따라서 그들을 관찰할 수 있는 특성들을 미리 정해놓고 일정 기간 모니터하는 방법이 주효하다. [그림 3 - 5]는 '관리 계획 수립'을 설명하는 개요도이다.

[그림 3 - 5]에서처럼 'Step - 8.2. 관리 계획 수립'에 쓰일 '관리 항목'들은 우선 'Step - 2.2. 운영적 정의'에서 마련된 과제 지표 'Y'가 기본으로 온다. 'Y'는 관리(Control) 대상이 아닌 쳐다보는 대상, 즉 모니터링(Monitoring) 대상이지만 과제 진행이 'Y'를 향상시키는 데 있고, Control Phase가 그를 확인하는 과정이므로 '관리 항목'에 포함시킨다. 또 'Step - 6.1. 개선 실행/기대 효과'는 기존 프로세스에 변경점을 만든 활동이므로 개선 전 상태로 회귀하는지 관

찰할 목적의 '관리 항목'을 지정한다. '프로세스 개선 방법론'에서는 주로 '핵심 인자(Vital Few Xs)'가 오는 것으로 알려져 있으나 프로세스 적용 기간 동안 반드시 관찰해야 할 항목이 있으면 포함시킨다. 끝으로 'Step－8.1. 잠재 문제 분석/대책 마련'은 개선 내용들이 프로세스에 적용될 때 장애 요소가 무엇인지 미리 찾아내 제거하는 활동이 주를 이루었으므로 '최적화'된 내용들이 다시 이전 상태로 돌아가지 않는지 확인하는 차원의 '관리 항목'을 지정한다. 경험적으로 '빠른 해결 방법론' 같은 'Quick 방법론'의 '관리 항목'은 'Y'가 대세를 이루고, 반면 'Xs'는 한두 개 정도가 포함되는 경우가 많다. 실무에선 '빠른 해결 방법론'이 빠른 기간에 두드러진 효과를 낼 목적으로 사용되므로 가장 관심이 높은 'Y'에 집중하는 경향이 높기 때문이다.

[그림 3－5] '관리 계획 수립' 개요도

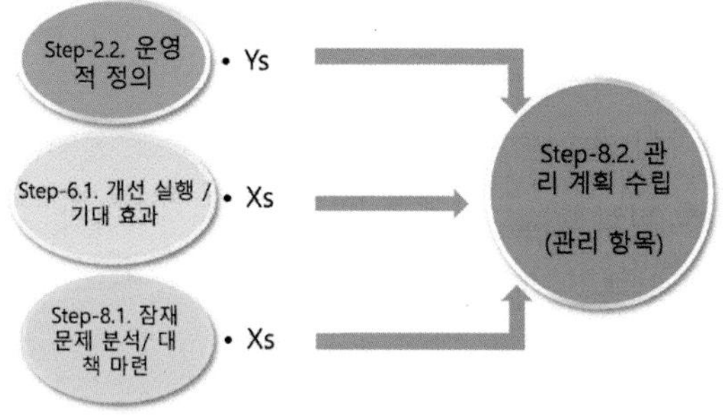

'관리 항목'만 지정했다고 '관리 계획 수립'이 마무리되는 것은 아니다. 지속적으로 '관리(Control)'하기 위해서는 '관리 항목'의 어느 선까지 허용하고 어느 선을 넘으면 안 된다는 경계가 필요하다. 조직엔 늘 인사이동이 있으므로 나 이외의 다른 누군가가 새롭게 업무를 맡았을 때 항상 차질 없이 온전한 상태가 유지돼야 한다. 이를 보통 '규격(Specification)', 줄여서 '스펙(Spec.)'이라고 한다. '관리 항목'들 중 'Y의 규격'은 Measure Phase에서 정한 '성과 표준(Performance Standard)'이 온다.

또 하나 기입해야 할 매우 중요한 사항이 바로 '기록 방법'이다. '최적 대한'을 실제 프로세스에 적용해서 3～4주간 관찰할 때, 앞서 정한 '관리 항목'과 '규격'을 대상으로 미리 정한 주기에 따라 확인하고 값을 기록해놔야 개선의 적정성 여부를 판독할 수 있다. 그냥 막연히 "엑셀에 기록하면 되지 않나요?" 할지 모르지만 미묘한 변동의 차이들로부터 적정성 여부를 판독하려면 아무래도 공식적이고 표준적이며 신뢰성 높은 방법이나 도구들이 동원돼야 한다. 그래야 사업부장이나 타 직원들에게 목표가 달성됐음을 쉽게 설득할 수 있다. 이에 대해 문제 해결 분야에서 가장 좋은 해법으로 제시되는 도구가 바로 '관리도(Control Chart)'이다. '관리도'는 데이터 유형에 따라 선택하는 방법과 해석만 알면 누구나 손쉽게 사용할 수 있다. 다음 [그림 3－6]은 '관리 계획 수립'을 위한 단순 양식의 예이다.

[그림 3－6] '관리 계획 수립'을 위한 양식 예

프로세스 :	고객 :		고객 요구 :		Y :	
프로세스	검 토 사 항					이상 조치
	관리 항목	관리 규격	기록 방법	주기	담당자	
	표준 Code	날짜	제·개정 내용		작성자	결재자

[그림 3 – 6]의 '관리 계획 수립 양식' 아래쪽에는 '표준'의 재·개정을 기록하는 공간이 있는데 '개선'이란 기존 체계에 의도적인 변화를 야기한 것이므로 변경 사항에 따른 표준도 그에 맞도록 제정 또는 개정돼야 한다. '관리 계획서'는 개선 내용에 대해 어떻게 관리할 것인지를 결정하는 양식이므로 표준화 역시 '관리 계획 수립' 활동과 연계해 확인하는 것이 바람직하다.

[그림 3 – 7] 'Step – 8.2. 관리 계획 수립' 작성 예

Step-8. 관리 계획 수립
Step-8.2. 관리 계획 수립

D M W A I C

프로세스 : 고객대응(VOC) 프로세스	고객 : 거래 고객	고객 요구 : 조속한 반품 처리 및 불량 제거	Y : A제품 반품률

프로세스	관리 항목	관리 규격	기록 방법	주기	담당자	이상 조치
생산/출하팀: 생산 → 출하; 고객품질팀: C&C 접수 → 유형분류 → 자체처리 (YES → 고객 대응 ①②, No → 결점 분석); 기술팀: 결점 분석	① A제품 반품률	0.1% 이하	P-관리도	1회/월	홍길동	▪이상점 조치 ▪원인 분석 후 즉 개선
	② 고객 반품 처리 시간	5일 이내	자동화 관리 (VOC 시스템)	발생 시	이시유	▪지연 사유 분석

표준 Code	날짜	제·개정 내용	작성자	결재자
CR-213	20x2.04.16	반품 처리 시간 조정(7 → 5일)	박영석	고품팀

PS-Lab Problem Solving Laboratory

[그림 3 – 7] 내 '프로세스'는 Define Phase '범위 기술' 중 '프로세스 범위'의 '시작'과 '끝'을 기반으로 그려진 것이며, '관리 항목'이 프로세스의 어느 활동에서 발생되는지를 '원 번호'로 나타내고 있다. 다음 [그림 3 – 8]은 사무간접부문 중 '구매팀'과 관련한 '관리 계획서' 작성 예이다.

[그림 3-8] 'Step-8.2. 관리 계획 수립' 작성 예(구매)

Step-8. 관리 계획 수립
Step-8.2. 관리 계획 수립

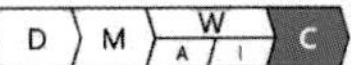

프로세스 :	고객 :	고객 요구 :	Y :
구매 정보 관리 프로세스	구매팀	실시간 원가 정보 제공	원가 조회 L/T

프로세스	검토사항					이상 조치
	관리 항목	관리 규격	기록 방법	주기	담당자	
	① 원가 조회 L/T	20min 이내	자동화 관리 (접속 Log파일)	일	홍길동 과장	▪Code 체계 검토 ▪부품 누락 검토
	② 부품 등록 여부	YES	Check Sheet	월	김철수 대리	▪신규 부품 조사 ▪부품 등록
	③ 원가 정보 정확도	100%	U-Chart	월	조순이 대리	▪오류 검토 후 수정

①
System Log In
②
관련부품 조회
System 원가반영
업체견적
③
원가정보?
No
OK
구매업무 반영
완 료

표준 Code	날짜	제·개정 내용	작성자	결재자
SSI-M60-291	20xx.x.xx	원가 조회 L/T 관리 체계 추가	홍길동 과장	최고참 부장
SSI-M23-110	20xx.x.xx	부품 등록 관리/ 정보 정확도 관리 체계 개정	오동수 대리	최고참 부장

PS-Lab
Problem Solving Laboratory

[그림 3-8]을 보면 '관리 항목'으로 제조 부문에서 찾아보기 힘든 '~여부', '~정확도' 등의 명칭이 쓰일 수 있음을 알 수 있다.

'관리 계획서'는 회사마다 정해진 양식이 있다. 또 대내외적으로 국제 인증(ISO, QS 9000 등)을 받은 기업이면 표준에 준한 정해진 양식과 작성법이 있으므로 반드시 그에 따라 기술하도록 한다.

Step-8. 관리 계획 수립/ Step-8.3. 표준화

'표준 문서'는 회사에서 정한 양식과 절차에 따라 작성되므로 프로세스에 변경점이 발생하면 회사에서 정한 절차에 따라 제·개정을 수행한다. 이런 절차를 '변경점 관리'라고 하는데 모든 프로세스의 변동성 문제는 '5M－1I－1E' 중 하나 이상이 달라짐으로써 나타나는 현상이다. 사람이 바뀌든 설비가 바뀌든 운영 중인 조건이 바뀌든, 또는 심지어 환경적 요소의 하나인 황사가 와도 프로세스가 영향을 받아 예상치 못한 문제를 야기할 수 있다. 그러나 이런 부정적 영향뿐만 아니라 긍정적 요소도 있는데 바로 과제 수행을 통해 의도적으로 변경(개선)을 유도하는 경우다.

의도적 변경은 프로세스에 긍정적 변화를 유도한다. 그러나 변경된 프로세스로 인해 그 이후 또는 최종 프로세스에 어떤 영향이 미칠 것인지를 완벽하게 예측하긴 어려우며, 따라서 이후 프로세스에 문제가 야기됐을 때 왜 그런

[그림 3－9] 'Step－8.3. 표준화' 작성 예

Step-8. 관리 계획 수립
Step-8.3. 표준화

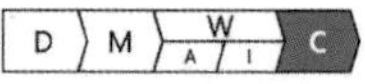

'관리 항목'의 신규 또는 추가에 따른 관련 표준 문서를 아래와 같이 제·개정 수행함.

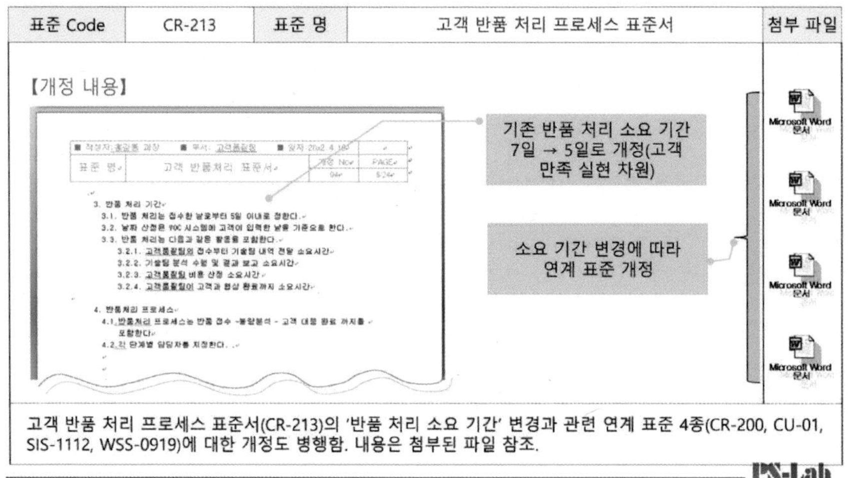

표준 Code
CR-213
표준 명
고객 반품 처리 프로세스 표준서
첨부 파일
【개정 내용】
기존 반품 처리 소요 기간 7일 → 5일로 개정(고객 만족 실현 차원)
소요 기간 변경에 따라 연계 표준 개정
Microsoft Word 문서
Microsoft Word 문서
Microsoft Word 문서
Microsoft Word 문서
고객 반품 처리 프로세스 표준서(CR-213)의 '반품 처리 소요 기간' 변경과 관련 연계 표준 4종(CR-200, CU-01, SIS-1112, WSS-0919)에 대한 개정도 병행함. 내용은 첨부된 파일 참조.
PS-Lab
Problem Solving Laboratory

현상이 발생했는지 담당자들이 쉽게 파악할 수 있는 여지를 남겨둬야 한다. 바로 '변경점 관리'를 철저히 해둬야 하는 이유가 여기에 있다. 그러나 '변경점 관리'는 특정 부서 한두 명이 철저히 지킨다고 해서 유지되는 것은 아니다. 시스템적인 통제가 있어야 하는데 주로 '변경점 관리 시스템' 같은 IT 인프라를 통해 운영되는 것이 바람직하다.

그러나 모든 변경점 발생에 따른 '표준화'는 각 기업의 표준화 절차에 따르는 것이므로 본문은 장표 표현법에 대해서만 간단히 언급하고 넘어갈 것이다. [그림 3-9]는 작성 예이며, 개선으로 인해 개정된 표준 내용 및 그와 연계된 표준들의 제·개정을 '개체 삽입'으로 표현하였다. 이제부터 '관리 계획 실행'에 대해 알아보자.

Step-9. 관리 계획 실행/ Step-9.1. Do: Scale-up 실행

'Step-8.2. 관리 계획 수립'이 'Plan'이고, 본 '세부 로드맵'이 '관리 계획 실행'인 'Do'이므로 자연스럽게 '데밍 사이클' 'Plan-Do-Check-Act'의 흐름이 완성된다. '세부 로드맵' 명칭 중 "'Scale-up'은 '양'과 '시간'을 늘려 실행한다"의 의미로 'W Phase'의 프로세스를 개선하는 수준에서 벗어나 실제 상황에서 기대하는 만큼의 'Y'값 향상이 있을 것인지, 성과는 신뢰할 수 있는지, 지속성을 갖고 개선 상태가 유지될 것인지 등 현실적으로 과제 성과를 검증한다. 바로 Control Phase의 가장 핵심적인 활동이라 할 수 있다.

만일 본 '세부 로드맵'이 없다면 어떻게 될까? 실제 프로세스 운영 상태에서의 검증은 '사후 관리'로 넘겨야 하는데 이때 과제는 이미 종료된 상태이므로 기대 수준에 이르지 못할 경우 누가 어떻게 처리해야 할지 난감하다. 결자해지(結者解之)라고 리더 본인이 수습해야겠지만 일단 과제 종료를 '승인'받은 상태에서 다시 애프터서비스(?)를 하기엔 여러 제약이 따른다. 따라서 과제가 종료된 이후로 넘겨 '검증'하기보다 이전에 하는 것이 바람직한데, 만일 'Step-9.1'이 없다면 가장 적합한 위치가 'Step-7.1. 결과 검증'이다. 즉, 'Step-7.1.'에서 'Y'의 향상 정도만 평가하는 데 그치지 말고, 실 환경에서의 'Pilot Test'까지 병행하면 Control에서의 실행은 할 필요 없으므로 그만큼의 '세부 로드맵' 단축 효과를 거둘 수 있다. 그러나 가급적 정해진 절차에 따라 하나씩 밟아가는 것이 일의 완성도 측면에선 유리하며, 결국 어떤 상황에서도 실 환경에서의 검증은 없어서는 안 될 꼭 필요한 활동임을 인식해야 한다.

'Step-9.1. Do: Scale-up 실행'은 실질적인 성과 확인과 향후 지속성까지도 엿볼 중요한 활동이기에 'Control Phase' 내에서의 중요도뿐만 아니라 '빠른 해결 방법론' 전체 로드맵을 감안해서라도 가장 중요한 '세부 로드맵'임에 틀림없다. '개요'에서도 설명했지만 교육 중에 이 '세부 로드맵'을 강조하기 위해 "앞에서 수행되는 모든 활동들이 아무리 적은 노력과 시간, 자원을 투입해 수행됐더라도 'Step-9.1. Do: Scale-up 실행'만큼은 최대의 노력으로 최대의 기간 동안 수행돼야 합니다. 본인이 개선되었다고 주장하는 바는 객관적이고도 지속성이 보장되는 근거 자료를 통해 반드시 검증돼야 하기 때문입니다"로 마무리하곤 한다. 이 '세부 로드맵'의 활동 개요도를 그리면 다음 [그림 3-10]과 같다.

[그림 3-10] 'Step-9. 관리 계획 실행' 개요도

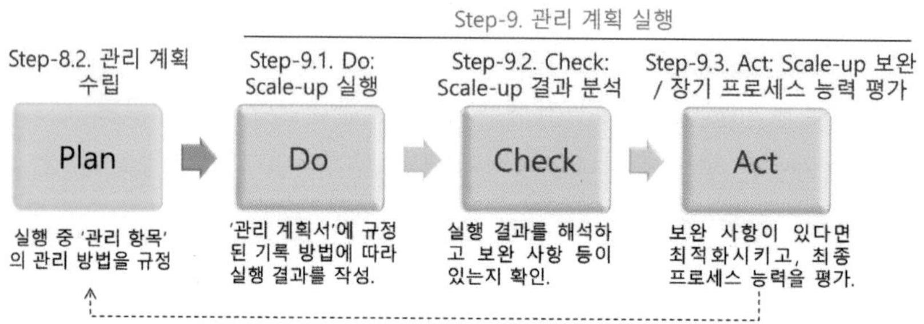

[그림 3－10]에서 'Step－9. 관리 계획 실행'의 세 개 '세부 로드맵'에 대한 핵심 활동 내용과 서로 간 흐름을 도시하고 있다. 만일 'Check'에서 실제 프로세스 적용 중 보완이 필요하다고 판단되면 'Act'에서 이를 최적화시킨 후 다시 'Plan'으로 되돌아가 '관리 항목' 추가 등의 사이클을 밟는다. 'W Phase'에서의 'Plan－Do－Check－Act'와 다른 점은 그때는 '최적 대안'의 개수만큼 '데밍 사이클'을 반복했지만, 여기서는 '최적화' 모두를 한 묶음으로 관찰하고 평가한다. 'W Phase'에서 최적화된 내용들은 모두 'Y' 의 향상 하나를 위해 탄생했으므로, 그들을 따로 떼어 각각을 검증하는 일은 논리상 맞지 않는다.

본 '세부 로드맵'에서 쓰이는 도구 설명을 빠트려서는 안 될 것 같다. 바로 '관리도(Control Chart)'인데, 다음 [그림 3－11]은 '관리도 선정 로드맵'이다.

[그림 3－11] 관리도 선정 로드맵

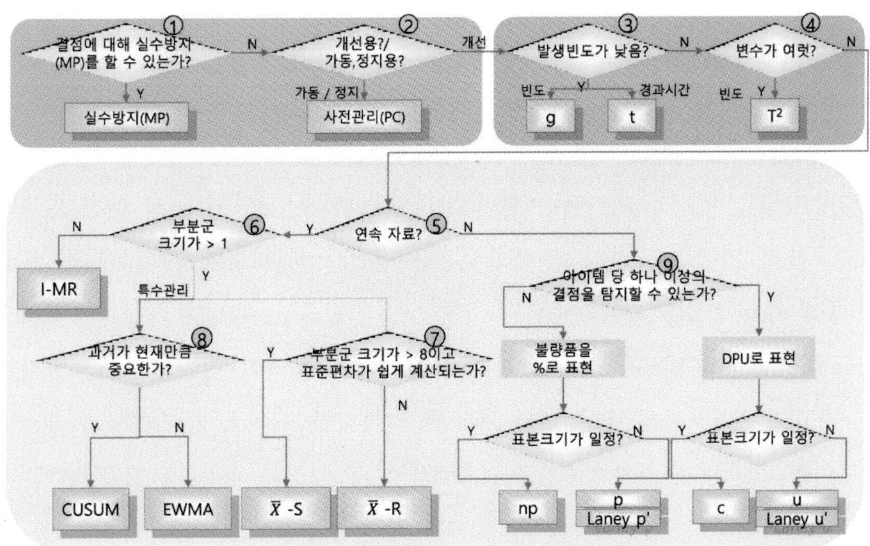

관리도 선택은 작성할 데이터가 '③'의 '연속 자료'인지, '이산 자료'인지에 따라 결정되며, 사용 빈도가 높은 관리도의 미니탭 경로와 선택 조건을 요약하면 다음 [표 3-2]와 같다.

[표 3-2] '관리도'별 미니탭 위치 및 적용 예

데이터 유형	관리도명	미니탭 위치	선택 조건
연속 자료	I-MR	통계분석(S)>관리도(C)>개별값 계량형 관리도(I)>I-MR(R)…	부분군 크기가 1개씩만 수집되는 경우
	Xbar-R	통계분석(S)>관리도(C)>부분군 계량형 관리도(S)>Xbar-R(B)…	부분군 크기가 8개 이하로 수집되는 경우
	Xbar-S	통계분석(S)>관리도(C)>부분군 계량형 관리도(S)>Xbar-S(A)…	부분군 크기가 9개 이상으로 수집되는 경우
이산 자료	p	통계분석(S)>관리도(C)>계수형 관리도(A)>P(P)…	(불량 특성)부분군 크기가 일정하지 않을 때
	np	통계분석(S)>관리도(C)>계수형 관리도(A)>NP(N)…	(불량 특성)부분군 크기가 일정할 때
	u	통계분석(S)>관리도(C)>계수형 관리도(A)>U(U)…	(결점 특성)부분군 크기가 일정하지 않을 때
	c	통계분석(S)>관리도(C)>계수형 관리도(A)>C(C)…	(결점 특성)부분군 크기가 일정할 때

'관리도'는 '통계적 프로세스 관리(Statistical Process Control)'의 핵심 도구이다. '통계적 프로세스 관리'의 백과사전적 정의는 "관리도(Control Chart) 사용을 통해 프로세스를 모니터링하는 효과적인 방법으로 이것의 가장 큰 장점은 프로세스 중심과 변동 둘 다를 동시에 모니터할 능력이 있다"이다. 일반적으로 '통계적 공정 관리'로 쓰이나 제조뿐만 아니라 서비스 분야까지 아우르는 도구임을 감안해 필자가 '공정'을 '프로세스'로 고쳤다. 'SPC'는 1924년에 슈와르츠(Walter A. Shewhart)에 의해 처음 고안되었다. 당시 슈와르츠는 벨 전화연구소에 근무하고 있었으며, 주로 제조 공정의 품질 수준을 눈으로 확인하

던 시기에 '통계적'은 당시 매우 호감 가는 용어로 이 매력에 푹 빠진 데밍(W. Edwards Deming)에 의해 실용화되면서 일본에 전해진 후 발전하였다. '관리도'는 교육 중 미니탭을 이용해 많은 실습이 이루어지므로 세세한 설명은 생략한다. 다음 [그림 3－12]는 'Step－9.1. Do: Scale－up 실행'에 대한 파워포인트 작성 예이다.

[그림 3－12] 'Step－9.1. Do: Scale-up 실행' 작성 예

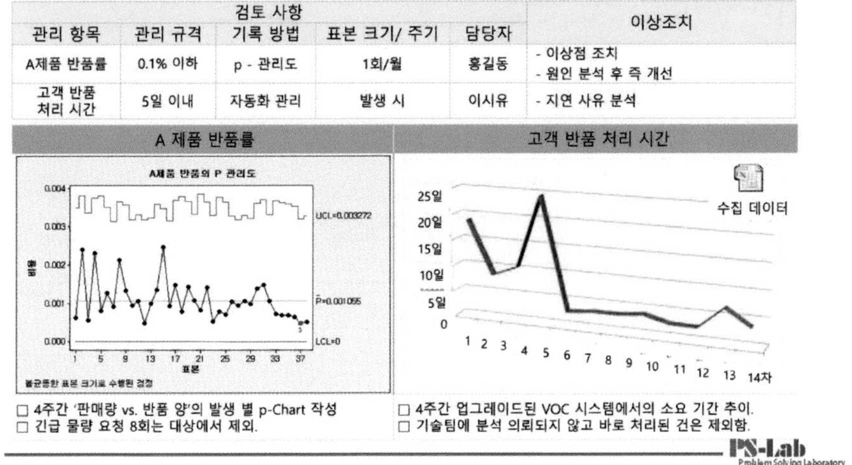

관리 항목	관리 규격	기록 방법	표본 크기/ 주기	담당자	이상조치
A제품 반품률	0.1% 이하	p - 관리도	1회/월	홍길동	- 이상점 조치 - 원인 분석 후 즉 개선
고객 반품 처리 시간	5일 이내	자동화 관리	발생 시	이시유	- 지연 사유 분석

(검토 사항: 관리 항목 ~ 담당자)

[그림 3－12]는 실제 프로세스에 적용 후 4주간 데이터를 이용해서 작성한 차트다(고 가정한다). '실행(Do)'은 실제 장표로 보여줄 수 없으므로 그 결과로 얻어진 자료나 그래프 등을 기록한다. 장표에는 "긴급 물량 요청 8회는 대상에서 제외시켰음"이나 "기술팀으로 넘어가지 않은 건은 대상에서 제외시킴"

등 이력과 특이 사항 등을 포함하고 있다. 다음 [그림 3 - 13]은 'Check'에 대한 파워포인트 작성 예이다.

[그림 3 - 13] 'Step - 9.2. Check: Scale-up 결과 분석' 작성 예

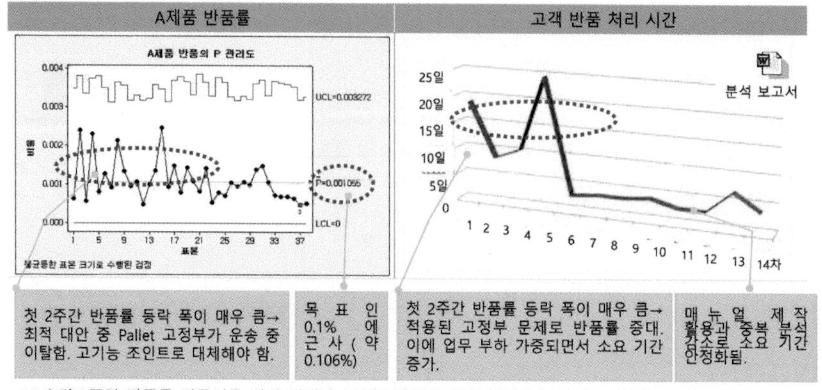

[그림 3 - 13]을 보면 '실행(Do)'에서 정리된 자료를 대상으로 초기 2주간 큰 변동성이 왜 발생했는지, 그를 해결하기 위한 보완책은 무엇인지, 목표는 달성할 것인지 등에 대해 자세히 기록하고 있다. 본 예 경우 초기 변동성의 원인과 대책으로 "고정부의 이탈로 고기능 조인트의 적용"을, '소요 기간'이 감소한 이유로 "매뉴얼 제작으로 중복 분석이 감소하는 등의 효과"로 해석하고 있다(고 가정한다). 지적된 문제가 보완되면 '반품률'과 '소요 기간'은 각각 '0.05%', '3.8일'로 목표를 초과 달성할 것으로 예측하고 있다. 다음 [그림 3 - 14]는 'Act'에 대한 파워포인트 작성 예이다.

[그림 3 – 14] 'Step – 9.3. Act: Scale-up 보완/장기 프로세스 능력 평가' 작성 예

Step-9. 관리 계획 실행
Step-9.1. Act: Scale-up 보완/ 장기 프로세스 능력 평가

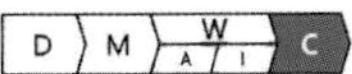

초기 2주간의 큰 변동성에 대한 '근본 원인'이 밝혀짐에 따라 고기능 조인트를 사용하여 고정부 보완 완료함. 향후 안정화된 상태에서 다음과 같은 '프로세스 능력' 기대됨.

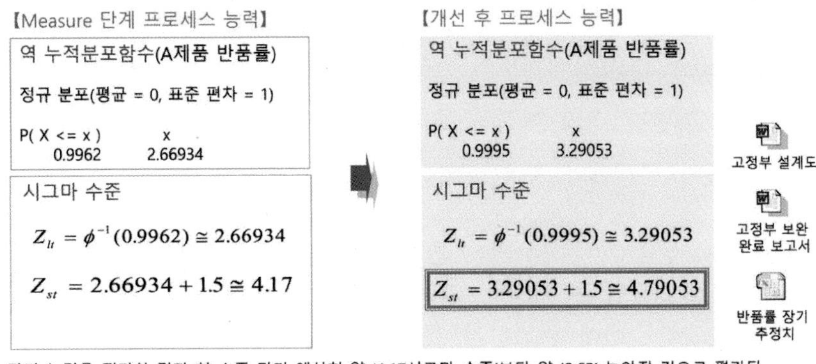

【Measure 단계 프로세스 능력】
역 누적분포함수(A제품 반품률)
정규 분포(평균 = 0, 표준 편차 = 1)
P(X <= x)   x
0.9962   2.66934
시그마 수준
$Z_{lt} = \phi^{-1}(0.9962) \cong 2.66934$
$Z_{st} = 2.66934 + 1.5 \cong 4.17$
【개선 후 프로세스 능력】
역 누적분포함수(A제품 반품률)
정규 분포(평균 = 0, 표준 편차 = 1)
P(X <= x)   x
0.9995   3.29053
시그마 수준
$Z_{lt} = \phi^{-1}(0.9995) \cong 3.29053$
$Z_{st} = 3.29053 + 1.5 \cong 4.79053$
고정부 설계도
고정부 보완 완료 보고서
반품률 장기 추정치

□ 단기 능력을 평가한 결과 현 수준 단기 예상치 약 '4.17시그마 수준'보다 약 '0.62' 높아진 것으로 평가됨. 그러나 당사 관리 수준으로 판단할 때 기존 0.38%에서 0.05%의 반품률 감소는 획기적 수준으로 인정됨.

PS-Lab
Problem Solving Laboratory

[그림 3 – 14]에서 평가된 '시그마 수준'은 4주 동안의 실제 프로세스 적용을 통해 얻은 값으로 명목상 장기 성향의 데이터로 보기 어렵다. 그러나 'Step – 7.1. 결과 검증'의 단기 성향 데이터와 비교해 볼 때 실질적인 다양한 외적 변동 영향을 받았으므로 과제 기간 내에선 '장기 데이터'로 간주한다. 따라서 [그림 3 – 14]에서 얻어진 '시그마 수준'에 '1.5'를 더함으로써 '단기 시그마 수준'으로 전환한다. 이론적으론 'Step – 7.1. 결과 검증'에서 얻어진(또는 추정된) 데이터는 단기 데이터이므로 '6시그마 수준'이 나와야 하고, 본 '세부 로드맵' 경우는 "4.5 시그마 수준'이 나옴으로써 '1.5 Shift'에 대한 관계가 성립된다. 즉 '결과 검증 경우 6시그마 수준=관리 계획 실행의 4.5+1.5"가 (이론적으로) 성립하는 것이 이상적이다. 그러나 이와 같이 정확하게 일치하는 경우보다 다양한 상황이 연출되는 게 현실이다. 이제 과제 마무리 단계로 넘어가 보자.

'최적화'된 내용들을 최소 3주에서 4주가량 실제 프로세스에 적용해본 후 개선 효과가 만족할 만한 수준에 이르렀다고 판단되면 이제 수행 결과를 문서화하고 연관된 담당자들과 내용을 공유한다. 또 향후 지속적인 관리를 위해 해당 P/O(Process Owner)에게로의 이관 및 사업부장의 최종 승인 절차 등을 거친다. 물론 다년간 경영 혁신을 추진 중인 회사라면 IT 시스템이 기본적으로 갖춰져 있어 문서화와 공유, 승인 및 사후 관리까지 한 번에 이루어지는 경우가 많다. 'Step – 10. 문서화/공유'에서 주로 다루어질 주제는 '과제 성과', '실행 계획서', '문서화/공유/승인', '차기 예싱 과제' 등이다. 이들 중 '실행 계획서'는 과제 기간 내에 완료하지 못한 사항들에 대해 일자와 담당자, 처리 내용 등을 정해 마무리하도록 작성한 계획서이다. 그러나 모든 활동은 주어진 과제 수행 기간 내에 처리하는 것이 원칙이므로 불가피한 상황에서만 '실행 계획서'를 장표에 포함시키고 그렇지 않은 경우 작성 대상에서 제외한다. 우선 '과제 성과'에 대해 알아보자.

'과제 성과'는 'Step – 9.3. Act: Scale – up 보완/장기 프로세스 능력 평가'에서 구한 '프로세스 능력'과는 의미가 다르다. '프로세스 능력'을 수치화한 '시그마 수준'은 과제 수행 전과 후의 지표 'Y'에 대한 향상 정도를 평가할 목적으로 사용된다. 그에 반해 '과제 효과'가 있으며, 이에는 '재무성과'와 '비재무성과'[22]가 있고 순수 지표 향상을 통해 얻게 될 화폐적 가치를 산정하는 데

---

22) '비재무성과'는 다시 화폐적 가치로 산정은 되지만 '손익 계산서'에 반영 안 되는 '준재무성과'와 프로세스 효율 향상과 관련된 '체질 개선성과'로 나뉜다. 이에 대해서는 「Be the Solver_과제 성과 평가법」편을 참고하기 바란다.

의의가 있다. 즉, "돈을 얼마나 벌었는가?"를 객관적 자료에 의해 산정함으로써 과제 수행으로부터 회사에 기여하는 정도를 파악하는 게 핵심이다.

과제 성과는 기본적으로 지표 'Y'의 향상 정도에 따라 결정되므로 둘의 관계가 규명된 상태에서 금전적 성과를 논하는 게 바람직하다. 지표는 목표 달성을 했음에도 사전에 공지한 재무성과는 그에 미치지 못하든가, 지표의 향상은 미미함에도 재무성과는 매우 크게 나오는 불일치 경우는 충분한 설명이 있어야 한다. 그렇지 않으면 둘의 관계는 양(또는 음)의 상관성을 갖는 게 일반적이다. 과제 효과 평가는 회사에서 지정한 '효과 산출 전문가(Financial Effect Analyst)'가 전담한다. 다음 [그림 3 - 15]는 재무성과를 표현한 파워포인트 예이다.

[그림 3 - 15] 'Step - 10.1. 과제 성과의 종합' 작성 예

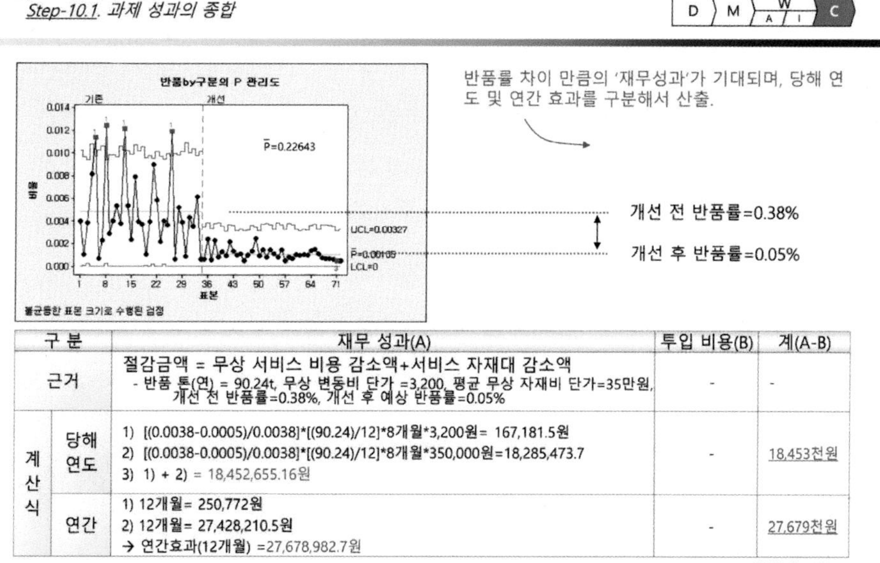

구 분		재무 성과(A)	투입 비용(B)	계(A-B)
근거		절감금액 = 무상 서비스 비용 감소액+서비스 자재대 감소액 - 반품 톤(연) = 90.24t, 무상 변동비 단가 =3,200, 평균 무상 자재비 단가=35만원, 개선 전 반품률=0.38%, 개선 후 예상 반품률=0.05%	-	-
계산식	당해 연도	1) [(0.0038-0.0005)/0.0038]*[(90.24)/12]*8개월*3,200원= 167,181.5원 2) [(0.0038-0.0005)/0.0038]*[(90.24)/12]*8개월*350,000원=18,285,473.7 3) 1) + 2) = 18,452,655.16원	-	18,453천원
	연간	1) 12개월= 250,772원 2) 12개월= 27,428,210.5원 → 연간효과(12개월) =27,678,982.7원	-	27,679천원

[그림 3－15]에 따르면 8개월간 개선 내용이 적용될 경우 당해 연도 재무성과는 약 '18,453천 원', 연간 재무성과는 약 '27,679천 원'이 됨을 알 수 있다(고 가정한다).

Step-10. 문서화, 이관/ Step-10.2. 문서화, 공유, 승인

'문서화'는 많은 내용을 함축하고 있다. 과제 자체의 파워포인트 작성 문서도 포함될 것이고, 추가로 요구되는 '표준화 문서'나 '기술 자료' 등도 해당될 수 있다. 또 이들을 공유해야 할 필요성도 있으며, 관련되는 사람들을 모아놓고 발표하는 장을 마련할 수도 있다. 그러나 '문서화'의 범위와 '공유' 방법에 대해서는 처한 상황에 따라 다양한 접근이 가능하다. 만일 사내에 운영 중인 시스템(PMS, Project Management System)이 있으면 'Control Phase' 최종 입력 화면에 모든 내용들을 입력한 뒤, 그 화면을 캡처 후 과제 장표에 붙이는 방법이 있다. PMS의 주요 기능이 자료의 저장과 함께 여러 사람들이 공유할 수 있는 접근성 높은 환경을 제공하기 때문이다. 물론 해당 PMS 화면에 관련 문서들이 모두 첨부될 것이므로 캡처해서 장표에 붙이는 처리는 상징적이라 할 수 있다. 그러나 리더들의 고민거리 중 하나인 "어떻게 정리해야 하나?"와 같은 의문을 한 장의 캡처 화면으로 '문서화/공유/승인'의 전 과정을 깔끔하게 처리함으로써 정리에 대한 부담을 해소시켜 주는 것은 매우 긍정적이다.

'이관'은 리더 본인이 프로세스를 직접 운영하는 주체라면 부장급 또는 사업부장이 'P/O(Process Owner)'가 되지만, 최적화 대상이 타 부서 프로세스면 그 부문의 부서장이 'P/O'가 된다. 어떻게 이관할 것인가는 사내 정해진 규정에 따르겠지만 기본적으로 과제 수행 초기에 이미 'P/O'가 멤버로서 참여토록 강제(?)하기 때문에 Define Phase부터 깊숙하게 개입하고 있어야 한다. 'P/O'가 참여하고 있지 않은 상태에서 과제 종료 후 최적화 내용을 전달할 때 'P/O'가 적용이 불가하다고 한다든가 많은 부분을 수정토록 요구하면 수개월간 과제를 수행한 리더 입장에선 참으로 난감할 수밖에 없다. '이관'에 대한 사항은 기업별 정해진 표준 절차에 따르는 것으로 하고 분문에서는 자세한 설명은 생략한다. 다음 [그림 3-16]은 파워포인트 한 장에 '문서화/공유/승인'을 표현한 예이다.

[그림 3-16] 'Step-10.2. 문서화/공유/승인' 작성 예

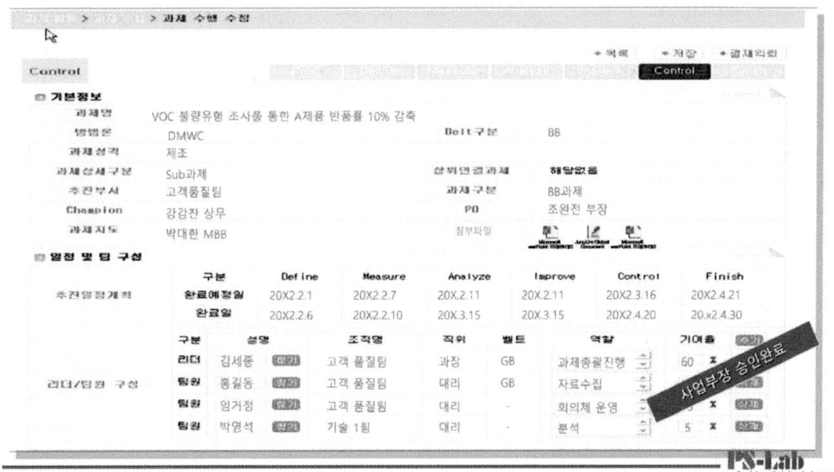

[그림 3 - 16]은 과제 관리 시스템의 'Control Phase'에 결과를 최종 입력 후 승인을 거친 화면이다(고 가정한다). 이로써 과제는 공식적으로 종료된다.

Step-10. 문서화, 이관/ Step-10.3. 차기 제안 과제 요약

리더는 할당받은 과제를 수행하는 적어도 2, 3개월 동안 한 분야에 집중하게 되는데, 이렇게 한 영역에 집중하다 보면 다른 사람들이 보지 못한 프로세스 내 문제점들을 손쉽게 발견할 수 있고, 좀 더 좋은 방향으로 개선할 수 있는 참신한 아이디어도 떠올릴 수 있다. 그러나 과제 수행 기간 동안에는 자원 부족이나 시간적 제약 또는 과제 범위에서 벗어나는 문제 등으로 본인의 개선에 포함시키지 못하고 그대로 방치해두는 경우가 발생한다. 만일 이렇게 접한 내용을 다른 사람들과 공유한다면 매우 소중한 정보로 활용될 수 있다. 이는 본인이 다음 과제로 수행할 수도 있겠으나 관련 내용들을 상세하게 정리해놓음으로써 차후 다른 리더들이 과제 선정에 참고하도록 유도하는 장이 될 수 있다.

예를 들어, '차기 제안 과제'라는 방식으로 모든 수행 과제의 맨 뒷장에 반드시 기재토록 제도화한다면 전사 운영 부서에서 내용들을 매번 수거해 유형별로 분류한 뒤 사내 게시판 등에 올린다. 이를 이용해 타 부서 여러 담당자들로 하여금 유용한 과제 선정을 유도할 수 있다.

'차기 제안 과제'를 표현하는 방식에 정해진 규칙은 없으나 제3자가 쉽게 이해할 수 있도록 가급적 상세하게 기술하는 것이 좋다. 다음 [그림 3 - 17]은 상황을 가정한 파워포인트 작성 예이다.

[그림 3 - 17] 'Step - 10.3. 차기 제안 과제 요약' 작성 예

Step-10. 문서화 이관
Step-10.3. 차기 제안 과제 요약

D M W A I C

과제수행 기간 동안 향후 추가적인 과제 수행이 필요할 것으로 예상되는 내용들을 정리함.
다음과 같은 총 4개의 과제를 제안함.

➢ 현 과제에서 해결하지 못한 Issue

✓운송 중 발생되는 불량의 비중이 높아 이의 해결에 초점을 맞췄으나 점유율이 다음으로 높은 B 불량과 C 불량에 대해서는 추가 과제로 남김.

➢ 현 과제의 성과 창출을 저해하는 Neck 요인

✓생산부터 운송, 제품 판매, 반품 대응에 이르기까지 전체 절차에 대한 표준 프로세스가 없거나 매우 취약함. 각 부문별로 담당자를 지정하여 표준 프로세스의 마련이 매우 중요할 것으로 판단됨.

➢ 부문 내 별도 최적화 항목

✓운송 중 진동과 충격에 대한 평가법에 기술적이고 공학적 이론들이 들어가며, 이에 대한 제품과의 연계와 최적 표준 시험법 등의 개발이 있어야 할 것으로 보임. 관련 전문가 영입을 통한 개선이 시급함.

➢ 시간적으로 오래 걸리는 별도 개선 검토/ 추진 사항

✓고질 불량들에 대한 원천적 원인 규명과 고도의 분석법 개발이 필요함. 다양한 전문가가 TFT 형식으로 접근해야 할 주제로 보임.

PS-Lab
Problem Solving Laboratory

[그림 3 - 17]은 과제가 될 만한 4개의 잠재 문제들을 유형별로 분류해 정리한 예이다. 다양한 표현법이 있겠으나 여기서는 개념 설명 정도에서 마무리한다.

지금까지 '빠른 해결 방법론'의 내용과 흐름 및 사례에 대해 알아보았다. 본문 내 파워포인트 작성 예들에 대해서는 당사 홈페이지 'http://ps-lab.co.kr'의 공지란을 방문해서 요청하면 송부해주고 있으니 참고하기 바란다. 이제 'Quick 방법론'의 또 다른 형식인 '단순 분석 방법론'에 대해 알아보자.

III

단순 분석 방법론

'Quick 방법론' 중 'D-M-A-I-C'의 형식을 그대로 따르면서 각 Phase별 장표가 1장씩만 들어간다. 단순 분석(Analyze)이 요구되는 과제에 매우 효과적으로 활용될 수 있는 방법론이다.

단순 분석 방법론 개요

'단순 분석 방법론?' 경영 혁신에 일가견이 있는 국내 기업들에 '단순 분석 방법론'이라고 얘기하면 당장 "그게 뭐죠?" 하고 물어 올 것이다. 당연하다. 필자가 만든 용어이므로 이 글을 쓰고 있는 이 순간까지는 주변 몇몇 지인만 알고 있는 사실이다. "그럼 새로운 방법론을 또 만든 겁니까?" 하고 묻는다면 당연히 "아닙니다"로 답할 수 있다. '빠른 해결 방법론'이 기존 6시그마를 적극 추진했던 기업 내에서 발전적으로 탄생한 단순 방법론을 모태로 개발했듯 '단순 분석 방법론' 역시 동일한 연장선에서 얻어진 산물이다. **'단순 분석 방법론'은 "과제를 DMAIC 각 Phase별 1장씩 총 5장만으로 완결 짓는 방법론"**이다.

'단순 분석 방법론'의 기원을 굳이 밝힌다면 미국 Ford 자동차社의 '6－Panel Problem Resolution Process'에서 찾아볼 수 있다. Ford(Ford Motor Company)社는 1999년 말에 6시그마 경영 혁신을 도입하기로 결정하고 이듬해인 2000년 1월 공식적으로 추진을 선포하였다. 시기로 봐서 국내 기업보다 1년여 늦게 도입한 것으로 보인다. 1999년 1월 1일 CEO로 취임한 Jacques Nasser는 "Ford 자동차의 비전은 자동차 제품 및 서비스 부문에서 세계 최고로 고객을 생각하는 기업이 되는 것이다. 그렇게 되려면 현재 고객을 주축으로 삼아 고객 만족을 우리의 최우선 과제로 설정해야 한다"고 강조하였는데 '고객 만족'은 곧 6시그마의 전략과 일맥상통한다. 초기에 마이클 해리가 운영하는 'Six Sigma Academy'를 통해 GE 등을 벤치마킹함으로써 발 빠르게 정착시켜 나갔는데 비공식적이긴 하나 6시그마 경진 대회에서 발표 장표가 200장이 넘는 등 부작용이 나타남에 따라 회장이 문서를 6장으로 줄이라고 지시한 것으로 알려져 있다. 이에 사내 전문가들이 고심 끝에 분야에 관계없이 통일된 양식으로 표준화한 것이 '6－Panel Problem Resolution Process, Training

Manual'이다. 작성된 시기가 2000년 12월 초이므로 6시그마 도입 만 1년이 조금 안 된 시점에 문서 양에 대한 비효율성을 일찍이 깨달았던 것 같다. 여타 기업보다 빠른 행보임에 틀림없다. 'Training Manual'에 포함된 'Global 6-Panel Reporting Standard'23)를 옮기면 다음과 같다(편의상 영어 문장을 의역하였음).

· (Ford社의 "Global 6-Panel Reporting Standard 6 패널을 이용한 보고 기준)

1) '6-Panel Problem Resolution'은 DMAIC+R(Replicate) 각 Phase에 꼭 필요한 핵심 사항과 데이터를 담아내도록 고안된 수준 높은 (문제해결용) 문서로,
2) 과제 수행팀은 표준 문서의 도움을 받아 DMAIC+R Phase의 수행 실적을 최소 분량으로 완결할 수 있음.
3) DMAIC+R 각 Phase별로 제공된 간소하고 표준화된 패널(표 양식)을 사용하되, 필요 시 보충 자료를 첨부할 수 있으며, 임원에게 보고 시 6장의 요약 패널로 소통하도록 함. 팀이나 조언자에겐 추가 장표까지 설명.
4) 모든 사업 단위에서 사용 가능한 형식이 되도록 최상의 사례와 6시그마 방법론을 결합하여 문제 해결 절차를 표준화하고,
5) 수행 결과는 보고를 위해 재작성하는 일 없이 경영자와 쉽고 일관된 소통을 유지하며,
6) 경영자가 6시그마 훈련 방법론의 방침에 따라 질문할 수 있도록 권장함.

'주석 23)'의 출처에 따르면 '6-Panel(6장의 표 양식)'에 들어갈 내용은 다음 [그림 4-1]과 같다(정보 왜곡을 피하기 위해 원문 그대로 옮겨놓음).

23) <문헌 출처> http://www.tlamatini.com/uploads/files/6panel_training%20uia_1.ppt

[그림 4-1] 6-Panel Process Layout

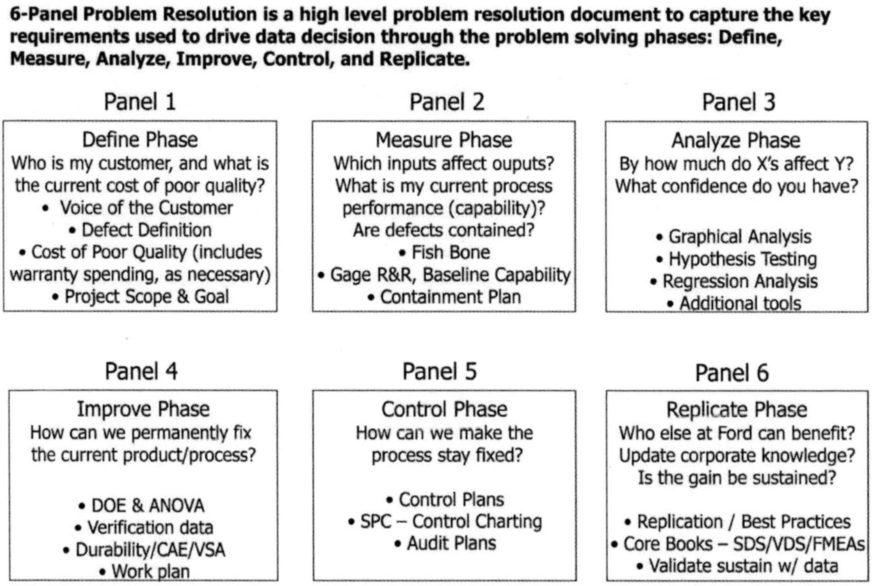

6-Panel Problem Resolution is a high level problem resolution document to capture the key requirements used to drive data decision through the problem solving phases: Define, Measure, Analyze, Improve, Control, and Replicate.

Panel 1	Panel 2	Panel 3
Define Phase Who is my customer, and what is the current cost of poor quality? • Voice of the Customer • Defect Definition • Cost of Poor Quality (includes warranty spending, as necessary) • Project Scope & Goal	Measure Phase Which inputs affect ouputs? What is my current process performance (capability)? Are defects contained? • Fish Bone • Gage R&R, Baseline Capability • Containment Plan	Analyze Phase By how much do X's affect Y? What confidence do you have? • Graphical Analysis • Hypothesis Testing • Regression Analysis • Additional tools

Panel 4	Panel 5	Panel 6
Improve Phase How can we permanently fix the current product/process? • DOE & ANOVA • Verification data • Durability/CAE/VSA • Work plan	Control Phase How can we make the process stay fixed? • Control Plans • SPC – Control Charting • Audit Plans	Replicate Phase Who else at Ford can benefit? Update corporate knowledge? Is the gain be sustained? • Replication / Best Practices • Core Books – SDS/VDS/FMEAs • Validate sustain w/ data

[그림 4-1]은 각 패널에 어떤 내용을 넣어야 할지 규정한 요약서이다. 실제 활용되고 있는 각 Phase별 패널(표 양식)에 관심 있는 독자는 '주석 23)'의 출처를 방문하기 바란다(PPT 파일로 제공됨).

2002년 12월 말까지의 자료에 의하면 '6-Panel'이 'Ver. ○○'처럼 지속적인 업그레이드 관리가 이루어졌으며, 이는 시행착오를 거치는 동안 전 세계의 모든 포드 사업장에서 하나의 표준이 된 것으로 보인다.

해외의 유사 사례 하나를 더 들면 2001년도 Jay Arther가 쓴 "Six Sigma Simplified, Quantum Improvement Made Easy"란 책이 있다. 필자인 Jay는 간접부문(Transaction)이나 IT를 기반으로 한 6시그마 개선 활동에 많은 경험을 가진 전문가로 Green Belt를 위한 서적 출판 등 '개선' 중심의 단순화 방법론에 선견지명을 가진 사람들 중 한 명이다. 단순화, 즉 '개선'에 초점을 맞춘 과제 수행 방법론을 강조했는데 그의 생각을 간단히 엿보기 위해 "Six Sigma Simplified, 2nd Edition"의 목차 일부를 다음 [그림 4-2]에 옮겨보았다.

[그림 4-2] 서적 'Six Sigma Simplified'의 관련 목차

[그림 4-2]를 보면 "Focused Improvement"란 주제로 단순 방법론을 피력하고 있는데 특히 '속도(Speed)'를 높이는 접근과, '품질(Quality'을 높이는 접근을 나누어 방법론적으로 설명하고 있다. 또 아래 'Design for Six Sigma(DFSS)' 도 언급하고 있는데 'DFSS(연구 개발 방법론)'의 핵심 도구들 중 과제 시작 초기에 쓰이는 'QFD'와, 마무리에 쓰이는 'DOE'를 강조하고 있는 점이 두드

러진다. 이렇게 본다면 6시그마를 탄생시킨 미국 내에서조차 단순화 방법론에 대한 다양한 방식의 깊이 있는 연구가 이루어져 왔음을 엿볼 수 있다.

국내 경우로 돌아오면 기업마다 자사 특성에 맞는 단순 방법론을 어떻게 내재화했는지 모두 확인하긴 어렵다. 그러나 컨설팅을 하면서 접해본 바로는 Ford社의 경우와 상황적으로 크게 다르진 않다. 단지 그 시기가 2000년대 중반쯤 가시화되면서 Ford社를 좋은 사례로 벤치마킹하게 된 점이 특징이라면 특징이다. 왜 6시그마 도입시기가 비슷한 Ford社에 비해 간편화 방법론에 대한 고민 시점이 늦어진 것일까? 추측건대 2000년 초기 국내 여건은 6시그마가 봇물처럼 확산되는 시기였고 특히 사무 간접 부문으로의 전파가 큰 이슈거리였다. 지금은 참고할 사례가 많아 부서별 B/P(Best Practise)를 수소문하던 시기는 지났지만 당시로선 구매, 영업, 인사 등 좋은 사례를 찾아봐달라는 요구가 무척 많았다. 내재화 같은 '수렴'보다 '발산'에 시간과 노력을 더 쏟았던 시기로 그만큼 단순화 연구에 대한 관심과 기회는 적었을 것으로 추정된다.

물론 집중적으로 고민은 하지 않았지만 동일한 생각은 일찍부터 하고 있었다. 과제의 Define Phase가 '배경 기술 → 문제 기술 → 목표 기술 → 효과 기술'과 같이 상황을 조리 있게 표현하는 이점을 살려 과제뿐 아니라 모든 보고자료를 동일한 형식으로 전환하자는 얘기도 흘러나왔다. 아마 경영 혁신을 3년 이상 접해본 기업이면 사무국이나 운영팀에서 이와 같은 기획을 한두 번은 하지 않았을까 생각된다. 조사한 바에 따르면 '삼성 그룹'의 경우 2005년 4월 초 그룹 6시그마 아카데미 차원에서 Ford社 '6-Panel'을 벤치마킹한 후 "DMAIC Phase별 각 1장+수평 전개와 사후 관리용 Finish 1장" 해서 '총 6 장'으로 표현하도록 계열사에 주문한 것으로 알려져 있다(Easy Six Sigma). 그 외에 컨설팅차 방문했던 많은 기업에서 유사한 형식의 접근을 주문한 경우가 있어 사실 다양한 연구와 고민이 이루어져 왔던 것만은 분명하다. 다음은 기존 6시그마 방법론에 대해 일반적으로 현업 리더들이 요구하는 VOC를 정리한 예이다.

[표 4-1] 6시그마 과제 추진 시 현업 VOC 수집 예

VOC	□ 6시그마를 위한 6시그마를 하면 안 되고, 효율적으로 추진할 필요가 있다. 간단히 할 수 있거나 부가가치가 없는 것까지 6시그마 과제로 추진함에 따라 지나치게 많은 Paper Work에 몸살을 앓을 지경이다. □ 과제 수행 시 문서 작성 등에 어려움이 많고 불필요한 절차를 수행한다. □ 간단한 GB과제도 각종 분석 툴을 사용하고, 도표 넣고 파워포인트로 정리 및 검토하는 부가업무 때문에 낭비가 많이 발생한다. □ 과제를 수행하면서 수십 장에서 100장 이상의 문서를 작성하여 Paper Work만 잘하면 6시그마를 잘하는 것처럼 생각한다. □ 6시그마를 쉽게 해서 질 낮은 과제를 양산할 게 아니라 제대로 된 과제를 하나라도 잘 만드는 것이 중요하다.

사실 [표 4-1]의 내용처럼 6시그마 도입으로 과제들의 장표를 불필요하게 늘렸다고 보는 시각은 현실을 잘못 호도한 것이다. 6시그마 과제 때문에 장표가 늘어난 것이 아니라 과제에 맞는 '방법론(Methodology)'을 잘못 선택한 때문으로 해석해야 한다. 좀 강하게 표현하면 이유는 두 가지이다. 하나는 '무지'이고, 다른 하나는 전사 경영 혁신을 진두지휘하는 '혁신 사무국의 아집'이다. '무지'는 과제 수행에 기본으로 쓰이는 'D-M-A-I-C'가 사실은 모든 과제에 적합한 로드맵이라기보다 난이도가 높고 해결 노력이 매우 큰 과제 규모나 상황에 맞게 개발된 것임을 이해 못 하는데서 시작된다. 마이클 해리가 이 방법을 정립한 당시로 거슬러 올라가면 문제의 본질은 확실해진다. 답을 어느 정도 알고 있는 문제임에도 온갖 데이터를 수집해 몇 날을 끙끙대며 고민하는 일에 'D-M-A-I-C'가 적합하다고 주장했다면 지금의 'D-M-A-I-C'는 아마도 사장됐거나 큰 호응을 얻는 데 실패했을 것이다. 당시 상황을 떠올리면 모토롤라는 일본의 품질을 기반으로 한 시장 확대에 엄청난 위기를 안고 있던 시점이었다. 회사가 살아남기 위해 제품의 어떤 문제를 해결해야 할지 매우 진지하고 해결 방안이 당장 떠오르지 않는 어려운 상황 속에서 'D-M

－A－I－C'가 탄생했다.[24] 따라서 단순 유형까지 포함한 모든 문제를 해결하기 위해 'D－M－A－I－C' 같은 고급 로드맵이 적합하다고 보는 것은 어불성설이다. 단순한 과제엔 단순한 로드맵을 써야 한다. 과제가 어렵고 고민할 것이 많으면 당연히 'Paper 양'도 늘어나야 하지 않겠는가?

또 두 번째 이유인 '사무국의 아집'은 학습적 차원에서 모든 리더 과제들은 'Easy'한 방법론으로 해서는 안 된다고 공식화하는 예이다. 마치 교육을 받은 리더들은 모두 'DMAIC'를 확실히 알아야 하고 그를 위해 간단한 과제라도 'DMAIC'로 전개해서 학습적 효과를 높여야 한다고 주장한다. 그러나 교육 후 최초 과제에만 'DMAIC 로드맵'을 쓰도록 하는 등의 정책이 아니라 모든 과제가 모든 기간에 걸쳐 'DMAIC', 'DMADV' 전 Phase를 밟도록 정책화한다면 당연히 단순한 과세의 속성상 활용이 불필요한 'Step'들을 채우느라 맘고생을 할 것은 뻔하다. 또 그에 따른 불만의 'VOC'는 늘어날 수밖에 없다. 악순환이 시작되는 것이다.

이제는 이 같은 불합리하고 적절치 못한 수행 방법은 모두 걷어내고 몇 단계 'Jump－up' 해야 할 시점에 이르렀다. 국내 기업들의 그동안 경영 혁신 운영 노하우로 짐작건대 분명 좋은 기회가 올 수 있는 기본 터는 완벽하게 닦아 놓은 상태다. 가까운 미래에 높은 수준의 내재화가 이루어질 수 있다고 확신하면서 '단순 분석 방법론'에 대한 사례의 예로 들어가 보자.

Define

회사의 전략과 연계돼 과제가 발굴되면 다양한 종류의 해야 할 일(과제)들

24) Define은 당시엔 없었고 GE에서 추가하였다.

이 목록화되며, 그들 중 [그림 - 10]의 "문제 해결 방법론 선정도"에 따라 "콘셉트 설계가 없으면서 Analyze Phase에서의 통계 분석이 간단할 것"이 만족되면 '단순 분석 방법론'이 유용하다고 설명한 바 있다.

'단순 분석 방법론'의 'Define Phase'는 '프로세스 개선 방법론'과 '빠른 해결 방법론'의 '과제 기술서'와 동일하다. 즉, 한 장으로 구성된 양식에 '과제 선정 배경 기술', '문제 기술', '목표 기술', '효과 기술', '범위 기술', '팀원 기술', '일정 기술' 모두를 요약하며, 특히 '빠른 해결 방법론'의 Define Phase에서 설명했듯 이들 '세부 로드맵'이 이야기 또는 줄거리(Storyline) 형식이 되도록 구성한다. 예를 들어 "3C 관점에서 세상은 다 저렇게 흘러가는데(과제 선정 배경 기술), 그를 못 쫓아가는 우리의 문제가 무엇이며(문제 기술), 그 문제를 극복하면 목표가 달성되고(목표 기술), 달성된 차이만큼 재무성과가 기대된다(효과 기술). 이를 이루기 위해 프로세스와 공간, 유형적 범위는 어디까지이고(범위 기술), 그 범위 속의 전문가와 함께해야 성공 가능성이 높아지므로 누구누구를 팀원으로 선정하며(팀원 기술), 그들과 어느 기간에 걸쳐 과제를 수행할지를 결정한다(일정 기술)"와 같이 이야기 흐름을 타도록 과제 전체의 줄거리를 구성해주는 것이 중요하다. [그림 4 - 3]은 'Define Phase'의 파워포인트 작성 예이다.

[그림 4 - 3]은 한 기업의 연간 본사 행사 비용 30% 절감을 목표로 수행될 과제이며, 특히 행사 비용의 규모와 빈도 등이 대부분 알려져 있고, 또 그동안의 관리를 통해 어떤 항목을 줄여야 하는지 어느 정도 감이 잡혀 있는 상황에 있다(고 가정한다). 우선 '과제 선정 배경 기술'에서는 '3C' 중 '자사(Company)' 관점에서 경영진들의 경영 회의 결과 지난 5년간 매출액 대비 경비가 연평균

[그림 4-3] 'Define Phase' 작성 예

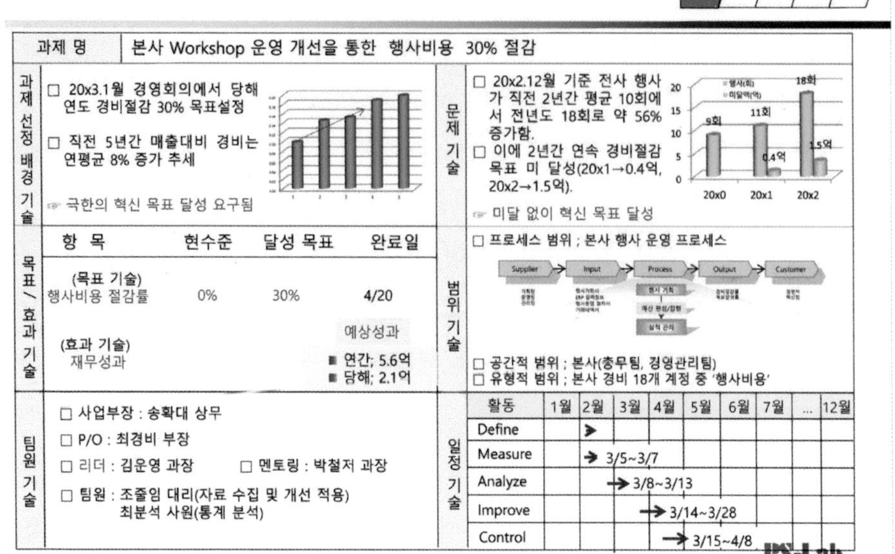

8% 이상 지속적 증가 추세임을 지적하며, 당해 30% 이상이라는 극한의 경비 절감 목표를 제시하고 있다(고 가정한다). 이어 '문제 기술'은 본사의 행사 수가 직전 연도 대비 56%나 늘어난 점과, 특히 기존 경비 절감 목표를 계속 달성하지 못한 '행사 비용'의 문제점을 강조하고 있다. '목표 기술'은 앞서 문제 기술에 따라 '행사 비용 절감률'을 직전 연도 대비 '30%' 이상 향상시킴을, 이어 '효과 기술'은 재무성과로 연간 '5.6억' 달성을 제시하고 있다. '범위 기술'은 본사의 '행사 비용'과 관련된 프로세스 범위와, 공간적·유형적 범위를 정하고 있고, 이어 팀원 및 일정에 대해 기술하고 있다. 특히, '일정 기술'은 '3/5～4/8'까지 약 한 달 동안 수행하되, 먼저 최적화된 내용을 실제 프로세스

에 적용해가는 방식으로 Control 기간이 Improve 수행 기간과 일부 겹쳐지도록 설정했다(고 가정한다).

Measure

Measure Phase는 'Y의 선정'에 '운영적 정의'와 '성과 표준'이, '현 수준 평가'에 '현 프로세스 능력 평가'가 핵심이다. 또 'Y'의 '현 수준'과 '목표 수준'의 간격을 줄여줄 '잠재 원인 변수의 발굴'도 포함한다. 다음 [그림 4-4]는 'Measure Phase'의 파워포인트 작성 예이다.

[그림 4-4] 'Measure Phase' 작성 예

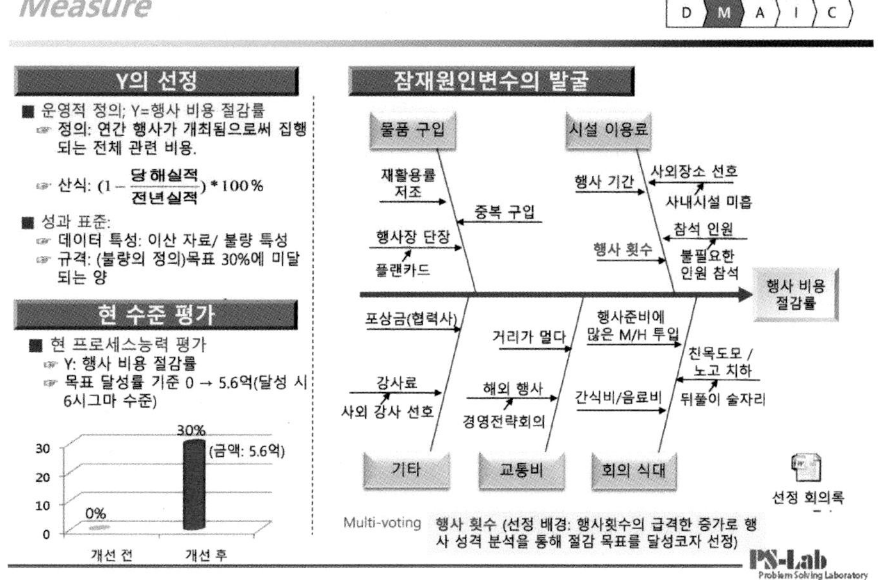

[그림 4－4]를 보면 '운영적 정의'로 '산식'이 쓰였고, 'Y＝행사 비용 절감률'이 '비율'이므로 '이산 자료'이면서, '산식'의 분자 값이 분모 값보다 커질 수 없는 '불량 특성'에 해당한다. 따라서 '성과 표준'은 '불량의 정의'로써 '목표 30%에 미달되는 양'을 설정하고 있다(분자인 '전년 실적－당해 실적' 값이 양품 개수에 해당). 또 '현 수준'은 '행사 비용 절감률'이 전년도 대비 아직 달성된 바 없으므로 '0 시그마 수준'이, '목표'인 30%(5.6억)를 달성하면 '6시그마 수준'이 됨을 명시하고 있다. 특히, 이와 같은 척도(시그마 수준, %, 억 등) 들 중 가장 중요한 표현이 '5.6억 이상' 달성했는지가 전달력과 호소력이 가장 크므로 나머지 '시그마 수준', '%' 등은 '보조 지표'로써 의미를 갖고 실질적으로는 금액으로의 표현인 '억'이 '주 지표' 역할을 한다. 과제 발표를 참관하다 보면 현 수준 '0시그마 수준', 목표 수준 '6시그마 수준'이라고 발표하는 걸 가끔 보는데, 이 같은 과제 유형 경우 '시그마 수준'은 '보조 지표'의 성격을 띠므로 그냥 "5.6억을 달성하는 과제"라고 설명하는 게 좋다.

'잠재 원인 변수의 발굴'은 '특성 요인도'의 사용을 권장한다. 분석 대상에 대해 어느 정도 윤곽을 잡고 있는 상황이므로 팀원들과 향후 분석하게 될 '잠재 원인 변수'를 브레인스토밍하면서 심증을 굳히는 과정으로 활용한다. [그림 4－4]를 보면 첫 분류를 '물품 구입', '시설 이용료', '교통비', '회의 식대' 등으로 나누고 있으나 어떻게 시작할지 모호한 경우면 일반적으로 잘 알려진 '5M－1I－1E'를 적용하거나 '빠른 해결 방법론'의 'W Phase'에서 보였던 '[표 2－1] 최초 원인 계의 범주'를 참고한다. [그림 4－4]에서는 '절감률'에 영향을 줄 여러 변수가 발굴되었으나 그동안 관리해온 담당자들이 '행사 횟수 vs. 비용' 간 분석을 통해 문제의 핵심에 근접할 수 있다는 의견에 따라 '행사 횟수' 하나만을 선정하였다(고 가정한다).

Analyze Phase는 데이터를 분석하는 과정으로 통상 '가설 검정(假說檢定, Hypothesis Testing 또는 Test of Hypothesis)'으로 요약된다. 앞서 선정된 '잠재원인 변수'가 'Y'에 영향을 미칠 것이란 설정은 '가설(Hypothesis)'이고, 이를 자료로부터 확인하는 과정이 '검정(Test)'이다. '단순 분석 방법론'에서는 큰 이변이 없는 한 숫자로 분석하는 '통계적 가설 검정(Statistical Hypothesis Testing)'을 지칭할 것이다. 물론 '벤치마킹(Benchmarking)'이나 '전문가 의견', '기술 자료 분석'과 같은 '정성적 자료 분석'도 본 Analyze Phase에서 수용은 하나 이 부분은 '즉 실천(개선)'을 적용하거나 또는 처한 상황에 맞게 각자가 응용적 차원에서 활용하고 별도의 설명은 생략한다.

'통계적 가설 검정'은 '통계적(統計的)'의 표현이 의미하듯 "모아서 계산하는"이다. "모아서 계산"하려면 기본적으로 '숫자'가 필요하다. 또 '숫자'는 '연속 자료'와 '이산 자료'가 있고 'Y'와 'X'가 어디에 속하느냐에 따라 분석적 접근도 차이 난다. 다음 [그림 4-5]와 [그림 4-6]은 데이터 유형별 '가설 검정 도구'를 선정하는 데 큰 도움을 주는 흐름도이다. 각각 '분석 4-블록'과

[그림 4-5] 분석 4-블록

X \ Y	연속 자료	이산 자료
연속 자료	✓ 그래프: 산점도 ✓ 통 계: 상관 분석 회귀 분석 ①	② ✓ 그래프: 파레토 차트, 기타 ✓ 통 계: 로지스틱 회귀 분석
이산 자료 (범주 자료)	③ ✓ 그래프: 상자 그림, 히스토그램, 다변량 차트 ✓ 통 계: 등 분산 검정, t-검정, 분산분석, 비모수 검정	④ ✓ 그래프: 막대 그래프, 기타 ✓ 통 계: 1-표본 비율검정, 2-표본 비율검정, 카이 제곱 검정

'분석 세부 로드맵'으로 불린다.

[그림 4-6] 분석 세부 로드맵

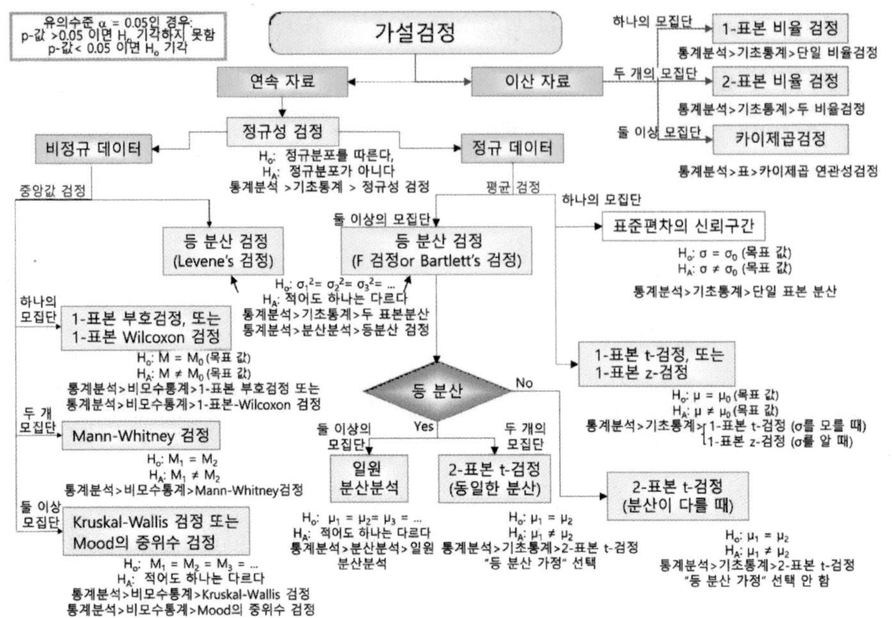

경영 혁신이 기업 내 자리 잡으면서 통계 분야가 학문적 측면에서 기업인들도 쓸 수 있는 실용적 측면으로 변모된 예들 중 하나가 바로 [그림 4-5]와 [그림 4-6]이 아닌가 싶다. 복잡하고 어렵게만 느껴지던 통계 도구들이 한눈에 들어오도록 정리됐을 뿐만 아니라 선택에 있어서도 매우 손쉬운 정보를 제공한다. 예로 [그림 4-5]는 '분석 4-블록'으로 지칭하는데, 만일 'X-연속 자료, Y-연속 자료'이면 그래프는 무작정(?) '산점도'를, 수치 분석은 '상관 분석'과 '회귀 분석'을 사용하도록 안내한다. 또 'X-범주 자료, Y-연속 자료'이면, 그래프는 대부분 '상자 그림(Box Plot)'을, 수치 분석은 '등 분산 검정'이나 't-검정', 'ANOVA' 등이, 'X-범주 자료, Y-이산 자료'면, 그래프는 각종 '차트' 등이, 수치 분석은 '1-표본 비율 검정'이나 '2-표본 비율 검정', '카이 제곱 검정' 등이 안내된다. 특히 [그림 4-5] 내 '블록-③'과 '블록-④'에 해당하면 적합한 통계 도구를 찾기 위해 [그림 4-6]을 이용한다.

[그림 4-6]은 'Y'가 '연속 자료'인지 '이산 자료'인지를 먼저 결정해야 하는데 우선 전자일 경우 세 가지의 확인 절차가 필요하다. 즉, 데이터 분포인 '모양'과 '산포' 그리고 '평균'이 그것이다. 첫 관문인 '정규성 검정'이란 수집된 데이터의 '모양'인 분포를 확인하는 절차이다. 종 모양의 '정규성'을 보이면 오른쪽 길을 택하지만 '정규 분포'를 하지 않으면 왼쪽으로 간다. 만일 '정규 분포'라면 다음은 '흩어짐 정도'인 '산포'를 비교한다(등 분산 검정). '산포'가 다르면 비교 집단의 모집단은 서로 다르다고 판단한다. 만일 '산포'가 통계적으로 차이가 없다는 결론에 이르면 끝으로 '평균'의 비교로 넘어간다. '평균' 비교는 데이터 군이 한 개면 '1-표본 t' 또는 '1-표본 z'를, 두 개면 '2-표본 t'를, 두 개 이상이면 '일원 분산 분석(ANOV)'을 선택한다.

'Y' 데이터가 '이산 자료'면 맨 처음 길에서 오른쪽의 '이산 자료' 쪽으로 바로 들어가 검정 대상이 비율 한 개면 '1-표본 비율 검정'을, 두 개면 '2-표본 비율 검정', 두 개 이상이면 '카이 제곱 검정'을 선택한다. 이들에 대한 활용 예 등은 「Be the Solver_프로세스 개선 방법론, 또는 확증적 자료 분석」 편을 참고하기 바라고 본문에서의 설명은 생략한다.

다시 본문의 예인 '행사 비용 절감' 과제로 돌아와 분석을 수행해보자. 분석은 Measure Phase에서 발굴된 '잠재 원인 변수'인 '행사 횟수'에 대해 기존 자료를 수집하여 분석한다(고 가정한다). 물론 상황에 따라 분석 양이 증가할 수 있으나 기본적으로는 파워포인트 한 장에 요약할 수 있다고 가정한다. 만일 분석 양이 한 장을 넘어가는 경우 '개체 삽입' 방식을 우선 적용해본 후, 파워포인트 장표를 더 늘릴 것인지 여부를 결정한다. 다음 [그림 4-7]은 파워포인트 작성 예이다.

[그림 4-7] 'Analyze Phase' 작성 예

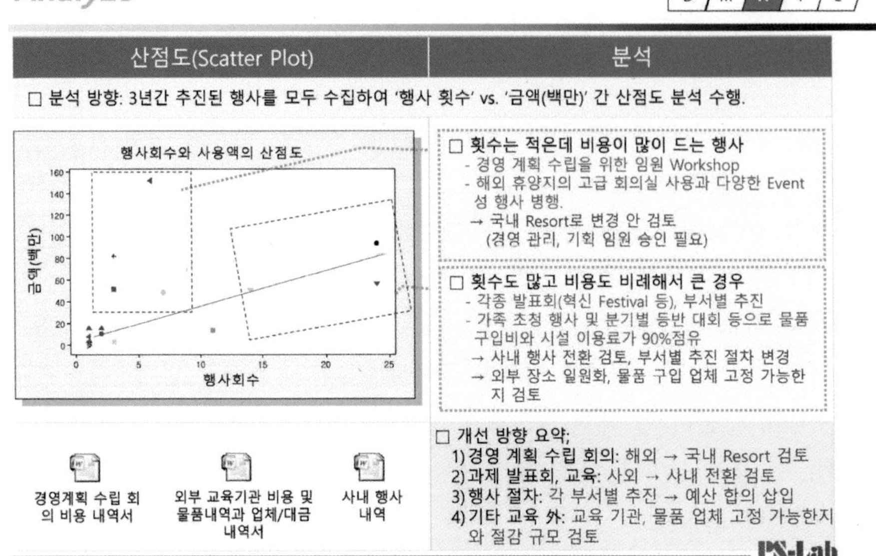

[그림 4-7]은 '행사 횟수 vs. 금액(백만)'의 그래프와 분석 내용을 보여주며, [그림 4-5]에 따르면 'X-연속 자료, Y-연속 자료'이므로 그래프는 '산점도'이다. 우선 '산점도'에서 '행사 횟수'가 적은데도 불구하고 '행사 비용'이 많은 유형들은 해외에서 거행된 임원 워크숍임이, 또 횟수도 많고 비용도 비례해서 증가하는 유형들은 과제 발표회, 이벤트성 행사 등임이 조사되었다. 그러나 분석에서 가장 중요하게 생각할 내용이 있는데 바로 '개선 방향'을 얻는 일이다.

'개선 방향'은 Analyze Phase의 '산출물'이다. 통계 분석 결과 'p-값'이 '0.004'가 나와 '대립가설'을 채택하고 '~유의함'으로 종결지으면 분석 관점에선 30점짜리나 마찬가지다. 분석의 목적이 프로세스의 어디가 아픈지 찾아내 그를 치유하는 데 있음에도 핵심을 지적하지 않고 숫자로만 '~유의함'으로 마무리 지으면 이어질 'Improve Phase'는 받아갈 게 없다. 로드맵은 흐름에 근거하므로 다음 '세부 로드맵'에서 해야 할 일을 그 전 '세부 로드맵'에서 만들어주지 않으면 방법론 쓰임새는 무용지물이다.

[그림 4-7]에서 해외 임원 워크숍 거행은 '국내 리조트'로의 변경을, 또 행사 횟수에 비례한 비용 경우 외부에서 이루어지던 교육은 '내부 시설 이용'으로, 물품 구입은 '업체와의 사전 계약' 등의 '개선 방향'을 제시한다. 행사 때마다 여러 경로로 구매하던 물품을 일괄적으로 한 업체와 연간 계약하면 판매 보장으로 단가 절감 효과가 기대되기 때문에 경비 절감 시 자주 쓰이는 방법 중 하나이다(라고 가정한다). 그 외에 부서별 독자적으로 운영되던 경비 처리를 '합의'토록 하는 절차를 추가하는 방안도 '개선 방향'에 포함시키고 있다. 이것은 쓰임새에 대한 경각심을 불러일으키는 동시에 중복이나 불필요한 비용 처리의 폐단을 막기 위한 좋은 해법 중 하나다.

[그림 4-7]의 아래쪽엔 임원 워크숍의 비용 조사 내역과 외부 교육 기관 사용 실태 및 비용 내역, 행사 기간 중 사용 물품 내역 및 관련 업체 목록, 사내 주요 행사 목록 등 주요 내용들의 근거 자료를 '개체 삽입'으로 처리하였다(고 가정한다).

[그림 4-7]의 분석을 위해 반드시 그래프만 사용할 필요는 없다. 그래프 자리에 '가설 검정'이 올 수도 있고, '회귀 분석'이나 '프로세스 능력 분석' 등 Measure Phase에서 발굴된 원인 변수의 특성에 맞게 도구 선정과 내용을 처리하는 것이 중요하다. 주어진 공간의 활용은 상황에 맞게 유연하게 대처한다.

'Improve Phase'는 Analyze Phase에서 얻은 '개선 방향'을 실제 프로세스에 적용할 수 있도록 구체화 아이디어(최적 대안)로 전환시킨 뒤 '최적화'하는 영역이다. 여기서 '최적화'란 현재 프로세스의 바뀐 모습, 즉 '개선된 모습'을 보여준다. 절차가 바뀌었으면 바뀐 절차가 무엇인지, 구조가 바뀌었으면 바뀐 구조가 어떤 것인지, 공법이 바뀌었으면 바뀐 공법의 특징과 작동 원리는 무엇인지 등을 이미지나 스케치, 또는 구체적 기술을 통해 제3자로 하여금 "아! 저런 모습으로 바뀐 것이군" 하고 쉽게 이해할 수 있게 표현한다. 변경된 모습을 본인만 알고 표현도 본인의 시각으로만 나타내면 자료로서의 가치는 반감한다.

그럼 Improve Phase에서의 '최적화'란 어느 수준까지 프로세스를 변경해야 하는 걸까? 최소와 최대 두 개의 상황으로만 나누어 설명하면 '최소의 최적화'는 "이렇게 바뀔 겁니다" 하고 문서만으로 표현한 경우(즉, 현재 바꾸는 중이거나 곧 바뀐다는 의미의 최적화)이며, '최대의 최적화'는 "실제 프로세스를 바꾼 상태(즉, 개선이 적용된 상태)"에 해당한다. 그러나 '최적화'를 문서로 표현한 시점이 '최소의 최적화'든, '최대의 최적화'든, 아니면 그 둘의 중간 어디쯤의 상황이든 공통적으로 Control Phase에 이르러서는 실제 프로세스에 모두 적용해 작동되고 있어야 한다. 그래야 실 상황에서의 장기적 성향을 파악할 수 있다. 따라서 어쩔 수 없는 상황이 아니면 가급적 Improve Phase에서 실제 프로세스에 최적화 내용이 적용되도록 조치하는 것이 바람직하다(최대의 최적화). 참고로 이 Phase에서 쓰일 도구(Tools)는 '빠른 해결 방법론'의 'Step-6. Do/Check'의 'Step-6.1. 개선 실행/기대 효과'의 내용과 동일하므로 그를 참조하고 본문에서의 설명은 생략한다.

[그림 4-8] 'Improve Phase' 작성 예

Improve

D M A I C

개선 방향	최적화	기대 효과	보충 자료
1) 경영 계획 수립 회의: 해외 → 국내 Resort 검토	□ 해외 유명 휴양지 평균 1억 5천 소요 → 국내 중급 OO Resort 와 협약 시 120백만 절감 □ 최고급 △△Resort 협약 시 8천만 절감	최대 130백만 절감	국내 Resort 비용조사 보고서
2) 과제 발표회, 관련 교육: 사외 → 사내 전환 검토	□ 혁신 Festival, GB교육 → 사내 대회의실(40명 수용)로 전환 □ 노경W/S, 각종 설명회(15종) → 본사 VIP 접견실로 전환(15명 수용, 화상 회의 가능)	72백만 절감	절감금액 분석 보고서
3) 행사 절차: 각 부서별 추진 → 예산 합의 삽입	□ '예산 승인부서 합의' 단계 삽입 기안문 작성 → 품의(승인) → 예산 승인 부서의 합의 → 예산집행 → 전표 승인	110백만 절감	절차 변경 전후 비용절감 분석 보고서
4) 리더 교육 外: 교육 기관, 물품 업체 고정 가능한지와 절감 규모 검토	□ 사외 교육기관 A, K 협약 가능 (34백 절감) □ 물품 업체 4곳 구매 계약 가능	최대 250백만 절감 가능	기관, 업체별 가격조정 내역서

PS-Lab
Problem Solving Laboratory

[그림 4-8]은 Analyze Phase의 '개선 방향'이 입력으로 들어와 그에 걸맞은 구체화된 아이디어(최적 대안)를 창출한 뒤, 실제 프로세스에 '최적화'시킨 예이다. 제일 첫 번째 '개선 방향'인 "임원 해외 워크숍을 국내 리조트로 돌리는 건"에 대해 국내 고급과 중급을 조사한 결과 전자의 경우 연간 8천만 원, 후자의 경우 최대 1억 3천만 원을 절감할 수 있다(고 가정한다). 이 같은 옵션(최적 대안)은 사업부장이 의사 결정할 때 선택의 폭을 넓혀주는 역할을 한다. 그 외에 사내 교육 시설의 사용, 행사비 처리 절차의 개선, 물품 업체 사전 계약 등으로부터 전체 약 4억 9천5백만 원의 절감 효과를 기대한다(고 가정한다).

한 가지 짚고 넘어갈 것이 있다. Analyze Phase에서 산출물이 '개선 방향'이었던 것과 같이, Improve Phase에서 산출물은 '기대 효과'이다. [그림 4-8]을 보면 열 이름 중 '기대 효과'가 있다. Measure Phase로 잠시 돌아가면, 과제 'Y'의 '현 수준'과 '목표 수준'을 정하고 그 차이를 메우기 위해 '잠재 원인 변수'를 발굴하였다. 이를 Analyze Phase에서 분석을 통해 프로세스의 이러저러한 부분을 바꿔야 한다는 '개선 방향'이 나왔고, 다시 '개선 방향'을 Improve Phase로 끌고 들어와 그로부터 '최적 대안'을 발굴한 뒤 실제 프로세스를 바꿔주는 '최적화'를 구현하였다. 결국 '최적화'의 존재 이유는 위로 거슬러 올라가 과제 'Y'의 '목표 수준'을 달성하기 위한 과정이라는 결론에 이른다. 따라서 지금과 같이 '최적화'를 이룬 시점에 우리에게 관심 있는 사항은 오직 "그를 통해 얻을 수 있는 'Y의 향상분'이 얼마인지"가 중요하다. '최적화'가 모두 이루어져 잘 운영된다고 가정할 때 '기대 효과'로부터 '약 5억 원'의 효과를 기대할 수 있으며, 이는 애당초 목표인 '5.6억'에 근접한 금액이다. [그림 4-8]의 맨 끝 열에 위치한 '보충 자료'는 각 '최적화'별 재무성과 산정의 근거 내역이 '개체 삽입'돼 있다.

Control

'Control Phase'는 최적화된 프로세스 상태가 앞으로도 계속 유지될 것인지를 확인하는 과정이다. 그러기 위해서는 철저한 검증과 유지 관리 정책이 필요하다. 일반적으로 과제 수행 기간 내 이루어지므로 길어야 최대 4주 정도가 할당된다. 이 기간 동안 실제 프로세스 상황에서 최적화 내용들이 확실하게 작동하는지, 또 장기는 아니지만 그래도 4주 정도 운영해서 나온 데이터로부터 향후 장기 수준이 어느 정도 될 것인지 추정해낸다. 무엇보다 소규모나 아주 괜찮은 환경에서 좋아질 것이라 기대했던 Improve에서의 추정 값들과 달리 전혀 예상치 못한 악재가 나타날 수 있으므로 이에 대한 대책도 필요하다. 그렇다고 '프로세스 개선 방법론'이나 '빠른 해결 방법론'처럼 규모 있게 추진하거나 위험 관리 차원의 '잠재 문제 분석(PPA, Potential Problem Analysis)'을 수행할 필요는 없다. 분석 대상이 한두 개로 적었고, 최적화 역시 작은 범위에서 이뤄지기 때문이다. 다만 과제 초반 목표로 했던 값들에 도달했는지 확인할 목적의 '관리 계획 수립'과 '관리 계획 실행'을 철저히 이행한다.

'관리 계획(Control Plan) 수립'은 '최적화 내용'이 앞으로도 계속 잘 유지되는지 확인할 목적으로 '관리 계획서'를 작성하는 활동이다. 이에 대해서는 '빠른 해결 방법론'에서 자세히 언급했으므로 본문에서의 설명은 생략한다. 다만 어떤 항목을 어떤 방식으로 관리할 것인지 계획서에 잘 기록하는 것이 중요하다. '단순 분석 방법론' 경우 통상 한 개, 많으면 두 개 정도가 대부분을 차지한다.

'관리 계획 실행'은 수립된 '관리 계획서' 내 관리 항목들을 정해진 기간 동안 모니터링하는 활동이다. 물론 실적을 확인하기 어려울 수도 있고, 상황에 따라 실행 자체가 불가할 수도 있다. 정해진 방법이나 방식이 있기보다 주어진 상황에서 '최적화 내용'이 유지되고 목표 달성이 가능할 것인지 확인하는 데 최선을 다하는 자세가 필요하다.

[그림 4-9]는 Control Phase 작성 예로 '빠른 해결 방법론'의 '관리 계획서' 양식을 약간 변형시킨 것이다. '단순 분석 방법론' 특성상 관리 항목이 많아야 2개 정도이므로 '관리 계획서'를 위해 많은 공간이 필요치 않다. 대신 장표 아래쪽에 '관리 계획 실행'에 대한 결과와, 목표 달성 여부를 판단할 효과 부분을 삽입하였다. 예에서 '관리 항목'은 기본적으로 'Y'인 '행사 비용 절감률'이 왔고, 두 번째로 '승인 부서 합의 준수율'을 뒀는데 이것은 새롭게 추가된 '합의' 절차를 본사 내 관리 부서들이 얼마나 잘 따르는지를 파악하기 위함이다(라고 가정한다). '합의 절차'가 잘 운영된다는 것은 즉흥적이거나 중복되는 행사를 미연에 방지함으로써 비용 절감 효과를 거둔다는 의미이므로 중요한 점

검 사항 중 하나다. [그림 4-9]의 아래쪽에 'p-관리도'로 약 4주간의 '승인 부서 합의 준수율'을 추적하고 있다. 결과에 따르면 초반 2주간은 잘 지켜지지 않다가 홍보가 강화된 3주 차부터 100% 수준에 이르렀음을 알 수 있다(고 가정한다). 그러나 과제 지표인 '행사 비용 절감률'은 4주 기간 내 자료화가 어려운 특성 때문에 확인할 길은 없다. 다만 교육을 사내 시설로 옮긴다든지, 해외 워크숍을 국내 리조트로 대체하는 등의 경영진 승인 사항을 근거로 향후 1년간 행사 운영 계획을 적용해 추정해볼 수는 있다(물론 확인을 위한 여러 아이디어들 중 하나가 될 것이다). 이 접근은 경영진이 승인한 사실을 토대로 추정한 값이므로 신뢰성이 매우 높은 특징이 있다.

[그림 4-9] 'Control Phase' 작성 예

Control

D M A I C

관리 계획서	Process: 본사 행사 운영 프로세스		고객: 경영진		고객요구: 행사 비용 절감 30% 달성	Y : 행사 비용 절감률
Process	검 토 사 항					이상 조치
	관리 항목	관리 규격	기록 방법	주기	담당자	
①	행사 비용 절감률	30% 이상	전년 동일 행사 대비 절감 비율	1회/월	홍길동	▪비율 미달 시 대책 마련
②	승인 부서 합의 준수율	100%	p 관리도	1회/월	이시유	▪100% 미달 시 원인 규명 후 조지
	표준Code	날짜	제·개정 내용		작성자	결재자

Process: 해당 부서 – 비용편성/기안문서 작성 → 경영관리 – 품의(승인) → 예산집행 → ② 예산승인 부서합의 → 재무팀 – ① 전표승인

※ 'Y'는 '사후 관리'까지만 목표 달성 여부를 판단하는 데 활용. 이후 지속 관리 여부는 별도 협의를 거쳐 결정할 예정임.

관리 계획 실행/ 성과

- 실행 기간: 3/15 ~ 4/10
- 관리 항목: 승인 부서 합의 준수율
- 담당자: 김운영, 조줄임
- 준수율=69.2%이나 홍보 후 100% 유지
- 완료 성과: 100%, 재무성과: 5.87억

50
32.3%
(금액5.87억)
0%
0
개선 전
개선 후

PS-Lab
Problem Solving Laboratory

지금까지 '단순 분석 방법론'에 대해 각 Phase별 내용과 사례에 대해 알아보았다. 기본 원칙인 "5장으로 끝낸다!"만 지켜주면 양식의 변형이나 다소 다른 형태의 접근도 허용되니 분야나 상황에 맞게 잘 응용해 사용하기 바란다. 물론 같은 기업 내에서 각기 다른 형식을 취하기보다 전사 운영 부서 등에서 양식이나 활용 안내 지침 등을 마련하는 것도 결코 잊어서는 안 될 주요 사항이니 꼭 유념해주기 바란다.

Ⅳ

즉 실천(개선) 방법론

양을 줄이고 또 줄이면 어느 선까지 축소할 수 있을까? 정답은 '즉 실천(개선)'까지이다. 과제를 수행하는 방법론 중에서 가장 짧고 빈도는 가장 높게 일어나는 유형 중 하나다. 이를 잘만 활용하면 규모 있는 과제도 잘게 쪼개서 손쉽게 목표에 도달할 수 있다. 잘 알려진 방식이므로 본문에서는 간단한 사례 소개 위주로 전개해 나갈 것이다.

즉 실천(개선) 방법론 개요

문제 해결 분야에서 용어의 출현 빈도도 매우 높고 실제 활용성도 뛰어난 방법론이 바로 '즉 실천'이 아닌가 싶다. 성격상 '즉 개선'이 적합하고 부르기도 좋은데 '즉 실천'이 워낙 오래전부터 사용돼 왔던 터라 새롭게 바꾸기보다 둘을 함께 쓰는 방식을 택했다. 그러나 이후 명칭은 '즉 실천'으로 통일하겠다. 영문으로는 'Quick Fix'로 쓰인다.

'즉 실천'의 정의는 사전에 나와 있진 않다. 다만 영문인 'Quick Fix'는 "일시 모면하는 해결(책), 응급조치, 즉효약"의 뜻으로 기업에서 쓰는 "문제를 바로 해결하는 방법"과는 의미상 거리가 있다. 바로 해결해버린다는 뜻이지 일시적으로 땜빵(?)하는 미봉책은 아니기 때문이다. 그와 별도로 사전에 'Quick Fix Solution'이 있는데 우리말로 "속효(速效)의 해결책"이다. 따라서 'Quick Fix'는 "효과가 바로 나타나는 해결책"이란 뜻의 'Quick Fix Solution'을 줄인 말로 이해된다. 의미야 어떻든 '문제 해결 방법론(PSM)'으로서의 '즉 실천'은 시간적으로 '즉시'이며, 방법적 측면에서 '간단히'로 대변되는 '빨리빨리 문화'에 익숙한 우리로선 매우 유용한 접근법임에 틀림없다. 따라서 앞으로 '즉 실천'할 수 있는 과제를 별도로 '즉 실천 과제'라 명명할 것이다.

지금까지의 용어 설명을 종합하면 바로 해결할 수 있는 과제를 '즉 실천 과제', 그를 처리하는 방법과 과정을 '즉 실천(개선) 방법론', 또는 줄여서 '즉 실천'이라 명하고, 영문은 'Quick Fix Solution' 또는 줄여서 'Quick Fix'로 정의한다. '방법론'이라 했지만 어차피 로드맵이 아닌 단 하나의 'Step'만 존재하는 꼴이므로 일을 시작함과 동시에(?) 결론을 얻는 '방법론=결과'의 형식을 띤다. 이어서 '즉 실천'의 '과제 관점'과, 과제를 수행할 때 그 안에서 처리해야 할 일, 즉 '해결책 관점'에서의 '즉 실천' 속성에 대해 알아보자.

'즉 실천 과제(Quick Fix Project)' 관점

'즉 실천(개선) 방법론'을 적용하기 위해서는 어떤 과제가 그 대상인지 미리 정해야 하는데, '[그림-10] 문제 해결 방법론 선정도'에서 이미 언급한 바 있다. 즉, "문제 해결 방향이 어느 정도 파악돼 있는 상태에서 콘셉트 설계가 필요치 않고 바로 해결이 가능한 과제"가 대상이다. 또 '단순 분석 방법론'과의 큰 차이는 '분석'할 내용이 아예 없어 Analyze Phase를 처음부터 고려할 필요가 없다는 점이다. 그러나 이 같은 '즉 실천 과제'의 선정 요건을 이해하는 것도 중요하지만 '과제의 성격'을 파악해두는 일도 매우 중요하다. 다음의 예를 통해 '즉 실천 과제'가 어떤 상태에 있을 때 부가가치를 낼 수 있는지 알아보자.[25)]

"사무실에서 일을 하던 중 12시 정오가 돼서 점심을 먹으로 간다고 가정해보자. 우선 누군가 잠입(?)해서 중요 자료를 훼손하면 곤란하므로 검토하던 각종 보고서는 서랍에 넣고 잠금을 하며, PC에 열려져 있던 문서 파일들도 일제히 정리한다. 이어 자리를 떠서 함께 갈 동료를 찾고, 이동 중에 무엇을 먹을지 간단히 논의를 하는 것도 빠트려선 안 될 중요한 과정이다. 목적지에 도달하면 예정된 음식을 주문하고 목표로 했던 점심 요리를 맛있게 먹는다. 웬 뜬구름 잡는 점심 식사 이야긴가 할지 모르겠지만 가만히 과정을 뜯어보면 현재 하려는 일과 정확히 빗대어 설명할 수 있다. 예를 들어 점심식사 비용을 요며칠간 계속 만 원짜리 이상을 지불했던지라 이번엔 수지 타산을 맞추기 위해 5천 원 선으로 생각하고 있었다고 할 때, 금일 점심 식사의 모든 활동은 계획에 걸맞게 이루어져야 한다. 이 경우 주된 활동은 "먹고 싶은 음식들 중에서 5천 원 내외의 음식점을 찾는 일"이 될 것이며, 제약 조건은 "함께 식사할 동료의 동조를 얻는 일"이 돼야 한다. 결론적으로 모든 일이 순조롭게 진행돼서

25) 본 예는 「Be the Solver_과제 선정법」편에 수록된 내용을 옮겨놓은 것이다.

목표인 5천 원 선에서 원하는 음식을 맛있게 먹었다고 가정하자. 즉, 목표가 달성된 것이다. 그런데 금일 있었던 점심 식사의 목표를 달성하기 위해 오로지 "먹고 싶은 음식들 중에서 5천 원 내외의 음식점을 찾는 일"과 "함께 식사할 동료의 동조를 얻는 일"만 수행했던 것일까? 아니다. 식사하러 가기 전 '중요 문서를 안전하게 보관했으며', 'PC 내 보던 문서들도 닫고 보안 설정도 확인'하였다. 필요하다면 'PC의 전원을 끄는 것'도 고려해볼 만하다. 활동에 좀 더 디테일을 주면 '의자도 책상에 바짝 밀어 넣어 다른 사람 이동에 불편함이 없도록 하는 일'도 일이고, 또 불필요한 전력을 소모하지 않도록 '실내등을 끄는 일'도 필요할 수 있다. 그런데 이 모든 작업이 회사에서 표준은 아니더라도 점심시간에 꼭 해야 할 에티켓이나 조금 강도 높게 지침 등으로 내려진 상황이면 시켜져야 할 수요 활동임엔 틀림없다. 꼭 그럴 리는 없겠지만 PC를 끄지 않았다고 해서 목표인 '5천 원짜리 점심 식사'를 못하게 될 지경까진 안 가더라도 나중에 상급자로부터 한소리 꾸중을 듣는다면 맛있게 먹었던 점심이 소화가 안 되는 지경에 이를 수도 있다. 즉, '5천 원짜리 점심 식사'를 하려는 전 과정의 품질(또는 과제의 품질)이 'PC를 끄지 않은 일(즉, 소소한 일)'로 악영향을 받을 수 있다는 얘기다. 다음 그림을 보자.

[그림 5-1] '즉 실천 과제' 발굴 이해를 위한 예시도

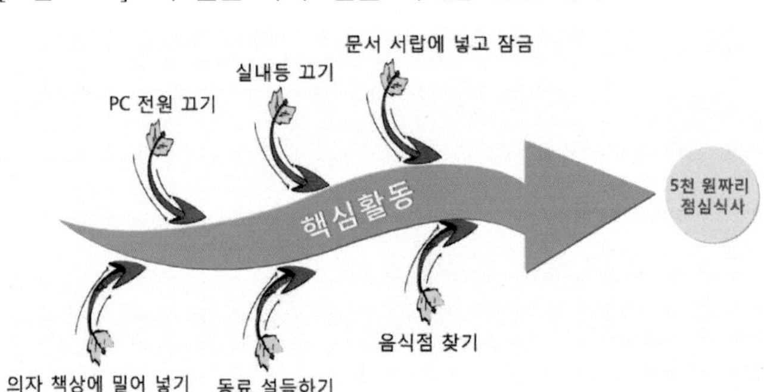

[그림 5－1]을 보면 '목표=5천 원짜리 점심 식사'이며, 이를 달성하기 위해 적어도 '동료 설득하기'와 '음식점 찾는 일'만 만족되면 나머진 열심히 '이동하는 일'을 통해 목표를 달성할 수 있다. 즉, 이들 세 가지는 만일 목표 달성을 위해 과제를 발굴해야 할 상황이면 빠져선 안 될 중요한 '핵심 활동'에 속한다. 그렇다면 그 외의 '활동'들은 어떻게 평가해야 할까? 사실 없어도 목표 달성에 큰 지장을 초래하진 않으나 혹 중요 보안 문서를 책상에 놓고 나간 걸 감사팀에서 암행 관찰을 통해 우연히 발견한다면 얘기가 달라질 수 있다. 시말서를 쓸 수도 있으며 시범 케이스로 걸리면 징계까지 받을 수 있어 분명 점심 식사가 즐겁지만은 않게 된다. 즉, 목표는 달성했지만 과정의 품질은 나락으로 떨어질 수밖에 없다. 경우에 따라선 식사 이동 중에 감사팀 순찰이 뜰 거라는 긴급 메시지가 전달되면 점심을 못 먹을 상황도 발생할 수 있다. 이렇게 된다면 점심 식사와 직접적 관련이 없다고 생각한 소규모 활동이 목표 달성 자체를 못 하도록 영향력을 행사하는 일이 벌어질 수도 있다. 그럼 이런 소소한 그렇지만 꼭 짚고 넘어갈 '활동'들을 우리네 과제 발굴 과정에선 어떻게 이해해야 할까? 이들은 매우 잘 알고 있는 '즉 실천(Quick Fix) 과제'들에 속한다고 볼 수 있다. 즉, 목표 달성을 위한 '핵심 활동'이 있으면 반드시 그 활동의 품질을 높여줄 '소소한 해야 할 일'들이 다량 존재하게 되는데 과제 발굴에 있어 이들 '소소한 활동'을 전부 규명하는 일 또한 앞서 설명한 바와 같이 매우 중요하다. 만일 규명된 '활동'이 '소소한 활동'이 아닌 '다소 규모 있는 활동'이라면 '즉 실천'이 아닌 '빠른 해결 방법론'이나 '단순 분석 방법론'이 유효할지 모른다. '규모 있는 일'엔 그에 걸맞은 '규모 있는 방법론'이 따라야 하기 때문이다. 요약하면 목표 달성을 위한 과제 발굴에 있어 크고 중요한 '핵심 활동'을 찾는 일도 중요하지만 그에 맞는 '즉 실천' 요소들을 대거 찾아내는 일도 결코 소홀히 해선 안 된다. 이 부분만 명심하면 과제 발굴 과정의 품질 또한 매우 높아질 것으로 확신한다."

[그림 5 - 1]을 현실과 비교하면 '즉 실천 과제'란 독립적으로 발생하는 문제들 해결에 유용하지만 부가가치를 더 높이기 위해서는 사업부에서 수행되는 핵심 과제들에 부속돼 있는 구조가 가장 바람직하다. 사업부 과제란 회사의 전략과 연계돼 있으므로 핵심적이고 규모 있는 과제가 대다수이다. 이들 과제는 사업부 과제의 목표를 달성하기 위해 반드시 해결해야 할 주요 문제를 다루므로 방법론 측면에선 '프로세스 개선 방법론'이나 '빠른 해결 방법론' 등이 적합하다. 그러나 핵심 과제들의 목표만 달성되면 사업부 과제도 덩달아 완료되는 것일까? 다음 [그림 5 - 2]를 보자.

[그림 5 - 2] '사업부 과제'의 구조 개요도

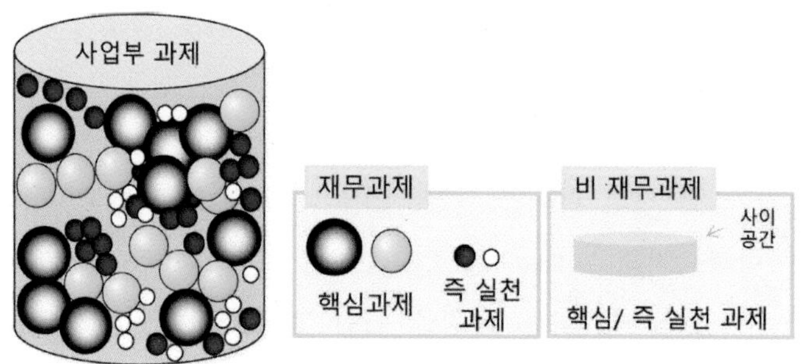

[그림 5 - 2]에서 큰 구슬과 중간 구슬은 '핵심 과제'들을, 작은 구슬은 '즉 실천 과제'를 각각 나타낸다. 원기둥의 내부가 꽉 채워져야 사업부의 목표가 달성된다면 정해진 '핵심 과제'들만 완벽하게 수행한다고 해서 원하는 바를 모두 얻을 수는 없다. 빈 공간도 많을뿐더러 자잘하면서 보조해줘야 할 일도 다반사인 것쯤은 개요도가 아니더라도 충분히 예견되는 일이다. 따라서 비유가 맞는다면 '즉 실천 과제'는 독립적으로 존재하기보다 작게는 '사업부 과제'나 '핵심 과제'들의 완전한 목표 달성을 위해 존재하는 것이 더 큰 시너지를

낼 수 있다.

'속효의 해결책(Quick Fix Solution)' 관점

'속효(速效)'는 "빨리 나타나는 효과"다. 이행 즉시 결과와 영향을 볼 수 있다는 뜻이다. '프로세스 개선 방법론'의 '세부 로드맵' 중 Measure Phase에 '잠재 원인 변수의 발굴'이 있다. 여기서 발굴된 '원인 변수'들은 'Y'에 영향을 줄 것으로 생각하지만 사실 그런지는 알 수 없다. 목소리 드높여 그럴 것이라 자신 있게 주장하지만 이 역시 '가설'에 불과하기 때문이다. 검증받지 않았으므로 확인 절차가 필요한데 이 과정이 Analyze Phase의 '가설 검정'이다.

가끔 기업에서 정립한 '문제 해결 로드맵'을 훑어보면 '잠재 원인 변수의 발굴'이 Measure Phase가 아닌 Analyze Phase에 포함된 경우가 있다. 애초 미국에서 넘어올 때 '잠재 원인 변수의 발굴'은 Measure Phase에 있었지만 국내 일부 기업에서는 "Analyze Phase가 '잠재 원인 변수'를 입력으로 검정에 들어가므로 Measure Phase와 Analyze Phase로 나누어 서로 떨어트려 놓기보다 원인 변수의 발굴 과정을 아예 Analyze Phase 초반에 넣는 것이 효율적이다"라는 판단에 따라 자사 특성에 맞게 변경해놓은 것이다. 사실 흐름 관점에서 '잠재 원인 변수의 발굴'을 Measure Phase 끝에 놓든 Analyze Phase 초반에 놓든 전혀 차이가 없다. "Analyze"로 쓰인 '간지' 한 장이 가로막고 있을 뿐이다. 'Analyze'라고 쓰인 간지 앞에 있던 '잠재 원인 변수의 발굴'이 간지 뒤로 위치를 이동한 것뿐이다. 그러나 실제 일을 집행하는 입장에서는 약간의 차이가 존재한다. 다음 [그림 5-3]을 보자.

[그림 5-3]은 '프로세스 개선 방법론'의 'Step-6. 잠재 원인 변수의 발굴'

[그림 5-3] 'Step-6. 잠재 원인 변수의 발굴' 작성 예

Step-6. 잠재원인변수의 발굴
Step-6.4. 선별 Xs(Screened Xs)

출처	번호	Screened Xs	대용 특성	비 고
Process Map	1	불평불만 접수건수	불평불만 접수건수	-
	2	노래방기기의 성능	노래방 기기 고장 빈도	-
	3	노래책	최신 곡 보유여부	음반협회에 직전 3개월 이내에 등록된 곡
	4	주변악기	탬버린 상태	수준 A, B, C
	5	노래방 배경영상 상태	(영상)반주와의 연계성	수준 A, B, C
	6	최신 곡	-	'3'과 중복
	7	싸이키 성능	(싸이키)반주와의 연계성	수준 A, B, C
	8	시간입력시스템	-	즉 실천 – 최신 입력시스템으로 Upgrade
P-FMEA	9	잠깐 자리를 비워둠	공석시간	-
	10	정리작업절차 없음	-	즉 실천 – 정리과정 절차서 수립 및 교육
	11	서비스 교육 안 시킴	-	즉 실천 – 서비스 교육 절차서 수립 및 교육
	12	영업마인드 부족	마이크 소독방법	시장 및 경쟁 노래방 조사
	13	서비스 교육 안 시킴	-	'11'과 중복

작성 예이다. 가운데 줄의 '대용 특성'은 'Y'에 영향을 줄 것이라 기대되는 '선별된 Xs(Screened Xs)'들로 곧 Analyze Phase로 넘겨 검정을 수행할 대상들이다. 그러나 발굴된 모든 'X'들을 Analyze Phase로 넘기는 것은 아니다. '대용 특성' 열에 '–'가 입력된 셀이 있는데 '비고' 열을 보면 '즉 실천'이라 표기돼 있다. 즉, 일부 변수들은 분석이 불필요한 '즉 개선' 대상이 될 수 있으며, 이들은 Analyze Phase로 넘기지 않고 '즉 실천'을 통해 결론을 내린다. 또 완료된 '즉 실천' 결과는 각 건수별로 파워포인트 한 장에 정리해 Measure Phase 장표 맨 뒤에 첨부한다. 이와 같은 처리는 Analyze Phase로 넘어갈 '잠재 원인 변수'의 수를 줄이고, 과제 수행 중에 부분 최적화를 지속적으로 이룰 수 있으며, 견고해져 가는 프로세스는 'Y'의 목표 달성에 보조 역할을 톡

톡히 해낸다. 과제가 끝나야 목표 달성 여부를 확인할 수 있는 것이 아니라 과제 수행 중 'Y'의 점진적 향상을 관찰할 수 있는 논리가 성립한다. 물론 '즉 실천'은 Measure Phase뿐만 아니라 Define, Analyze, Improve, Control Phase 등 전 부문에서 활용이 가능하며, 또 '빠른 해결 방법론'에서도 예외는 아니다. 어느 방법론을 활용하고 있느냐에 관계없이 리더뿐만 아니라 팀원들도 적극적으로 나서 '즉 실천 과제'를 수행하는 데 많은 역할을 해줘야 한다. 이것이 팀워크이고 제대로 된 과제 수행이라 할 수 있다.

멘토링을 하다 보면 과제 안에서 수행되는 '즉 실천'은 눈 씻고 찾아봐야 단 한 개도 없는 경우가 수두룩하다. 리더에게 변수(X)들이나 개선과 연계된

[그림 5-4] '즉 실천 과제' 양식 예

「즉 실천」 과제 명		부서/리더	
		수행기간	~

문제 기술	개선 방향	최적화
▪ ▪ ▪ 작성 Tip 즉 실천 활동을 해야 하는 구체적 이유, 해결하고자 하는 문제를 정량적 수치로 기입 - 언제 어디서 문제가 발생하는가? - 무엇이 잘못되었나? - 문제가 얼마나 심각하고 광범위한가? - 이 문제로 고객 또는 사업이 느끼는 고통/손해는 무엇인가?	▪ ▪ ▪ 작성 Tip ○ 문제를 개선하기 위해 실행할 항목을 기술한다.	▪ ▪ ▪ 작성 Tip ○ 각 개선 방안에 대해 실제 적용한 내용을 상세히 기술한다. 필요 시 사진이나 그림 등을 통해 설명할 수 있다.

Y 명:		재 무 성 과	비재무성과 (준 재무성과, 체질개선 성과)	
개선 전	개선 후			
		● ●	● ●	
사후관리			첨부파일	

'즉 실천'이 필요치 않겠냐고 주문하면 고개를 끄덕이곤 한다. 그러나 리더 혼자 과제를 수행하는 현실을 한탄할 때면 달리 뭐라 말하기도 어렵다. 하지만 이런 현실을 극복할 해법이 전혀 없는 것도 아니다. 단지 약간의 필요성에 대한 공감대만 형성돼도 해결될 문제인데 아쉬울 따름이다. 반면에 A 기업의 '과제 관리 시스템(Project Management System)'을 보면 사업부 과제 하나에 100여 개 이상의 '즉 실천 과제'들이 즐비하다. 제대로 된 과제 수행으로 생각되며 과연 무늬만 경영 혁신인지 아니면 진정한 경영 혁신을 꾀하는 것인지 쉽게 가늠되기도 한다. [그림 5-4]는 '즉 실천(개선) 과제'를 위한 기본 양식 예이다.

[그림 5-4]에서 '문제 기술'은 'Define Phase'를, '개선 방향'은 'Analyze Phase', '최적화'는 'Improve Phase'를 각각 대변한다. 또 아래쪽의 'Y 명', '재무성과', '사후 관리' 등은 'Measure Phase('개선 전' 열은 '현 수준 평가'에 대응)'와 'Control Phase'를 대신한다. 장표 오른쪽 아래에 '첨부 파일'을 '개체 삽입'하도록 돼 있어 내용을 보충하거나 별도의 자료 또는 한 장으로 설명이 충분치 않을 경우 등에 유용하게 활용한다.

사례 소개

'즉 실천(개선) 방법론'은 별도의 로드맵이 있는 것은 아니므로 서비스, 간접, 제조의 사례를 드는 것으로 설명을 대신한다. 다음 [그림 5-5]는 서비스 부문의 예이다.

[그림 5 - 5] '즉 실천 과제' 작성 예(서비스 부문)

「즉 실천」 과제 명	SM 자격시험 통합 운영을 통한 고객 Complaints 50% 감축	부서/ 리더	CS센터/홍길동
		수행 기간	20x2.3.15 ~ 20x2.3.20

문제 기술	개선 방향	최적화
▪ 현재 SM(Sales Manager)의 입사는 4개 지사 별로 수시 채용하고 있음. ▪ 이때 모집인 자격시험 응시일이 지사별로 설정돼 있어 문제지 유출 가능성 및 합격자 업무수행 능력간 산포가 심하고, 이로부터 고객의 Complaints이 지난해 월 평균 6건에서 당해 18건으로 크게 증가됨. Complaints 20 / 10 / 0 6 / 18	4개 지사 운영 팀 담당자와 일정 조정 위한 협의체 구성(3/16) 응시일 검토 요청 본사 인사 팀 협의 (3/17) FY 20x2 SM 모집 자격시험 응시일 결정 및 공고 (3/25) `x2/4월 응시부터 시행 **※ 협의체 운영** - 일시 : x2년 3월 16일 - 장소 : 본사 CS센터 - 참석자 : 김홍길, 박유선, 최지유, 홍길동	▪ SM 자격 시험 운영 통합(절차, 문제 은행, 응시일) 절차: 응시원서 접수 → 서류합격 통보 → 응시일 통보 → 응시 → 합격통보 문제은행: • 이해도 측정(20문) • 만족도 측정 - 이론과정(면접) - 상황대응력(실습면접) 응시일: 매 분기 시작 월 15일 ▪ 문제 은행 관리; 본사 CS 센터 서버 보안 1등급 관리 ▪ 출제 운영; 응시 1주 전 출제자 통보 후 합숙 ▪ 문제 관리; 출제된 문제는 4분기째 이내 출제 못함. ▪ 문제 업데이트; 매년 말 4개지사 추천인 4명 1주 합숙을 거쳐 50문항씩 신규 발굴

Y 명: 고객 Complaint 수		재 무 성 과	비 재무성과 (준 재무성과, 체질 개선 성과)
개선 전	개선 후		
18 건	5 건	해당 사항 없음	● 준 재무성과 기회손실비용 3천 5백만 원 절감 (평가자: 이수익 검증) ● 체질개선성과 - SM 인력 수준 향상됨
사후 관리		고객 Complaint 수(월), SM근무 평가 점수(반기)	첨부 파일: 성과 평가, Complaint 자료

PS-Lab
Problem Solving Laboratory

A 금융은 핵심 영업 담당자를 뽑는 체계가 전국 4개 지사별로 각각 운영되고 있어 인력의 지역별 수준 차가 크고 그로부터 고객 불만도 가중되고 있는 문제점을 지적하고 있다(고 가정한다). 이를 해결하기 위해 채용 절차, 문제은행, 응시일 등을 본사로 통합하고 관리하는 체계를 '즉 실천(개선)'하였다. 오랜 운영으로 기본 체계가 잡혀 있어 '즉 실천(개선)'이 가능하였다(고 가정한다). 다음 [그림 5 - 6]은 사무 간접 부문의 예이다.

[그림 5－6] '즉 실천 과제' 작성 예(사무 간접 부문)

「즉 실천」 과제 명	필기구 지급 방법 개선을 통한 구매액 20% 절감	부서/ 리더	구매 2팀/박구입
		수행 기간	20x2.3.15 ~ 20x2.3.20

문제 기술	개선 방향	최적화
▪ 필기구 전체 구매액 중 수성 마커 및 네임 펜 구매가 전체 구매 금액의 약 40% 점유. ▪ 현재 수성 마커는 1팩 당 10개, 네임 펜은 1팩 당 20개 들어 있으며, 부서별 불출 시 필요한 개수보다 팩으로 지급됨에 따라 과도한 양이 소비되고 있음. ▪ 부서별 월 평균 소요량 vs. 불출량 ✓ 수성 마커 ;12 vs. 21 ✓ 네임 펜; 30 vs. 54	▪ 수성 마커 및 네임 펜 포장 단위 변경 ▪ 포장 단위 변경으로 인한 문제점 파악	▪ 팩 당 개수가 기존 보다 소량의 포장 단위품 구매 1) 최고 수성 마커(10/팩) → 별 수성 마커(5/팩) 2) 크린 펜(20/팩) → 비엔나 펜(10/팩) ▪ 부서별 소요량 요청 시 불출 절차 변경 1) 팩이 아닌 낱개 단위로 불출 2) 사용한 필기구를 가져오도록 한 뒤 사용여부 확인 후 개수만큼 불출 ▪ 매 분기 말 이벤트 실시로 개인 서랍 등에 흩어져 있는 필기구 수집. 실적 우수 그룹 포상(식사권, 문화상품권 등)

Y 명: 필기구 소요량		재 무 성 과	비 재무성과 (준 재무성과, 체질 개선 성과)
개선 전	개신 후		
- 수성 마커;30 - 네임 펜;54	- 수성 마커;12 - 네임 펜;21	▪ 원가절감 : 1,372 천원 (개선 전 구매금액 – 개선 후 구매금액) × 12 ▪ 평가자 : 박규정 과장 검증	해당사항 없음
사후 관리		필기구 소요량, 구매 금액 절감률	첨부 파일 FEA 평가 필기구 불출

PS-Lab
Problem Solving Laboratory

M사의 사무 용품 구매를 담당하는 구매 2팀 박 대리는 필기구 구매액이 전체의 40%를 점유하고 있음을 알고 이의 개선을 추진하였다(고 가정한다). 사용 수요가 큰 이유는 원하는 수만큼 부서에 배급하는 것이 아닌 팩으로 불출되고 있어 낭비의 요인임을 확인하였다. 이에 내용물이 적은 팩을 구입하는 방안, 낱개로의 지급 방법 개선 등 '즉 실천(개선)'을 통해 연간 약 1백3십만 원의 절감 효과를 거두었다(고 가정한다). 다음 [그림 5－7]은 제조 부문의 예이다.

[그림 5 – 7] '즉 실천 과제' 작성 예(제조 부문)

「즉 실천」 과제 명	고장 해석을 통한 (전사지 표면의 인쇄 후) 직선형 결점률 60% 감소	부서/ 리더	공정 2팀/조개선D
		수행 기간	20x2.3.15 ~ 20x2.3.20

문제 기술	개선 방향	최적화
▪ 전사지 인쇄 후 좌우 측 길게 늘어선 직선형 결점 발생으로 최근 한 달간 1,500m² 폐기됨. 연간으로는 약 17,000m² 발생 예상. ▪ 내부실패비용(IF Cost)으로만 연간 9천만 원 발생 → 노즐 막힘으로 추정. 인쇄부 직선형 결점	▪ 인쇄 부 노즐 막힘의 시간에 따른 변화 관찰. ✓ A라인 #18Q , #19Q 대상 ✓ 2일간 주야 2교대로 관찰 ✓ 전사지 Change 하는 동안 노즐 분리 후 관찰내용과 이미지 사진으로 기록. ▪ 이물질 혼입 여부 분석 ✓ 직선형 결점 부위 광학 현미경 관찰 ✓ 이물질 발견될 경우 EPMA 분석 의뢰 후 조치	▪ 전사지 교체 후 최초 유입되는 인쇄 액 경우 미세 굳음 현상으로 노즐 바깥 쪽의 막힘 현상이 두드러진 것으로 확인됨(전사지 Change 4회 후부터 현상 나타남). ▪ 전사지 교체 기간 동안 인쇄 액 인 입구를 콜크로 막아 대기와의 접촉을 차단. ▪ 개선 후 4일 관찰 결과 직선형 결점 사라짐. 인쇄 액 인 입구 인쇄 액 노즐의 바깥 쪽

Y 명: 직선형 결점률		재 무 성 과	비 재무성과 (준 재무성과, 체질 개선 성과)
개선 전	개선 후		
2.0%	0.8%	● 홍확실 과장 검증 ● 연간 3천 6백만 원 (김평가 과장 검증)	● 노즐 교체 비용 절감에 대해서는 2달 관찰 후 평가 전문가의 재평가 예정.

사후 관리	월 노즐 교체 횟수, 직선형 결점률 (~20x3.3월까지 VM System 통해서 관찰)	첨부 파일	효과 평가 노즐 관찰 표준화

K사는 전사지의 표면에 색을 입히는 제조 라인을 가동 중이며, 최근 전사지 왼쪽과 오른쪽에 '직선형 결점'이 증가하였고 발생 원인에 대한 윤곽이 어느 정도 잡혀 있는 터라 '즉 실천(개선) 과제'를 수행하였다(고 가정한다). 최종 밝혀진 근본 원인은 전사지를 바꾸는 Job Change 기간 동안 잉크가 통하는 인입구 쪽 경화된 잉크가 최초 투입된 전사지 좌우측에 '직선형 결점'을 형성하는 것으로 확인되었다(고 가정한다). Job Change 기간 동안 인입구를 코르크 마개로 막는 등의 최적화를 통해 '즉 실천(개선)'하였다(고 가정한다).

'즉 실천(개선) 과제'는 독립적으로도 매우 유용하지만 작게는 하위 과제, 크게는 사업부 과제와 함께 쓰임으로써 그 효과가 배가될 수 있음을 기억하자.

Ⓥ

원가 절감 방법론(VE)

연구 개발(R&D) 부문의 'Quick 방법론(Methodology)'이다. 연구 개발은 느낌상 복잡하고 많은 절차가 수반된다고 생각되지만 실제 기업의 연구 과제 80% 이상은 기존 제품의 업그레이드에 편중돼 있다. 따라서 '제품 설계 방법론' 같은 고급 방법론의 사용보다 현실적으로 빠른 처리의 방법론이 선호되는 경우가 많다.

원가 절감 방법론(VE) 개요

"원가 절감 방법론?" 문제 해결 분야에 익숙한 독자라도 명칭에 꽤 낯설어할 수 있다. 이 방법론은 제품을 개발하고 생산하는 기업이면 한 번쯤 들어봤을 법한 '가치 공학(Value Engineering)'을 로드맵화한 방법론이다. 본론으로 들어가기에 앞서 '가치 공학(VE)'의 정의와 유래에 대해 살펴보자.

국어사전 정의로는 "<경제> 제품이나 서비스의 가치를 떨어뜨리지 않고 최저의 비용으로 생산할 수 있는 방법을 연구하는 학문"이다. 즉, 고객이 요구하는 수준은 그대로 유지하면서 그에 들어가는 비용(원가 포함)을 줄이는 접근법이다. 다음은 탄생 배경이다.

> · **가치 공학(VE, Value Engineering)** (WIKIPEDIA) '가치 공학'은 제2차 세계대전 중 GE社에서 처음으로 시작되었다. 당시 전쟁은 숙련된 기술자, 원재료, 부품 등의 부족 사태를 낳았고 이때 GE에 근무했던 Lawrence Miles와 Jerry Leftow, Harry Erlicher 등은 폭등한 물품을 대체할 방법에 골몰하고 있었다. 결국 그들은 대체재를 찾는 것이 원가는 물론 성능까지 충족시킬 수 있음을 확신하고 이를 체계화시키기에 이르렀는데, 당시엔 이를 "Value Analysis"라 명명하였다.
> → (기타 출처) 제2차 세계대전 당시 물자 부족을 메우기 위해 공장 개수 확장으로 인한 바닥재 교환이 필요했고 이에 바닥 자재비[전기 부품 도장 공정 바닥에 쓰이던 불연재 아스베스토스(석면)]가 폭등. '47년에 GE社의 L. D. Miles에 의해 대체품인 종이 불연재 사용으로 Cost Down에 성공. GE社에 의해 L. D. Miles에게 제품으로부터 불필요한 비용을 파악하고 제거할 수 있는 기법 개발 책임 주어짐. 후에 'VA(Value Analysis)'로 명명.

체계화가 이루어진 1952년 GE社는 최초의 '가치 분석' 과제에 대한 발표회를 개최했는데, 당시 L. D. Miles는 다음과 같은 수중 모터의 로터(Rotor) 성공 사례를 소개하였다.

[표 6-1] GE社에서 발표한 최초의 '가치 분석' 사례

가치 분석 최초 사례	□ 52년 GE社에서 개최한 최초의 성공적인 가치 분석 사례 발표 → L. D. Miles의 수중 펌프 로터(Rotor) 개선
당시 설계 관행	□ 수중 펌프의 로터(Rotor)는 부식을 방지할 수 있는 Stainless Steel만 사용할 수 있는 것으로 간주(매우 고가)
가치 분석 결과	□ 로터의 기능 및 원가 분석 결과 필요 기능을 얻는 데 너무나 많은 비용이 투입됨을 확인 → 본래 기능의 손상 없이 획기적인 원가 절감의 대체 방안 강구 필요
강구된 대체 수단	□ Stainless Steel보다 가볍고 녹슬지 않으며 마모성이 적고 가공성이 우수한 Spalding Fiber란 소재를 찾는 데 성공 □ 원가: Stainless Steel 대당 $15, Spalding Fiber 대당 $5 소요(무게도 가벼워 전력비 15% 절감 효과 기대)
파급 효과	□ L. D. Miles는 다른 제품에서도 기능과 품질은 만족시키면서 원가 절감을 최소 5~10%, 최대 60~80% 이루는 데 성공 □ 타 산업 분야로 급속히 확산되어 경영의 가치를 보증하는 가장 이상적인 Tool로 활용됨. 오늘날 VE 사상의 기틀이 됨

처음 명명된 'VA(Value Analysis)'는 그 효용성과 효과성에 힘입어 타 산업 분야는 물론 공공 기관에 적극적으로 도입되기 시작했는데 이를 계기로 '가치 공학'에 대한 다양한 사례와 더불어 학문적 연구도 깊이 있게 진전되기 시작했다. 다음 [표 6-2]는 미국과 일본 및 국내에 '가치 공학'이 어떻게 전파되고 발전돼 왔는지를 보여준다.

[표 6-2] 주요 국가의 연도별 'VE' 전파 사례(시간대별)

미국	'54. 미국 가치 전문가 협회 설립(SAVE) '63. 미 국방성에 처음 도입, 'VE'로 명명 '65. 미 육군 공병단 VE Program 시작 '70. 미 조달청(GSA) 설계 및 건설 관리 계약에 처음으로 VE 조항 제정/시행 '83. 연방 정부 기관에 VE 적용을 의무화 '93. 미 예산청(OMB) 정부와 각 중앙 부처에 VE 기법 사용 권장 '96. 공공법(Public Law 104-106) 중 구매 조달에 관계된 특별 조항 신설 '97. 미 연방 의회에서 2,500만 달러 이상의 간선도로 사업에 설계 VE 의무화 '99. 제39차 국제 SAVE 대회 개최 등…

일본	'55. 생산성 본부(Cost Control 시찰단)의 방미 시찰로 VE의 필요성 인식 '65. 일본 VE 협회(미국 SAVE의 일본 지부) 설립 '68. 제1회 VE 전국 대회를 개최한 이래 최근까지 지속 '70. 건설업계에서의 VE 도입 활성화 '99. 공공 공사에 VE 본격 실시 등…
한국	'64. 최초로 VE 소개 '68. VE 연구회 발족 (이후 정체) '80. 여러 기업에서 VE 활동 필요성 고조 '82. '한국 공업 표준 협회(KSA)'와 '한국 능률 협회' 주관으로 일본 기업, VE 협회, 대학 등과의 협조로 기법 도입 및 연수 실시. Seminar 개최 등 추진 '84. 한국 VE 협의회 발족(각 기업에서 본격적인 활동 추진) '85. 제1회 전국 '원가 혁신(VE)' 대회 개최 '88. 건설업 VE 활성화 '00. 건교부에서 설계의 경제성 등 검토에 관한 세부 지침 마련 등

[표 6-2]와 같이 국가별 주요 VE 도입 시기를 나열한 것은 이 기법이 단순치 않다는 것을 보여주기 위함이다. 미국에 비해 10년 정도 늦으면서 중간에 정체기까지 있었던 국내와 달리 일본의 발 빠른 도입이 주목된다.

일반적으로 알려진 'VE의 사고방식(또는 기본 원칙)' 5가지가 있다. 출처에 따라 약간씩 차이는 있으나 핵심을 요약하면 다음과 같다.

① 사용자 중심의 사고

가치란 생산자의 주관에 의해 결정되는 것이 아니라 제품이나 서비스를 사용하는 고객의 판단에 의해 결정된다. 즉, 고객은 제품이나 서비스를 구매하기보다 제품이나 서비스가 제공하는 효용이나 기능에서 가치를 찾아 돈을 지불하므로 늘 고객의 입장에서 가치를 파악하고 평가함으로써 가치의 개선을 도모해야 한다.

[그림 6-1] 사용자 중심의 사고

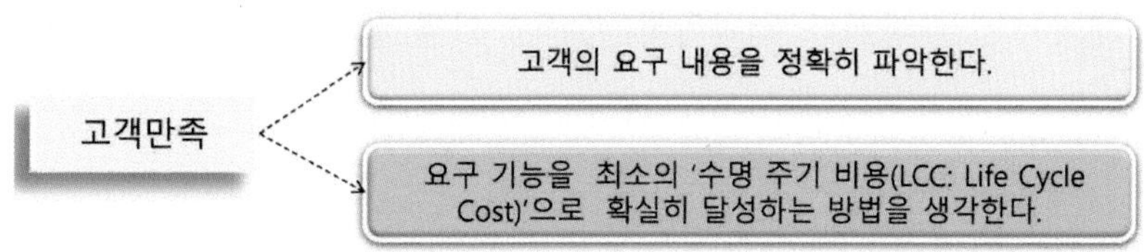

[그림 6-1] 중 '수명 주기 비용(LCC, Life Cycle Cost)'은 다양한 분야별로 사용되는 정의가 있으나 공통적으로 "제품이 탄생하여 고객의 손에 넘어간 후 기대되는 역할을 수행하고 폐기될 때까지 그 제품의 일생에 들어가는 총 비용(R&D, 설계, 조달, 제조, 판매, 사용, 보전, 폐기에 요하는 비용의 합계)"으로서, 'VE'에서는 이 'LCC'를 최소화하는 데 주력한다. 고객의 입장에서는 아무리 최초의 구입 가격(개발, 설계, 조달, 제조, 판매비용의 합계)이 저렴하다 해도 유지, 보수, 폐기 시 고객의 비용이 많이 드는 제품이나 서비스에는 만족하지 않는다.

② 기능 중심의 사고

종래의 원가 절감 사고방식은 제품 또는 서비스의 원가 구성을 분류한 뒤 각 항목에서 원가 절감의 여지를 찾는 데 주력하였으나, 재료비, 인건비, 외주비, 경비 등은 사실상 절감의 여지보다 증가의 요인이 점점 많아지고 있는 실정이며 따라서 본질적인 원가 절감의 노력 및 성과를 기대하기 어렵다. 그에 비해 'VE'는 제품 또는 서비스의 원가를 기본 기능, 보조 기능, 불필요 기능(또는 과잉 기능)으로 분석하는데 '기본 기능'은 제품이나 서비스가 존재하기 위해 반드시 필요한 기능이며, '보조 기능'은 '기본 기능'의 달성을 보조해주는 기능이다. '보조 기능'이나 '불필요 기능' 등은 정보 부족, 데이터 부족, 기술력 부족, 설계자 또는 생산자 주관 등의 요소에 의해 가변적인 형태로 제품이나 서비스에 존재한다. 따라서 기능 중심의 사고방식으로 우선 불필요한 기능을 제거하고, 주관이나 비과학적 판단에 의해 생긴 설계를 변경시킴으로써 비용을 낮추는 여지를 키워간다.

[그림 6-2] '기능 중심의 사고' 개요도

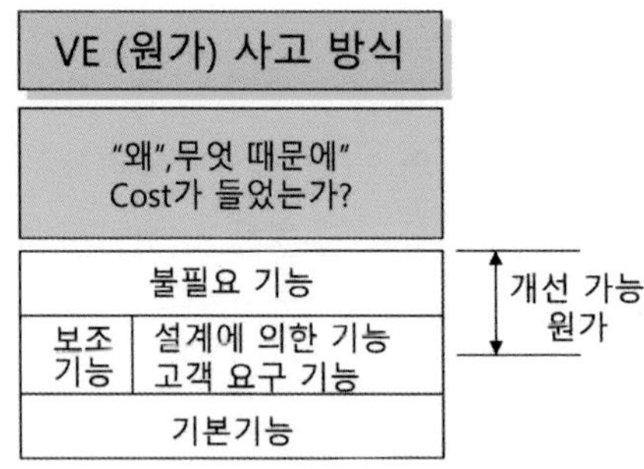

재료비, 노무비, 경비를 줄인다. **불필요 기능 배제, 필요 기능 달성 수단 변경**

[그림 6-2]에서 '보조 기능'은 다시 설계 과정에서 생기는 "설계에 의한 기능"과 고객의 요구를 맞추기 위해 존재하는 "고객 요구 기능"으로 나뉘는데 전자의 경우가 개선 대상에 놓인다.

③ 가치 향상의 사고(또는 LCC 지향사고)

출처에 따라 'VE 사고방식'에 포함되는 경우도 있고 그렇지 않은 경우도 있으나 'VE'는 기본적으로 '가치(Value) 향상'에 기반을 두고 있는 것은 확실하다. 'VE'는 "지불하는 희생(Cost)에 대해 얻어지는 효용(Function)의 관계"로부터 최적의 가치를 결정하며, 일반적으로 다음의 관계식으로 설명된다.

$$V(Value : 가치) = \frac{효용의 크기}{비용의 크기} = \frac{F(Function : 기능)}{C(Cost : 비용)} \quad (6.1)$$

‘가치’는 객관적·절대적이라기보다 상대적이기 때문에 어떤 것이 더 가치가 있는지를 판단하는 것은 매우 어렵다. 가치를 인정하는 사람의 입장이나 장소, 시간, 동기 등에 따라 ‘가치’가 달라지기 때문이다. ‘가치’는 온전히 그를 판단할 고객의 입장에서 결정되며, 고객이 요구하는 기능을 크게 ‘사용 기능’과 ‘귀중 기능’으로 나눌 때 만일 고객이 그를 취할 경우 지불하는 비용(Cost)은 ‘수명 주기 비용(LCC)’이므로 식 (6.1)의 ‘가치 방정식’이 성립한다. 즉, 이 방정식으로부터 고객이 느끼는 ‘가치’란 ‘가치 있는 것’을 얻기 위해 지불한 희생(Cost)과의 상대적 비교 속에서 체험적으로 깨닫게 된다. 식 (6.1)로부터 ‘가치’를 향상시킬 방법은 일반적으로 다음 [그림 6－3]에서와 같이 4가지 유형으로 구분된다.

[그림 6－3] ‘가치(Value) 향상’의 유형

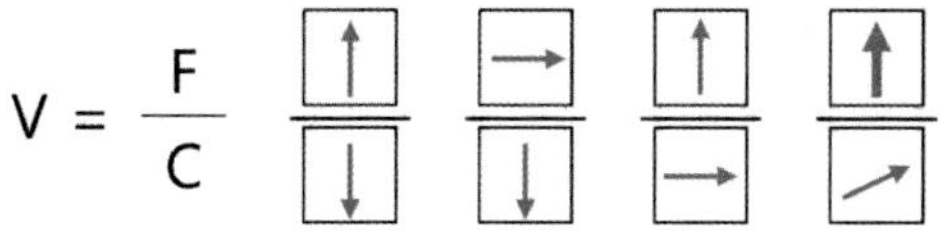

$$V = \frac{F}{C} \qquad \frac{\uparrow}{\downarrow} \qquad \frac{\rightarrow}{\downarrow} \qquad \frac{\uparrow}{\rightarrow} \qquad \frac{\Uparrow}{\nearrow}$$

[그림 6－3]에서 ‘가치(Value)’를 높이는 방법은 ‘기능 향상과 저원가의 동시 구현’, ‘기능은 유지하면서 저원가의 실현’, ‘원가는 유지하면서 기능을 향상’, ‘원가를 조금 높이더라도 기능을 크게 향상’시키는 접근이 가능하다.

다음 [표 6－3]은 ‘가치’의 유형을 요약한 것이다. ‘VE’는 ‘비용(Cost) 가치’나 ‘사용 가치’ 등과 주로 관계한다.

[표 6 - 3] '가치'의 유형

희소 가치 (Scarcity Value)	낡은 돈이나 우표와 같은 지구상에서 수가 적어 갖고 싶어도 손에 넣기 힘든 것. 물건의 희소성 때문에 생기는 가치 개념
교환 가치 (Value in Exchange)	지금 소유하고 있는 것과 갖고 싶은 것의 비교. 소유자가 서로 같은 정도의 만족도를 얻을 수 있다고 생각하고 교환해도 좋다고 하는 데서 오는 가치의 개념
비용 가치 (Cost Value)	물품을 만들어 팔기 위해 요구되는 모든 비용의 총합
사용 가치 (Use Value)	사물이 갖고 있는 효용이 얼마나 사람들에게 유용함과 만족감을 주는가를 판단함으로써 생기는 가치 개념. 결국 그 사물이 사용되는 목적을 달성했는지가 주요 척도로 작용
귀중 가치 (Esteem Value)	제품이 가진 매력, 예술적 특성을 기본으로 하는 것으로써 제품을 소유하는 것에 즐거움, 우월감, 과시 등을 갖게 하는 가치

④ 고정 관념 제거의 사고(창조에 의한 달성 사고)

"가치를 향상시킨다"는 것은 새로운 발상으로 방법, 수단을 바꾸는 것이다. 'VE'는 '가치'를 판단 기준으로 삼아 그를 향상시키기 위하여 아이디어 발상을 하고 달성 수단을 바꿔간다. 결국 "하나의 기능에 대해 그것을 실현하는

[그림 6 - 4] 고정 관념 제거의 사고

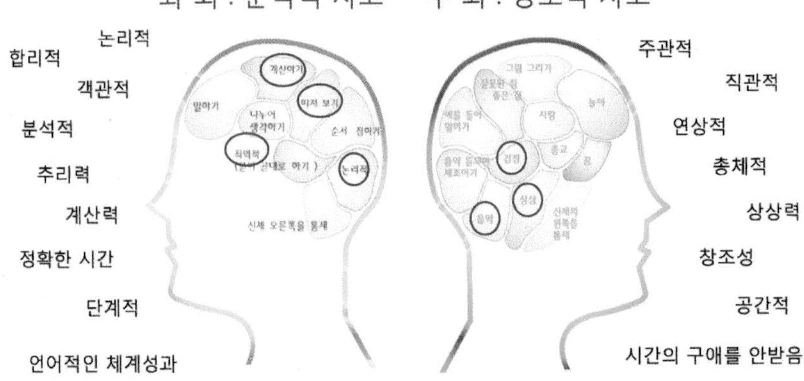

방식은 무수히 존재한다"는 발상의 전환이 다른 개선 도구와 차이가 있다. 'VE'는 창조적인 개선 기법이다. 즉, '정형 생활(定型生活)'을 타파하고 '창조 생활'을 지향하는 창조적이고 유연한 사고를 주문한다.

⑤ 조직적 노력의 사고

하나의 문제를 해결하기 위해서는 정보 수집, 영업, 연구 개발, 설계, 생산 기술, 구매, 자재, 견적, 보수 유지 등 각 전문 담당자들이 필요하기 마련인데 지금까지의 개선 노력은 주로 같은 업무를 하는 한 부문 내 분임 조 활동이 주를 이룸으로써 생산 전반의 기여에 충실하지 못하는 경우가 많다. 'VE'를 효과적으로 수행하기 위해서는 전문적으로 학습, 훈련된 VE 전문가를 중심으로 조직적이고 종합적으로 활동하지 않으면 안 된다. VE 전문가와 프로젝트 각 분야별 전문가로 팀을 구성하여 활동하는 것을 '팀 디자인(Team Design)'이라고 한다. 이와 같은 접근은 아이디어 발상에 있어서도 여러 분야의 구성원들이 참여함으로써 폭넓은 창조가 가능한 상태가 된다.

앞서 'VE'의 5가지 사고방식에 대해 알아보았다. 'VE'도 여러 '문제 해결 방법론(PSM)'과 마찬가지로 '일하는 방법'들 중 하나이다. 따라서 L. D. Miles가 'VE'를 개발할 당시 개선에 이르는 '6 – Phase(Six – Step Procedure)'를 제시했는데 이것을 'Value Analysis Job Plan'이라고 한다. '문제 해결 방법론'의 '로드맵'에 정확히 대응한다고 볼 수 있다. 위키피디아(영문)에 따르면 'Job Plan'은 여러 분야에 맞게 응용화되면서 '4 – Phase', '5 – Phase' 혹은 그 이상의 Phase로 다양하게 변모했으나 최근 들어 '8 – Phase'의 것이 주로 통용되고 있다. 다음 [표 6 – 4]는 '4 – Phase', '7 – Phase', '8 – Phase'의 'Job Plan' 예이다.

[표 6-4] 'Job Plan('VE의 로드맵'에 대응)'의 유형

4-Phase	1. 정보 수집(Information Gathering): 대상에 대해 개선 요구 사항이 무엇인지 묻는다. '기능 분석'은 초기 Phase에 행해지며, 이때 어떤 기능 또는 성능 특성들이 중요한지 결정하기 위해 노력한다. 질문 유형은 "대상이 하는 일은?", "무엇을 할 수 있는지?" 등이다. 2. 대안 창출(Alternative Generation, Creation): 이 Phase에서 "개선 내용을 대용할 방안들은 무엇인지?", "원하는 기능을 구현할 다른 방식엔 어떤 것이 있는지?" 등을 묻는다. 3. 평가(Evaluation): 대안들이 요구 사항을 얼마나 만족시키는지 또 원가는 크게 낮출 수 있는 아이디어인지를 평가한다. 4. 제안(Presentation): 최적의 대안이 선택되고 최종 판단을 위해 고객에게 제출된다.
5-Phase	1. 정보 수집(Gather Information), 2. 측정(Measure), 3. 분석(Analyze), 4. 발상(Generate), 5. 평가(Evaluate)
8-Phase	1. 준비(Preparation), 2. 정보(Information), 3. 분석(Analysis), 4. 창조(Creation), 5. 평가(Evaluation), 6. 개발(Development), 7. 제안(Presentation), 8. 추가 사항(Follow-up)

2007년도 SAVE[26] International에서 공개한 "Value Methodology Standard and Body of Knowledge"에 따르면 'VE'를 실행하기 위해 기본적으로 'Job Plan'이 있고, 그를 포함한 3개의 거시 Phase가 있음을 명시하고 있다. 내용의 왜곡을 줄이기 위해 흐름도를 다음 [그림 6-5]에 그대로 옮겨놓았다.

[그림 6-5]의 흐름도와 [표 6-4]의 내용을 함께 참조하면 내용을 이해하는 데 크게 도움 된다. 본문에서의 상세한 설명은 생략한다.

26) 1958년 창립된 미국 VE 협회, 'SAVE' 영문은 "Society & American Value Engineering."

[그림 6－5] Value Study Process Flow Diagram(VE 수행을 위한 흐름도)

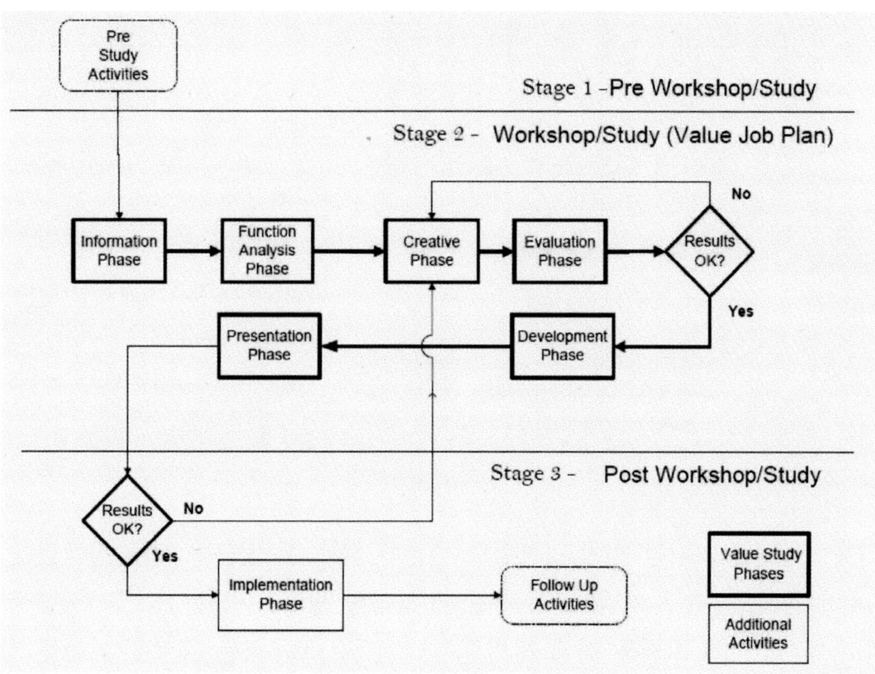

'Job Plan'을 가만히 들여다보면 그동안 소개했던 문제 해결 로드맵과 별반 차이가 없다는 것을 알 수 있다. 국내 한 논문[27]에 따르면 'VE'와 '문제 해결 방법론'의 대표 격인 '6시그마 DFSS(제품 설계 방법론)'을 유형별로 비교한 자료가 있는데 이를 옮기면 다음 [표 6－5]와 같다.

27) 박연기·윤철환·류연호, "국내 6시그마의 현황, 이슈 및 발전 방향", Journal of the Korean Institute of Industrial Engineers Vol. 32, No. 4; pp.253-267, December 2006.

[표 6-5] 'VE'와 '6시그마 DFSS(제품 설계 방법론)' 간 차이점

구분	VE	DFSS
문제해결 접근법	기존 품질 수준을 최소한으로 유지한 상태에서 목표 원가를 달성할 수 있는 해결안을 찾는 방향으로 접근	제품의 목표 원가라는 제약하에서 목표 품질 수준을 강건하게 달성하는 해결안을 찾는 방향으로 접근
적용 대상 제품	원가 절감이 필요한 기존 양산 제품을 대상으로 함	완전한 신제품이나 기존 제품의 재설계에 주로 적용
달성해야 하는 핵심 목표 지표	기능별 목표 원가 달성	기능별 목표 품질 달성
근본원인 파악 관점	개선 여지가 큰 원가 유발 요인에 중점	개선 여지가 큰 품질 문제 유발 요인에 중점
해결안을 찾는 관점	다양한 아이디어 도출 방법들에 많은 비중을 두며, 이를 위한 회사 외부 Workshop을 여러 차례 실시하는 것을 매우 중요시함	'VE'처럼 아이디어 도출 방법들을 채용은 하지만 기본적으로 다양한 과학적 분석 도구들을 활용한 최적화에 무게를 둠

[표 6-5]의 차이점 외에 공통점도 있는데 바로 두 접근법 모두 설계를 건드려야 하므로 '연구 개발(R&D) 부문'에 유용한 방법론이라는 점, 또 포함 관계로 따지면 'DFSS(제품 설계 방법론)'가 고객이 요구하는 새로운 기능을 창조하면서 특성의 성능 향상과 함께 원가 절감도 동시에 이루어야 하므로 'DFSS>VE'의 관계가 성립한다. 따라서 **'VE'는 'DFSS(제품 설계 방법론) 로드맵' 중 Analyze Phase 'Step-7. 아이디어 도출'과 'Step-8. 콘셉트 설계'에 대응한다. 즉, 'VE'는 기존 제품의 원가 절감을 위해 독립적으로 쓰이지만 신제품 개발 관점에서는 '제품 설계 방법론 로드맵' 중 일부에 속한 하나의 도구(Tools)로 인식된다.** 6시그마 방법론이 모든 문제 해결 접근론들 중 가장 위계가 높은 이유가 여기에 있다. 도구들의 탄생 시기와 목적이 다르지만 6시그마 방법론 입장에선 다른 모든 도구(또는 기법)들이 로드맵 어디엔가 붙어버리는 양상을 띤다. 이것은 6시그마 로드맵이 특별한 것이 아닌 문제 해결에 가장 일반적이고 고유한 활동(기-승-전-결)을 단지 'M-A-I-C'로 구분해

놓았기 때문이다(자세한 설명은 「Be the Solver_프로세스 개선 방법론」편 '개요' 참조).

지금까지 설명한 내용은 'VE 개요'에 대한 것이다. 본문에서 논할 '원가 절감 방법론'은 'VE'를 '문제 해결 로드맵'으로 재표현한 것이며, '원가 절감 방법론'의 명칭은 이 같은 발상에서 2007년 9월에 태동하였다. 다음은 탄생 배경을 요약한 것이다.

- **원가 절감 방법론** (필자) '07년 9월 당시 6시그마 경영 혁신 컨설팅을 위해 투입된 자동차 A 부품사의 차년도 경영 혁신 추진 계획 작성 중 'Easy, Simple & Flexible 방법론 전개'에 대한 요청을 받고 연구 개발(R&D)의 'Quick 방법론' 차원에서 이 분야에 정통한 박지홍 전문 위원이 정립하였다. '08년 1월 초 방법론 초안이 마련되었고, 이후 5개월 뒤인 '08년 6월부터 연구 개발 부문에 적용하였다. 당시 명칭은 'VFSS(VE for Six Sigma)'이었으나 문제 해결에 초점을 맞추고 처음 입문자의 용어 혼선을 줄이기 위해 필자가 '원가 절감 방법론'으로 명명하였다.

본문에서 다루는 '원가 절감 방법론'은 전체 흐름을 '5 – Phase(DMADV)'로 구분하고 이하 총 12개의 '세부 로드맵'으로 구성된다. 이는 기존 문제 해결 로드맵과의 호환을 고려한 것이며, SAVE International의 그것과도 큰 차이를 보이지 않아 적용에 무리가 없을 것으로 판단한 결과이다. 다만 용어의 혼선을 최소화하기 위해 'VE'의 원조 격인 'SAVE International'에서 제시한 [그림 6 – 5]의 'Value Study Process Flow Diagram' 내 Phase별 용어를 괄호에 함께 넣어 표기하였다. 다음 [그림 6 – 6]은 '원가 절감 방법론 로드맵'을 나타낸다.

[그림 6-6] '원가 절감 방법론' 로드맵(12-세부 로드맵)

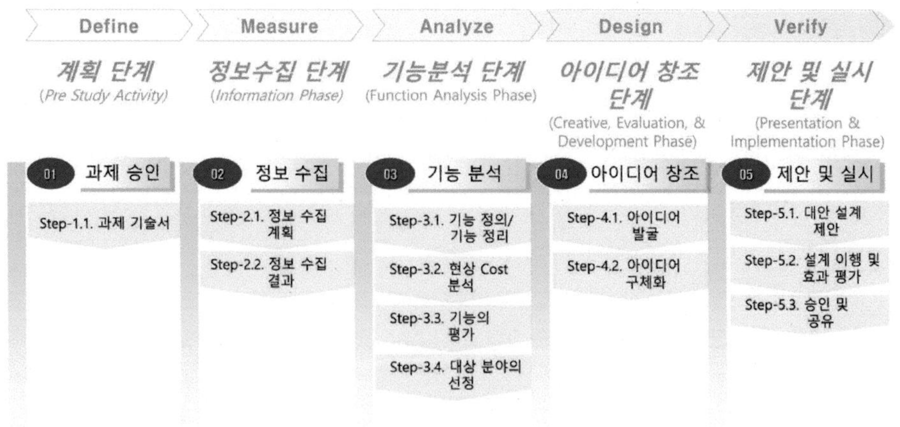

□ 문제 해결 방법론(문제 회피 영역) : DMADV
□ SAVE International Value Standard : Pre Study Activity, Information Phase, Function Analysis Phase, Creative, Evaluation, & Development Phase, Presentation & Implementation Phase

Define, 계획 단계(Pre Study Activity)

'과제 기술서(VE에선 활동 계획서)'를 작성한다. '과제 기술서' 안에는 팀원 선정, 일정 기술은 물론 원가 절감을 위한 목표 등이 포함돼야 하므로 문제 해결 로드맵 중 'Define Phase'에 대응한다. 괄호에 쓰인 영문 'Pre Study Activity'는 'SAVE International'에서 제시한 표준 방법론 중 'Stage 1-Pre Workshop/Study'에 포함된 활동명이다. 이 Phase의 활동 '목적'은 "앞으로 수행될 '가치 연구'의 사전 준비와 계획"이다. 활동에 대한 기본 질문은 "'가치 연구'를 위해 꼭 준비해야 할 것이 무엇인가?"이다.

먼저 어떤 '과제'를 선정해야 하는지가 중요한데 'VE'가 태동하던 시기에 L. D. Miles가 사용했던 5가지 질문 속에 그 해답이 들어 있다. 다음은 해당 질문들이다.

1) 그것은 무엇인가?
2) 그것의 원가(또는 비용)는 얼마인가?
3) 그것은 무슨 역할을 하는가?
4) 다른 것이 그 역할을 대신할 수는 없는가?
5) 그 대체재(품)의 원가(또는 비용)는 얼마인가?

꼭 과제가 처음부터 위의 5가지 질문을 통해 나온다기보다 일반적으로 회사 전략과의 연계 속에서 원가 절감 목표 금액이 연구 개발(R&D)부문에 할당되면 그에 준한 적정 대상을 물색하는 과정에서 상기 5가지 질문을 활용하는 게 현실적이다. 대상이 압축되면 다음 [표 6-6]의 판단 기준을 통해 최종 '원가 절감 과제'를 선별한다.

[표 6-6] '원가 절감 과제' 선별을 위한 판단 기준 예

구분	내용
현재 가치	□ 대폭적인 원가 절감이 가능한가?
효과 금액	□ 적용 수량이 많은가? □ 원가(Cost)가 높은가? □ 파급 효과가 큰가?
능력에의 적합	□ 투입 가능 자원이 문제 해결에 충분한가?
긴급(시급)성	□ 고객에 위험을 초래할 가능성이 있는가? □ 경영진의 요구가 있는 문제인가?

'원가 절감 과제'는 대상과 목표 절감 금액이 결정되면 가급적 빠른 시간 안에 대체재(품)를 찾는 접근이 중요하다. 기존의 것을 대신할 값싼 방법을 빨리 찾을수록 시장 환경(Field)에서 기존의 것을 충분히 대체할 수 있는지 검증할 충분한 기회를 가질 수 있기 때문이다. 따라서 짧은 시간 안에 좋은 결과를 얻기 위해 투입될 팀원의 자질이 매우 중요하며, 기본적으로 개선 대상을 최고로 잘 아는 전문가가 함께해야 최소한의 성공을 담보할 수 있다. 과거 필자가 디스플레이 연구 개발을 할 때 차 한 대 값인 초기 모델의 가격을 혁신적으로 떨어트리는 활동이 매우 중요했는데, VE 수행 시 회로, 열역학, EMC, 샤시 관련 전문가가 한 명이라도 빠지거나 전문성이 떨어진 팀원이 속할 경우 좋은 결과로 이어지기가 매우 어렵다는 것을 경험한 바 있다. 팀원 수는 6~8명이 적정하다. 나음은 팀원 선정 시 고려할 주요 사항들의 예이다.

[표 6-7] '팀원 선정' 시 고려 사항

팀원 선정 시 고려 사항	1. '원가 절감 방법론'의 지식이나 테크닉을 갖고 있는가? 2. 원가 절감의 중요성에 대해 인식하고 있는가? 3. 풍부한 창조적 활동에 적극적인가? 4. 집중적인 활동에 적응할 수 있는가? 5. 조사, 분석, 평가, 결합 등의 능력 발휘에 적극적인가? 6. 조직적인 활동에 잘 부합하는가?

팀원 선정이 마무리되면 이어서 정확한 '목표'와 '일정'을 공유한다. '목표'는 고객이 생각하는 가치를 만족시키도록 설정돼야 하므로 반드시 고객의 입장에서 고려돼야 한다. '목표'가 정해지면 목표 달성에 필요한 공수와 활동 과정 등의 결정도 필요한데 처음부터 상세 일정 수립이 어려우면 전체 활동 기간을 '간트 차트(Gantt Chart)'로 수립하는 것도 한 방법이다. 참고로 '목표' 설정의 예를 보자.

'원가 절감 방법론'은 기존 제품이나 서비스에 대해 고객 관점에서 제거 또는 줄여도 괜찮은 기능들을 찾아 설계적인 조정을 이루는 활동이므로 그 목적은 하나, 즉 '원가'를 줄이는 데 두고 있다. Define Phase(계획 단계)와 같이 과제가 시작되는 초기 시점엔 주로 원가 절감 목표가 명확히 설정돼야 하므로 주로 금전적 표현의 '현 수준'과 '목표 수준'의 기술이 필요하다. 다음 식 (6.2)는 '투자 배율'에 대한 수준 결정 산식이다.

$$\text{투자 배율}(\%) = \frac{\text{연간 순 절감금액}}{\text{원가 절감 활동 투입비용}} \times 100 \qquad (6.2)$$

식 (6.2)는 기업의 '연구 부문 전체 또는 팀 급 이상'의 규모에서 원가 절감 목표를 설정하는 데 유용하다. 다음 식은 '과제별 활동의 목표' 산정용 지표로 적절하다.

$$\text{원가절감률}(\%) = \frac{Cost\,\text{절감액}}{\text{개선전}\;Cost} \times 100 = \frac{\text{개선전}\;Cost - \text{개선후}\;Cost}{\text{개선전}\;Cost} \times 100 \qquad (6.3)$$

연간 순 절감액을 구하기 위해서는 다음의 식 (6.4)를 이용한다.

$$\text{연간 순 절감액} = (\text{단위당}\;Cost\,\text{절감액} \times \text{연간 적용수량}) - \text{변경}\;Cost \qquad (6.4)$$

[단, 변경 $Cost$: 도면 변경이나 금형, 치공구 등의 변경으로 인한 $Cost$]

조직 규모나 과제 활동 상황에 따라 어떤 원가 절감 산식이 목표 설정에 유리한지 판단한다. 주의할 것은 이 Phase에서 굳이 제품이나 서비스에 속해 있는 특성 값을 언급할 필요는 없다. 예를 들어 '무게'를 얼마에서 얼마로 줄이려는 특성 값들의 목표 설정은 Measure Phase에서 수행되므로 Define Phase에서는 원가 절감 금액에 초점을 맞추는 것이 좋다. 다음 [그림 6－7]은 지금까지의 내용을 '과제 기술서'로 요약한 파워포인트 작성 예이다.

[그림 6－7] 'Step－1.1. 과제 기술서' 작성 예

Step-1. 과제 승인
Step-1.1. 과제 기술서

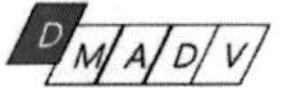

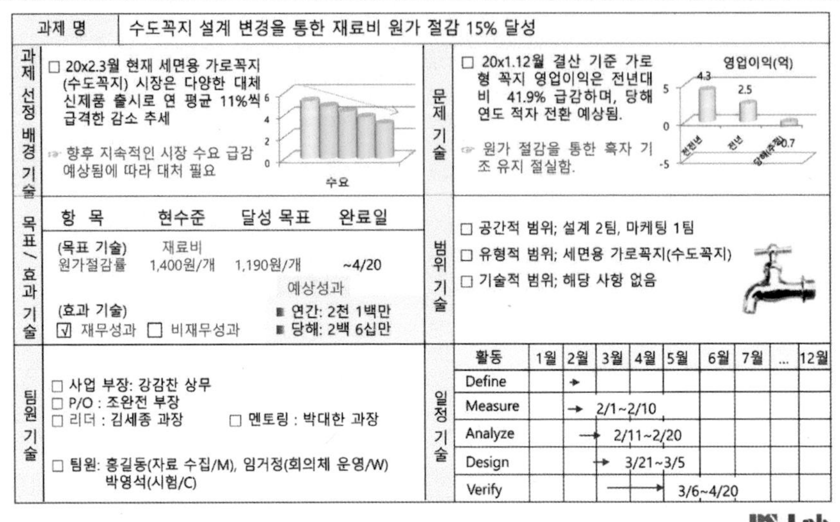

과제 명	수도꼭지 설계 변경을 통한 재료비 원가 절감 15% 달성

과제 선정 배경 기술

□ 20x2.3월 현재 세면용 가로꼭지(수도꼭지) 시장은 다양한 대체 신제품 출시로 연 평균 11%씩 급격한 감소 추세

☞ 향후 지속적인 시장 수요 급감 예상됨에 따라 대처 필요

문제 기술

□ 20x1.12월 결산 기준 가로형 꼭지 영업이익은 전년대비 41.9% 급감하며, 당해 연도 적자 전환 예상됨.

☞ 원가 절감을 통한 흑자 기조 유지 절실함.

목표/효과 기술

항 목	현수준	달성 목표	완료일
(목표 기술) 원가절감률	재료비 1,400원/개	1,190원/개	~4/20

(효과 기술)
☑ 재무성과 □ 비재무성과

예상성과
■ 연간: 2천 1백만
■ 당해: 2백 6십만

범위 기술

□ 공간적 범위; 설계 2팀, 마케팅 1팀
□ 유형적 범위; 세면용 가로꼭지(수도꼭지)
□ 기술적 범위; 해당 사항 없음

팀원 기술

□ 사업 부장: 강감찬 상무
□ P/O : 조완전 부장
□ 리더 : 김세종 과장 □ 멘토링 : 박대한 과장
□ 팀원: 홍길동(자료 수집/M), 임거정(회의체 운영/W) 박영석(시험/C)

일정 기술

활동	1월	2월	3월	4월	5월	6월	7월	...	12월
Define		→							
Measure		→ 2/1~2/10							
Analyze		→ 2/11~2/20							
Design		→ 3/21~3/5							
Verify		→ 3/6~4/20							

PS-Lab
Problem Solving Laboratory

[그림 6－7]에서 '가로 꼭지(수도꼭지 중 한 모델)'는 초기 모델로서 최근 다양한 신제품 등장에 그 수요가 연평균 11%씩 급감 추세에 있어 이에 대한 영업 이익률이 당해 적자 전환 예상되고 있다(고 가정한다). 이에 '재료비 원가 절감률' 목표를 기존 대비 15% 줄이는 '원가 절감 과제'를 선정하였다(고 가정한다).

Measure, 정보 수집 단계(Information Phase)

[그림 6-5]의 흐름도에서 「Stage 2. Workshop/Study」 중 첫 수행 활동이다. 주로 대상 제품이나 서비스를 명확히 이해하기 위해 관련 자료를 수집하고 과제 성과에 미치는 제약 사항들을 파악하는 데 집중한다. 활동의 성격이 대상 '제품/서비스'에 대해 팀원들이 얼마나 잘 이해하고 있는지를 자료의 질이나 유형 등을 통해 확인하는 기회가 되므로 '제품 설계 방법론' 관점에선 Measure Phase에 대응한다. '제품 설계 방법론'의 Measure Phase는 '제품/서비스'의 설계 개념을 사용할 고객들에게 직접 들음으로써 완성할 제품의 특성과 수준을 정해 나간다. 따라서 산출물은 'VOC → CCR → CTQ 전개'를 통해 고객이 핵심으로 요구하는 특성들을 발굴한 뒤, 그의 '현 수준'을 '측정(Measuring)'하는 것으로 마무리한다. 그러나 '원가 절감 방법론'은 현존하는 제품의 원가 절감을 목표로 하므로 '제품/서비스'의 '특성(CTQ)'들이 대부분 결정돼 있다. 이 같은 차이점은 동일한 Measure Phase임에도 '원가 절감 방법론' 경우가 훨씬 더 단순해질 수 있는 기회로 작용한다. 즉 '제품 설계 방법론'에서의 Measure Phase는 VOC를 듣기 위한 '대상 고객 선정 → 설문지 설계 → 설문 → 수집 자료 정리 → KANO 분석 → 요구 품질 정리 → 벤치마킹 → 품질 특성의 발굴 → CTQ 발굴 → 운영적 정의/성과 표준 → 현 수준 평가 → 목표 수준 설정' 등의 많은 절차를 거쳐야 하고 또 도구도 이들 많은 정보를 처리할 'QFD(Quality Function Deployment)'를 활용해야 하는 반면, '원가 절감 방법론'은 이미 존재하는 관련 자료를 수집하는 데 집중하므로 활동 규모가 상대적으로 축소될 수밖에 없다.

'정보 수집'의 가장 중요한 목적은 "대상 제품/서비스에 대해 집중해야 할 주제가 무엇인지 팀원 모두가 공통으로 이해하고 공유"하는 데 있다. 이런 요구는 개선에 이르기 위해 필요한 핵심 사항과 제약 조건들을 사전에 확실하게 하자는 의도가 깔려 있으므로 본 Phase의 활동 상태에 따라 향후 이루게 될 개선의 질이 달라진다. 다음은 '원가 절감 방법론'에서 쓰이는 '정보'의 정의이다.

> · **'원가 절감 방법론'에서의 '정보(Information)'** 목적 달성에 도움이 되는 지식 혹은 목적 달성을 위한 의사 결정의 자료. "필요한 정보가 잘 수집되어 있는가의 여부에 따라 원가 절감 성과는 80% 정도 결정된다"고 할 정도로 '정보'는 매우 중요함. 사실 '정보의 수집과 분석'은 본 Phase뿐만 아니라 활동이 진행되는 전체 과정에서 필요에 따라 지속적으로 수행돼야 함.

원가 절감 활동을 위한 '정보 수집 단계'에서 "자, 이제부터 정보를 수집합시다!" 하고 리더가 요구하면 당장 좀 막막한 느낌이 들 수밖에 없다. 무엇부터 알아봐야 할지, 어떤 방식으로 접근할지, 또 모아 온 정보들의 중복은 어떻게 피해야 할지 등 정보를 수집하는 활동 자체보다 수집 후 발생될 많은 영향들에 더 고민스럽다. 다음은 정보를 수집할 때 한 번쯤 점검하고 넘어가야 할 기본 원칙들을 모아놓은 것이다.

원칙 1. 무엇을 알고 싶은가? 이 원칙은 목적을 명확화하는 데 활용된다.

원칙 2. 얼마나 모아야 하는가? 이 원칙은 정보의 질과 양에 관계한다.

원칙 3. 어디서 수집하는가? 정보가 들어 있는 장소는 여러 곳에 흩어져 있으므로 정보 출처를 논하는 계기가 된다.

원칙 4. 언제 모으는가? 정보가 필요한 바로 그 시점에 제공돼야 개선 효과가 크므로 타이밍이 중요하다. 정보 제공 시기를 논하는 데 유용한 원칙이다.

원칙 5. 어떻게 수집하는가? 정보를 수집하는 방법인데 주로 '면접법'과 '관찰법'으로 구분한다(다음 [표 6-8] 참조).

[표 6-8] '원가 절감 방법론'에서의 정보 수집 방법

구분	장점	단점
면접법	□ 내면에 숨겨진 정보를 추측해낼 수 있다. □ 기밀의 정보도 입수 가능하다. □ 면접 대상의 대응 태도나 사고방식에서도 정보 취득이 가능하다.	□ 정확한 정보인지 장담하기 어렵다. □ 사실에 추측성 정보가 더해질 수 있다. □ 대상자별 의견이 있으므로 예외 사항이 많아질 수 있다.
관찰법	□ 신뢰성과 객관성이 매우 높다. □ 세부적인 사실도 파악 가능하다. □ 예상외의 정보도 얻을 수 있다.	□ 시간이 오래 걸린다. □ 어느 시점에 끊어야 하는지 결론내기가 어렵다. □ 관찰 대상에게 부담 등 영향을 줄 수 있다.

원칙 6. 누가 정보를 수집하는가? 정보를 수집하는 담당자에 따라 정보의 유형과 질 등이 결정된다. 정부 수집 담당자를 결정할 때 적용된다.

정보 수집을 위한 '원칙'들이 잘 지켜지면 대상 '제품/서비스'와 관계된 실질적 자료들이 모아진다. 면접을 하는 동안 또는 관찰을 하는 동안 모아진 다양한 자료들은 그 유형에 구분은 없으나 원가 절감이라는 공통의 목표를 달성해야 하므로 내용들에 큰 차이를 보이진 않는다. 다음 [표 6-9]는 정보의 종류와 내용을 요약한 예이다.

[표 6-9] 정보의 종류와 내용

정보 종류	정보 내용
사용상의 정보	☐ 사용자, 사용 목적, 사용자 요구 사항 ☐ 사용 환경, 사용 조건, 시장 클레임 ☐ 사용상의 문제점
판매상의 정보	☐ 세일즈 포인트, 차별화 포인트 ☐ 유통 경로, 유통 경로에서의 요구나 조건 ☐ 판매 실적의 추이, 장래 판매 예상 ☐ 판매상의 문제점(사고, 클레임)
설계상의 정보	☐ 성능, 신뢰성, 안전성, 조작성 등의 표준 ☐ 제품의 설계 표준(도면), 부품 구성, 사용 재료 ☐ 설계 기간, 설계 변경의 이력 및 이유 ☐ 법규, 특허 등 설계상의 제약 ☐ 설계 기술상의 문제점(기술적 과제, 설계 오류)
원가(Cost) 정보	☐ 부품 원가, 가공 원가, 사용 원가
구매상의 정보	☐ 구매상의 요구 또는 조건 ☐ 구매 품목 내용 목록, 조달처, 조달 방법 ☐ 구매상의 문제점(품질, 작업성, 납기)
제조상의 정보	☐ 연간 생산 수량, 생산 능력 ☐ 제조 공정, 작업 방법, 표준 공수, 능률 ☐ 제조상의 문제점(품질, 작업성, 능력) ☐ 판매상의 문제점(사고, 클레임)

'원가 절감 방법론'이 현존하는 '제품/서비스'의 일부를 변경하는 활동인 만큼 새롭게 구성된 결과물이 기존보다 성능이나 운영 측면에서 부족하거나 문제 발생 소지가 조금이라도 있다면 아무리 원가 절감률이 높다 하더라도 제대로 된 수행으로 보기 어렵다. 따라서 [표 6-9]의 '종류' 중 '사용상의 정보', '설계상의 정보', '제조상의 정보'가 상대적으로 중요하며 이 부분들에 수집이 제대로 이루어졌는지를 점검하는 일에 소홀해서는 안 된다. 다음 [그림 6-8]은 '원가 절감 대상의 정보 수집 순서'를 나타낸다.

[그림 6-8] '정보 수집 순서'와 '정보 수집 계획 양식' 예

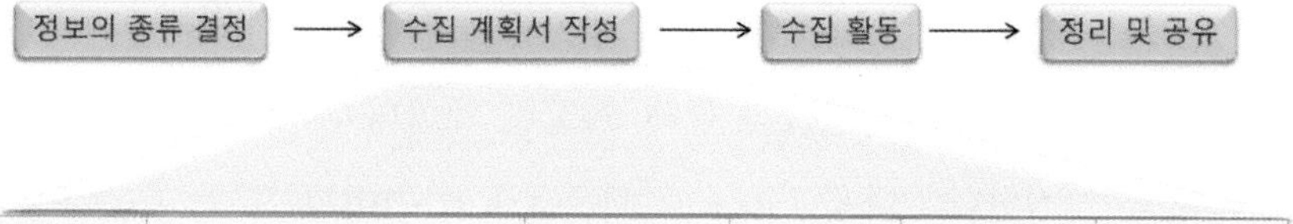

정보의 종류 결정 → 수집 계획서 작성 → 수집 활동 → 정리 및 공유

정보 종류	정보 내용	정보 출처	수집 시기	수집 방법	수집 담당자

[그림 6-8]의 첫 활동인 '정보의 종류 결정'은 [표 6-9]의 내용을 참조해서 결정한다. 다음 활동인 '수집 계획서 작성' 경우 그림에 예시된 양식을 참조하되 필요한 열(Field)을 팀원들과 결정해 사용한다. 활동의 핵심은 목표로 한 원가 절감률 달성을 위해 어떤 정보에 집중해야 하는가이다. 마구잡이식 정보의 수집은 노력과 비용, 시간을 낭비하는 결과를 초래한다. 사전에 철저한 수집 계획을 세우는 일 또한 전체 활동에 중요한 부분임을 항상 명심하자. 다음 [표 6-10]은 '수집 계획서 작성'의 예를, [표 6-11]은 '정보 수집 계획서' 내 열명인 '정보 종류/정보 내용'의 항목들 중 '부품 구성'에 대해 '부품 목록(Part List)'을 작성한 예이다.

[표 6-10] '정보 수집 계획서' 작성 예

정보 종류	정보 내용	정보 출처	수집 시기	수집 방법	수집 담당자
설계상의 정보	부품 구성	도면 No. W-100	~2.8	면접법/dB조회	홍길동 대리
…	…	…	…	…	…

[표 6 - 10]의 열 '정보 종류'와 '정보 내용'은 [표 6 - 9]의 분류(설계상의 정보)를 따르고 있다. '수집 방법' 역시 [표 6 - 8]의 예에 따라 부품 설계에 관여했던 과거 담당자와의 면접을 통해 저장된 데이터베이스를 참조하는 형식을 빌렸다(고 가정한다). 다음 [표 6 - 11]은 [표 6 - 10]의 '부품 구성'에 대해 수집된 '부품 목록' 결과 예이다.

[표 6 - 11] '부품 목록(Parts List)' 수집 결과 예

No.	부품명	기능	수량	단가(원)	합계(원)	비고
W-1	몸체	유체 통로, 부품/몸체 고정	1	150	150	SUS
W-11	손잡이	유량 조절 위한 손잡이	1	135	135	SUS
W-12	캡	손잡이, 로드 고정	1	35	35	SUS
W-13	그랜드 패킹	누수 방지	1	15	15	고무
W-14	와셔패킹	유량 조절	1	400	400	고무
…	…	…	…	…	…	…
합계			Set		1,400	-

[표 6 - 11]은 가로형 손잡이를 갖는 구조의 수도꼭지 부품 목록 예이다(고 가정한다). 부품별 단가와 제품에 대한 원가까지 포함돼 있어 앞으로 전개될 '원가 절감' 활동의 좋은 참조 자료가 될 것이다. 다음은 '원가 절감' 활동의 정보 수집 시 유의점을 요약한 것이다.

1. 사실 정보를 모아야 한다.

수집할 정보가 항상 자료화돼 있는 것만은 아니다. 상당 부분이 개인의 머릿속에 경험과 지식으로 축적돼 있다. 이를 파악하고 가능한 명확한 정보 출

처를 탐색하고 사실 정보를 수집하는 데 노력해야 한다.

2. 제약 조건을 확인한다.

제약 조건이 많으면 많을수록 제품의 개선 범위는 한정된다. 각종 표준이나 법적 제약 등 관련된 제약 조건을 파악해둘 필요가 있다. 정보 수집 결과 불필요한 제약 조건이 있으면 그것을 분류해둘 필요가 있다. 제약 조건은 아이디어나 개선 안을 평가하고 선정하는 기준이 되기 때문이다.

3. 문제점을 명확하게 파악한다.

문제없는 제품이나 서비스는 현실적으로 존재하지 않는다. 제품이나 서비스에는 반드시 문제점이 존재한다. 이러한 문제점에는 사용상, 판매상, 설계상, 구매상, 제조상, 품질상 등 여러 유형의 문제점으로 분류되는데, 이와 같은 문제점들에 대해 제품이나 서비스의 가치를 향상시키기 위해 최우선 문제가 무엇인지 그 내용을 구체화, 정량화해 둘 필요가 있다. 이를 통해 문제를 극복하기 위한 개선 아이디어 발굴에 집중할 수 있다.

초기 정보 수집이 제대로 이루어지지 않으면 '원가 절감' 활동 중 계속 필요 정보를 얻기 위해 전체 일정이 지연되는 사태가 발생한다. 다음 [표 6-12]의 '점검 목록(Check List)'은 정보 수집이 완료된 후 활동이 잘 이루어졌는지 팀원들과 최종 점검하는 목적으로 활용한다. 부족한 사항은 재점검하도록 한다.

[표 6-12] 정보 수집을 위한 '점검 목록(Check List)'

점검 목록	1. 제품, 구성품, 부품의 명칭은 명확한가? 2. 제품은 어떻게 구성되었는가? 3. 제품, 구성품, 부품의 사용 목적을 이해했는가? 4. 제품에 대한 요구 사항을 올바르게 이해하고 있는가? 1) 외관 형상에 대해, 2) 신뢰성에 대해, 3) 성능에 대해, 4) 보전성에 대해, 5) 안전성에 대해, 6) 조직성에 대해, 7) 서비스성에 대해, 8) 고객의 요구 사항에 대해 5. 각종 특성을 확실히 이해하고 있는가? 1) 재질이나 강도에 대해, 2) 정도나 공차에 대해, 3) 중량이나 치수에 대해 6. 제품의 사용 방법을 조사해보았는가? 7. 제품의 사용 환경을 조사해보았는가? 8. 제품, 구성품, 부품의 설계 의도를 설계자로부터 자세히 확인해보았는가? 9. 의견이 아니라 사실 정보를 수집했는가? 10. 추정하여 이해하려고 했던 점은 없었는가? 11. 제품의 프로세스 분석은 해보았는가? 12. 사용 설비나 기계를 조사해보았는가? 13. 치·공구를 조사해보았는가? 14. 설계 이력이나 설계 변경 이력을 조사해보았는가? 15. 구매나 외주 경력을 조사해보았는가? 16. 규격서나 표준 문서를 입수하였는가? 17. 각종 도면을 입수하였는가? 18. 구성품 목록이나 부품 목록은 정리되었는가? 19. 제품에 대한 각종 문제점은 확인하였는가? 1) 설계, 기술상 문제점은, 2) 제조상 문제점은, 3) 구매상 문제점은, 4) 사용상 문제점은, 5) 판매상 문제점은 20. 원가(Cost)는 명확하게 되어 있는가? 1) 재료비에 대해서는, 2) 인건비에 대해서는, 3) 제조 경비에 대해서는 21. 원가(Cost)의 근거는 확실한가?

다음 [그림 6-9]는 정보 수집에 대한 파워포인트 작성 예이다. 그림에서 '가로형 수도꼭지'경우 매우 일반화된 제품으로 기존 사용 환경에 크게 불일치하지 않는 한 사용에 문제가 없을 것으로 판단하여 기본 설계 정보와 사용 환경 및 Cost 정보만 수집 대상에 올렸다(고 가정한다). 따라서 [표 6-9]의 '정

[그림 6-9] ‘Step-2.1. 정보 수집 계획’ 작성 예

Step-2. 정보 수집
Step-2.1. 정보 수집 계획

▶ 구 모델인 가로형 수도꼭지의 원가 경쟁력을 높이기 위한 원가 절감 활동용 정보 수집 진행.

▶ 일반화된 제품으로써 Cost와 부품 변경 후 신뢰성에 초점을 맞춤. 따라서 판매, 구매, 제조 관련 정보는 대상에서 제외.

【수도꼭지 관련 정보 수집 계획서】

정보 종류	정보 내용	정보 출처	수집 시기	수집 방법	수집 담당자
설계상의 정보	제품 도면, 부품 구성, 신뢰성	도면(No. W-100)	~2.8	면접법/dB조회	홍길동 대리
사용상의 정보	사용 환경	旣 보고 자료, 클레임 Sys., VOC Sys.	~2.9	면접법, 관찰법/ IT Sys.	박영석 주임
Cost 상의 정보	부품 Cost	경영관리 제조원가 보고서, 구매계약서	~2.9	면접법	홍길동 대리
…	…	…	…	…	…

회의록

수집계획

- *기간 : 20x2. 02.1~02.10 (총 3차에 걸쳐 회합)*
- *참석자 : 김세종 과장, 홍길동 대리, 임거정 사원, 박영석 주임 外*

PS-Lab
Problem Solving Laboratory

보 종류’ 중 극히 일부만을 필요로 하는 상황이다.

[그림 6-10]의 정보 수집 결과 예 경우 부품별 원가를 간단히 나열했지만 실제 활동에서는 좀 더 상세한 정보가 필요할 것이다. 또 환경 정보나 도면 등은 수집된 것으로 가정하고 ‘개체 삽입’ 처리하였다(고 가정한다). ‘제품 설계 로드맵’인 DMADV 같으면 Measure Phase에서 향상시켜야 할 특성(CTQ)들을 발굴한 뒤 그들의 ‘현 수준’을 측정(Measuring)하는 것이 정석이나 ‘원가 절감 방법론’ 경우 기존 제품이면서 특히 원가 절감에 관심이 높으므로 그들은 모두 보유하고 있는 것으로 가정한다. 다만 만일 정보가 없거나 향후 개선 활동에 필요하다면 ‘CTQ 선정’과 ‘현 수준’을 본 Phase에서 측정한다.

[그림 6－10] ‘Step－2.2. 정보 수집 결과’ 작성 예

Step-2. 정보 수집
Step-2.2. 정보 수집 결과

▶ 기 정보 수집 계획에 맞춰 부품 도면, 사용 환경, 부품 원가(Cost) 자료를 아래와 같이 수집(부품 원가만 요약, 나머지 자료는 개체 삽입).

▶ 현 판매가 2,800 ~ 3,000원. 유통과 당사 마진을 고려 시 개당 1,190원으로 원가 떨어트려야 하는 상황임.

【부품 원가(Cost)】

No.	부품 명	기능	수량	원가(원)	합계(원)	비고
W-1	몸체	유체 통로, 부품/몸체 고정	1	150	150	SUS
W-11	손잡이	유량 조절을 위한 핸들	1	135	135	SUS
W-12	캡	손잡이, 로드 고정	1	35	35	SUS
W-13	그랜드 패킹	누수 방지	1	15	15	고무
W-14	와셔 패킹	유량 조절	1	400	400	고무
…	…	…	…	…	…	…
		합계	Set, 개		1,400	–

구성도
부품도면
사용환경
부품List
Cost 정보

PS-Lab
Problem Solving Laboratory

Analyze, 기능 분석 단계(Function Analysis Phase)

‘제품 설계 방법론(DMADV)’에서 Analyze Phase가 매우 중요한데 제품 또는 서비스의 전체 모습이 형성되기 때문이다. 이를 ‘콘셉트 설계(Concept Design)’라고 한다. ‘원가 절감 방법론’에서도 역시 Analyze Phase가 중요한데 차이가 있다면 ‘제품 설계 방법론’에서의 ‘Analyze Phase’처럼 개발하고자 하는 ‘제품/서비스’의 전체 윤곽이 나온다기보다 ‘원가 절감 방법론’ 경우 전체 중 원가를 절감하고자 하는 부위나 부분품의 윤곽만 나온다는 점이다. 그러나 일부가 변경되더라도 전체가 올바르게 작동해야 하므로 평가만은 전체 제품 또는 서비

스 관점에서 다루어진다. 다음 [그림 6－11]은 기억을 되살리기 위해 '세부 로드맵'을 다시 옮겨놓은 것이다.

[그림 6－11] 'Analyze Phase'의 '세부 로드맵'

Measure : 정보 수집	Analyze : 기능 분석	Design : 아이디어 창조
Step-2.. 정부 수집	Step-3.. 기능 분석	Step-4. 아이디어 창조
Step-2.1. 정보 수집 계획	Step-3.1. 기능 정의/ 기능 정리	Step-4.1. 아이디어 발굴
Step-2.2. 정보 수집 결과	Step-3.2. 현상 Cost 분석	Step-4.2. 아이디어 구체화
	Step-3.3. 기능의 평가	
	Step-3.4. 대상 분야의 선정	

'Analyze Phase'의 '세부 로드맵'을 간단히 요약하면 'Step－3.1. 기능 정의/기능 정리'는 "기본적인 요구는 무엇인가?" 또는 "어떤 기능상의 요구가 있는가?"에 대한 답이 원가 절감 활동의 '기능 정의'라면, '기능 정리'는 요구를 'FAST(Function Analysis System Technique)'라는 도구로 시각화시키는 활동이다. 'Step－3.2. 현상 Cost 분석'은 '제품/서비스' 중 집중해야 할 영역이 어디인지 파악하기 위해 기능별 현 Cost를 산정하는 활동이, 'Step－3.3. 기능의 평가'는 가장 바람직한 목표 원가인 '기능 평가치'를 얻는 활동이며, 끝으로 'Step－3.4. 대상 분야의 선정'은 '현상 Cost'와 '기능 평가치'를 정량적으로 비교해서 원가 절감을 위한 개선 영역을 확정짓는 활동이다.

간혹 '프로세스 개선 방법론'의 'Analyze Phase'와 '제품 설계 방법론'에서의 'Analyze Phase' 간 역할에 혼선을 겪는 리더들이 있다. 둘 다 'Analyze'란 똑같은 단어를 사용하기 때문인데, 'Analyze'의 우리말은 '분석'이므로 '프로세스 개선 방법론'에 익숙한 독자라면 당장 '가설 검정'을 떠올릴 것이다. '가설 검정'은 "X가 Y에 영향을 준다"와 같이 가설을 세워놓고 자료로부터 객관적으로 확인하는 절차이다. 그러나 '제품 설계 방법론'에서의 'Analyze Phase'는

'가설 검정'이 아닌 '제품/서비스'의 구조를 '분석(해석)'해서 목적하는 콘셉트를 형성시키는 과정이다. '분석'의 목적에 다소 차이가 있지만 여하튼 '분석' 자체의 의미만은 두 경우 모두 동일하다.

본론으로 들어가기 전 몇몇 용어들의 정의를 알아야 한다. 대표적으로 '기능(Function)'이 있다. '기능(Function)'은 국어사전에서 "하는 구실이나 작용"으로 정의하는데 (네이버 용어사전)에 더 좋은 정의가 있어 다음에 실었다.

- **기능(Function)** (네이버 용어사전) 상호 의존 관계에 있는 여러 부분에 의해 성립된 전체(기계·유기체·사회체제)에 있어, 그 속의 각 구성 요소가 맡은 역할 또는 각 구성 요소의 협동 관계에 의한 전체적 활동을 말한다. '기능'에 대립되는 것이 '구조'인데, '기능'은 '구조'에 의미를 부여하고 '구조'는 '기능'을 가능하게 한다.

정의에서 '구조'란 작동하고 있는 '실체', 즉 "존재하고 있음"의 의미다. 리더들의 교육이나 과제 멘토링 때 이 '기능'의 의미를 이해하는 데 많은 어려움을 호소한다. 다소 추상적인 느낌 때문에 실질적인 과제 수행에 어떻게 연결시킬지 애를 먹는다는 것이다. 설명에 앞서 '정의'에 있는 문장들을 다음과 같이 나누어보았다.

- ① 상호 의존 관계에 있는 여러 부분에 의해 성립된 전체(기계·유기체·사회체제).
- ② 그 속의 각 구성 요소가 맡은 역할.
- ③ 또는 각 구성 요소의 협동 관계에 의한 전체적 활동을 말한다.
- ④ '기능'에 대립되는 것이 '구조'인데, '구조'는 '기능'을 가능하게 한다.

나눈 예에서 '①'은 '구조'이고, '②, ③'이 '기능'이다. 예를 들어 '시계'가 하나 있다고 가정하자. 이것은 '①'에서 '상호 의존 관계에 있는 여러 부분에 의해 성립된 전체'가 될 것이다. 물론 '①'의 설명 중 괄호 내 3가지 유형들 중 '기계'에 해당될 것이다. 제조라면 다양한 양산 설비가 될 수도 있고, 간접이나 서비스는 IT 인프라(예: ERP) 등이 될 수도 있다. '시계' 자체가 하는 '역할(또는 기능)'은 무엇일까? 현재 몇 시인지를 알려주는 것인데 이것은 '③'에 해당한다. '③'도 '기능'이라고 했고, '각 구성 요소의 협동 관계에 의한 전체적 활동'이 '시계'에 있어서는 '시간을 알려주는 일'이기 때문이다. 그런데 '시계'는 '②'와 같이 '각 구성 요소가 맡은 역할'이 있다. 예를 들어 '시침'은 '시간' 위치를, '분침'은 '분'의 위치를 알려주는 역할(기능)을 수행한다. 또 안으로 들어가 보면 무수히 많은 톱니바퀴들이 존재할 텐데 이들도 각각의 역할(기능)들을 수행한다. 큰 톱니바퀴는 시침을 움직이는 데에, 작은 톱니바퀴는 분침을 움직이는 데에 활용되는 식이다. 따라서 '시침', '분침', '톱니바퀴' 그 외의 무수히 많은 부품들은 제각각 역할(기능)을 담당할 것인데 이들의 전체를 '④'에서 '구조'라 명명하고 있다. 정리하면 다음 [표 6-13]과 같다.

[표 6-13] '시계'에 대한 '기능' 정의

No	정의	대응 관계
①	상호의존 관계에 있는 여러 부분에 의해 성립된 전체(기계·유기체·사회체제)	시계
③	또는 각 구성 요소의 협동 관계에 의한 전체적 활동을 말한다.	시간을 알려주는 역할(기능)
②	그 속의 각 구성 요소가 맡은 역할	- 시침: '시간' 위치 지정 역할(기능) - 분침: '분' 위치 지정 역할(기능) - 큰 톱니바퀴: 시침 회전 역할(기능) etc.
④	'구조'는 '기능'을 가능하게 한다.	'시계'라고 하는 구조가 존재함으로 해서 - 시침, 분침, 큰 톱니바퀴, 작은 톱니바퀴 등의 기능(역할)이 존재

이제 현 Phase에서 해야 할 일이 명확해진다. 바로 '②'를 찾는 일이다. 개선할 '제품/서비스'가 이미 사용 중이거나 운영 중의 것이므로 엄격히 얘기하면 있는 것을 찾아내 확인하거나 재정리하는 활동이 필요하다. 대상 '제품/서비스'의 원가 절감을 위해 가장 먼저 해야 할 활동이 바로 '기능을 정의'하는 일인데 그 이유와 목적은 다음과 같다.

1) 기능(작용, 목적, 역할)을 명확히 한다.

원가 절감 활동에 참여한 모든 팀원들이 대상 '제품/서비스'의 모든 구조를 속속들이 알기란 사실상 불가능하다. 각자 담당 영역별로 전문성이 나뉘어 있기 때문인데 '제품/서비스'를 구성하는 '부품/영역'별로 각각의 역할이 무엇인지 명확히 함으로써 팀원 모두가 대상을 깊이 있게 인식하는 계기를 마련할 수 있다.

2) 평가를 쉽게 한다.

하나의 부품은 최소 하나 이상의 '기능'을 담당한다. 또 제품이란 여러 부품, 즉 다수의 '기능'들이 설계 내용대로 서로 얽혀 동작하는 구조이므로 '기능'을 이해함으로써 대상 부품의 성능, 동작 상태, 원가의 평가뿐만 아니라 서로 연계된 '기능'들을 추적함으로써 '하위 시스템(Sub-system)'에 이르기까지 평가 영역을 확장할 수 있다.

3) 아이디어 창출을 돕는다.

뒤이어 설명할 내용이지만 '기능'을 정의할 때 공식적으로 정해진 규칙을 따르도록 유도하고 있다. 이 규칙은 현재 개선 대상의 부품이 명확한 기능(역할)을 하고 있더라도 그 표현만큼은 여러 방법이 가능하도록 기술한다. 이것은 분야 전문가가 아니더라도 그 기능을 실현할 다양한 아이디어를 발굴하는 데

도움을 준다. 예를 들어 '안경의 기능'을 표현할 때 "안경알이 빛의 경로를 꺾어 상이 맺혀지는 위치를 조절한다"라는 구체적 기술보다 "시력을 교정한다"로 정의함으로써 '교정의 다양한 방법'이 존재할 가능성을 열어둔다. 안경알 외에도 콘택트렌즈나 각막 두께 조정 등 '시력을 교정'하는 방법은 무궁무진할 수 있다. 물론 아이디어 창출 과정이므로 그 실용성은 당장 중요하지 않다.

'기능'을 정의할 때는 물건을 물건 자체로 보지 말고 그 물건이 가지고 있는 목적을 달성하기 위한 내부의 움직임을 확인하는 것이 중요하다. 처음 접하는 독자들은 다소 철학적 표현으로 와 닿을 수 있으나 극복하기 위해서는 약간의 경험이 필요하다. [표 6-14]는 '기능 정의' 방법을 요약한 것이다.

[표 6-14] '기능 정의' 방법

주요 활동	세부 내용
① 대상을 부품 또는 구성 요소로 분할한다.	□ 과제에 따라 범위 설정을 달리한다. □ 가능하면 현품을 분해한다.
② 각 부품 또는 구성 요소에 해당되는 기능을 명사와 동사로 간략하게 표시한다.	□ 제품 전체의 기본 기능부터 말단 기능까지 계속 정의해 나간다.
③ 기능 정의 양식에 "~을 ~한다"로 기록한다.	□ 정의가 완료된 후 동의어는 점검하여 수정한다.
④ 수집 정보로부터 얻은 제약 조건을 명확히 기록한다.	□ 명사 부분에 제약 조건을 추가한다.
⑤ 각 기능을 '기본 기능'과 '2차 기능'으로 분류한다.	□ 분류는 각 부품 또는 구성 요소의 범위 내에서 시행한다.

[표 6-14] 내 '⑤'에 쓰인 '기본 기능'과 '2차 기능'은 '제품/서비스'에 반드시 필요한 기능 경우 '기본 기능'이, '기본 기능'을 보조하는 특성이면 '2차 기능'으로 분류한다. '2차 기능'은 줄이거나 제거함으로써 원가 절감 목표를 달성할 수 있다. 다음은 '기능 정의'의 의미와 그 표현 방법을 요약한 것이다.

- **기능 정의(Function Definition)** 사물(주로 제품)이나 일(주로 서비스 활동) 등의 부품 또는 구성 요소의 기능을 밝히고 다른 사물이나 일과의 차이를 명확히 하는 작업이다. 일반적으로 '기능 정의'는 일정한 규칙을 따라 이루어진다.
  ① 「명사+동사(형용 동사)」로 팀원 전원이 정확하게 똑같이 해석할 수 있도록 표현.
  ② 정량화(가급적 측정 가능한 특성) 표현을 사용(추상적 표현도 가능).
  ③ 명사나 동사를 수식하는 형용사, 부사 등은 생략.
  ④ 부정문은 사용하지 않음.

다음 [표 6-15]는 바람직한 '기능 정의'의 일부를 모아놓은 예이다.

[표 6-15] '기능 정의' 표현의 바람직한 예

대상	기능	대상	기능
쓰레기통	□ 쓰레기를 정리한다. □ 쓰레기를 보존한다.	모자	□ 열을 차단한다. □ 바람을 차단한다. □ 빛을 차단한다.
시계	□ 시각을 표시한다.	식사	□ 에너지를 취한다. □ 영양소를 취한다.
게시판	□ 필요 사항을 전달한다. □ 필요 사항을 나타낸다.	클립	□ 물품을 정리한다. □ 물품을 보존한다.
가위	□ 물품을 나눈다.	연필 심	□ 표시를 한다. □ 정보를 통신한다.
구두	□ 발을 보호한다. □ 충격을 흡수한다.	필라멘트	□ 빛을 낸다. □ 에너지를 변환한다.
…	…	…	…

바람직한 예도 있지만 '기능 정의' 시 유의할 사항도 있다. 다음 [표 6-16]은 그들을 모아놓은 예이다.

[표 6-16] '기능 정의' 시 유의점

유의점	기능	보완이 필요한 표현
2가지 이상의 기능을 혼합하지 말 것	□ 명판을 부착한다. □ 명판을 제거한다.	□ 명판을 착탈한다.
	□ 사람을 들어오게 한다. □ 사람을 나오게 한다.	□ 사람 출입을 자유롭게 한다.
오해의 소지가 없도록 명확히 표현한다.	□ 열을 내보낸다(방열). □ 열을 낸다(발열).	□ 열을 낸다. (※즉, 발열인지 방열인지)
	□ ○○을 고정한다. □ ○○을 지지한다.	□ 물건을 붙인다.
너무 구체적이지 않도록 표현한다.	□ A를 B에 고정한다.	□ A를 B에 볼트로 고정한다.
두 가지 이상의 기능을 동시에 정의하지 않는다.	□ (정첩) 문을 회전한다.	□ 문을 개폐한다. □ 문을 회전한다. ※'개폐'와 '회전'은 동시 정의
…	…	…

'기능 정의'에 대해 가급적 측정 가능한 동사구를 사용하도록 권장하지만 막상 다양한 동작 상태 또는 현상을 '기능 정의'하려면 제약이 많다. 어떤 표현이 적절한 것인지에 대해 고민한다는 뜻이다. 예를 들어 제품 외관에 미적 추구를 목적으로 예쁜 무늬를 그려 넣는다고 할 때, 분명 제품 외관에 그려진 무늬는 그만의 역할이 있을 것이므로 그를 꾸미는 데 재료(부품)가 소모된다. 이때 제품 동작에는 영향이 없으므로 '기본 기능'보다 '2차 기능'에 속할 것이나 이를 '기능 정의'하려면 당장 적절한 표현이 떠오르지 않는다. 이 경우 "아름다움을 추구한다", "감성을 자극한다", "미를 발현한다"와 같이 '명사+동사'의 기본 구조는 갖추었다 하더라도 왠지 뒷맛이 남는다. 이런 문제를 해소하기 위해 가장 적절한 접근으로 다음 [표 6-17]의 사용을 권장한다.

[표 6-17] '기능 정의' 시 자주 쓰이는 '서술어' 예

'기능' 표현에 쓰이는 서술어			
발생하다, 생기다	공급하다, 보내다	형성하다, 구성하다	누르다, 압착하다
내다	전하다, 전달하다	접속하다, 잇다, 연결하다	죄어 붙이다, 죄다
얻다, 안다	작동시키다, 동작시키다	바꾸다	견디다
변환하다, 바꾸다	회전시키다, 돌리다	모으다	막다, 방지하다, 저지하다
이동시키다	직선운동 시키다, 오르내리게 하다, 전진/후진시키다	받다, 수신하다	제거하다, 없애다
증가시키다, 늘리다, 크게 하다	통하다, 통과시키다	저장하다	차단하다, 차폐하다, 쉴드하다
감소시키다, 줄이다, 적게 하다	이끌다, 안내하다, 가이드하다	나누다, 분리하다	절연하다
높이다	흘리다	고정하다, 고착하다, 정착시킨다	정하다, 결정하다
낮추다	주다	지지하다, 받친다	조정하다, 조절하다, 가감하다
증폭하다	누르다	버티다	제한하다, 한정하다, 제약하다
보호하다, 지키다	유지하다	보강하다	표시한다

[표 6-17]의 '서술어'를 참고하면 그나마 어떻게 표현할지 어려움을 겪는 일은 상당부분 해소된다. "외관을 아름답게 꾸미는 일"에 대해 측정 가능한 특성은 아니지만 "아름다움을 표시한다"나 "아름다움을 안다"와 같이 표현함으로써 외관을 어떻게 꾸며야 아름다울지에 대한 '콘셉트 설계'와 연결시킬 수 있다. 예가 다소 낯설긴 하나 [표 6-17]의 쓰임새가 그만큼 '기능 정의'에 도움을 준다는 의미로 받아들였으면 한다. 다음 [표 6-18]은 [그림 6-10]에서 수집된 '가로형 수도꼭지 부품 목록'을 참조해서 각 부품별 '기능 정의'를

수행한 결과이다(라고 가정한다).

[표 6 - 18] '가로형 수도꼭지'의 '기능 정의' 예

No.	구성 요소 (부품명)	구조	기능		기본 기능	2차 기능
			명사	동사		
W-1	몸체	도면1.jpg	부품 위치를	고정한다.	-	○
W-11	손잡이	도면2.jpg	수직 이동량을	조절한다.	○	-
W-12	캡	도면3.jpg	손잡이 위치를	고정한다.	-	○
W-13	그랜드 패킹	도면4.jpg	누수를	차단한다.	-	○
W-14	와셔패킹	도면5.jpg	부피를	팽창한다.	○	-
…	…	…	…	…	…	…
비고 (제품 구조)						

각 부품에 대한 '기능 정의'가 완료되면 다음에 이어질 활동은 '기능들 간 상호 연결 관계를 정립'하는 일이다. '세부 로드맵'상으로는 'Step - 3.1. **기능 정의/기능 정리**'에서 '기능 정리'에 해당한다. 각 부품이 수행하는 역할은 독립적이라기보다 제품 내 서로 유기적으로 연결돼 있기 때문에 이들의 관계성을 파악해 의사 결정에 활용하는 것이 무엇보다 중요하다. 이 작업을 가능하게 할 도구로 '제품 설계 방법론'에서 자주 거론되는 'FAST(Function Analysis System Technique)'가 있다. 'FAST'의 유래와 정의는 다음과 같다.

· **FAST(Function Analysis System Technique) 유래** 1965년 Sperry Rand Corporation의 UNIVAC사업부에 있던 Mr. Charles W. Bytheway에 의해 제5회 SAVE[28] 전국 대회에서 소개되었다. 제품을 구성하는 부품들은 어떤 기능(역할)을 담당하도록 설계되었을 것이나, 제품의 실제 '주 기능'만을 가만히 따져보면 그 외의 것들은 제거하거나 저렴한 재료로 대체하더라도 '주 기능'을 수행하는 데는 별로 영향을 미치지 않음을 발견하였다. 이것은 궁극적으로 엄청난 원가 절감의 기회로 연결된다. 이것이 바로 '가치공학(VE, Value Engineering)'으로, 이를 실현할 기능 분석의 한 기법으로 1965년에 소개(개발은 1964년도)된 것이 'FAST'이다.

(최초 문헌) C. W. Bytheway, "Basic Function Determination Technique", SAVE PROCFEDINGS 1965 FIFTH NATIONAL CONFERENCE, Vol Ⅱ, pp.21~23.

· **FAST 정의** 설계 목적을 달성하기 위해 수행되어야만 하는 필요 기능들의 상호 연결 관계를 논리적으로 파악하여 시각적으로 표시하는 체계적인 도표화 기법. 이 도표를 'FAST 모델의 기본 구조(he Basic Structure of FAST Model)' 또는 간단히 'FAST Diagram'이라고 부른다. 우리말로 종종 '기능 계통도'로도 불린다.

'FAST'에 대한 자세한 용법은 「Be the Solver_정성적 자료 분석(QDA)」편을 참고하기 바란다. 본문에서는 내용 이해에 필요한 만큼만 언급하고 넘어갈 것이다.

---

28) SAVE → 1954년도에 설립된 미국가치전문가협회의 영어명. VE(Value Engineering)는 제품의 불필요한 기능을 찾아내 제거함으로써 원가를 줄이는 방법으로 GE사에서 1947년에 Lawrence D. (Larry)Miles에 의해 개발되었으며, 이후 SAVE에 의해서 원가절감 전국대회가 개최되었다. FAST는 이 대회 기간인 1965년에 소개되었다.

'FAST Diagram'의 작성 목적은 주로 다음의 다섯 가지로 요약된다.

1) 진실로 요구되는 기능의 확인
2) 불필요한 기능의 파악
3) '기능 정의'의 정확성 확인
4) 기능 분야(상호 관계가 깊은 기능)의 인식
5) 변경 수준의 결정

다음 [그림 6-12]는 '기능 계통도(FAST Diagram)'의 기본 양식 예이다.

[그림 6-12] '기능 계통도(FAST Diagram)' 양식 예

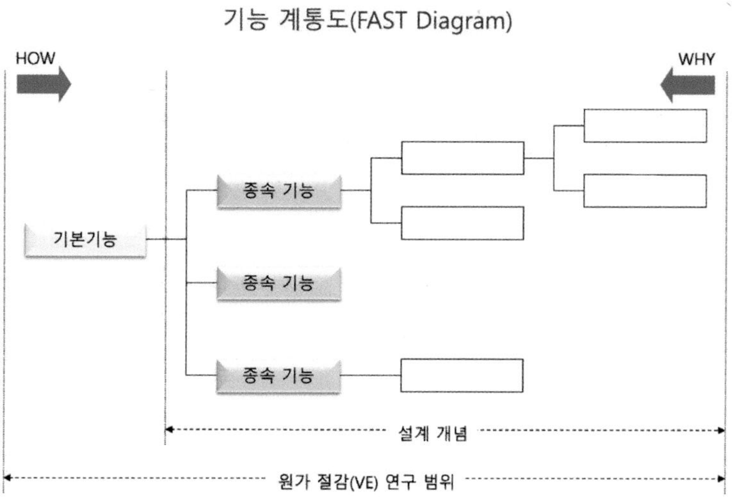

[그림 6-12]의 맨 왼쪽 '기본 기능'은 '기능 정의' 단계에서 설정된 '제품/서비스'의 '주 기능'을 나타낸다. 전개는 크게 '수단을 추구하는 방식'과 '목적

을 추구하는 방식'으로 나뉜다. 두 방식 각각은 '기본 기능'에 대해 질문 방식으로 자문함으로써 이후 기능의 정확한 설정과 기능 상호 간의 연결 관계에 대한 논리적 접근이 가능하도록 돕는다.

먼저 '수단을 추구하는 방식'은 "팀이 '명사+동사'로 표현된 기능을 어떻게(How) 달성할 수 있는가?"로 자문하며, [그림 6-12]의 왼쪽에서 오른쪽으로 전개해 나간다. 만일 질문을 통해 해당 '답변'을 얻으면 바로 '기본 기능' 뒤에 위치시킨다. "~어떻게(How)?"의 질문이 논리적 종단에 이를 때까지 반복하며 완료 후 모든 연계 기능들이 논리적 순서로 배열되었는지 확인한다.

'목적을 추구하는 방식'은 "팀이 '명사+동사'로 표현된 기능에 대해 그 기능은 왜(Why) 필요한가?"로 자문한다. '수단을 추구하는 방식'과 달리 이 경우는 오른쪽에서 왼쪽으로 전개해 나간다. 그러나 완성 후 동일하게 이치에 맞고 논리적이어야 한다. 통상 '수단을 추구하는 방식'이 용이하므로 먼저 수행 후 기능들 간 연계가 올바른지 검증하는 차원에서 이 방식을 사용할 수 있다.

다음 [표 6-19]는 '기능 계통도(Function Diagram)'를 작성하는 순서이다.

[표 6-19] '기능 계통도(FAST Diagram)' 작성 순서

작성 순서	계통도 예
1. 정의한 기능을 기능 카드에 옮겨 적는다(1-기능 1-카드).	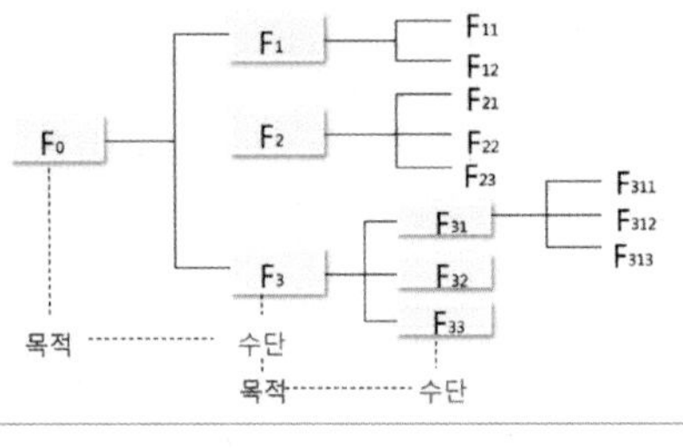 F_0 → F_1 (F_{11}, F_{12}), F_2 (F_{21}, F_{22}, F_{23}), F_3 (F_{31} (F_{311}, F_{312}, F_{313}), F_{32}, F_{33}) 목적 ······ 수단 목적 ······ 수단
2. 수단 또는 목적 추구형 질문을 통해 기능을 관련짓는다.	
3. 수단, 목적 관계를 재검토한다.	
4. 기능 No.와 제약 조건을 기입한다.	

다음 [그림 6-13]은 '가로형 수도꼭지'의 '기능'에 대한 'FAST' 전개 예이

며, ‘세부 로드맵’상으로는 앞서 설명한 바와 같이 ‘**Step-3.1. 기능 정의/기능 정리**’에 해당한다.

[그림 6-13] 수도꼭지의 ‘기능 계통도(FAST Diagram)’ 작성 예

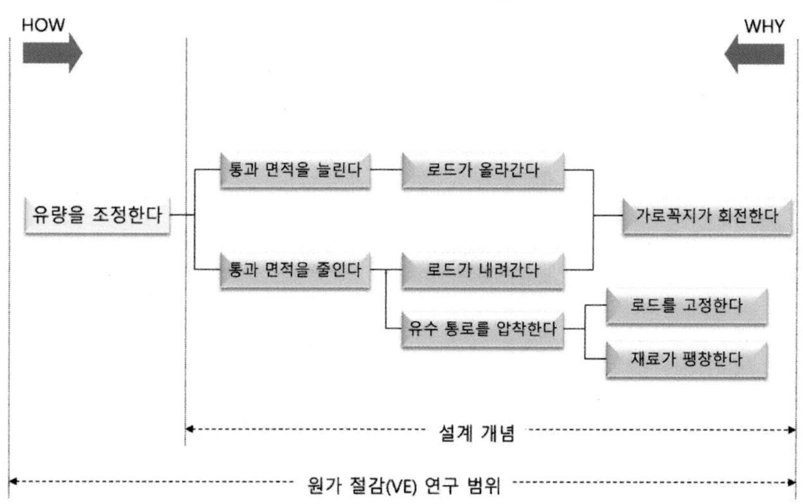

다음으로 이어질 활동은 ‘현상 Cost 분석’으로 ‘세부 로드맵’상 ‘**Step-3.2. 현상 Cost 분석**’에 해당한다. ‘현상 Cost’란 “요구 기능을 얻기 위해 실제로 투입되는 비용”을 말한다. ‘현상 Cost’는 ‘부품의 원가’가 아닌 ‘기능별 원가’를 의미하므로 이 값을 얻기 위해서는

「① 부품(또는 구성 요소)과 각 Cost를 기입한 뒤 크기순으로 배열 → ② 각 기능별 연관성 확인 → ③ 각 기능별 가중치(%) 부여 → ④ Cost에 가중치를 곱하여 기록 → ⑤ 각 기능별 Cost 합계를 기록」

의 과정을 밟아 완성한다. '①'은 [그림 6 - 10]의 'Step - 2.2. 정보 수집 결과'를, '②'는 [그림 6 - 13] '기능 계통도(FAST) 작성 예'에 각각 해당하므로 '현상 Cost 분석'을 위해서는 '③ 각 기능별 가중치(%) 부여'부터 진행한다. [표 6 - 20]은 수도꼭지에 대한 '현상 Cost' 분석 결과이다(고 가정한다).

[표 6 - 20] 가로형 수도꼭지의 '현상 Cost 분석' 예

구성요소 (부품)	기능분야 / Cost(원)	로드가 올라(내려)간다	유수 통로를 압착한다	가로꼭지가 회전한다	로드를 고정한다
몸체	150	100	–	–	50
와셔 패킹	400	30	320	50	–
손잡이	135	15	30	90	–
캡	35	–	–	5	30
그랜드 패킹	15	15	–	–	–
…	…	…	…	…	…
합 계 (원)	1,400	280	592	185	343

※ 가중치는 각 부품별로 기능에 대한 기여도가 다르므로 각각 설정돼야 함. 여기서는 부품별 사전 설정된 것으로 가정함.

[표 6 - 20]의 '기능'들은 [그림 6 - 13]에서 왔으며, 원가 절감 개선에 중요하다고 판단된 '핵심 기능만' 옮겨놓았다(고 가정한다). 얻어진 기능별 '현상 Cost'는 [표 6 - 20]으로부터 '로드가 올라(내려)간다=280원', '유수 통로를 압착한다=592원', '가로꼭지가 회전한다=185원', '로드를 고정한다=343원'으로 확인되었다(고 가정한다).

기능별 '현상 Cost'는 해당 기능이 역할하는 데 투입되는 현재 비용의 개념이다. 'VE'를 추진하는 목적이 현재 가치를 높이면서 원가를 줄이는 데 있으므로 확인된 각 기능의 '현상 Cost'별로 저감할 '목표 Cost'가 정해져야 한다.

이 작업이 완료되었을 때 비로소 원가 절감을 위해 어떤 기능에 집중해야 할지 평가가 가능하다. 이 과정을 '기능 평가'라고 하며, '세부 로드맵'상 '<u>Step – 3.3. **기능의 평가**</u>'에 해당한다. 통상 '기능 평가'가 완료되면 어떤 항목에 집중해야 하는지가 판가름 나는데 이 과정을 '<u>Step – 3.4. **대상 분야 선정**</u>'이라고 한다. '기능 평가'의 목적은 다음 세 경우로 요약할 수 있다.

1) '제품/서비스'의 가치를 평가하기 위해 현재 가치를 대변하고 있는 '현상 Cost'의 비교 대상이 필요하다.
2) 고객이 요구하는 '제품/서비스'의 목표 Cost를 알아야 한다. '목표 Cost'를 '원가 절감 방법론'에서는 '기능 평가치'라고 한다. 이 Cost는 고객이 해당 기능에 지불하고자 하는, 또 제품의 가치에 대하여 부족함이 없다고 판단하는 Cost이다.
3) 대상 '제품/서비스'에 대해 가치는 극대화하면서 Cost는 최저로 낮추는 접근이 필요하다. 이를 위해 각 기능별 중요도에 따라 목표 Cost를 할당한 후 Cost가 높은 기능 분야를 찾아 가치 향상을 위한 의사 결정을 실시한다. 이 과정을 '기능 평가'라고 한다.

'기능 평가' 활동의 목적을 달성하려면 앞서 설명한 바와 같이 현재 가치(현상 Cost)와 비교 가능한 '목표 Cost', 즉 '기능 평가치'가 필요하다. 따라서 본 '세부 로드맵'의 주요 내용은 '기능 평가치'를 얻는 방법에 어떤 것이 있는지 설명이 필요하다. '원가 절감 방법론'에서 제시하는 방법으로는 '주관적 견적법', '비교 견적법', '아이디어에 의한 방법', '가치 표준에 의한 방법', '중요도 비교에 의한 평가' 등이 있다. 이들 모두에 대한 사례 설명은 생략하고 특징에 대해서만 다음 [표 6 – 21]에 요약하였다.

[표 6-21] '기능 평가' 방법 및 내용

기능 평가 방법	내용
주관적 견적법	대상 '제품/서비스'에 대해 "당신 같으면 얼마를 지불하겠습니까?"의 질문을 통해 자체적으로 견적하는 방법이다. 기업 내 제품에 이 방법을 적용하면 의외로 낭비 지출이 많은 것을 확인할 수 있으며 일상 경험을 기반으로 한 평가하므로 경험이 풍부한 사람에게서 신뢰도 높은 '기능 평가치'를 얻을 수 있다.
비교 견적법	동일한 기능의 대체품들을 많이 모아 그 가운데에서 가장 싼 값을 선택하여 '기능 평가치'로 정하는 방법이다. 예를 들어 연필의 기능 경우 "기록을 남긴다"이므로 이와 유사한 기능의 제품 Cost 정보를 수집한다면, ▷ 만년필 → 12,000원, ▷ 볼펜 → 180원 ▷ 매직잉크 → 520원, ▷ 사인펜 → 120원 ▷ 유성 펜 → 230원, ▷ 수성 펜 → 70원이라 할 때, Cost가 가장 싼 '수성 펜'의 가격 '70원'을 '기능 평가치'로 정하는 방법 등이다.
아이디어에 의한 방법	각 기능 분야별로 "이 외에 같은 기능을 수행하는 대체품은 없는가?"라는 질문을 통해 그 기능을 대신하는 아이디어를 발상하고 각 아이디어에 대해 개략 Cost를 견적하여 그중에서 최저 Cost를 '기능 평가치'로 정하는 방법이다. 예를 들어, 다음 '기능 계통도'의 'F_1'에 대해 아이디어 발상 결과, 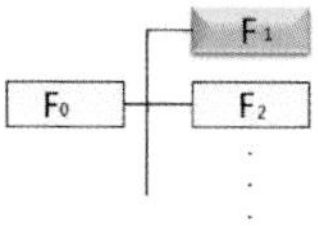 F₀ – F₁, F₂ ▷ 아이디어 A → 190원 ▷ 아이디어 B → 170원 ▷ 아이디어 C → 140원 ▷ …　　일 'F_1'에 대한 '기능 평가치'는 값이 가장 싼 '140원'으로 정한다. 만일 'F_1'의 '현상 Cost=400원'이라면 'Value Ratio=140/400=0.35'이고 절감 목표액은 '260원'이 된다.
가치 표준에 의한 방법	1) 실적 가치표준: 동일한 기능을 수행하는 제품을 가능한 많이 모아 각 Cost를 견적한 후, 대수 좌표에 X-축은 '기능 달성도(특성값)'를, Y-축은 'Cost'를 플롯한다. 이때 좌표상 최저 Cost를 연결하는 선을 그으면 이것이 '실적 가치표준'이다. 2) 이론 가치표준: 시간, 장소, 사람에 관계없이 동일한 '기능 평가치'가 되도록 Cost 기준을 만든 것이다. 따라서 Cost와 Parameter 간 관계식을 얻는 것이 중요하다.
중요도 비교에 의한 평가	각 기능별로 비교를 통해 가중치를 얻은 뒤 '제품/서비스'의 Cost 목표치를 곱해 기능별 '기능 평가치'를 얻는 방법이다. 이에는 FD(Forces Decision)법, DARE(Decision Alternative Ratio Evaluation System)법, AHP법, Delphi법 등이 있다.

'기능 평가'를 위해 '문제 해결 방법론'에서 자주 응용되는 'AHP법'을 적용해보자. 우선 [그림 6 - 13]의 '기능 계통도'로부터 정해진 '핵심 기능'들을 토대로 'AHP(Analytic Hierarchy Process)'를 수행하면 다음 [표 6 - 22]와 같다.

[표 6 - 22] '핵심 기능'들의 AHP를 통한 가중치 결정

AHP 법	로드가 올라(내려)간다	유수 통로를 압착한다	가로꼭지가 회전한다	로드를 고정한다	기하평균	가중치
로드가 올라(내려)간다	1	1/4	1	3	0.93	0.21
유수통로를 압착한다	4	1	2	3	2.21	0.49
가로꼭지가 회전한다	1	1/2	1	1/2	0.71	0.16
로드를 고정한다	1/3	1/3	2	1	0.69	0.15
합 계					4.54	1.00

AHP의 용법은 기업 교재 또는 「Be the Solver_정성적 자료 분석(QDA)」편에 자세히 나와 있으니 필요한 독자는 참고하기 바란다. 다만 '기하 평균'은 '로드가 올라(내려)간다'의 기능 경우 '$(1\times1/4\times1\times3)^{1/4}\fallingdotseq0.93$'으로 계산된다. 곱하는 항이 'n개'면 승수도 '1/n'이다. '가중치'는 각 '기하 평균'을 '기하 평균'의 전체 합(4.54)으로 나눠서 얻는다. 알아보기 쉽게 점유율로 표현한 것이다. 결과에 따르면 '유수 통로를 압착한다'가 수도꼭지의 전체 기능 중 가장 중요한 역할을 하고 있음을 알 수 있다.

[그림 6 - 7]의 'Step - 1.1. 과제 기술서 작성 예'의 '목표 기술'에 따르면 수도꼭지의 '목표 Cost'는 '1,190원'으로 설정하였다. 따라서 '기능별 Cost 분석'은 다음 [표 6 - 23]과 같다.

[표 6 - 23] '기능별 Cost 분석' 예

기능분야	현상 Cost(C)	기능 평가치(F)	C - F	F/C	착수 순위	비고
로드가 올라 (내려)간다	280	244	36	0.9	2	Cost 중시
유수 통로를 압착한다	592	580	12	1.0	1	고객요구 사항
가로꼭지가 회전한다	185	185	0	1.0	3	-
로드를 고정한다	343	180	163	0.5	1	Cost 중시

※ '현상 Cost'는 [표 6 - 20]의 각 기능별 '합계'
※ 기능 평가치(F)=1,190원(목표 Cost)×[표 6 - 22]의 '가중치'
※ 소수점 조정으로 엑셀 계산 값과 약간의 차이 존재함.

[표 6 - 23]은 '기능별 Cost 분석'이며, 이 결과로부터 개선 대상 분야를 선정하면 '기능 평가'가 완료된다. 개선 대상을 선정하는 기준은 다음과 같다.

1) '가치 지수(Value Ratio=F/C)'가 낮은 기능 분야를 선정. 통상 '가치 지수'가 '0.67 이하'로 나와야 원가 절감 효과가 큰 것으로 알려져 있다.
2) 개선 여지가 큰(C - F) 기능 분야를 선정.
3) 문제점이 많은 기능 분야를 선정.
4) 기능이 복잡한 기능 분야를 선정.
5) 고객의 불만 사항이 많은 기능 분야를 선정.

[표 6 - 23]의 예를 보면 기능 '로드가 올라(내려)간다'와 '로드를 고정한다'는 선정 기준 '1)'과 '2)'의 경우에 해당하나, '유수 통로를 압착한다'는 과거 판매 기간 동안 '압착'의 주재료인 '와셔 패킹'이 자주 마모되는 문제점이 크게 부각된 점을 고려하여 우선순위를 높게 정하였다(선정 기준 '5)'에 해당).

이에 대해서는 '비고'란에 '고객 요구 사항'임을 명시하였다(고 가정한다). 따라서 가로형 수도꼭지의 원가 절감 활동은 [표 6 - 23]의 '착수 순위'를 고려하여 진행한다. 다음 [그림 6 - 14]는 'Step - 3.1. 기능 정의/기능 정리'에 대한 파워포인트 작성 예이다.

[그림 6 - 14] 'Step - 3.1. 기능 정의/기능 정리' 작성 예

Step-3. 기능 분석
Step-3.1. 기능 정의/ 기능 정리

▶ 가로형 수도꼭지의 부품 목록을 참조한 각 부품 별 기능을 아래와 같이 정의함.
▶ 기능은'기본 기능'과 '2차 기능'으로 재 구분(상세 내역은 '개체 삽입' 파일 참조).

No.	구성 요소 (부품 명)	구조	기능		기본 기능	2차 기능
			명사	동사		
W-1	몸체	도면1.jpg	부품 위치를	고정한다.	-	○
W-11	손잡이	도면2.jpg	수직 이동양을	조절한다.	○	-
W-12	캡	도면3.jpg	손잡이 위치를	고정한다.	-	○
W-13	그랜드 패킹	도면4.jpg	누수를	차단한다.	-	○
W-14	와셔패킹	도면5.jpg	부피를	팽창한다.	○	-
...	...	...	...	...	...	...
비고 (제품 구조)			손잡이, 나사, 캡, 그랜드 패킹, 와셔 패킹			

(기능 도출)

PS-Lab
Problem Solving Laboratory

[그림 6 - 14]는 수도꼭지를 구성하는 부품 목록과 그들의 '기능'을 정의한 예이다. 또 정의된 기능들은 '기본 기능'과 '2차 기능'으로 분류하고 있다. 장표 상단 제목을 보면 '기능 정의/기능 정리' 중 '기능 정의'가 빨간색으로 강조돼 있는데, 이것은 파워포인트 내용이 '기능 정의'임을 나타낸 것이다. 다음

[그림 6 – 15]는 'Step – 3.1. 기능 정의/기능 정리' 중 '기능 정리(FAST)'에 대한 파워포인트 작성 예이다.

[그림 6 – 15] 'Step – 3.1. 기능 정의/기능 정리' 작성 예

Step-3. 기능 분석
Step-3.1. 기능 정의/ *기능 정리*

▶ 가로형 수도꼭지에 대한 FAST(Function Analysis System Technique)를 작성.
▶ 아래 강조된 기능들은 '핵심 기능'으로 향후 '현상 Cost' 설정에 활용할 예정임.

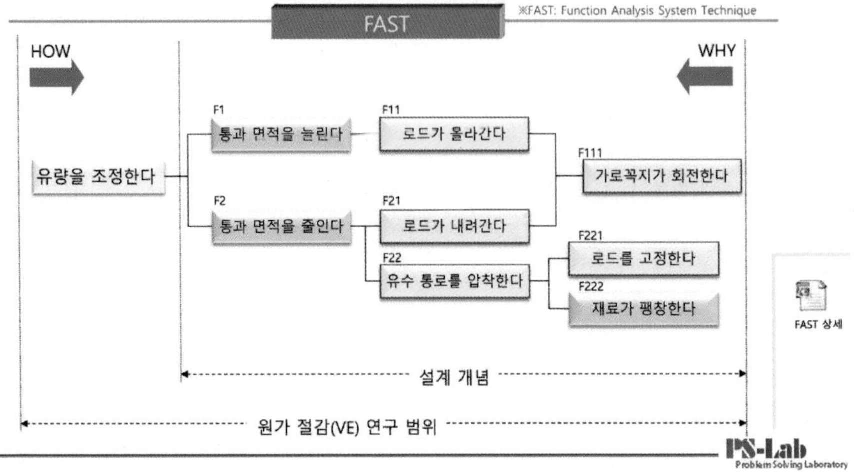

[그림 6 – 15]의 'FAST' 작성으로부터 다섯 개의 '핵심 기능'을 선정하였다. 이들은 앞으로 기능 평가를 거쳐 원가 절감을 위한 주요 개선 대상이 될 것이다(고 가정한다). 다음 [그림 6 – 16]은 'Step – 3.2. 현상 Cost 분석'에 대한 파워포인트 작성 예이다.

'현상 Cost'는 '핵심 기능'들의 '현재 Cost'를 의미한다. [그림 6 – 16]으로부터 수도꼭지의 기능 중 '유수 통로를 압착한다' 기능에 투입되는 비용이 가장

[그림 6 - 16] 'Step - 3.2. 현상 Cost 분석' 작성 예

Step-3. 기능 분석
Step-3.2. 현상 Cost 분석

▶ '현상 Cost'는 수도꼭지를 이루는 각 '핵심 기능'들에 대한 현재 Cost를 지칭.

▶ 아래 '합계(원)'의 경우가 '핵심 기능'별 '현상 Cost'로, '유수 통로를 압착한다.'를 실현하는데 가장 높은 Cost가 투입됨을 알 수 있음.

구성 요소 (부품)	기능 분야 / Cost(원)	로드가 올라 (내려) 간다	유수 통로를 압착한다	가로꼭지가 회전한다	로드를 고정한다
몸체	150	100	-	-	50
와셔 패킹	400	30	320	50	-
손잡이	135	15	30	90	-
캡	35	-	-	5	30
그랜드 패킹	15	15	-	-	-
...	...	...	...	...	...
합 계 (원)	1,400	280	592	185	343

※ 가중치는 각 부품 별로 기능에 대한 기여도가 다르므로 각각 설정돼야 함. 여기서는 부품 별 사전 설정된 것으로 가정함.

(현상 Cost)

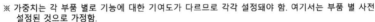

PS-Lab
Problem Solving Laboratory

높음을 알 수 있다(592원). '현상 Cost'는 이후에 수행될 '기능 평가' 시 '목표 Cost'인 '기능 평가치(F)'와 비교함으로써 원가 절감 규모나 개선 대상 우선순위에 활용된다. 이어지는 [그림 6 - 17]은 'Step - 3.3. 기능의 평가'와 'Step - 3.4. 대상 분야의 선정'에 대한 파워포인트 작성 예이다.

[그림 6 - 17]에서 위쪽 표는 아래 표의 '기능 평가치(F)' 계산을 위해 기능별 '가중치'를 'AHP'로 얻은 예이고, 아래 표는 '현상 Cost(C)'와 '기능 평가치(F)'를 비교함으로써 원가 절감 활동을 위한 '착수 순위'를 매긴 예이다. 참고로 '유수 통로를 압착한다' 기능 경우 'Cost 분석' 순위는 낮지만 고무 패킹의 잦은 마모로 고객의 불만이 많은 부위임을 감안해 높은 순위를 부여하였다(고 가정한다).

[그림 6-17] 'Step-3.3. 기능의 평가/Step-3.4. 대상 분야 선정' 작성 예

Step-3. 기능 분석
Step-3.3. 기능의 평가/ Step-3.4. 대상 분야 선정

【핵심기능 가중치 결정】

AHP 법	로드가 올라(내려)간다.	유수 통로를 압착한다.	가로꾹지가 회전한다.	로드를 고정한다.	기하평균	가중치
로드가 올라(내려)간다.	1	1/4	1	3	0.93	0.21
유수통로를 압착한다.	4	1	2	3	2.21	0.49
가로꾹지가 회전한다.	1	1/2	1	1/2	0.71	0.16
로드를 고정한다.	1/3	1/3	2	1	0.69	0.15
		합 계			4.54	1.00

계산에 반영

【기능별 Cost 분석】

기능 분야	현상 Cost (C)	기능 평가치 (F)	C - F	F/C	착수 순위	비고
로드가 올라 (내려) 간다.	280	244 (≒1,190 x 0.21)	36	0.9	2	Cost 중시
유수통로를 압착한다.	592	580	12	1.0	1	고객요구 사항
가로꾹지가 회전한다.	185	185	0	1.0	3	-
로드를 고정한다.	343	180	163	0.5	1	Cost 중시

(가중치 결정

(Cost 분석

PS-Lab Problem Solving Laboratory

이로써 Analyze Phase가 완료되었다. 이제 개선의 직접적 활동이 진행되는 Design Phase로 넘어가자. 'Design Phase'는 아이디어를 '발굴'하는 Phase와 발굴된 아이디어를 '구체화'하는 두 개의 '세부 로드맵'으로 이루어져 있다.

Design, 아이디어 창조 단계(Creative, Evaluation & Development Phase)

'Design Phase'는 영어 단어가 의미하듯 '설계'가 주된 활동이다. 그러나

도면이나 설계 프로그램을 이용해 외형과 치수를 정하는 활동이라기보다 [그림 6－17]의 착수 순위에 따라 원가 절감 실현을 위해 어떤 방식으로 전개해 나갈 지를 결정하는 과정이다. 즉, 아이디어를 발굴하는 활동은 'Step－4.1. 아이디어 발굴'에서, 발굴된 아이디어가 안게 될 위험성이나 신뢰성, 경제성, 실현 가능성 등의 검증은 'Step－4.2. 아이디어 구체화'의 '세부 로드맵'에 진행된다. [그림 6－5]의 'Value Study Process Flow Diagram'에 따르면 'Creative Phase'와 'Evaluation Phase'는 'Step－4.1. 아이디어 발굴'에 대응하며, 'Development Phase'는 'Step－4.2. 아이디어 구체화'에 각각 대응한다. 이제 '원가 절감 방법론'에서의 '**Step－4.1. 아이디어 발굴**'에 대해 알아보자.

'원가 절감 방법론'의 기본 사고는 항상 '기능(Function)'을 중심으로 이루어진다. 이것은 기존의 대상물을 보며 아이디어를 발상할 경우 그 대상물의 이미지가 자꾸 떠올라 비약적 개선 안이 나오지 않는 문제 해결에 도움을 준다. 기능들 간 '목적－수단'으로 얽혀진 '기능 계통도(FAST)'의 논리는 바로 이와 같은 아이디어 발상을 위한 기본 틀을 제공한다.

[그림 6－18] '기능 계통도(FAST)'와 '창조'의 관계

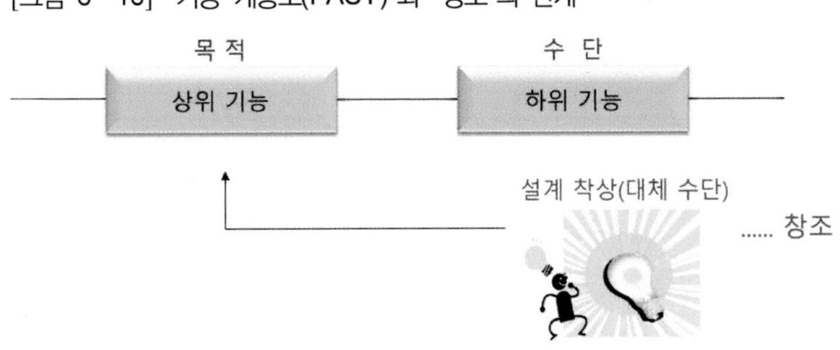

'창조(Creation)'란 "전에 없던 것을 처음으로 만듦"이다. '기능 계통도(FAST)'

에서의 특정 '기능(목적)'을 달성하려면 '설계 착상(수단)'을 구해야 하는데 이때 모두의 요구는 "전에 없던 새로운 것을 처음으로 만들어달라는 것"이다. 즉, '기능 계통도' 작성을 통해 특정 '기능'별 '창조'가 요구된다. '착상'이란 "어떤 일이나 창작의 실마리가 되는 생각이나 구상 따위를 잡음"이므로 특정 '기능'에 대한 '창조' 과정을 거친 후, '착상'이 떠올라 우리가 구현할 '제품/서비스'의 '설계'와 연계되면 그 아이디어를 '설계 착상'이라 일컫는다([그림 6-18] 참조). '창조 과정'은 "같은 기능을 하는 다른 방법은 없는가?"와 같은 질문을 반복해서 착상을 얻기 위한 수많은 아이디어를 얻는 것이며, 그 이유는 같은 기능을 수행하는 '수단'은 무한히 많기 때문이다. 다음 [그림 6-19]는 지금까지의 설명을 포함하여 '창조', '창조 과정', '창조력'에 대한 '원가 절감 방법론'에서의 쓰임새를 요약한 것이다.

[그림 6-19] '창조', '창조 과정', '창조력' 정의

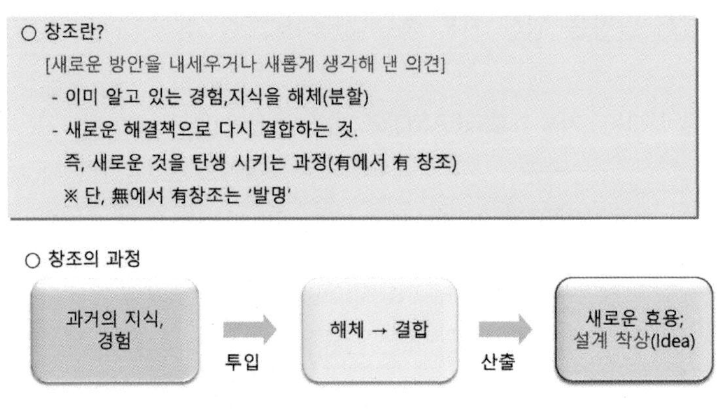

예를 들어보자. [그림 6-17]의 '착수 순위' 중 우선순위가 높은 '유수 통로

를 압착한다'의 기능 경우 원가 절감 효과는 작지만 잦은 마모나 찢어짐으로 고객의 불만이 특히 많은 부위이다(라고 가정한다). 이를 위한 '원가 절감'적 접근은 원가(Cost)를 낮추면서 가치를 높이는 접근이 필요하다. 이때 전에 없던 새로운 것을 처음으로 만들어내기 위한 활동, 즉 '창조의 과정'이 필요하다. 문제를 해결하기 위해 기본적으로 이와 유사한 과거의 지식이나 경험을 풍부히 갖춘 인력의 참여가 필수다. 또 그들이 갖고 있는 축적된 노하우는 모여 있는 팀원들과 공유함으로써 '해체' 또는 '결합'의 과정을 반복해서 밟게 된다. 이와 같은 과정은 궁극적으로 얻고자 하는 '새로운 효용'인 '설계 착상'으로 이어진다([그림 6-18]과 연계해서 이해하기 바람).

[그림 6-20] '설계 착상'을 얻기 위한 문제 개요도

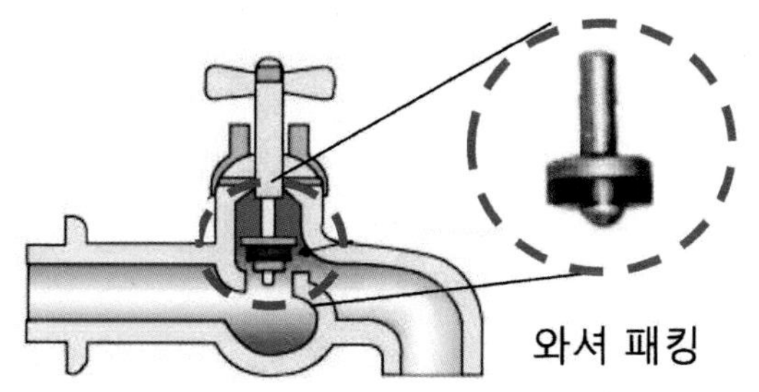

[그림 6-20]에서 잦은 접촉으로 기능이 다하는 '와셔 패킹'에 대해 팀원 간 "같은 기능을 하는 다른 방법은 없는가?"의 질문을 주고받는다(고 가정한다). 이때 과거 지식이나 경험으로부터 나올 수 있는 아이디어는 '구조 개선', '재료 개선', '사용 환경별 차별화된 설계 대응' 등의 영역에서 도출될 수 있다. 다시 '구조 개선'적 측면에서 고무 재질의 패킹을 제거하고 구조를 바꾸는 방안, 포함시킨 채로 구조를 바꾸는 방안, 몸체의 유수 통로 구조를 바꿔주는

방안 등과, '재료 개선'적 측면에서 재료를 고강도 고무로 바꾸는 방안, 타 재료로 교체하는 방안 등이 가능하다. 아이디어를 좀 더 구체화하면 '재료 개선'적 측면에서 고무 파열이나 외관 변형을 줄이기 위해 강도를 높여줄 A 성분 함량을 2% 또는 5%, 10% 넣는 경우 중 선택이나, 재질적으로 고무 외에 금속이나 합성 재료, 비철 금속 중 선택의 문제 등 가능한 아이디어들의 '해체'와 '결합'의 반복적 접근이 이어진다. 최적의 아이디어를 얻어내는 시간이 짧을수록 유리하겠으나 설사 길어진다고 해도 아이디어들의 '해체'와 '결합'의 반복적 과정을 거쳐 [그림 6-18]과 [그림 6-19]의 '새로운 효용', 즉 '설계 착상'이 도출되는 것만은 분명하다.

이론적이긴 하나 아이디어 발상의 가장 큰 장애 요인은 고정관념이다. 과거 연구원 시절 미국 NASA에서 로켓 추진 연구를 하다 임원으로 오신 분이 계셨다. 직속 임원이라 대면할 기회가 많았는데 어느 날 답답함을 토로하신 적이 있었다. "좀 새로운 일을 추진하려고 제안하면 대부분의 직원들이 안 된다고 하는 Negative 사고가 너무 팽배해 있어 답답하구먼… 바로 어렵다는 직설적 표현보다 돌아서서 가능성을 검토해보고 한 번 더 회의를 열어 토론해보는 문화가 아쉬운 것 같아…"라고 말씀하셨는데, NASA야 컬러텔레비전 보급도 안 되고 전자 기기가 대부분 진공관 트랜지스터로 작동하던 1969년도에 이미 극한의 환경인 우주 공간을 넘어 달나라까지 갔던 경험을 가진 조직이라 우리와의 연구 문화와는 큰 차이가 있을 것이란 생각이 든다. 그러나 연구 문화가 달라도 생각하는 것마저 갭을 느낄 이유는 없다. 당장 실현을 못 해도 머릿속에서 이루어지는 상상마저 스스로 조기에 차단해버리는 것은 연구 문화라고 보기보다 연구원으로서 기본적 자질이 부족한 것으로 해석해야 하지 아닐까? 열린 생각은 연구원에게는 매우 중요한 기본 소양처럼 여겨진다. 그러나 인간은 누구나 새로운 변화에 거부하려는 본능이 있으며 종래의 것은 당연하고 상식이라는 고정관념이 형성되어 있는 것도 사실이다.

MIT의 아놀드(J. Arnold) 교수는 창조적 사고를 저해하는 요인을 '사고의 장벽(Mental Block)'이라 칭하고 이를 다시 '인식의 장벽', '문화의 장벽', '감정의 장벽'으로 분류하였다. 따라서 두뇌의 창조적 활동을 활발하게 하고 독창적인 아이디어를 발상하려면 이 장벽을 제거해야 한다고 주장하였다. 이들을 간단히 소개하면 다음과 같다.

1) 인식의 장벽

자기의 지식과 경험에서 벗어날 수 없는 경우며, 아래와 같은 세부 유형들이 존재한다.

① 주위의 현상에 현혹되어 진짜 문제를 파악하지 못함.

② 상이한 것 중에서 공통점을 끄집어내지 못함.

③ 자기가 만든 조건을 탈피하지 못함.

④ 부여된 조건을 놓침.

⑤ 목적과 수단, 본질과 영향을 잘못 이해함.

⑥ 감각 기관에 편중됨.

⑦ 원인과 결과를 잘못 판단함.

⑧ 표면상 흡사하기 때문에 같다고 생각함.

2) 문화의 장벽

인간의 문화, 즉 옛날부터 전통, 습관, 도덕, 법률, 지식 등 문화가 형성한 틀에서 벗어나지 못하는 경우며, 아래와 같은 세부 유형이 존재한다.

① 틀에 넣어놓고 판단함.

② 흑백 두 논리 중 하나로 빨리 판단하고 싶음.

③ 호기심은 품위가 손상된다는 생각을 함.

④ 추리와 논리 만능주의.

⑤ 공상에 잠기는 것은 시간의 낭비라는 신념.
⑥ 지나친 경쟁과 협조 요구.
⑦ 통계를 이해하지 않고 그냥 받아들임.
⑧ 지식의 일반화.
⑨ 지식의 지나침 또는 부족.

3) 감정의 장벽

인간의 생각은 이성보다 감성에 지배된다. 불안, 초조, 구애, 집착은 사고의 범주를 축소시킨다. 이에는 다음과 같은 세부 유형이 존재한다.

① 비평가가 겁이 남.
② 틀리면 큰일로 생각하거나 바보 취급당하는 것으로 생각함.
③ 한 가지에 구애(거리끼거나 얽매임)됨.
④ 초조하여 여유가 없음.
⑤ 특정인에 대하여 감정적이 됨.
⑥ 움직이는 것이 귀찮음.
⑦ 기력이 없음.
⑧ 보수 본능임.

사실 창조적 발상을 위한 이론적 해석은 다양하게 존재하나 기업에서 실무자들이 직접 활동에 접목하기 위해서는 다소 거리가 느껴진다. 이와 같은 거리감을 좁히려는 접근이 '아이디어 발상 도구'를 활용하는 것이다. '아이디어 발상 도구'는 아이디어 발상을 저해하는 장애 요인을 제거하고 다량의 아이디어를 도출하기 위해서 개발된 것들로 인간 누구나가 갖고 있는 아이디어 발상 능력을 보다 효과적으로 발휘할 수 있게 돕는 역할을 한다. '원가 절감 방법론'에서 일반적으로 거론되는 '아이디어 발상 도구'들로는 다음의 것들이 있다.

[표 6-24] 아이디어 발상 도구

연상 방법		도구	내용
자유 연상		브레인 스토밍	A. F. Osborn에 의해 창안된 방법으로 비판 금지, 자유분방, 양 추구, 결합 개선의 4개 원칙으로 다수의 아이디어를 도출
강제 연상	발상 항목을 규정하는 것	체크 리스트법	막연하게 아이디어를 내기보다 가능한 유형들로 먼저 분류한 뒤 각 유형 하나씩 체크하면서 아이디어를 내는 방법. 자주 사용되는 SCAMPER, CDMA, ECRS 등이 해당
		특성 열거법	개선 대상의 명사적(재료, 공법 등), 형용사적(성질, 색체 등), 동사적(기능) 특성으로 명확히 열거한 뒤 본래의 필요성을 보다 좋게 만족시킬 수 있는 아이디어를 도출. 예로, 전화기 디자인 개선 시 '특성'을 형용사적으로 '검은색이다'로 할 경우, 다른 색은?, 투명은?, 2색? 무늬 포함? 그림 삽입? 등과 같이 개량 가능성을 파악. 명사적으로는 '플라스틱으로 되어 있다'일 경우, 금속으로는? 유리는? 목재는? 경질 고무는? 등의 질문을 통해 발상
		결점, 희망점 열거법	"결점을 없애려면 어떻게 하면 좋을까?"에 대해 개선 대상이 '우산'이라면, '자주 잃어버린다', '천이 잘 찢어진다', '햇빛이 날 경우 짐이 된다' 등의 결점을 극복할 아이디어 발상. 또 "이렇게 되었으면 좋겠다"에 대해 대상이 '옷'이라면, '단추가 없는 옷', '가벼운 옷', '사계절 입을 수 있는 옷' 등에 대한 아이디어를 도출
	경험을 정리, 체계화하여 발상하는 것	Affinity Diagram	일본의 문화인류학자인 Jiro Kawakita가 개발한 기법으로 어떤 테마에 관한 생각이나 정보를 카드에 기입하고 뒤섞은 다음 그룹핑 해가는 정리법. 이질의 데이터 속에서 의미 있는 맥락과 결합을 발견하여 새로운 발상을 촉진하는 방법
		형태 분석법	캘리포니아 공과대학의 Fritz Zwicky에 의해 개발된 방법으로 어떤 물건의 요인(독립 변수)을 파악하고 그 변수의 가능성을 정렬하여 형태적으로 배열한 뒤 가능한 조합을 모두 생각해서 신제품, 신기술의 개발/개량에 응용하는 기법
유사성을 실마리로 하는 것		시넥틱스법 (Synectics)	1944년 개인의 문제 해결 과정을 관찰하고 이에 관련된 심리적 프로세스를 연구하던 W. Gordon에 의해 개발. 시넥틱스의 어원은 "서로 다르고 관련이 없어 보이는 요소를 합친다"는 그리스어로 문제를 보는 관점을 완전히 다르게 하여 그곳에서 연상되는 점과 관련성을 찾아내 창조성을 증가시키기 위한 발상법. 직접적·상징적·의인적·공상적 유추로 구분하여 접근
		연상법	사물을 생각할 때 관념들의 여러 가지 작용이 일어나며, 그 작용에는 일정한 규칙이 있어 제멋대로 작용하지 않음. 즉, '갑'이라는 아이디어에서 '을'이라는 아이디어가 나오는 방법에는 일정한 흐름(규칙)이 있으며, 이와 같은 우연을 연상의 발상으로 전환시키는 접근법

[표 6-24]의 아이디어 발상법 외에 좀 더 다양한 도구들을 접하고자 하는 독자는 「Be the Solver_정성적 자료 분석(QDA)」편의 'Idea Generation'을 참고하기 바란다. 경험적으로 볼 때 아이디어 발상 도구들 중 우리의 현실에 가장 부합하는 것이 '6-3-5 Brain-writing'이 아닐까 싶다. '6-3-5 Brain-writing'은 "6명이 3개의 아이디어를 5분 동안 만들어냄"을 의미한다. 통상 30분 동안 진행하며, 따라서 아이디어 총수는 108개(=6명×3개×30/5분)를 얻게 되고, 만일 팀 수가 증가하면 그에 따라 양도 비례해서 증가한다. '원가 절감 방법론'의 특성상 대상 제품에 대한 이해도가 깊은 담당자들이 모이게 되고, 개선의 필요성이 공감된 상황이면 다소 복잡해 보이는 아이디어 발상 도구보다 빠르게 접근하는 쪽이 훨씬 더 현실감 있고 실속 있는 결과를 얻어낼 수 있다. '빨리빨리' 문화에 익숙한 우리에게 적합하다는 뜻이다. 또 회의에 모인 담당자들이 아이디어 도구를 공유하기 위해 용법 설명을 듣고 이해하는 절차는 분위기를 가라앉히는 역효과도 낼 수 있어 [표 6-24]의 유형들을 적용할 때는 철저한 사전 준비가 필요하다. 다음은 [그림 6-17]의 '가로형 수도꼭지'의 원가 절감을 위한 '착수 순위'별 아이디어 발상 결과이다(라고 가정한다).

[표 6-25] '가로형 수도꼭지' 원가 절감을 위한 아이디어 발상 예

착수 순위	기능 분야	아이디어	스케치
1	유수 통로를 압착한다.	□ 와셔 패킹을 제거 □ 물의 압력을 유수 통로 제어에 활용 …	와셔 패킹을 없애고 물 압력으로 통제
1	로드를 고정한다.	□ 로드 고정 부위 On/Off 구조화	
2	로드가 올라(내려)간다.	…	
3	가로꼭지가 회전한다.	□ 1회 돌림으로 제어 가능토록	

[표 6-25]에서 '가로형 수도꼭지' 경우 구조가 단순해 하나의 기능을 변경하면 다른 부위의 기능도 연속 변경되는 특징을 갖고 있다. 우선 유수(流水)의 흐름을 관장하는 '와셔 패킹'이 그동안 압착과 풀림의 연속 작용으로 마모가 심해 고객의 불만을 많이 산 만큼 '와셔 패킹을 제거하자'는 혁신적인 아이디어가 나왔다(고 가정한다). 이와 같은 접근은 [표 6-24]의 '체크 리스트법' 중 'ECRS'를 통해 얻은 결론이다(라고 가정한다). 다음은 그 예이다.

[표 6-26] '체크 리스트법' 중 'ECRS' 활용 예

아이디어 발굴 도구(ECRS)	아이디어	스케치
Eliminate(생략, 배제)	□ 와셔 패킹을 제거 …	
Combine(결합)	□ 물의 압력을 유수 통로 제어에 활용	
Rearrange(재배열, 재배치)	□ 1회 돌림으로 제어 가능토록	
Simplify(단순화)	□ 로드 고정 부위 On/Off 구조화 …	

[표 6-26]은 [표 6-25]의 '아이디어 발상' 예이며, 'ECRS'별로 아이디어를 체크한 결과 "와셔 패킹을 제거"하고, 이에 "물의 압력을 이용한 유수 통로 제어"를 '결합'함으로써 원가 절감과 구조를 단순화시키는 두 가지 효과를 주는 아이디어가 얻어졌다. 특히 기존 수도꼭지를 돌리고 나사 홈의 지지로 '로드'가 고정되는 기능에서 'Stop Pin'을 이용한 'On/Off'성 제어 도구로 교체함으로써 가로형 수도꼭지의 전반적 구조 단순화 및 원재료 절감 효과가 이루어질 것으로 기대된다(고 가정한다). 다음 [그림 6-21]은 'Step-4.1 아이디어 발굴'의 파워포인트 작성 예이다.

[그림 6－21] 'Step－4.1. 아이디어 발굴' 작성 예

Step-4. 아이디어 창조
Step-4.1. 아이디어 발굴

▶ 착수 순위가 높은 4개 '핵심 기능'들에 대해 '체크 리스트법' 중 'ECRS'를 이용한 아이디어 발굴 수행.

▶ 기본적으로 고객 불만도가 높은 '와셔 패킹'을 제거하고, 이에 '물의 압력'을 유수 통로 개폐 제어에 결합하는 혁신적인 아이디어를 발굴함.

【핵심 기능별 개선 아이디어 발굴】

착수 순위	기능 분야	아이디어 발굴 도구		아이디어	스케치
1	유수 통로를 압착한다.	체크 리스트법	E	□ 와셔 패킹을 제거 …	
1	로드를 고정 한다.		C	□ 물의 압력을 유수 통로 제어에 활용	
2	로드가 올라 (내려)간다.			□ 1회 돌림으로 제어 가능토록	
3	가로꼭지가 회전한다.		R S	□ 로드 고정 부위 On/Off 구조화 …	

(아이디어)
(스케치)

PS-Lab
Problem Solving Laboratory

'착수 순위'가 높은 기능들에 대해 '체크 리스트법/ECRS'을 이용하여 아이디어를 발굴한 예이다. 아이디어 목록들과 회의록 및 결정된 사안의 상세 스케치 등은 '개체 삽입' 처리되었다고 가정한다. 이어서 결정된 대안들이 현실성이 있는지를 검토하는 'Step－4.2. 아이디어 구체화'로 들어가 보자.

'Step－4.2. **아이디어 구체화**'는 [그림 6－21]에서 얻어진 아이디어들의 기술적 실행 가능성과 경제성, 위험성 등을 평가해서 최종 설계에 반영할 세부 사항들을 결정한다. 전개의 흐름은 다음 [그림 6－22]와 같다.

[그림 6-22] '아이디어 구체화' 순서

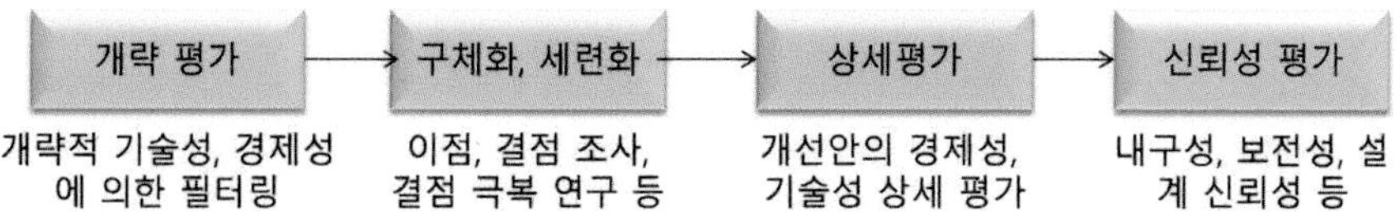

'**개략 평가**'는 창조 과정을 통해 발상된 아이디어 가운데 가치 향상을 기대할 수 있는 아이디어를 선택하는 활동이다. [그림 6-21]의 수도꼭지 예처럼 구조가 단순한 경우 발굴된 아이디어가 그리 많지 않을 수 있지만 분야마다 양이나 유형도 천차만별이다. 따라서 향후 '상세 평가'를 위한 사전 평가 필요성을 고려할 때 본 활동은 '선별(Screening)' 과정으로 이해한다. 평가 방법은 다음 [표 6-27]과 같다.

[표 6-27] 아이디어의 '개략 평가' 방법

개략 평가 순서	세부 내용
1) 기술적 실행 가능성 결정	□ 가능(○), 불가능(×), 정보 수집 要(△), 기발함(◎) □ 평가 시 다음 항목을 고려해서 판정 - 성능, 품질, 신뢰성, 조작성, 작업성 - 전 시스템과의 조화 - 환경, 인간과의 조화, 유행성 등
2) 경제적 실행 가능성 결정	□ 저가(○), 고가(×), 정보 수집 要(△), 혁신적(◎) □ 평가 시 다음 항목을 고려해서 판정 - 재료비, 가공비 - 추가 비용(시작품, 치공구) - 폐각 손비
※ 1), 2)를 종합하여 아이디어 채택 여부 결정. 기술적 판정 비중을 80%로	

다음 [표 6-28]은 '가로형 수도꼭지'의 '개략 평가'를 수행한 예이다.

[표 6-28] 가로형 수도꼭지의 '개략 평가' 예

아이디어	경제성	기술성	채택 여부	비고
□ 와셔 패킹을 제거	◎	○	○	-구조의 단순화 큼
□ 물의 압력을 유수통로 제어에 활용	◎	○	○	
…	…	…	…	…
□ 1회 돌림으로 제어 가능토록	○	○	○	-원가 절감 효과 큼
□ 로드 고정 부위 On/Off 구조화	○	○	○	
□ 손잡이, 로드, 패킹부 일체화	×	△	△	-정보 수집 후 결정
…	…	…	…	…
□ 몸체를 로드로 구조화	△	△	×	-개발 소요 기간 증가
□ 와셔 패킹을 황동으로 교체	×	○	×	-원가 상승 부담
…	…	…	…	…

[표 6-28]의 '개략 평가'를 통해 기존의 '와셔 패킹'을 없애고 물의 압력으로 개폐를 제어하는 경우 구조가 단순화되는 혁신성과, '와셔 패킹'의 제거로 손잡이 및 로드 역시 단순화됨으로써 얻어지는 경제적 효익(원가 절감 효과가 큼)이 개선 아이디어로 최종 확정되었다(고 가정한다).

아이디어를 평가할 때 주의 사항으로 우선 편견이 없어야 하고, 좋은 아이디어는 비합리 속에서 나오는 경우도 많으므로 팀원 중 단 한 사람이라도 가능성을 피력하면 일단 '○'로 설정하는 것이 바람직하다. 또 현재는 불가능하지만 가까운 장래에 실현 가능성이 있는 경우 관심 있게 관찰하는 것도 잊어서는 안 된다. '○, ×' 외에 FD법, DARE법, Check List법 등도 사용된다.

'**구체화, 세련화**'는 가치 향상이 기대되는 아이디어를 결합하고 조정함으로써 최종 모습에 대한 스케치를 완성하고 예상되는 결점을 조사하여 그를 극복할 아이디어를 발상하는 활동이다. 이 과정을 통해 개선 안에 대한 완성도가 실현 수준에 가깝게 높아진다. 다음 [표 6-29]는 진행 순서를 요약한 것이다.

[표 6-29] 아이디어의 '구체화, 세련화' 방법

구체화, 세련화 순서	세부 내용
1) 채택된 아이디어를 약도화(그래프화, 스케치화) 한다.	□ 아이디어는 가능한 조합한다.
2) 아이디어의 이점과 결점을 조사하여 기록한다.	□ 결점이 누락되지 않도록 하고, □ 예상되는 결점은 공유한다.
3) 특히, 결점 부분에 대해서는 극복 아이디어를 발상한다.	□ 극복 아이디어가 없거나 불완전한 경우 별도의 조사 계획을 수립한다.
4) 결점 극복 아이디어에 대해서는 실행 가능성을 평가한다.	□ '개략 평가' 순서와 동일하게 진행한다.
5) 구체화 작업을 반복한다.	-

'개략 평가'에서 채택된 아이디어들은 개별적으로 나열돼 있지만 사실은 하나의 대상 '제품/서비스'에 속해 기능하므로 그들 간 연계성은 늘 존재하기 마련이다. 따라서 한 아이디어가 다른 어떤 아이디어와 결합해 작동하는지를 밝혀내는 일 또한 향후 설계를 위해 매우 중요한 일이다. 제품의 경우 나올 수 있는 아이디어들을 개선 영역별로 구분하면 '작동 방식', '배치', '구조', '형상', '치수', '재질', '외관', '가공/조립' 중 한 개 이상의 영역에 속하게 되며, 따라서 만일 채택된 아이디어들을 이들 영역별로 점검하면 동일한 영역에 속한 아이디어들에 대해 조합 작업이 훨씬 수월해진다. 예를 들면 [표 6-28]의 채택 아이디어들을 영역별로 구분하면 다음 [표 6-30]과 같다.

[표 6-30] 채택 아이디어들의 조합화

아이디어	영역							
	방식	배치	구조	형상	치수	재질	외관	가공/조립
□와셔 패킹을 제거	√							
□물의 압력을 유수통로 제어에 활용	√							
□1회 돌림으로 제어 가능토록			√					
□로드 고정 부위 On/Off 구조화			√					
아이디어 조합	▶ 기존 손잡이를 돌려 로드 외관에 나 있는 나사의 골을 따라 안으로 밀린 힘이 와셔 패킹을 압착해 유수 통로를 막았으나 와셔 패킹을 없앤 상태에서는 통로에 위치한 금속 디스크를 물의 압력으로 밀어 올려 막는 방식으로 전환됨. ▶ 기존 유수 통로를 조절하기 위해서는 손잡이를 서서히 돌려 나사의 골을 따라 내려가거나 올려 로드의 위치를 고정하는 구조였으나 개선 아이디어는 손잡이를 터치해서 90도 회전시킨 후 Stop Pin의 작동을 통해 쉽게 고정되는 단순 구조로 변화됨. 원가 절감에 크게 기여하는 구조임.							

아이디어들의 조합으로 얻어진 형태는 스케치를 통해 팀원들과 공유한다. 다음 [그림 6-23]은 조합의 결과로 얻어진 스케치 예이다(라고 가정한다).

[그림 6-23] 아이디어 조합을 통해 작성된 스케치 예

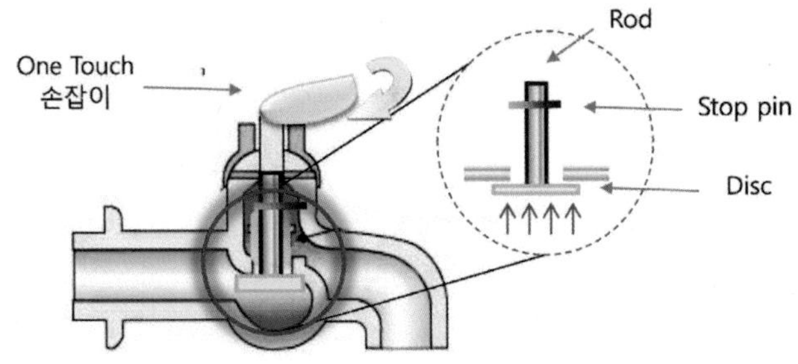

[그림 6－23]은 ‘One Touch 손잡이’를 90도 회전하면 ‘로드(Rod)’가 밀려 ‘디스크’가 아래로 움직이며 통로가 열린다. 이때 ‘로드(Rod)’는 ‘Stop Pin’에 의해 지지되는 구조로 이루어져 있다(고 가정한다). [표 6－29]의 『아이디어의 ‘구체화, 세련화’ 방법』에 따르면 조합된 스케치는 팀원들로부터 새로운 작동 원리 또는 구조를 이해시키는 데 충분하며, 따라서 예시된 동작으로부터 다양한 ‘결점’을 유추해낼 수 있다. 과정은 생략하고 다음 [표 6－31]은 [그림 6－23]의 스케치에 대한 팀원들의 ‘결점 가능성 도출’ 및 ‘극복 방안’을 요약한 결과이다(라고 가정한다).

[표 6－31] 예상 결점 및 극복 방안 예(구체화, 세련화 Sheet)

구체화 案	예상 이점	예상 결점	극복 방안	평가
▶ 와셔 패킹을 없애고 통로에 위치한 금속 디스크를 물의 압력으로 밀어 올려 막는 방식 ▶ 손잡이를 터치해서 90도 회전시킨 후 Stop Pin의 작동을 통해 쉽게 고정되는 단순 구조로 원가 절감에 크게 기여	□패킹제거와 유수통로 구조 단순화로 원가절감 180원 실현 □고정부 Stop Pin 구조전환으로 130원 절감 기대 □패킹 마모에 대한 고객 불만 Zero화	□디스크 평형 상태에서 벗어남. □디스크 표면 평탄도 깨짐. □Stop Pin 마모 또는 오작동	□디스크와 로드 간 용접상태 중점관리 및 표준화 □디스크 평탄도 중점관리 (협력업체 공조화) □신뢰성 내구성 테스트 항목 추가	구조 변경 시 새롭게 중점 관리가 요구되는 디스크 평형상태, 디스크 평탄도, Stop Pin 내 구성을 표준화 한 후 집중 관리한다면 상용화가 가능할 것으로 판단됨. 원가절감 효과 전체 약 310원 예상됨.

가상의 예지만 [표 6－31]의 ‘구체화, 세련화 Sheet’의 작성 결과에 따르면 구조 변경 시 새롭게 중점 관리가 요구되는 ‘디스크 평형 상태’, ‘디스크 평탄

도', 'Stop Pin 내구성'을 결점의 극복 방안으로써 표준화한 후 집중 관리한다면 상용화가 가능할 것으로 판단되며, 원가 절감 효과는 전체 '약 310원'이 될 것으로 보인다(고 가정한다). 이는 기존 '원가 1,400원 → 1,090원'으로 당초 목표인 '1,190원'보다 '100원'가량 더 절감된 결과이다.

'상세 평가'는 개선 안의 기술성, 경제성 측면에서 좀 더 상세히 평가함으로써 가치가 향상되었음을 증명하고 보증하는 활동이다. 만일 복수의 개선 안들이 존재할 경우 '상세 평가'를 통해 가장 최적의 안을 선정하는 과정도 포함한다. 평가 방법을 요약하면 다음 [표 6-32]와 같다.

[표 6-32] '상세 평가' 방법

경제성 상세 평가 순서	세부 내용
1) 개선 안의 구성 요소별 단가를 견적한다.	□ 원가 기준은 현재 Cost 계산과 동일 □ 재료비, 가공비를 견적한다.
2) 현재 Cost와의 차액을 구한다.	□ 과제 전체 및 기능 분야별로
3) 제안 실시 경비를 견적한다.	□ 시작 경비, Test 비용, 치·공구 비용 등
4) 연간 Cost 절감액 및 Cost 절감률을 계산한다.	-
기술성 상세 평가 순서	**세부 내용**
1) 평가하려는 항목을 설정한다(무엇이 요구되고 있는가를 명확히 한다).	□ 기능, 성능, 신뢰성, 보전성, 안전성, 조작성, 외관(디자인) 등 □ 가공성, 시행성, 운반성, 자재 수습성
2) 요구 수준을 결정한다(어느 정도 요구되고 있는가를 명확히 한다).	□ 요구 수준이 불명확할 때는 현행 수준으로
3) 각 요소마다 수준을 만족하는지 여부를 평가한다.	□ 요수 수준에 대하여는 만족(○), 불만족(×) □ 현행 수준에 대하여는 우수(○), 동등(△), 열세(×)로 평가

'경제성 상세 평가'는 [표 6-32]에 의해 우선 개선 안(案)에 대한 '부품 목록(Part List)'이 작성돼야 하며, 이를 토대로 '개선 전(前)'과의 '부품 목록 대비 표'를 완성한다. 다음은 개선 전후 '부품 목록 대비 표' 작성 예이다.

[표 6-33] '부품 목록 대비 표' 작성 예

개선 전(가로형 수도꼭지)						개선 후(원터치 수도꼭지)					
부품비	재료비	가공비	단가	수량	금액	부품비	재료비	가공비	단가	수량	금액
몸체	150	15	165	1	165	몸체	120	15	135	1	135
손잡이	135	10	145	1	145	손잡이	125	10	135	1	135
캡	35	–	35	1	35	캡	35	–	35	1	35
G패킹	15	–	15	1	15	G패킹	15	–	15	1	15
W패킹	400	–	400	1	400	Disk	300	–	300	1	300
…	…	…	…	…	…	…	…	…	…	…	…
합계	1,400	210	1,610	–	1,610	합계	1,090	190	1,280	–	1,280

개선 안(案) 경우 구조 단순화와 기존 부품 제거(와셔 패킹) 등으로 총 재료비는 '1,400원 → 1,090원'으로 약 '310원' 절감되었고, 가공비 역시 '210원 → 190원'으로 약 '20원' 절감됨에 따라 개당 단가는 '1,610원 → 1,280원'으로 총 '330원' 절감이 예상된다. 이 수치는 목표 재료비인 '1,190원' 대비 '100원' 더 초과 달성한 성과이다(라고 가정한다). 참고로 표에서 개선 전 개선 대상을 '가로형 수도꼭지'로 명명한 데서 개선 후 대상은 '원터치 수도꼭지'로 새롭게 명명하고 있다.

[표 6-33]을 참조하면 '경제성 상세 평가'가 가능해진다. 다음 [표 6-34]는 '원터치 수도꼭지'에 대한 '경제성 상세 평가'의 예이다.

[표 6-34] '원터치 수도꼭지'의 '경제성 상세 평가' 작성 예

평가 항목 \ 개선 안(案)		경제성 평가	비고
1) 현상 Cost(원)		1,400	재료비 기준
2) 개선 안 Cost(원/개)	직접재료비	1,090	–
	직접노무비	110	–
	변동 경비	80	–
합계		1,280	기존 1,610원
3) 연간 적용 수량(개)		268,000	–
4) 연간 총 절감액(원)		88,440,000	=268천 개×330원
5) 초기 투자 비용(원)		12,000,000	
6) 연간 순 절감액(원)		76,440,000	=88.44-12.00만

만일 개선 안(案) 개수가 [표 6-34]와 같이 한 개가 아니라 여럿이면 모두를 평가 대상에 두고 '경제성 상세 평가'를 수행한 뒤 가장 긍정적인 안(案)을 선택한다. 본 예에서는 연간 수량을 고려한 최종 순 절감액을 '76,440,000원'으로 평가하고 있다.

'기술성 상세 평가'는 [표 6-32]를 참조하여 '평가 항목'과 '평가 기준'을 정한 뒤 '개선 안(案)'들의 기술성을 평가한다. '원터치 수도꼭지' 경우 단일 '개선 안(案)'이므로 이전 '개략 평가'에서 스케치를 포함 '기술성 상세 평가'가 이루어진 것으로 하고 여기서의 추가 설명은 생략한다. 다음 [표 6-35]는 '기술성 상세 평가'에 일반적으로 쓰이는 양식 예이다.

[표 6-35] '기술성 상세 평가' 양식 예

평가 항목	평가 기준	평가 방법	평가 대상			판정
			A안	B안	C안	

지금까지 설명된 '개략 평가', '구체화, 세련화', '상세 평가'에 대한 파워포인트 작성 예는 다음과 같다.

[그림 6 - 24] 'Step - 4.2. 아이디어 구체화(개략 평가)' 작성 예

Step-4. 아이디어 창조
Step-4.2. 아이디어 구체화(개략 평가)

▶ '개략 평가'를 통해 기존의 '와셔 패킹'을 없애고 물의 압력으로 개폐를 제어하는 경우 구조가 단순화되는 혁신성과,

▶ '와셔 패킹'의 제거로 손잡이 및 로드 역시 단순화됨으로써 얻어지는 경제적 효익(원가 절감 효과가 큼)이 개선 아이디어로 최종 확정됨.

【원 터치 수도꼭지의 '개략 평가'】

아이디어	경제성	기술성	채택여부	비고
□ 와셔 패킹을 제거	◎	○	○	-구조의 단순화 큼.
□ 물의 압력을 유수 통로 제어에 활용	◎	○	○	
…	…	…	…	…
□ 1회 돌림으로 제어 가능토록	○	○	○	-원가절감 효과 큼
□ 로드 고정 부위 On/Off 구조화	○	○	○	
□ 손잡이, 로드, 패킹부 일체화	×	△	△	정보수집 후 결정
…	…	…	…	…
□ 몸체를 로드로 구조화	△	△	×	개발 소요기간 증가
□ 와셔 패킹을 황동으로 교체	×	○	×	원가 상승 부담
…	…	…	…	…

(평가)

(회의록)

PS-Lab
Problem Solving Laboratory

[그림 6 - 24]는 [표 6 - 27]의 '개략 평가 방법'을 참조하여 '경제성'과 '기술성'을 개략적으로 평가한 예이다. 열 '채택 여부'에 '○' 표시는 '아이디어'가 원가 절감을 위해 채택되었음을 나타낸다. 다음 [그림 6 - 25]는 앞서 채택된 아이디어에 대한 '구체화, 세련화'의 첫 장표를 보여준다(두 장으로 연결됨).

[그림 6 - 25] ‘Step - 4.2. 아이디어 구체화(구체화, 세련화-1/2)’ 작성 예

Step-4. 아이디어 창조
Step-4.2. 아이디어 구체화(구체화, 세련화 -1/2)

▶ ‘아이디어 조합화’를 통해 대상 제품의 개선 형상 및 작동을 명확히 하기 위해 개선 영역별로 아이디어를 아래와 같이 구분함.

【채택 아이디어들의 ‘조합화’ 및 스케치】

아이디어	영역							
	방식	배치	구조	형상	치수	재질	외관	가공/ 조립
□ 와셔 패킹을 제거	√							
□ 물의 압력을 유수 통로 제어에 활용	√							
□ 1회 돌림으로 제어 가능토록			√					
□로드 고정 부위 On/ Off 구조화			√					
아이디어 조합	▶ 기존은 손잡이를 돌려 로드 외관에 나있는 나사의 골을 따라 안으로 밀린 힘이 와셔 패킹을 압착해 유수 통로를 막는 구조임. 와셔 패킹을 없앤 상태에서는 통로에 위치한 금속 디스크를 물의 압력으로 밀어 올려 막는 방식으로 전환됨. ▶ 기존 유수 통로를 조절하기 위해서는 손잡이를 서서히 돌려 나사의 골을 따라 내려가거나 올려 로드의 위치를 고정하는 구조였음. 개선 아이디어는 손잡이를 터치해서 90도 회전시킨 후 Stop Pin의 작동을 통해 쉽게 고정되는 단순 구조로 변화됨. 원가 절감에 크게 기여하는 구조임.							

One Touch 손잡이
Rod
Stop pin
Disc
스케치

(평가)
(스케치)

PS-Lab
Problem Solving Laboratory

앞서 채택된 ‘아이디어’는 따로 존재하나, ‘구체화, 세련화’ 첫 과정에서 아이디어들 간 ‘조합화’를 통해 ‘구조’나 ‘동작 상태’가 여럿 형성될 수 있다. 만일 팀원들에 의한 ‘아이디어 조합’ 결과 그 수가 여럿이면 평가를 통해 단 한 개의 ‘최적안(案)’을 선택한다. 여기선 단일 안(案)을 가정하고 있다. [그림 6 - 25]는 채택된 아이디어들을 조합함으로써 ‘동작 상태(열 이름 ‘아이디어 조합’에 설명)’와 구조에 대한 ‘스케치’를 보여준다. 다음 [그림 6 - 26]은 ‘구체화, 세련화’의 두 번째 연결 장표 예이다.

[그림 6 - 26]은 앞서 ‘조합화’를 통해 ‘구조’와 ‘동작 상태’가 공유된 상황에서 이 개선 안(案)이 실용화될 시 예상되는 ‘결점(문제점)’을 나열한 뒤 ‘극

[그림 6－26] 'Step－4.2. 아이디어 구체화(구체화, 세련화-2/2)' 작성 예

Step-4. 아이디어 창조
Step-4.2. 아이디어 구체화(구체화, 세련화 -2/2)

▶ '조합화'와 '스케치'를 통해 확인된 개선 안(案)에 대해 예상되는 결점(또는 문제점)을 나열하고 극복 방안을 강구하여 완성도를 아래와 같이 높임.

【'원 터치 수도꼭지'의 예상 결점 및 극복 방안】

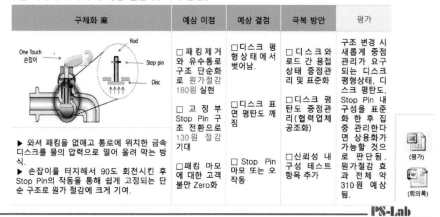

구체화 案	예상 이점	예상 결점	극복 방안	평가
One Touch 손잡이 / Rod / Stop pin / Disc ▶ 와셔 패킹을 없애고 통로에 위치한 금속 디스크를 물의 압력으로 밀어 올려 막는 방식. ▶ 손잡이를 터치해서 90도 회전시킨 후 Stop Pin의 작동을 통해 쉽게 고정되는 단순 구조로 원가 절감에 크게 기여.	□패킹제거와 유수통로 구조 단순화로 원가절감 180원 실현 □고정부 Stop Pin 구조 전환으로 130원 절감 기대 □패킹 마모에 대한 고객 불만 Zero화	□디스크 평형상태에서 벗어남. □디스크 표면 평탄도 깨짐 □ Stop Pin 마모 또는 오작동	□디스크와 로드 간 용접 상태 중점관리 및 표준화 □디스크 평탄도 중점관리(협력업체 공조화) □신뢰성 내구성 테스트 항목 추가	구조 변경 시 새롭게 중점 관리가 요구되는 디스크 평형상태, 디스크 평탄도, Stop Pin 내구성을 표준화 한 후 집중 관리한다면 상용화가 가능할 것으로 판단됨. 원가절감 효과 전체 약 310원 예상됨. (평가) (회의록)

PS-Lab
Problem Solving Laboratory

복 방안'을 마련한 예이다. 문제가 극복되지 않는 한 실용적이지 못할 가능성이 높으므로 최적안이 될 수 있도록 설계를 변경해 나간다. '구체화, 세련화'가 마무리되면 이어 '상세 평가'를 수행한다

'상세 평가'는 [표 6－32]의 '상세 평가 방법'과 같이 '경제성'과 '기술성'으로 나눠 진행한다. '경제성'은 가공비, 생산량 등을 고려한 연간 절감 효과를 산정하고, 만일 여러 대안들이 존재할 경우 가장 경제적인 안(案)이 선택될 수 있도록 신중하게 조사 후 평가한다. [그림 6－27]로부터 '원터치 수도꼭지'로 생산될 경우 연간 약 76,440,000원의 순 절감액이 예상된다(고 가정한다).

[그림 6-27] 'Step-4.2. 아이디어 구체화(상세 평가)' 작성 예

Step-4. 아이디어 창조
Step-4.2. 아이디어 구체화(상세 평가)

▶ 재료비와 함께 노무비, 변동 경비 등을 개당 단가로 아래와 같이 조사함.

▶ 재료비 기준 절감 액이 개당 330원('개체 삽입' 파일 '부품 목록 대비 표' 참조)으로 이를 연간 수량과 고려 시 최종 순 절감액을 '76,440,000원'으로 평가함.

※ 상세 원가, 부품 목록 및 Cost는 '개체 삽입' 파일 참조.

【'원 터치 수도꼭지의 '경제성 상세 평가'】

평가항목 \ 개선 안(案)		경제성 평가	비고
1) 현상 Cost (원)		1,400	재료비 기준
2) 개선 안 Cost (원/개)	직접재료비	1,090	-
	직접노무비	110	-
	변동 경비	80	-
합계		1,280	기존 1,610원
3) 연간 적용 수량 (개)		268,000	-
4) 연간 총 절감액 (원)		88,440,000	= 268천 개 X 330원
5) 초기 투자비용 (원)		12,000,000	
6) 연간 순 절감 액 (원)		76,440,000	= 88,44만 - 12,00만

(부품목록 대비 표)

(원가 조사)

PS-Lab
Problem Solving Laboratory

지금까지 설명된 'Step-4.2. 아이디어 구체화'는 [그림 6-22]의 '아이디어 구체화 순서'처럼 "개략 평가 → 구체화, 세련화 → 상세 평가"까지 진행된 것이다. 이 시점에 '개선 안(案)'은 구조, 동작 원리, 경제성, 기술성 등이 검토되었으며, 따라서 큰 이변이 없는 한 설계를 통해 제품 생산에 들어갈 준비 단계에 와 있다. 그러나 서비스가 아닌 제품 경우 구조나 부품 등이 변경되면 '신뢰성(Reliability)'에 영향을 미치는데, 여기서 '신뢰성'이란 '시간의 품질(Quality in Time)'과 관계한다. 즉, 제품을 만든 현시점에는 아무 문제가 없어 양품으로 판정하고 출하할 수 있지만 짧게는 운송 중, 길게는 고객이 사용 중 예상치 못한 문제들이 속출하는 위험을 안게 된다. 제품을 만든 현시점에 발견하기 어려운 품질 문제를 일정 시간이 지나서 발생하리라 예측하는 것은 더

더욱 어려우나 그렇다고 방치해둘 수만은 없다. 따라서 문제 발생 소지를 감지하고 제거함으로써 미연에 방지하려는 노력을 해야 하는데 이것이 바로 '신뢰성 평가'다.

'**신뢰성 평가**'는 범위가 광대하다. '제품의 수명 평가'라는 기본 목표를 갖고 있으나 접근 방법과 도구 측면에서 한마디로 딱 잘라 표현하기란 매우 어렵다. 또 연구원들 중에서도 '신뢰성 평가'의 필요성은 매우 공감하면서도 왠지 어려울 것이란 선입감 때문인지 아예 시도조차 않는 경우가 많다. '신뢰성 평가'를 '제품의 수명 주기'에 따라 시각적으로 구분해놓으면 다음 [그림 6-28]과 같다.

[그림 6-28] 완제품 평가에 사용될 신뢰성 도구 예

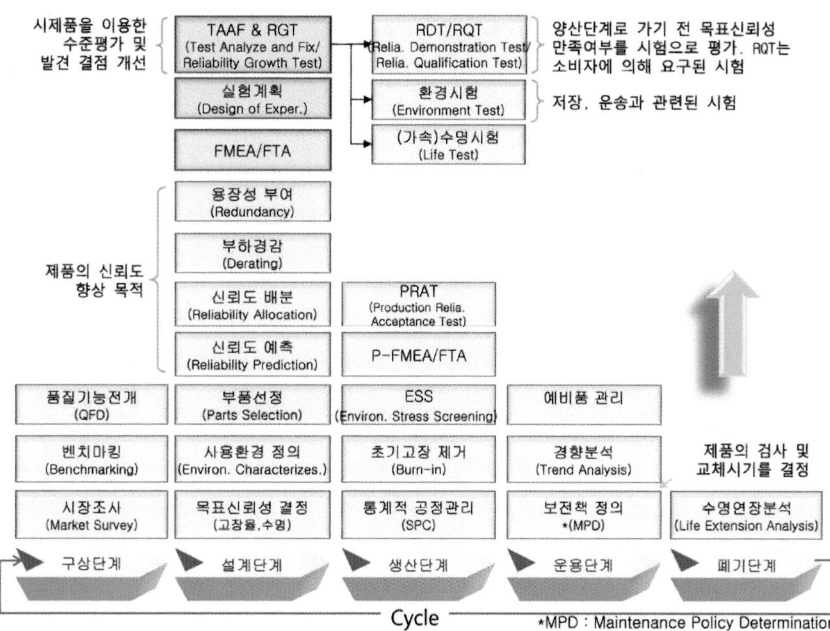

신뢰성 도구들의 설명에 대해서는 책의 범위를 벗어나므로 생략한다(관심 있는 독자는 「Be the Solver_신뢰성 분석」편 참조). 일반적으로 신뢰성 평가를 위한 3대 요소는 다음과 같다.

1) 내구성: 오래간다는 의미의 내구성(MTTF, Mean Time to Failure)과 고장이 적다는 의미의 내구성(MTBF, Mean Time between Failure)
2) 보전성: 수리 시간이 짧다는 의미의 보전성(MTTR, Mean Time to Repair)과 고장을 사전에 억제한다는 의미의 보전성(PM, Preventive Maintenance).
3) 설계 신뢰성: Fail Safe, Fool Proof, 용이한 조작성, 인간 공학적 배려

본문의 예인 '원터치 수도꼭지'와 같이 이제 막 재료와 구조가 변경된 초기 설계 제품 경우 신뢰성을 향상시키는 가장 좋은 도구로 'FMEA(Failure Mode and Effect Analysis)'와 'FTA(Fault Tree Analysis)'가 있다. 전자는 개발 전의 제품이나 공정 설계 시 발생할 수 있는 문제점이나 고장 등을 사전에 예측하고, 그 영향을 해석한 후 미리 대책을 강구하는 도구이다. 수년 전 삼성전자 LCD사업부의 전 엔지니어를 대상으로 약 2년간 FMEA 강의를 한 적이 있다. 당시 교육 도입 목적이 제품의 수명 주기가 워낙 짧아 수도 없이 설계 변경이 일어나는데 설사 설계팀에서 그 주기에 대응할 수 있다고 쳐도 공정은 일정하게 설정된 값들에 의해 운영됨에 따라 수시 대응이 어려웠다. 즉, 계속 일어나는 설계 변경에 대응 못 하고 큰 문제가 자주 발생돼 이를 줄여보자는 데 실시 배경이 있었다. 설계가 변경되면 미리 설계팀과 공정팀이 한데 모여 향후 발생될 문제가 무엇인지 'FMEA Sheet'에 나열하고 사전 조치를 취함으로써 기회 손실을 줄일 수 있다. 이와 같은 접근은 '원가 절감 방법론'에서도 그대로 적용된다.

'FTA'는 'FMEA'가 정성적 평가인 반면 정량적으로 문제의 핵심을 찾아가

는 도구법이다. 시스템의 고장 원인을 규명하고 각 원인의 발생 확률을 구함으로써 시스템의 고장을 발생시키는 가장 큰 요인을 찾아 사전에 해결하도록 돕는다. 두 도구는 자매 툴이며, FMEA의 열 'Effect'의 내용과 서로 연결돼 있다. 두 도구의 용법은 「Be the Solver_제품 설계 방법론」편에 잘 설명돼 있으니 관심 있는 독자는 참고하기 바란다. 다음 [표 6-36]은 '원터치 수도꼭지'에 대한 'Design FMEA' 작성 예이다.

[표 6-36] 'Design FMEA' 작성 예

No	.Item	Potential Failure Modes	Potential Failure Effects(Y's)	SEV	Potential Causes of Failures(X's)	OCC	…	RPN	Recommended Actions
1	디스크	평탄하지 않음	물이 샘	10	불균일한 압착	6	…	360	디스크 압착 공정 관리기준 강화
2	디스크	연결부위 떨어짐	로드부 작동 불가	8	용접 불량	4	…	64	–
3	디스크	연결부위 떨어짐	잠김/풀림 오동작	9	용접 불량	4	…	36	–
4	디스크	기울음	물이 샘	10	불균일한 압착	2	…	100	상동
…	…	…	…	…	…	…	…	…	…
33	Stop pin	연결 부위 마모	로드 지지 못함	6	사용 빈도 높음	5	…	150	수명시험
34	Stop pin	부러짐	손잡이 조절 불가	7	재료 불순물 혼입	1	…	21	–
35	Stop pin	돌출 길이 기준 미달	잠김/풀림 오동작	9	제조 불량	3	…	54	–
36	Stop pin	돌출 길이 기준 미달	물이 샘	10	제조 불량	3	…	60	–
…	…	…	…	…	…	…	…	…	…

[표 6-36]은 새롭게 변경된 '원터치 수도꼭지'의 '디스크'와 'Stop Pin'을 첫 열에 입력해 'Design FMEA'를 작성한 결과이다. 향후 제품이 완성될 경우

부품 '디스크'에 있어 "불균일한 압착으로 디스크 표면이 평탄치 않거나 기울어져 물이 새는 사건"이 발생 가능성이 높아 이에 대해 '디스크 압착 공정의 관리 기준을 강화'하는 해법을 제시하였다. 또 'Stop Pin' 경우 "사용 빈도가 높아 연결 부위가 마모돼 로드를 지지하지 못하는 사건"에 대해 '수명 시험을 실시'함으로써 확률적 수명 예측을 수행하기로 결정하였다(고 가정한다). 수명 예측 결과 설계 수명에 미달할 경우 'Stop Pin'의 연결 부위 용접을 강화할 다른 수단을 강구해야 한다. 앞으로 일어날 수 있는 사건이지만 미리 조치를 취함으로써 예상되는 잠재 위험을 사전에 제거하는 효과를 거둘 수 있다. 또 설계와 제품의 완성도를 크게 높이는 계기로 작용한다. 다음 [그림 6－29]는 '신뢰성 평가'에 대한 파워포인트 작성 예이다.

[그림 6－29] 'Step－4.2. 아이디어 구체화(신뢰성 평가; FMEA)' 작성 예

Step-4. 아이디어 창조
Step-4.2. 아이디어 구체화(신뢰성 평가)

▶ 기존 제품에서 크게 변경되는 '디스크'와 'Stop Pin' 위주의 Design FMEA 수행.
▶ 수행 결과 RPN 100이상인 아래 두 사건에 대해 관리 기준 및 신뢰성 시험을 진행키로 함.

【'원 터치 수도꼭지의 'D-FMEA'】

No	.Item	Potential Failure Modes	Potential Failure Effects(Y's)	SEV	Potential Causes of Failures(X's)	OCC	...	RPN	Recommended Actions
1	디스크	평탄하지 않음	물이 샘	10	불균일한 압착	6	...	360	디스크 압착 공정 관리기준 강화
2	디스크	연결부위 떨어짐	로드부 작동 불가	8	용접 불량	4	...	64	-
3	디스크	연결부위 떨어짐	잠김/풀림 오 동작	9	용접 불량	4	...	36	-
4	디스크	기울음	물이 샘	10	불 균일한 압착	2	...	100	상동
...	...	...	...	...	...	...	...	...	...
33	Stop Pin	연결 부위 마모	로드 지지 못함	6	사용빈도 높음	5	...	150	수명시험
34	Stop Pin	부러짐	손잡이 조절 불가	7	재료 불순물 혼입	1	...	21	-
35	Stop Pin	돌출 길이 기준 미달	잠김/풀림 오동작	9	제조 불량	3	...	54	-
36	Stop Pin	돌출 길이 기준 미달	물이 샘	10	제조 불량	3	...	60	-
...	...	...	...	...	...	...	...	...	...

(D-FMEA)

(회의록)

PS-Lab
Problem Solving Laboratory

[그림 6-29]는 [표 6-36]의 'Design FMEA'를 파워포인트 장표에 옮겨놓은 예이다. 다음 [그림 6-30]은 'Stop Pin'의 '수명 시험' 결과를 요약한 것이다(라고 가정한다).

[그림 6-30] 'Step-4.2. 아이디어 구체화(신뢰성 평가; 수명 시험)' 작성 예

Step-4. 아이디어 창조

Step-4.2. 아이디어 구체화(신뢰성 평가)

- ▶ Stop Pin 신뢰성 평가를 위해 Rod와 결합된 3가지 타입의 설계 안을 대상으로 연속 반복 실험 수행.
- ▶ Type C 경우가 수명 특성이 가장 높게 나왔으나 복잡한 구조로 인해 원가 상승 요인으로 작용. Type A의 구조가 특성과 원가에서 적합한 것으로 결론 지음.

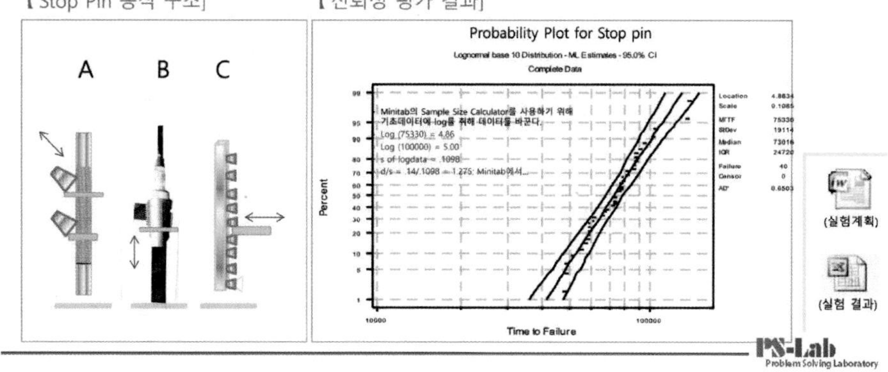

[그림 6-30]은 'Stop Pin'의 3가지 타입을 후보 대안으로 삼고 반복 On/Off 동작을 계속함으로써 그 수명을 미니탭으로 확인한 결과이다(라고 가정한다). 'C Type'이 가장 좋은 특성을 보였으나 구조의 복잡성으로 원가 상승 요인이 있어 최종 'A Type'을 결정한 것으로 가정하였다.

'제품 설계 방법론'에서의 'Verify Phase'는 설계한 제품을 몇 개 만들어 그 유용성을 점검한 뒤, '기대 효과'를 재차 확인하는 것이 주요 활동이다. 경우에 따라서는 제품 제작 직전까지를 과제 종료 시점으로 정의할 수 있으며 이는 '원가 절감 방법론'에서도 동일하다. 우선 Design Phase에서 확정된 설계 안(案)을 관계자들과 공유한다. 이를 '제안 단계(Presentation Phase)'라고 한다. '세부 로드맵'은 'Step－5.1. 대안 설계 제안'이다. 공유 대상은 공정 기술자도 있을 것이고 관련된 임원도 있을 것이다. 이들의 전반적 호응과 신뢰를 얻어야 제품 개발에 대한 투자와 생산이 가능하다. 설계 안(案)이 확정되면 테스트 제품을 만들어 실질적 평가가 이루어지는데 이 과정을 '실시 단계(Implementation Phase)'라고 한다. '세부 로드맵'은 'Step－5.2. 설계 이행 및 효과 평가'이다. 이 '세부 로드맵'에서는 또 실질적인 개선 제품의 성능을 확인하게 되므로 그로부터 발생되는 효과 규모 역시 신뢰성 있게 추정할 수 있다. 마무리할 추가 활동이 남아 있거나 향후 설계 규모를 키워 검증할 필요가 있다면 일자별 '실행 계획'도 본 Phase에서 수행한다. 모든 과정이 완료되면 기존 과제가 그랬듯이 '과제 관리 시스템(PMS, Project Management System)'에 등록하고 사업부장의 '승인'을 얻는다. 이 활동은 'Step－5.3. 승인 및 공유'에서 이루어진다.

'Step－5.1. **대안 설계 제안**'은 설계 개선 안을 관계자에게 제시하고 개선 안의 실시를 촉진시키는 활동이다. '원가 절감' 활동 팀에서 평가된 개선 안은 설계 및 현장의 실시 책임자가 긍정적으로 검토해서 채택해줘야 이후 과정도 순조롭다. '제안 방법'은 제안서나 보고서 같은 '문서에 의한 방법' 또는 발표회나 보고회 같은 '회의에 의한 방법'이 있다. 제안 시 요령과 포함시켜야 할 항목을 다음 [표 6－37]에 요약하였다.

[표 6-37] '제안 시 요령' 및 '기재 항목' 예

제안 시 요령	기재 항목
□ 평가자의 입장에서 가치(Value)가 향상된 상태를 구체적이고 간략하게 정리하여 이해하기 쉽게 한다. □ 제안은 단순한 사무 보고가 아닌 마치 세일즈맨 입장에서 가치 있는 상품을 판매하는 것과 같은 기준으로 접근한다. □ 제안에 대해서는 상당한 저항이 예상된다. 열의와 충분한 실증을 통해 설득하는 작업이 필요하다. □ 피 제안자의 직무나 업무의 성격에 따라 제안 내용의 관심도 차이가 난다. 일반적으로 최고 경영자는 기술성보다 경제성에 관심을 두는 반면, 현장 작업자는 기술성에 관심을 둔다. 따라서 대상에 따라 강조 사항도 달라야 한다.	□ 대상품의 명칭 □ 핵심 기능 또는 관련 기능 □ Cost 효과 □ 투자비용 □ 실시 일정 □ 평가자의 판정란 □ 기타 필요한 사항

'제안 시 요령' 사항들 중 세 번째인 "상당한 저항이 예상된다"에 주목할 필요가 있다. '원가 절감 과제'는 기존 잘 생산되고 있는 제품의 구조나 재료를 변경하는 활동이 대부분이므로 설계팀의 입장과 공정 관리 주체인 생산 팀과의 괴리는 상당하다. 설계팀은 변경을 유도하는 측면이 강하지만 생산 팀은 정반대로 기존의 것을 유지하려는 성향이 강하기 때문이다. 결국 이 갭을 극복하는 가장 좋은 수단은 설계팀에서 공정의 변화를 최소화하면서 원가 절감 목표를 극대화할 수 있도록 설계 시 잘 반영하는 일이다. 저항이 클수록 재설계 압박은 커지고 결국 일정 지연으로 이어질 수 있으므로 발표 전 사전 준비에 신중을 기할 필요가 있다. 다음 [그림 6-31]은 '제안 보고 자료'의 표지 구성 예이다.

[그림 6-31] '원가 절감 과제'의 제안을 위한 표지 구성 예

제 안 개 요			제안 No:
원가 절감 과제 명:			부서(팀) 명:
품번:	품명:		적용 수량:
기능: 명사		동사	
현상(약도)		개선안(약도)	

사실 '제안'은 '원가 절감 과제'를 수행하면서 마련된 결과물을 관계자들과 공유하는 활동 그 자체이므로 파워포인트에 별도 표현할 사항은 아니다. 단지 과제 수행 기간 동안 수집되거나 작성된 각종 중요 자료들을 모아놓음으로써 관계자들에게 발표 시 활용하는 방식이 권장된다. [그림 6-32]는 'Step-5.1. 대안 설계 제안'의 파워포인트 작성 예이다.

[그림 6-32]에 '원가 절감 과제명', '품명', '부서명', '핵심 기능' 등 기본 사항뿐 아니라 개선 전후 '구조'와 '작동 설명'까지 포함됨으로써 제안 발표에 참석한 관계자들이 내용 파악을 쉽게 이해할 수 있도록 배려하고 있다. 특히 과제 수행 중 산출물인 설계도, 원가 조사표 등 관련 문서들이 모두 '개체 삽입'으로 정리돼 있음도 주목할 필요가 있다.

'Step-5.2. **설계 이행 및 효과 평가**'는 과제 성격에 따라 두 가지로 구분할 수 있는데, 하나는 앞서 진행된 변경 안들을 적용해 '설계도의 완성'만으로 마무리하는 경우와, 다른 하나는 설계도대로 실제 테스트 제품을 만들어 예상대로 작동하는지 각종 성능 평가와 함께 공정 적용성, 효과 등까지 확인하는 경우다. 물론 후자의 경우가 과제로서의 완성도는 높겠으나 실제 현업에서는 다양한 선택 사항들이 존재하므로 두 경우 모두를 감안해본 '세부 로드맵'을 진

[그림 6－32] 'Step－5.1. 대안 설계 제안' 작성 예

Step-5. 제안 및 실시

Step-5.1. 대안 설계 제안

▶ 원가 절감 활동을 생산팀, 기술팀과 공유하기 위해 '제안 개요'를 아래와 같이 요약함.

▶ 활동 중 작성된 설계도, 표준, Spec., 재료 특성, 원가 등 문서들은 '개체 삽입' 참조.

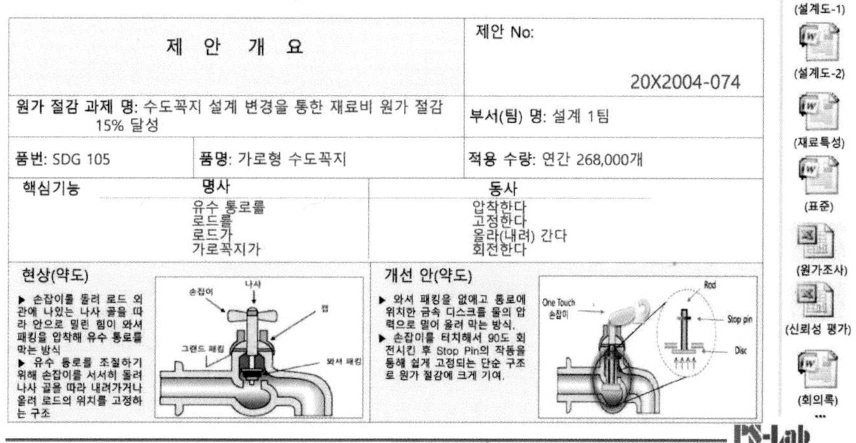

제 안 개 요		제안 No: 20X2004-074
원가 절감 과제 명: 수도꼭지 설계 변경을 통한 재료비 원가 절감 15% 달성		부서(팀) 명: 설계 1팀
품번: SDG 105	품명: 가로형 수도꼭지	적용 수량: 연간 268,000개
핵심기능	명사 유수 통로를 로드를 로드가 가로꼭지가	동사 압착한다 고정한다 올라(내려) 간다 회전한다
현상(약도) ▶ 손잡이를 돌려 로드 외관에 나있는 나사 골을 따라 안으로 밀린 힘이 와셔 패킹을 압착해 유수 통로를 막는 방식 ▶ 유수 통로를 조절하기 위해 손잡이를 서서히 돌려 나사 골을 따라 내려가거나 올려 로드의 위치를 고정하는 구조		개선 안(약도) ▶ 와셔 패킹을 없애고 통로에 위치한 금속 디스크를 물의 압력으로 밀어 올려 막는 방식. ▶ 손잡이를 터치해서 90도 회전시킨 후 Stop Pin의 작동을 통해 쉽게 고정되는 단순 구조로 원가 절감에 크게 기여.

행하는 것이 활동에 도움을 준다. '설계 이행'을 위한 기본 활동 순서는 다음 [표 6－38]과 같다.

[표 6－38] '설계 이행'을 위한 기본 활동

기본 질문	기본 활동 순서
제품에서 바뀌는 것은 무엇이고, 팀은 그것을 어떻게 해낼 것인가?	1) 이전 Phase의 보고서, 산출물을 검토한다. 2) 이행 시, 각 대안(대안이 여럿일 경우)의 특징을 파악하기 위한 회의를 개최한다. 3) 수용된 대안들에 대해서는 '활동 계획(Action Plan)'을 수립하고, 수용되지 못한 안들에 대해서는 그 사유를 기록한다. 4) 팀원들과 '활동 계획(Action Plan)' 이행을 재확인한다. 5) 중간 검토를 위한 시간을 설정하고 계획을 이행한다. 6) 이행을 통해 나타난 가치 실현을 추적한다. 7) 이행 결과를 종료한다. 8) 효과를 산정한다.

[표 6 - 38]의 '기본 활동 순서'에서 '3)'의 '활동 계획(Action Plan)'이 수립되면 그 절차에 따라 테스트 제품을 만들어 성능과 신뢰성, 잠재 문제점 등을 확인하고 제품 생산에 충분한 요건이 갖춰졌다고 판단되면 '8)'의 '효과 산정'을 수행한다. 평가 결과에 따라 부품의 구조나 재질 등에서 일부 변경이 발생할 수 있으므로 앞서 산정된 효과 금액이 달라질 수 있다. 그러나 너무 차이가 난다면 큰 폭의 설계 변경이 불가피하므로 이런 문제가 발생하지 않도록 'FMEA' 등에서 철저히 사전 검토하는 것이 중요하다. 다음 [그림 6 - 33]은 테스트 제품을 통해 확인된 평가 결과이다(라고 가정한다).

[그림 6 - 33] 'Step - 5.2. 설계 이행 및 효과 평가' 작성 예(설계 이행)

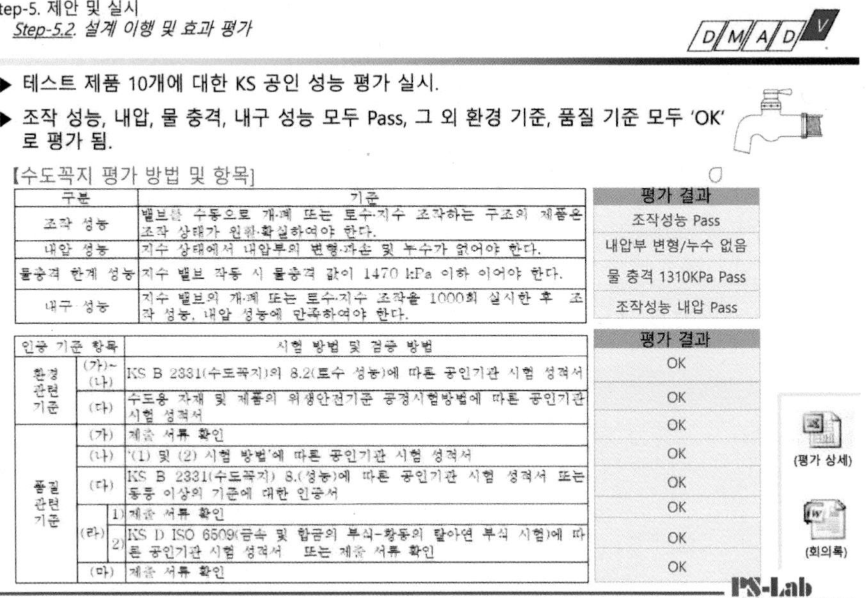
Step-5. 제안 및 실시

Step-5.2. 설계 이행 및 효과 평가

D M A D V

▶ 테스트 제품 10개에 대한 KS 공인 성능 평가 실시.

▶ 조작 성능, 내압, 물 충격, 내구 성능 모두 Pass, 그 외 환경 기준, 품질 기준 모두 'OK'로 평가 됨.

【수도꼭지 평가 방법 및 항목]

구분	기준	평가 결과
조작 성능	밸브를 수동으로 개·폐 또는 토수·지수 조작하는 구조의 제품은 조작 상태가 원활·확실하여야 한다.	조작성능 Pass
내압 성능	지수 상태에서 내압부의 변형·파손 및 누수가 없어야 한다.	내압부 변형/누수 없음
물충격 한계 성능	지수 밸브 작동 시 물충격 값이 1470 kPa 이하 이어야 한다.	물 충격 1310KPa Pass
내구 성능	지수 밸브의 개·폐 또는 토수·지수 조작을 1000회 실시한 후 조작 성능, 내압 성능에 만족하여야 한다.	조작성능 내압 Pass

인증 기준 항목			시험 방법 및 검증 방법	평가 결과
환경 관련 기준	(가)~(나)		KS B 2331(수도꼭지)의 8.2(토수 성능)에 따른 공인기관 시험 성적서	OK
	(다)		수도용 자재 및 제품의 위생안전기준 공정시험방법에 따른 공인기관 시험 성적서	OK
품질 관련 기준	(가)		제출 서류 확인	OK
	(나)		'(1) 및 (2) 시험 방법'에 따른 공인기관 시험 성적서	OK
	(다)		KS B 2331(수도꼭지) 8.(성능)에 따른 공인기관 시험 성적서 또는 동등 이상의 기준에 대한 인증서	OK
	(라)	1)	제출 서류 확인	OK
		2)	KS D ISO 6509(금속 및 합금의 부식-황동의 탈아연 부식 시험)에 따른 공인기관 시험 성적서 또는 제출 서류 확인	OK
	(마)		제출 서류 확인	OK

(평가 상세)

(회의록)

PS-Lab
Problem Solving Laboratory

[그림 6 - 33]에서 테스트 제품에 대해 KS 공인 항목인 '조작 성능', '내압

성능', '물 충격 한계 성능', '내구 성능'과 '환경 관련 기준' 및 '품질 관련 기준' 모두가 합격되었음을 나타내고 있다(고 가정한다). 이로써 '설계 이행' 후 제품 생산에 적합하다는 최종 결론에 이르렀다고 가정한다.

'설계 이행'에서 이전 활동했던 내용들에 대한 'Follow-up'도 마무리 Phase에서 꼭 염두에 둬야 할 사항이다. 이에는 'Idea F/up'과 '도면 반영 F/up'이 있다. 전자는 아이디어가 실무에 적용되지 않는 한 단지 '아이디어'일 뿐이므로 회사 이익을 위해 적용된 아이디어가 무엇인지 그 이력을 집계하는 활동이고, 후자는 개선된 아이디어로부터 효과가 극대화되기 위해서는 도면에 반영되고 공유되어야 하므로 이를 명시하는 활동이다. 사실 '활동'으로 정의했지만 실제는 정해진 양식에 기록하고 dB화하는 일이 핵심이다. 다음 [표 6-39]는 'Idea F/up'의 양식 예이다.

[표 6-39] 'Idea F/up' 양식 예

No.	Area 또는 품명	개선안명	기대 효과		적용 일자	담당자	비고
			유형	무형			

다음 [표 6-40]은 '도면 반영 F/up'의 양식 예이다.

[표 6-40] '도면 반영 F/up' 양식 예

Area	문제 No.	문제점	개선 내용	적용 시점	담당자	Area		
						( )도면	( )도면	( )도면

양식의 사용 예는 생략한다. '설계 이행'이 마무리되었으면 이어 '효과 평가'를 수행한다.

'효과 평가'는 '원가 절감' 활동의 성과를 측정하는 중요한 과정이다. '효과 평가'를 통해 실적을 명확히 하고, 추진 팀의 노력 정도를 파악해 포상함으로써 사기를 높일 수 있을 뿐만 아니라 Top의 지원 유도, 목표 미달 시 지속적인 활동을 하도록 동기부여 등에 일익을 담당한다. '원가 절감 과제'에서 주로 사용되는 '효과 평가'용 지표에는 '절감률(%)', '연간 순 절감액', '투자 배율(배)' 등이 쓰인다. 이에 대해서는 이미 'Step-4.2. 아이디어 구체화(상세 평가)' 중 '경제성 평가'에서 추정 효과로 사용한 적이 있다. 다음 [표 6-41]은 '효과 평가'에 쓰이는 지표와 산출 식을 정리한 것이다.

[표 6-41] '원가 절감 과제'에서 자주 쓰이는 '효과 평가' 지표 및 산출 식

지표	산출 식
절감률(%)	[(개선 전 Cost-개선 후 Cost)/개선 전 Cost]×100
연간 순 절감액	(개선 전 Cost-개선 후 Cost)×연간 적용 수량-변경 비용
투자 배율(배)	(연간 순 절감액/원가 절감 투입 비용)×100

'효과 산출 전문가(Financial Effect Analyst)'가 이미 양성돼 있으면 이들로부터 얻어진 재무성과가 공식적으로 활용된다. 따라서 [표 6-41]은 '원가 절감 과제' 수행 기간 내에 추진 팀 스스로 성과 규모를 확인하는 용도, 또는 효과 산출 전문가 평가 시 참조 자료로 활용하는 용도로써 적합하며 직접적 재무성과는 사내 재무성과 평가 체계를 따르는 것이 바람직하다.

'원가 절감' 활동을 통해 얻어지는 직접적 효과로 '재무성과' 외에 '비재무성과'도 상당한데 우선 '원가 절감 방법론'이 원가 절감형 과제에 쓰이는 방법론이므로 참여하는 팀원들의 '가치(Value)'나 '원가 의식'에 대한 인식 변화에

크게 기여할 수 있다. 또 '기능(Function)'의 이해와 분석 능력을 높이고 짧은 시간 내에 창조력을 발휘할 수 있는 역량과 함께, 원활한 의사소통이 중요한 팀워크를 습득하는 데도 도움을 준다. 다음 [그림 6-34]는 최종 '효과 평가'를 산정한 예이다.

[그림 6-34] 'Step-5.2. 설계 이행 및 효과 평가' 작성 예(효과 평가)

Step-5. 제안 및 실시
Step-5.2. 설계 이행 및 효과 평가

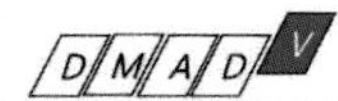

▶ 과제 완료 시점의 효과 평가 산출.

<table>
<tr><th colspan="3">변경 Cost</th><th colspan="2">구분</th><th>직접 재료</th><th>직접 노무</th><th>변동 경비</th><th>계(단위 당)</th></tr>
<tr><td>구분</td><td>시간</td><td>금액(백만)</td><td colspan="2">A. 현상 Cost(원)</td><td>1,400</td><td>120</td><td>90</td><td>1,610</td></tr>
<tr><td>설계비</td><td>8.7일</td><td>25</td><td colspan="2">B. 개선 안 Cost(원)</td><td>1,090</td><td>110</td><td>80</td><td>1,280</td></tr>
<tr><td>제안 평가 비</td><td>2.5일</td><td>1.5</td><td colspan="2">A - B(원)</td><td>310</td><td>10</td><td>10</td><td>330</td></tr>
<tr><td>시작비</td><td>-</td><td>0.7</td><td colspan="2">연간 적용 수량(대)</td><td colspan="4">268,000</td></tr>
<tr><td>테스트비</td><td>11일</td><td>10</td><td colspan="2">연간 총 절감액(원)</td><td colspan="4">88,440,000</td></tr>
<tr><td>치공구비</td><td>9.5일</td><td>5.5</td><td colspan="2">변경 Cost(원)</td><td colspan="4">12,000,000</td></tr>
<tr><td>금형비</td><td>18.2일</td><td>40</td><td colspan="2">연간 순 절감액(원)</td><td colspan="4">76,440,000</td></tr>
<tr><td>기타</td><td>-</td><td>-</td><td colspan="2">투자 배율(배)</td><td colspan="4">6.37배</td></tr>
<tr><td>합계</td><td>50일</td><td>82.7</td><td colspan="2">기타</td><td colspan="4">-</td></tr>
<tr><td>팀원</td><td colspan="6">김세종, 홍길동, 임거정, 백영석</td><td>팀명</td><td>원가Zero</td></tr>
<tr><td rowspan="2">첨부 자료
(파일 명)</td><td></td><td></td><td></td><td></td><td></td><td></td><td>-</td><td>-</td></tr>
<tr><td>경비 내역</td><td>Cost 내역</td><td>효과 산출</td><td>Test 보고</td><td>외주 내역</td><td>기능 분석</td><td>-</td><td>-</td></tr>
<tr><td>연락처</td><td colspan="4">(TEL) 02-829-1xxx</td><td>일자</td><td colspan="3">20x2.5.1</td></tr>
</table>

PS-Lab
Problem Solving Laboratory

[그림 6-34]에서 만일 'Step-4.2. 아이디어 구체화(상세 평가)'의 '경제성 평가' 이후 변경이 생겼다면 그를 반영해 '효과 평가'를 작성한다. 관련된 근거 자료 등도 '개체 삽입'을 통해 함께 목록으로 남겨둔다. '효과 평가'가 마무리되면 이어 '승인 및 공유'의 '세부 로드맵'으로 넘어간다.

'Step-5.3. **승인 및 공유**'는 기업 경우 대부분 '과제 관리 시스템(PMS, Project Management System)'에서 이루어진다. 따라서 큰 이변이 없는 한 다음 [그림 6-35]의 형태로 시스템에 등록한 후 사업부장의 승인을 거쳐 과제가 완료된다.

[그림 6-35] 'Step-5.3. 승인 및 공유' 작성 예(효과 평가)

Step-5. 제안 및 실시

Step-5.3. 공유 및 승인

▶ 과제를 관리하는 OO시스템에 완료된 과제를 등록하고, 관련 파일을 첨부한 뒤 사업부장에게 승인을 구함. 다음은 승인 후 화면이며, 시스템을 통해 공유가 가능함.

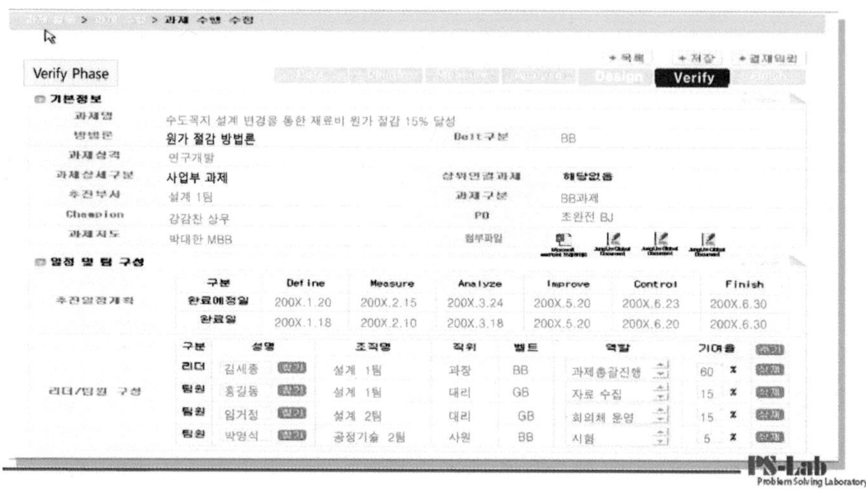

> 과제 수행 수정

+ 목록 + 저장 + 결재의뢰

Verify Phase

Design | Verify

기본정보

과제명	수도꼭지 설계 변경을 통한 재료비 원가 절감 15% 달성		
방법론	원가 절감 방법론	Belt구분	BB
과제성격	연구개발		
과제상세구분	사업부 과제	상위연결과제	해당없음
추진부서	설계 1팀	과제구분	BB과제
Champion	강감찬 상무	PO	조완전 BJ
과제지도	박대한 MBB	첨부파일	

일정 및 팀 구성

추진일정계획

구분	Define	Measure	Analyze	Improve	Control	Finish
완료예정일	200X.1.20	200X.2.15	200X.3.24	200X.5.20	200X.6.23	200X.6.30
완료일	200X.1.18	200X.2.10	200X.3.18	200X.5.20	200X.6.20	200X.6.30

리더/팀원 구성

구분	성명	조직명	직위	벨트	역할	기여율
리더	김세종	설계 1팀	과장	BB	과제총괄진행	60 %
팀원	홍길동	설계 1팀	대리	GB	자료 수집	15 %
팀원	임거정	설계 2팀	대리	GB	회의체 운영	15 %
팀원	박명석	공정기술 2팀	사원	BB	시험	5 %

시스템에 과제가 등록되고 사업부장으로부터 '승인'을 득하면 '원가 절감 과제'는 종료된다. 통상적으로 과제 효과를 추적하는 기간이 완료 다음 달부터 12개월 동안 이루어지므로 현재의 '완료 효과'는 12개월 뒤인 '실적 효과'를 통해 그 성패 여부가 결정될 것이다.

지금까지 'Quick 방법론'의 개요와 과제 성격에 맞는 세부 방법론인 '빠른 해결 방법론', '단순 분석 방법론', '즉 실천(개선) 방법론' 및 '원가 절감 방법론'에 대해 알아보았다. 수차례 강조한 바와 같이 기업에서 수행되는 약 93% 이상은 'Quick 방법론'으로 진행해야 할 과제들이며, 그럼에도 '프로세스 개선 방법론'이나 '제품 개발 방법론' 같은 고급 방법론으로 수행됨에 따라 많은 부작용에 시달리고 있는 게 현실이다. 이를 극복하기 위한 방편으로 본문에서 제시한 방법론들을 최대한 활용해 효율과 효과라는 두 마리 토끼를 잡는 데 모두 함께 노력해주었으면 하는 바람이다.

끝으로 본문에 표현된 파워포인트 예와 관련해서 당사 홈페이지 'http://www.ps-lab.co.kr'를 방문해 요청하면 파일로 송부해주고 있으니 참고하기 바란다.

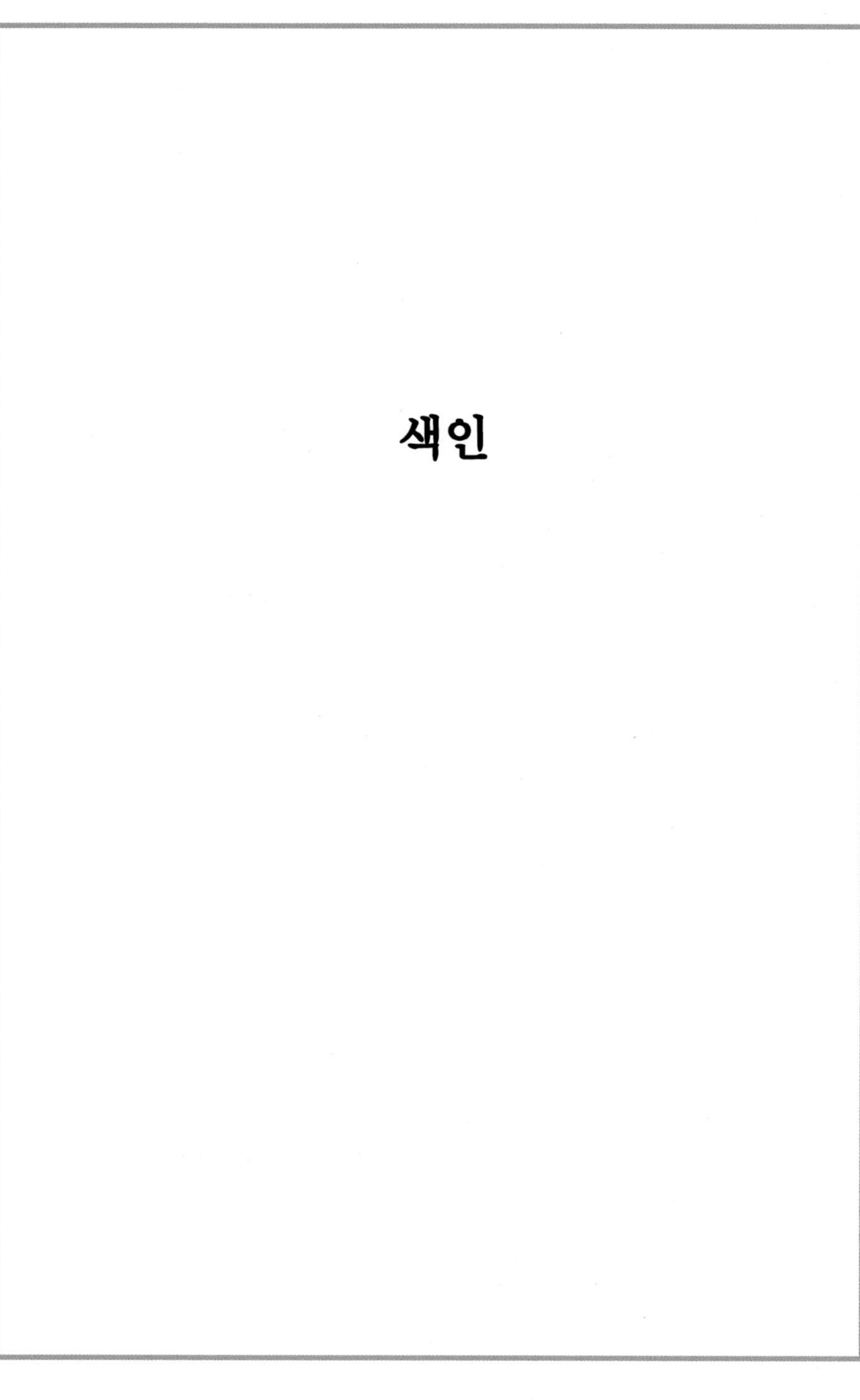

색인

(ㅈ)

(ㅊ)

(ㅋ)

(ㅌ)

(ㅍ)

(ㅎ)

(영문)

송인식

(현)PS-Lab 컨설팅 대표

한양대학교 물리학과 졸업
삼성 SDI 디스플레이연구소 선임연구원
한국 능률협회 컨설팅 6시그마 전문위원
네모 시그마 그룹 수석 컨설턴트
삼정 KPMG 전략컨설팅 그룹 상무

인터넷 강의: http://www.youtube.com/c/송인식PSLab
이메일: labper1@ps-lab.co.kr

※ 도서 내 데이터 및 템플릿은 PS-Lab(www.ps-lab.co.kr)에서 무료로 받아보실 수 있습니다.

Be the Solver
Quick 방법론

초판인쇄 2018년 1월 3일
초판발행 2018년 1월 3일

지은이 송인식
펴낸이 채종준
펴낸곳 한국학술정보㈜
주소 경기도 파주시 회동길 230(문발동)
전화 031) 908-3181(대표)
팩스 031) 908-3189
홈페이지 http://ebook.kstudy.com
전자우편 출판사업부 publish@kstudy.com
등록 제일산-115호(2000. 6. 19)

ISBN 978-89-268-8204-7 94320